保險法要論

金 憲 武 著

대 구 대 학 교 출 판 부

머 리 말

보험법을 강의할 때 마다 늘 생각하는 것은, 좀 더 이해하기 쉬운 교재가 없을까 하는 것이었다. 보험법을 한정된 시간 내에 알기 쉽게 강의하려면 무엇보다 이를 뒷받침할 교재가 있어야 한다. 기존의 보험법 교재는 대략 네 가지 유형으로 분류할 수 있다. 첫째 유형은 보험법(상법 제4편)만을 단행본으로 저술한 것이다. 이 교재는 내용이 풍부하고 이론의 전개가 치밀하여 사법시험 준비용으로는 적합하지만 그 체계와 내용이 복잡하여 일반 학생들이 공부하기에는 어려운 점이 없지 않다. 둘째 유형은 상법을 '상'과 '하'로 나누어 상법 '상'에서는 상법총론, 상행위법, 회사법을 다루고, 상법 '하'에서 보험법을 어음 · 수표법 및 해상법과 함께 다룬 것이다. 이 교재는 내용을 비교적 간략하게 취급하고 있으나 그 체계는 첫째 유형과 유사하고 다른 분야도 함께 편성되어 보험법만을 공부하고자 하는 학생에게는 불편한 점이 없지 않다. 셋째 유형은 보험법을 해상법과 함께 저술한 것이다. 이 교재는 첫째 유형과 둘째 유형의 중간 정도로 동일한 문제점을 지니고 있다. 넷째 유형은 손해사정사나 보험중개사 등의 객관식시험 준비용으로 저술한 것이다. 이 교재는 비교적 이해하기 편리하게 구성되었지만 법학교재로서의 기본요건이나 내용 면 등에서 여러 가지 문제점을 지니고 있다. 이와 같은 문제점에 유의하면서 이 교재는 다음과 같은 형식으로 집필하였다.

첫째, 교재의 구성이나 설명이 복잡하면 내용의 이해에도 어려움이 많기 때문에 가능한 한 전체의 구성과 내용을 간략화 하도록 하였다. 둘째, 중요 주제에 대한 집중도를 높이고 기억하기 편리하도록 주제 단위로 편성하고 요점위주로 간략하게 설명하였다. 셋째, 보험법을 공부할 때 보험법 외에 참고 법령이나 이해하기 어려운 용어 등이 많기 때문에 이를 확인하기 위하여 별도의 법전이나 법률용어사전을 일일이 찾는다는 것은 불편하고 많은 시간이 소요된다. 이러한 점을 해소하기 위하여 가능한 한 참고 법령의 조문과 용의의 의미를 각주에 기술하여 편리하게 확인할 수 있도록 하였다. 넷째, 각종시험에서 판례의 견해를 묻는 문제유형이 많고 또한 실무에서도 필요하기 때문에 가능한 많은 판례를 인용하였다. 판례의 요지를 본문에서 기술하는 경우도 있지만 각주에 언급하는 경우가 많으므로 각주를 주의 깊게 살펴야 할 것이다. 다섯째, 대법원 판결문을 예로 한 판결문의 형식 및 용어해설을 소개하여 판결문의 체계 및 내용을 이해하는데 도움이 되도록 하였다. 여섯째, 보험법에 관한 공부는 보험법규와 이론 외에 실무에 대한 이해도 중요하기 때문에 가능한 많은 종류의 보험약관을 부록으로 첨부하였다.

비록 본 교재가 보험법을 보다 쉽게 이해하기 위한 목적으로 집필되었지만 법률문장의 본질적인 어려움을 극복하지 못하고 또한 내용 면이나 체계 면에서 미흡한 점이 많다. 앞으로 계속 연구·보완하여 보다 이해하기 쉬운 교재가 되도록 하겠다. 이 교재가 보험법을 공부하는 모든 분들에게 많은 도움이 되기를 바라면서, 자료수집과 정리에 도움을 준 대학원생 박영호, 김갑석, 김정수 군, 그리고 본서의 출판에 애써 주신 대구대학교 출판부 여러분에게 깊은 감사를 드린다.

2008년 2월 28일

경산 연구실에서 저자 드림

차 례

약 어 표

Ⅰ. 법령의 약어

[국건보] 국민건강보험법
[금융위] 금융위원회의 설치 등에 관한 법률
[민] 민법
[민소] 민사소송법
[보업] 보험업법
[보업시령] 보험업법시행령
[산재보] 산업재해보험법
[상] 상법
[소득] 소득세법
[소득시령] 소득세법시행령
[약규] 약관의 규제에 관한 법률
[약규시령] 약관의 규제에 관한 법률 시행령
[예자보] 예금자보호법
[원손배보] 원자력손해배상법
[자배법] 자동차손해배상보장법
[자배법시령] 자동차손해배상보장법시행령

Ⅱ. 약관의 약어

[생보약] 생명보험표준약관
[선보약] 선박보험보통약관
[신보약] 신원보증보험약관
[영배보약] 영업배상책임보험보통약관
[운보약] 운송보험보통약관
[이보증약] 이행보증보험약관
[화보약] 화재보험보통약관
[자보약] 개인자동차보험보통약관
[장손보약] 장기손해보험표준약관

Ⅲ. 판례의 약어예

[대판 2004. 6. 11, 2003다18494] 대법원 2004. 6. 11, 선고 2003다18494 판결

Ⅳ. 조문과 약관의 약어예

· 조문의 약어예:
[상 639 ①] 상법 제639조 제1항
· 약관의 약어예:
[화보약 1 ① ⅰ] 화재보험보통약관 제1조 제1항 제1호

* 종래의 보험약관은 대부분 법조문의 형식으로 작성되었지만, 최근에는 법조문의 형식에 구애받지 않고 편의에 따라 작성되고 있다. 그러나 법조문의 형식에 따르지 않은 약관의 약어를 표기할 때에도 약어표기방식의 혼란을 피하기 위하여 법조문의 형식에 준하여 통일적으로 표기한다.

대법원 판결문의 형식 및 용어 해설

판결문의 구성에 대한 이해를 돕기 위하여 대법원의 판결문을 예로 하여 판결문의 형식과 판결문에서 사용되는 용어를 설명한다. 유의할 점은, ①~⑨ 의 번호는 판결문의 형식을 설명하기 위하여 편의상 붙인 번호이다. 간혹 판결문의 본문에서 ①, ② 등의 번호를 붙이는 경우가 있지만, 이는 판결의 이유를 알기 쉽게 설명하기 위한 방편에 지나지 않고 예시와 같은 항목에는 번호를 붙이지 않는다.

대 법 원

① 제 2 부

판 결

② 사 건 2000다40353 ③ 보험금

④ 원고, 피상고인 ○ ○ ○

원고의 주소

소송대리인 변호사 ○ ○ ○

피고, 상고인 ○○생명보험 주식회사

피고의 주소

소송대리인 변호사 ○ ○ ○

⑤ 원심판결 대구고법 2000. 5. 19. 선고 98나6740 판결

⑥ 주 문 상고를 기각한다. 상고비용은 원고(선정당사자)의 부담으로 한다.

⑦ 이 유

상고이유(상고이유 보충서는 상고이유를 보충하는 범위 내에서)를 판단한다.

1. 제1점에 대하여

원심판결 이유에 의하면, 원심은 그 판결에서 채용하고 있는 증거들을 종합하여 그 판시의

사실을 인정한 다음, 그 인정 사실에 나타난 사고 장소의 상태와 충격정도, 충격 후 사망에 이른 시간, 망인의 상태, 사망의 원인, 망인의 지병 등에 비추어 볼 때, 망 ○○○의 사망의 직접적인 원인은 지병인 고혈압에 의한 지주막하출혈로 인한 것이라고 봄이 상당하다고 판단하고 있는바, 기록에 비추어 살펴보면 원심의 위와 같은 판단은 수긍이 가고, 거기에 상고이유에서 지적하는 바와 같은 채증법칙 위반이나 심리미진으로 인한 사실오인의 위법이 없다. 이 점에 관한 상고이유는 받아들일 수 없다.

2. 제2점에 대하여

보험계약 당시에 보험계약자 또는 피보험자가 고의 또는 중대한 과실로 인하여 중요한 사항을 고지하지 아니하거나 부실의 고지를 하였다고 하더라도 보험자가 계약 당시에 그 사실을 알았거나 중대한 과실로 인하여 알지 못한 때에는 그 고지의무 위반을 들어 계약을 해지할 수 없다고 할 것인바(상법 제651조 단서), 여기에서 말하는 보험자의 악의나 중대한 과실에는 보험자의 그것뿐만 아니라 이른바 보험자의 보험의를 비롯하여 널리 보험자를 위하여 고지를 수령할 수 있는 지위에 있는 자의 악의나 중과실도 당연히 포함된다고 할 것이나, 보험자에게 소속된 의사가 보험계약자 등을 검진하였다고 하더라도 그 검진이 위험측정자료를 보험자에게 제공하는 보험자의 보조자로서의 자격으로 행해진 것이 아니라면 그 의사가 보험자에게 소속된 의사라는 사유만으로 그 의사가 검진 과정에서 알게 된 보험계약자 등의 질병을 보험자도 알고 있으리라고 보거나 그것을 알지 못한 것이 보험자의 중대한 과실에 의한 것이라고 할 수는 없다고 할 것이며, 이와 같이 해석하는 것이 환자에 대한 비밀의 누설이나 기록의 공개를 원칙적으로 금지하고 있는 의료법의 취지에도 부합한다고 할 것이다.

원심판결 이유에 의하면, 원심은 그 판결에서 채용하고 있는 증거들을 종합하여, 피고가 1995. 1. 5. 이래 그 산하에 종합건강진단센터를 설립하여 매월 합계 금 400,000원 이상의 보험료를 납입하는 고액 보험계약자와 보험계약 협력자들 중 선발된 사람들에게 종합건강진단을 하여 주고 있으나, 이는 고객관리 차원에서 무료로 봉사하는 것이어서 건강진단을 받을지 여부는 오로지 고객들의 판단에 맡겨져 있고, 건강진단을 받지 않았다고 하여 보험계약상 어떤 불이익이 있는 것도 아닌 사실, 위 센터의 전산시스템에 입력된 진단 결과는 통상의 병 · 의원의 경우와 마찬가지로 오로지 당해 피진단자의 건강관리자료로 사용하기 위하여 입력되었을 뿐인 데다가 의료법상 피진단자의 동의 없이는 외부로 유출할 수도 없게 되어 있어 그 결과를 피고의 보험 관련 부서에 통보할 수도 없고, 통보하지도 않았으며, 그 관련 부서에서도 위 자료에 접근할 수 없었던 사실을 각 인정한 다음, 망 ○○○이 1995. 10. 19. 피고의 대구총국 내에 있는 종합건강진단센터에서 피고의 사의인 소외 ○○○으로부터 종합건강진단을 받은 결과 고혈압이 있다는 진단 결과가 나왔고, 그 결과가 종합건강진단센터의 전산시스템에 자료로 입력되어 있는 것은 사실이나, 위 사실관계에 비추어 보면 그것만으로는 망 ○○○에게 고혈압이 있다는 사실을 피고가 알았거나 중대한 과실로 인하여 알지 못하였다고 보기 어렵다고 판단하여, 망인의 고지의무 위반을 이유로 한 피고의 계약해지 항변에 대하여 피고가 이를 알았거나 중대한 과실로 알지 못하였음을 내세워 그 해지의 효력을 다투는 원고들의 재항변을 모두 배척하고 있다. 앞서 본 법리와 기록에 비추어 살펴보면, 원심의 이와 같은 판단과 조치는 수긍이 가고, 거기에 심리를 다하지 아니하여 사실을 오인한 위법이나, 신의성실의 원칙에 반하는 판단을 한 위법이 없다. 한편 보험사고의 발생이 보험계약자가 불고지하였거나 부실고지한 사실에 의한 것이 아니라는 것이 증명된 때에는 그 불고지나 부실고지를 이유로 보험계약을 해지할 수 없다는 것은 상고이유에서 지적하는 바와 같으나(대법원 1994. 2. 25. 선고 93다52082 판결 참조), 망인의 지병인 고혈압으로 인하여 지주막하출혈이 발생하였고, 그것이 직접적인 원인이 되어 망인이 사망하게 되었다고 함은 앞서 본 바와 같으므로, 원심판결에 인과관계에 관하여 판단을 잘못한 위법이 있다고도 할 수 없다.

3. 그러므로 상고를 기각하고 상고비용은 상고인인 원고(선정당사자)의 부담으로 하기로 관여 법관의 의견이 일치되어 주문과 같이 판결한다.

2001. 1. 5.

⑧ 재판장 대법관 ○ ○ ○ (서명)
대법관 ○ ○ ○ (서명)
대법관 ○ ○ ○ (서명)
⑨ 주 심 대법관 ○ ○ ○ (서명)

Ⅰ. 판결문의 형식에 대한 설명

① 재판부: 대법원에 대법관 3인 이상으로 구성된 부(재판부)를 둘 수 있고, 실제로 거의 모든 사건이 이와 같은 부에서 재판되고 있다. 그러나 명령이나 규칙이 헌법 또는 법률에 위반함을 인정하는 경우, 종전에 대법원에서 판시한 바 있는 헌법 · 법률 · 명령 또는 규칙 등의 해석적용에 관한 의견을 변경할 필요가 인정되는 경우, 부에서 재판함이 적당하지 아니함을 인정하는 경우에는 대법관 전원의 3분의 2이상의 합의체(전원합의체)에서 재판할 수 있다(법원조직법 제7조 참조).

② 사건번호: 2000다40353은 사건번호이다. 앞의 2000은 2000년도를 나타내며, 이는 2000년도에 이 사건이 대법원에 접수되었다는 것을 의미하는 것으로 판결일자와는 다르다. '다'란 민사(상사 포함) 본안 상고사건의 부호이며, 뒤의 '40353'은 대법원에 접수된 사건의 일련번호에 지나지 않는다. 민사(상사 포함) 본안 소송에 있어 사건별 부호는 아래와 같다. 판례를 찾아보고자 할 때에는 이 사건번호로 검색하여야 한다(법원재판사무처리규칙 제20조, 사건별부호문자의 부여에 관한 예규 참조).

[사 건]		[부 호]
민사 제1심 합의사건	-	가합
민사 제1심 단독사건	-	가단
민사 소액사건	-	가소
민사 항소사건	-	나
민사 상고사건	-	다

③ 사건이름: '보험금'은 소장이 제1심 법원에 접수될 때 붙여진 사건의 이름이다. 사건이름이 반드시 그 사건의 정확한 내용을 나타내는 것은 아니며, 당사자가 법리적 의미를 오해하여 관련없는 사건이름이 붙여진 경우도 있다. 처음 붙여진 사건이름은 그 사건이 종결될 때까지 변경되지 않는다.

④ 당사자: 원고는 소송을 제기한 사람이고, 피고는 그 상대방이며, 상고인은 원심판결에 불복하여 대법원에 상고를 제기한 사람이고 피상고인은 상고인의 상대방이다.

⑤ 원심판결: 대법원에 상고되기 전의 제2심 법원(고등법원 또는 지방법원 항소부)의 판결을 가리킨다. 항소심에서의 원심법원은 제1심 법원이다. 이처럼 원심법원은 처음 소송이 제기된 법원을 가리키는 것이 아니라 항소 또는 상고의 경우 그 직전의 법원임을 유의하여야 한다. 제1심 관할이 지방법원(지원) 합의부인 경우에는 제2심 법원은 고등법원이 되고, 제1심 관할이 지방법원(지원)단독 판사인 경우에는 제2심 법원은 지방법원 항소부가 된다.

⑥ 주문: 대법원 판결의 결론을 의미하며, 상고가 "이유있다"고 판단되면 원심판결을 파기하고 사건을 원심법원에 환송하며, 상고가 "이유없다"고 판단되면 상고를 기각하게 된다.

⑦ 이유: 대법원의 판단의 기초가 되는 내용으로서 원심이 확정한 사실관계, 원심의 판시내용 및 대법원의 법률판단 이유 등이 기재되어 있으며, 판례연구의 가장 중요한 부분이다. 대법원이 상고이유를 판단할 때 "제1점에 대하여" 등의 표현을 사용하는데, 이는 상고인이

상고할 때 제시한 상고이유 하나하나를 차례대로 지적하기 위하여 편의상 사용하는 문구에 지나지 않는다.

⑧ 재판장: 재판장은 당해 합의부를 대표하고 심리를 주도하는 자를 말한다.

⑨ 주심: 주심은 재판장의 지시에 따라 당해 사건을 집중적으로 검토하는 자를 말한다.

Ⅱ. 판결문의 용어 해설

(1) 소외: 그 사건의 소송에서 당사자인 원고 또는 피고가 아닌 제3자를 의미한다. 형사사건에서는 피고인이 아닌 사람을 '공소외'로 표시한다.

(2) 갑제1호증: 원고가 제출한 증거서류 중 제1호를 의미한다. 동일사실의 증거자료가 여러 가지가 있는 경우에는 갑제1호증의 1, 갑제1호증의 2 등으로 표기한다.

(3) 을제2호증: 피고가 제출한 증거서류 중 제2호를 의미한다

(4) 논지(소론): 상고인이 제기한 상고이유의 요지 또는 논점을 뜻하며, 만약 대법원이 상고인의 상고가 이유있다고 판단할 경우에는 '논지(소론)는 이유있다.'라고 하고, 이 경우에는 원심판결을 파기·환송하는 판결이 내려진다. 상고인의 상고가 이유없다고 판단할 경우에는 '논지(소론)는 이유없다.'라고 하고, 이 경우에는 상고를 기각하는 판결이 내려진다. 최근에는 이러한 표현보다 '상고이유는 받아들일 수 없다' 또는 '상고이유의 주장은 이유 있다'등으로 보다 알기 쉽게 표현하도록 노력하고 있다.

(5) 판시사항과 판결요지: 대법원 판결문에서는 판시사항이나 판결요지라는 표현을 직접 쓰지 않지만, 판례를 소개할 때 판시사항 또는 판결요지라는 것이 있다. '판시사항'은 상고이유 등의 청구이유 중 판단을 필요로 하는 쟁점사항을 말하고, '판결요지'란 판시사항에 대한 법원의 법률적 판단의 중요한 내용을 의미한다.

(6) 당원(당심): 현재 재판중인 법원을 의미한다.

제 1 장

보험법 총론

제1절 보험제도

〔1〕 보험의 개념과 기능

목 차

Ⅰ. 보험의 의의와 필요성

우리의 생활주변에는 화재, 도난, 자동차 사고, 태풍, 홍수 등의 사회적, 자연적 사고의 위험이 많아 항상 불안한 마음으로 살아가고 있으며, 이러한 사고가 발생하면 재산적, 신체적, 정신적 피해가 적지 않다. 그 대처방안으로 개인적 차원에서 사전예방, 손실의 최소화, 사후대책 등의 방법이 있지만, 이에는 한계가 있다. 그러므로 동일한 위험에 처한 다수가 공동으로 대처하는 공제, 상조, 보험 등의 방법을 고려할 수 있는데, 그 중 가장 효과적인 방법이 다름 아닌 보험제도이다.

보험(保險)이란 동일한 위험에 놓여 있는 다수의 사람들이 그 위험을 결합하여 하나의 위험단체(危險團體)를 구성하여 통계적 기초에 의하여 산출된 금액(보험료)를 갹출하여 기금(基金)을 마련하고, 그 위험으로 인하여 사고를 당한 사람에게 그 기금으로부터 소정의 재산적 급여를 함으로써 경제적 생활의 불안을 해소하고자 하는 공동적 구제제도를 말한다.[1] 보험은 "위험이 없으면 보험이 없다(ohne Gefahr, keine Versicherung)" 또는 "한 사람은 만인을 위하여, 만인은 한 사람을 위하여(Eine fur Alle, Alle fur Eine)"라는 말과 같이 동일한 위험에 처한 경제주체들이 공동으로 위험에 대처하는 효과적인 제도이다. 이러한 보험제도는 일반적으로 중세 게르만사회의 화재길드(guild)[2]나 중세 지중해연안의 상업도시

1) 김성태, 「보험법강의」, 법문사, 2001, 17면; 강위두 · 임재호, 「상법강의(하)」, 형설출판사, 2004, 513면; 손주찬, 「상법(하)」, 박영사, 2000, 463면; 양승규, 「보험법」, 삼지원, 2004, 22면; 이기수 · 최병규 · 김인현, 「보험 · 해상법」, 박영사, 2003, 3면; 정찬형, 「상법강의(하)」, 박영사, 2008, 483면; 채이식, 「상법강의(하)」, 박영사, 2003, 407면; 최기원, 「보험법」, 박영사, 2002, 4면.

에서 이용하던 해상모험대차계약(海上冒險貸借契約)[3]에서 유래된 것으로 이해되고 있다.[4]

Ⅱ. 보험개념의 기본요소

보험은 동종의 우연한 사고발생의 위험에 처한 다수경제주체가 결합하여 대수의 법칙을 이용한 사고발생의 개연율을 기초로 각자가 갹출한 보험료(保險料)와 보험사고가 발생한 때 지급할 보험금(保險金)을 산정하여 전체적으로 보험료의 납입과 지급할 보험금 사이에 수지상등이 되도록 하여 운영함을 기본원리로 한다. 그러므로 보험의 기본요소는 위험, 다수경제주체, 대수의 법칙, 수지상등의 원칙이라고 할 수 있다.

(1) 위험(危險): "위험이 없으면 보험이 없다"는 말과 같이 보험은 우연한 사고로 인한 경제적 손해발생가능성 즉 위험에 대비하기 위한 제도이다. 위험은 보험개념의 핵심요소이며, 위험의 동질성은 보험제도 운영의 기초가 된다.

(2) 다수경제주체(多數經濟主體): 보험제도는 같은 위험에 놓여 있는 다수인의 경제주체가 공동으로 그 위험에 대비하는 것으로서 이러한 다수인의 결합을 위험단체(危險團體) 또는 보험단체(保險團體)라고 한다. 위험단체의 가입자가 지급하는 보험료가 사고를 당한 사람의 손해를 전보하여 주기 위한 공동기금이 된다.

(3) 대수(大數)의 법칙(法則)[5]: 보험사고의 발생은 우연한 것이기 때문에 개별적으로

---

2) 길드(guild, gild): 길드란 11세기 후반이후의 서구도시에 있어서 주로 대상인(大商人)이 그 도시에 있어서의 상거래의 독점을 목적으로 하여 자주적으로 조직한 맹약단체(盟約團體)를 말한다. 길드는 12세기 전반이후 수공업자나 중소상인이 대상인의 길드를 모방하여 조직한 직종별의 동업(同業)길드(craftguild, Zunft)가 자급자족을 취지로 하는 도시경제의 사실상의 담당자로서 세력을 얻게 되었다. 상인길드는 도시가 도시영주의 지배를 벗어나서 자유도시로 발전하는데 중요한 정치적 역할을 하였다. 보통 길드라 하면 동업길드를 말한다.

3) 모험대차계약: 모험대차계약이란 해상사업을 영위하는 무역업자들이 선박이나 화물을 담보로 하여 금융업자로부터 자금을 융자받아 항해가 무사히 종료되면 원금과 이자를 상환하고, 만일 해상사고로 인하여 항해를 종료하지 못하면 원금과 이자를 상환하지 않는 것을 내용으로 하는 계약을 말한다. 이율은 매우 높아 통상 22~33%정도에 이르렀다고 한다. 담보물이 선박이면 선박모험대차, 화물이면 적하모험대차라 하고, 모험대차계약을 명시한 증서를 본드(bond)라고 하였다. 모험대차는 지중해가 해상사업의 중심지로 등장한 12~13세기에는 이탈리아, 프랑스, 스페인, 포르투갈의 항구에서 널리 이용되었는데, 1236년 이자징수를 죄악시하는 교회법에 따라 로마교황이 이자징수금지령을 공포함으로써 모험대차도 사실상 금지되었다(구종순, 해상보험, 박영사, 2000, 56~57면)

4) 구종순, 전게서, 55면; 양승규, 전게서, 22면 참조.

5) 대수의 법칙(The Law of Large Number): 대수의 규율성에 의해 나타나는 법칙, 즉 개개의 경우에는 사고의 발생이 우발적이어서 일정한 규율성이 없지만, 이를 장기에 걸쳐 대량적으로 관찰하면 그 발생이 일정한 규율성에 따라 나타난다는 법칙을 말한다. 예컨대 동전(銅錢) 같은 것을 10번 또는 20번 정도로 던졌을 때 그 표면이 나타나는 비율은 던지는 개개인에 따라 각각 다르지만, 이것을 수천 번 또는 수만 번 던지면 그 중 동전의 표면이 나타나는 확율은 누구에게나 거의 일정하여 진다는 법칙을 말한다.

사고의 발생율을 관찰하면 사고발생의 규율성이 일정하지 않으나 이를 대수의 법칙에 따라 대량적으로 관찰하면 일정한 규율성이 있기 때문에 이를 기초로 보험사고의 발생개연율을 측정할 수 있으며, 이에 따라 보험료와 보험금액을 산출하게 된다.

(4) 수지상등(收支相等)의 원칙(原則): 수지상등의 원칙이란 보험단체의 가입자가 납입하는 보험료의 합계와 보험사고로 인하여 지급할 보험금의 합계가 균형을 유지하도록 하는 것을 말하며, 급부 · 반대급부 균등의 원칙이라고도 한다. 이 원칙이 작용하여 보험제도의 합리적이고 계획적인 기초가 마련되며, 일반적으로 「Lexis의 공식」으로 설명되고 있다. 이 원칙을 사보험에서는 비교적 충실하게 지키려고 하지만, 특정한 정책을 추진하기 위한 공보험에서는 이 원칙에 따르지 않고 예외적으로 운영되는 경우가 적지 않다.[6)]

Ⅲ. 보험과 구별되는 개념

공제, 보증, 자가보험, 저축, 도박 등은 보험과 유사한 측면이 있지만 보험과는 구별되는 개념이다.

(1) 공제(共濟)란 일정한 직장, 직업 또는 지역의 사람들이 만들어 그 구성원과 가족 등의 길흉사에 부조하는 제도를 말한다. 공제는 보험과 유사한 기능을 하지만 그 가입이 일정한 직업, 직장 또는 지역으로 한정되어 원칙적으로 보험수리적 원리가 지배하지 않는다. 그러나 자동차공제, 수산업가공업자공제 및 교원공제 등[7)8)]과 같은 규모가 큰 전국적인 공제는 보험수리의 원리를 응용한다는 점에서 보험의 일종으로 취급되기도 한다. 판례는 공제를 일종의 상호보험으로 보고 있고,[9)] 일정한 상조사업도 보험사업으로 취급하여 허가 없이 상조사업을 영위하는 것은 보험업법(동법 5 ①) 위반행위에 해당 된다[10)]고 하였다.

---

6) 김성태, 전게서, 20면.
7) 여객자동차운수사업법 제62조; 화물자동차운수사업법 제36조; 수산업협동조합법 제138조 1항 5호.
8) 공제회의 설립을 직접 목적으로 하는 법률에는 다음과 같은 것이 있다: 경찰공제회법, 과학기술인공제회법, 군인공제회법, 대한소방공제회법, 대한지방행정공제회법, 한국교직원공제회법.
9) 대판 1998. 3. 13, 97다52622 「수산업협동조합법 제132조 제1항 제6호의 규정에 의하여 수산업협동조합중앙회가 회원을 위하여 행하는 선원보통공제는 그 가입자가 한정되어 있고 영리를 목적으로 하지 아니한다는 점에서 보험법에 의한 보험과 다르기는 하지만 그 실체는 일종의 보험으로서 상호보험과 유사한 것이고, 단기소멸시효에 관한 상법 제662조의 규정은 상법 제664조에 의하여 상호보험에도 준용되므로 공제금청구권의 소멸시효에 관하여도 상법 제664조의 규정을 유추적용하여 상법 제662조의 보험금 지급청구에 관한 2년의 단기소멸시효에 관한 규정을 준용하여야 한다.」
10) 대판 1990. 6. 26, 89도2537 「보험사업을 규제하는 보험업법의 정신에 비추어 볼 때 보험사업의 범위는 그 사업의 명칭이나 법률적 구성형식에 구애됨이 없이 그의 실체 내지 경제적 성질을 실질적으로 고찰하여 해석하여야 할 것인 바, 피고인이 운영한 이 사건 상조사업은 실질적인 면에서 고찰할 때 동질적인 경제상의 위험에 놓여있는 다수의 회원이 사망이라는 우연한 사고가 발생한 경우의 재산상의 수요를 충족시키기

(2) 보증(保證)은 제3자가 채권자에 대하여 채무자의 채무의 이행을 담보하거나 또는 채권자가 입은 손해를 배상할 것을 약정하는 채권담보제도의 일종이다.[11] 무상보증의 경우는 무상인 점에서 유상인 보험과 다르지만, 유상보증의 경우에는 채무불이행이라는 사건이 우연성을 가지는 점에서 보험과 유사하다. 그러나 보증은 다수의 경제주체의 결합을 본질적 요소로 하지 않고, 계산방법에서도 대수의 법칙에 의하지 않는 점이 보험과는 다르다.

(3) 자가보험(自家保險)이란 개인 또는 기업이 이용하는 시설 자체에서 발생하는 재산적 손실을 전보하기 위하여 이익의 일부를 합리적인 계산으로 적립하는 것을 말한다. 이는 다수의 경제주체가 결합하여 위험을 분산시키는 것이 아니라는 점에서 보험과 다르다.

(4) 저축(貯蓄)이란 현재 수입의 일부를 장래를 위하여 적립하는 제도로서 경제생활의 불안정이나 필요에 대비하기 위함에 목적이 있다. 그러나 저축은 반드시 우연한 사고에 대처할 목적에만 있는 것이 아니고 또한 각각의 경제주체가 개별적으로 행하는 것이어서 우연한 사고에 대비하기 위하여 위험단체를 통하여 행하여지는 보험과는 다르다.

(5) 도박(賭博)이나 복권(福券)[12] 등의 사행행위(射倖行爲)도 우연한 사건의 발생 여부에 따라 당사자 사이에 급여 반대급여의 관계가 형성된다는 점에서는 보험과 유사하다. 그러나 도박이나 복권은 손해의 보상을 충족하기 위한 것이 아니라 일확천금을 목적으로 하는 점에서 보험과 다르다. 특히 도박은 선량한 사회질서에 반하여 사법상 무효이며(민 103)[13], 형법상 처벌의 대상이 된다(형법 제246조 이하 참조).

Ⅳ. 보험의 기능과 폐단

1. 보험의 기능

보험은 다음과 같은 기능을 한다. 첫째, 보험은 보험사고로 인한 경제적인 불안을 제거하여 개인이나 기업의 경제적 안정을 도모할 수 있게 하는 생활의 안정추구의 기능을 하고(생활의 안정추구기능), 둘째, 보험료를 축적하여 기업의 자금으로 활용할 수 있는 산업자금의 공급기능

위하여 가입회비, 상조비라는 명목으로 일정한 금액을 출연하고 사고가 발생할 때 상조부의금의 명목으로 일정한 금액을 지급한다는 점에서 그 사업명칭이나 출연 또는 지급금의 명칭에 불구하고 보험사업을 영위한 것이라고 하여야 할 것이므로 피고인이 허가없이 위 상조사업을 영위한 것은 보험업법(제5조 1항) 위반행위에 해당한다고 할 것이다.」

11) 보증채무: 민법 제429조; 신원보증: 신원보증법 제1조; 품질보증: 민법 제580조.

12) 도박과 복권: 도박이란 돈이나 재물을 걸고 따먹기를 다투는 짓 또는 거의 불가능하거나 위험한 일에 요행수를 바라고 손을 대는 일 등을 말하고, 복권이란 공공기관 등에서 어떤 사업자금을 마련하기 위하여 널리 파는 당첨금이 따르는 표를 말한다,

13) 민법 제103조(반사회질서의 법률행위) 선량한 풍속 기타 사회질서에 위반한 사항을 내용으로 하는 법률행위는 무효로 한다.

을 하고(산업자금의 공급기능), 셋째, 보험의 지급과정이나 보험제도의 홍보를 통하여 손해의 예방에 이바지할 수 있는 손해의 예방기능을 하고(손해의 예방기능), 넷째, 재보험 등을 통하여 위험을 국제적으로 분산하는 위험의 국제적 분산기능을 하고(위험의 국제적 분산기능), 다섯째, 국제무역에서 해상적하보험증권(海上積荷保險證券)은 신용장(信用狀)[14]과 선하증권(船荷證券)[15]에 의하여 담보된 하환어음(荷換어음)[16]에 첨부되는 필수적인 증권으로서 운송중인 화물의 매도 또는 은행으로부터의 어음할인 등을 가능하게 하는 신용기능을 한다(신용기능).

2. 보험의 폐단

보험은 위에 설명한 바와 같은 훌륭한 기능을 하고 있지만, 보험계약자 등이 보험금을 목적으로 고의로 보험사고를 일으킬 도덕적 위험(道德的 危險; moral risk, moral hazard)이나 보험보호를 받고 있음을 이유로 도덕적으로 해이(道德的 解弛)[17]될 가능성이 있다. 이러한 도덕적 위험이나 도덕적 해이를 방지하기 위하여 보험법은 보험계약자 등에게 고지의무, 통지의무, 위험유지의무, 손해방지의무 등을 부과하고 있지만, 보험자는 보험계약을 체결할 때부터 보험계약자의 역선택(逆選擇)[18]을 방지하고 도덕적 위험이나 도덕적 해이를 방지하기 위한 노력을 해야 할 것이다.

---

14) 신용장(信用狀): 신용장이란 매수인의 거래은행이 매수인을 위하여 매도인이 발행한 하환어음의 지급을 보증하는 내용의 매도인 앞으로 발행된 증서를 말한다. 이 경우 매수인을 신용장발행의뢰인, 매도인을 수익자, 신용장을 발행하는 은행을 발행은행 또는 신용장개설은행, 매도인의 거주지에서 신용장의 발행을 통지하는 은행을 통지은행, 신용장에 따라 발행한 하환어음을 할인하여 주는 은행을 할인은행 또는 매수은행이라 한다.

15) 선하증권(船荷證券): 해상물건운송계약에 의한 운송물의 수령 또는 선적을 증명하고, 아울러 운송물의 인도청구권을 표창하는 유가증권이다.

16) 하환어음(화환어음): 어음상의 권리가 운송중의 물건에 의하여 담보되어 있는 환어음을 말한다. 해상운송에서 선하증권에 의하여 담보되어 있는 경우를 하환(荷換)어음이라 하고, 육상운송에서 화물상환증에 의하여 담보되어 있는 경우를 화환(貨換)어음이라 한다.

17) 도덕적 해이(moral slackness): 도덕적 해이란 보험보호를 받게 될 자가 위험에 노출되었을 때 그대로 노출되었을 때와는 다르게 행동하는 것을 의미한다. 즉 화재보험에 가입한 자가 화재보험에 가입하지 않았다면 화재에 철저히 대비하였을 것인데, 화재보험의 보호를 받을 수 있다는 이유로 화재예방 등을 철저히 하지 않는 것을 말한다.

18) 역선택 (adverse selection): 역선택이란 자기에게 유리하게 하려고 상대편에게 불리한 것을 선책하는 것을 말한다. 이는 공급자와 수요자가 갖고 있는 정보가 각각 다르기 때문에 발생하는 경제현상이다. 예를 들어 보험계약을 할 때 주로 보험금을 탈 가능성이 큰 사람이 자신에게 유리한 보험을 선택함으로써 보험자의 편에서는 불리한 조건을 선택하게 되는 경우가 해당한다. 역선택의 경우에는 정보가 비대칭이기 때문에 시장에 성능이 나쁜 재화가 지배하게 되어 불완전한 정보를 가진 편에서는 원하지 않는 상대방과 거래할 가능성이 높다.

〔2〕 보험의 종류

목 차

Ⅰ. 서 언

상법 제4편은 보험을 손해보험과 인보험으로 나누고 있지만, 보험의 종류는 보험의 주체, 성질, 목적 등에 따라 여러 가지로 분류할 수 있다.

Ⅱ. 공보험과 사보험

보험사업의 '주체'에 의한 분류로, 국가 또는 공공단체가 국가나 사회정책적 목적에서 영위하는 보험을 공보험(公保險)이라 하고, 개인 또는 사법인이 사경제적인 입장에서 영위하는 보험을 사보험(私保險)이라 한다. 전자에는 산업재해보상보험, 국민건강보험, 군인보험, 선원보험, 국민연금보험, 고용보험 등이 있고, 후자에는 영리보험과 상호보험이 있다.

Ⅲ. 사회보험과 사보험

보험제도의 '사회적 목적'에 따른 분류로서 양자는 제도의 취지나 조직 면에서 많은 차이점이 있다. 사회보험(社會保險)은 사회정책적인 목적에서 그 구성원의 최저생활을 보장하기 위하여 영위되는 보험으로 구성원의 보험가입이 강제되며, 국민건강보험, 산업재해보상보험 등 대부분의 공보험은 이에 속한다. 사보험(私保險)은 개인의 경제적 안정을 위한 보험으로 보험가입이 보험가입자의 의사에 따라 결정되며, 상법상의 영리보험과 상호보험은 이에 속한다.

Ⅳ. 영리보험과 상호보험

사보험(私保險)은 그 경영의 주체를 기준으로 영리보험과 상호보험으로 나누어진다. 영리보험(營利保險)은 보험자가 보험의 인수를 영업으로 하는 보험으로서(상 46 17호), 상법상의 보험은 이에 속한다. 상호보험(相互保險)은 보험자가 보험의 인수를 영업으로 하는 것이 아니라 가입자인 사원의 보험보호를 위하여 운영하는 보험이다. 상호보험의 사업자는 금융위원회로부터 보험사업의 허가를 받은 상호보험회사이다(보업 4 ①). 상호보험에서는 영리보험과 달리 사원이 동시에 보험계약자가 되어 사원관계와 보험계약관계가 병존하게 되므로 보험관계가 소멸하면 사원관계도 소멸되어 사원은 퇴사하게 된다(보업 66 ① ii). 이 처럼 양자는 법률형식 면에서는 차이가 있지만 기능면에서는 유사하기 때문에 상법 제4편 '보험'의 규정을 성질에 반하지 않는 한 상호보험에 준용하도록 하고 있다(상 664). 상호보험제도가 우리나라에서는 거의 이용되지 않고 있으나, 외국의 인보험분야에서는 많이 이용되고 있다.

Ⅴ. 인보험과 재산보험

보험의 목적(보험의 대상이 되는 객체)에 따른 분류로, 인보험(人保險)은 사람에 관하여 발생하는 사고에 대한 보험을 말하고 생명보험, 상해보험, 질병보험 등이 이에 속한다. 재산보험(財産保險)은 재산에 대하여 발생하는 사고에 대한 보험을 말하며, 화재보험, 해상보험, 자동차차량보험, 도난보험, 책임보험 등 대부분의 손해보험이 이에 속한다. 재산보험 중 구체적인 물건에 발생하는 사고에 대한 보험을 물건보험(物件保險) 또는 적극보험(積極保險)이라 하고, 피보험자가 제3자에게 부담하게 되는 손해배상을 보상하기 위한 책임보험을 재산보험(협의) 또는 소극보험(消極保險)이라고 한다.

Ⅵ. 손해보험과 인보험

상법은 보험을 손해보험과 인보험으로 나누고 있다. 손해보험(損害保險)은 재산상의 손해를 보상할 것으로 목적으로 하는 보험(상 665)으로서 화재보험, 운송보험, 해상보험, 책임보험 및 자동차보험의 5종이 규정되어 있다. 인보험(人保險)은 사람의 생명 또는 신체에 관하여 발생하는 사고에 대한 보험으로서(상 727) 생명보험과 상해보험이 규정되어 있다. 인보험 중 상해보험은 보험의 대상이 사람의 신체라는 점에서는 인보험에 해당되지만, 피보험자가 지출한 치료비 또는 휴업보상비 등을 보상하는 측면에서는 손해보험의 성질도 띠게 된다. 그러므로 보험을 손해보험과 인보험으로 구분하는 것이 합리적인 분류인가에 대하여는 의문이 있다.

Ⅶ. 손해보험과 정액보험

손해보험은 보험사고로 인하여 피보험자가 입은 재산상의 손해액에 따라 보험금을 지급하는 보험으로 이를 부정액보험(不定額保險)이라 하고, 정액보험(定額保險)은 보험사고가 발생한 경우에 손해의 정도에 관계없이 보험계약에서 약정한 보험금액을 지급하는 보험이다. 생명보험은 정액보험에 속하고 그 외 대부분의 보험은 손해보험에 속한다. 상해보험은 비록 재산상의 손해가 아니라도 상해의 정도에 따라 보험금액이 다르므로 손해보험의 일종으로 볼 수 있다.

Ⅷ. 육상보험 · 해상보험 · 항공보험

보험사고의 발생장소에 따른 분류이다. 육상보험(陸上保險)은 육상에서의 사고에 대한 보험으로서 화재보험, 운송보험, 자동차보험 등이 이에 속한다. 해상보험(海上保險)은 해상에서 발생한 사고에 관한 보험으로서 선박보험, 적하보험 등이 이에 속한다(상 693). 해상(海上)에는 호천(湖川) · 항만(港灣) 등의 내수(內水)는 포함되지 않는다(상 125).[19] 항공보험(航空保險)은 공중에서 발생하는 사고에 대한 보험을 말하며 다른 보험에 비하여 그 발달의 역사가 일천하여 이에 관한 성문법전이 많지 않다. 항공보험은 그 위험의 특수성을 고려하여 해상보험에 관한 규정을 준용하여야 한다는 것이 일반적인 견해이지만, 항공기 사고의 특수성을 고려하여 항공보험에 관한 입법이 필요하다.[20]

Ⅸ. 개별보험 · 집합보험 · 단체보험

개별보험(個別保險)은 개개의 사람 또는 물건을 보험의 목적으로 하는 보험을 말한다. 집합보험(集合保險)은 집합된 물건을 보험의 목적으로 하는 보험을 말한다. 집합보험 중 특정하게 집합된 물건을 보험의 목적으로 하는 보험을 특정집합보험(特定集合保險, 상 686)이라 하고, 집합된 물건이 수시로 교체되는 것이 예정되어 있는 보험을 총괄집합보험(總括集合保險, 상 687)이라 한다.[21] 단체보험은 직장의 직원 단체와 같이 사람의 단체가 하나의 단위로

---

19) 보험약관상으로는 이와 다르게 규정할 수 있다.

20) 양승규, 전게서, 35; 정찬형, 전게서, 490면.

21) 집합보험을 특정보험과 총괄보험으로 다시 분류할 경우에 단순히 특정보험, 총괄보험이라고 하면 용어사용에 혼란이 있을 수 있다. 그러므로 특정보험을 특정집합보험, 총괄보험을 총괄집합보험이라고 하는 것이 이해하기 편리할 것이다. 집합보험, 총괄보험, 특별보험의 개념에 대하여는 학자마다 약간의 차이가 있다.

보험에 가입하는 경우를 말한다(상 735의3).

X. 가계보험과 기업보험

가계보험(家計保險)은 개인이 가계생활의 위험에 대비하기 위한 목적으로 이용하는 보험을 말하고, 생명보험, 개인재산에 대한 화재보험, 도난보험 등이 이에 속한다. 기업보험(企業保險)은 기업인이 기업경영상의 위험에 대비하기 위한 보험으로, 해상보험, 수출보험, 재보험 등이 이에 속한다. 가계보험계약에서는 사적자치(私的自治)의 원칙(原則)[22]이 그대로 인정되지 아니하고 보험계약자 등의 이익보호를 위한 법적배려가 요구되고(상 663 참조), 기업보험의 경우에는 보험자와 보험계약자가 모두 기업이므로 실질적으로 대등하다고 보아 어느 정도 사적자치의 원칙이 인정되고 있다(상 663 단서 참조).

XI. 원보험과 재보험

보험자가 체결한 보험계약에 따라 지급해야할 보험자의 보험금 지급책임의 일부 또는 전부를 다른 보험자(제2의 보험자)가 인수하는 경우에 제1의 보험자가 인수한 보험을 원보험(原保險) 또는 원수보험(元受保險)이라 하고, 보험자가 다른 보험자와 체결한 보험을 재보험(再保險)이라 한다. 재보험은 독립된 별개의 보험으로 원보험이 손해보험이든 인보험이든 재보험 자체는 손해보험으로 책임보험의 일종이다.

첫째 견해: 집합보험을 특정보험과 총괄보험으로 나누어, 어떤 특정한 집합된 물건을 보험의 목적으로 하는 것을 특정보험이라 하고, 그 집합된 물건이 수시로 교체되는 것이 예상되어 있는 보험을 총괄보험이라 하고, 집합보험의 대상을 물건에 한정하고 있다(양승규, 전게서, 35면). 둘째 견해: 집합보험은 하나의 피보험자가 소유하는 수개의 보험목적물에 대하여 1개의 계약을 체결하는 보험이라 하고, 총괄보험은 교체성이 있는 사람 또는 물건의 집단을 포괄적으로 1개의 보험계약의 목적으로 한 경우로서 집단을 구성하는 내용에 교체성이 있다는 점이 집합보험과 다르다 하면서, 특정보험에 대한 언급은 없고, 총괄보험의 대상으로 사람도 포함되는 것으로 설명한다(최기원, 전게서, 18면). 셋째 견해: 내용이 변동하는 다수의 자연인 또는 물체의 집단을 포괄적으로 하나의 보험목적으로 하는 것을 총괄보험이라 하고, 이에 속하지 않는 일반의 보험을 특정물에 관한 보험이라는 의미에서 특별보험이라 한다. 총괄보험과 집합보험의 상이한 점은 집단의 구성분자의 교체성 유무에 있다하고, 그 대상을 물건에 한정하지 않고 자연인도 포함한다(손주찬, 전게서, 472면).

22) 사적자치의 원칙(principle of private autonomy): 사적자치의 원칙이란 사법상의 법률관계는 개인의 자유로운 의사에 따라 자기책임 하에서 규율하는 것이 이상적이라고 하는 근대사법의 원칙을 말하며, 개인의사 자치의 원칙이라고도 한다. 법률행위 중에서 가장 중요한 것은 계약이므로 사적자치의 원칙을 '계약자유의 원칙'이라고도 한다. 여기에는 유언자유의 원칙, 사단설립 자유의 원칙 등도 포함된다. 이 원칙에 따라서 개인의 의사활동의 자유는 보장되지만, 타면 자기의 고의 · 과실로 인한 행위에 대해서는 스스로 책임을 지지 않으면 안 된다는 '자기책임의 원칙'이 도출된다.

XII. 임의보험과 강제보험

보험가입의 강제 여부에 따라 임의보험과 강제보험으로 분류된다. 임의보험(任意保險)은 보험가입이 법률로 강제되지 않은 보험으로 대부분의 사보험이 이에 속한다. 강제보험(强制保險)은 보험가입이 법률에 의하여 강제되어 있고 보험자도 특별한 사유가 없는 한 보험가입을 거절할 수 없는 보험으로서 대부분의 공보험은 이에 속하는데, 사보험의 경우에도 가입이 강제되는 경우가 있다.[23] 법률상 보험가입이 강제되어 있는 보험은 다음과 같다. ① 고용보험(고용보험법 제8조) ② 관광사업자의 손해배상책임보험(관광진흥법 제9조) ③ 도시 · 고압가스사용자의 손해배상책임보험(도시가스사업법 제43조, 고압가스안전관리법 제25조) ④ 산업재해보상보험(산재보 6) ⑤ 의료보험(국건보 5) ⑥ 선원보험(선원보험법 제17조) ⑦ 신체손해배상특약부화재보험(화재로 인한 재해보상과 보험가입에 관한 법률 제5조) ⑧ 자동차손해배상책임보험(자배법 5, 21) ⑨ 항공보험(항공운송사업진흥법 제7조) ⑪ 원자력손해배상책임보험(원손배보 5, 7).

XIII. 기타의 분류

위와 같은 일반적인 보험의 분류 외에 보험료의 환불여부에 따라 보장성보험과 저축성보험, 의사진단의 유무에 따라 유진사보험과 무진사보험, 배당의 유무에 따라 배당보험과 무배당보험으로 분류할 수 있다.

1) 보장성보험과 저축성보험: 보장성보험(保障性保險)은 '지급되는 보험금의 합계액이 이미 납입한 보험료를 초과하지 아니하는 보험'을 의미하고, 저축성보험(貯蓄性保險)이란 보험계약기간이 만료되고 보험사고가 발생하지 않은 경우에는 이미 납입한 보험료 상당액을 반환하여 주는 보험을 말한다.[24] 양자를 구별하는 이유는 보험료의 소득공제 유무이다. 소득세법 제52조 제1항 제2호는 보장성보험을 '만기환급금이 이미 납입한 보험료를 초과하지 아니하는 보험'으로 정의하고 보장성보험에만 보험료의 소득공제를 인정하고 있다. 다만 저축성보험 중 개인연금보험은 예외적으로 보험료소득공제가 인정되고 있다(소득 51의3 i ; 조세특례제한법 제86조).

2) 유진사보험과 무진사보험: 건강보험 또는 생명보험 등에서 피보험자가 신체검사를 받아야 하는지 여부를 기준으로, 신체검사를 받아야 하는 보험을 유진사보험(有診査保險) 또는 진단보험(診斷保險)이라 하고, 신체검사를 요하지 않는 보험을 무진사보험(無診査保險)

23) 「화재로 인한 재해보상과 보험가입에 관한 법률」 제5조에 따라 신체손해배상 특약부 화재보험의 가입을 강제하고 있다.

24) 김종국, 「생명보험총론」, 형설출판사, 1993, 275면.

또는 무진단보험(無診斷保險)이라 한다.

3) 배당보험과 무배당보험: 배당보험(配當保險)이란 보험사업자가 영업의 성과로 생긴 이익의 전부 또는 일부를 보험계약자에게 분배하는 보험을 말하고, 무배당보험(無配當保險)은 이를 분배하지 않는 보험을 말한다.

＊ **참고: 보험업무감독규정상의 보험의 종류**(보험업무감독규정시행세칙 <부표 2>)

대분류	중 분 류	소 분 류	분 류 기 준
화재보험	주택화재		보험의 목적이 단독주택이나 연립건물 등으로 각 호나 각실이 주택으로만 사용되는 건물등의 화재보장
	일반화재		주택이나 공장을 제외한 일반건물 및 그 수용동산의 화재 보장
	공장화재		공장건물 및 그 수용동산의 화재보장
	기타화재	상품별	상기분류 이외의 화재보험종목
해상(운송·항공포함)	적하		화물의 해상운송 위험을 보장
	선박		선박에 대한 손해를 보장
	해양종합		해양건설위험 등 해상활동 중 위험을 보장
	해양책임		해양오염배상책임보험 등 해상에서의 배상책임을 보장(선박, 해양종합 제외)
	운송		육상 및 내륙운송화물의 위험보장
	항공	재물	항공기의 운항, 항행등 항공기 관련 손해보장
		배상책임	항공기사고와 관련한 손해배상책임보장
	우주	재물	인공위성 등의 성공적 발사, 임무수행등에 관련된 위험보장
		배상책임	인공위성 등의 사고와 관련한 손해배상책임보장
	해상기타		상기분류에 속하지 않는 해상보험 종목
자동차	개인용	보장별	
	업무용	보장별	
	영업용	보장별	
	이륜차	보장별	
	운전자	용도별	
	외화표시	용도별	
	취급업자	특약별	
	운전면허교습생		
	농기계	보장별	
	기타		상기에 분류되지 않은 모터바이크종합보험등의 자동차보험 종목

대분류		중 분 류	소 분 류	분 류 기 준
보증		신원보증 (Fidelity)		피용인이 불성실 행위를 함으로써 고용주가 입은 손해보장
		채무이행 보증 (Surety)	법률상채무 불이행	법령상의 채무불이행으로 채권자가 입게되는 손해를 위해 채무자가 보험가입
			계약상채무 불이행(금융)	계약상(금융성)의 채무불이행으로 채권자가 입게되는 손해를 위해 채무자가 보험가입
			계약상채무 불이행 (비금융)	계약상(비금융성) 채무불이행으로 채권자가 입게되는 손해를 위해 채무자가 보험가입
		신용 (Credit)	상업신용	계약상의 채무불이행으로 채권자자신이 입게되는 손해를 보장하는 상업성 신용보험
			재무신용	계약상의 채무불이행으로 채권자자신이 입게되는 손해를 보장하는 재무성 신용보험
			기타	계약상의 채무불이행으로 채권자자신이 입게되는 손해를 보장하는 기타 신용보험
		기 타		상기분류 이외의 보증보험종목
특종	기술	건설		건설공사중 공사목적물에 생긴손해, 손해배상책임보장
		조립		조립공사중 조립목적물에 생긴손해, 손해배상책임보장
		기계		기계에 대한 손해보장
		전자기기		전자기기에 대한 손해 및 자료복구비용 등을 보장
		기타		상기분류 이외의 기술보험종목
	근로자재해보상	국내	재해보상	근로기준법상 재해보상책임을 보장
			사배책	법률상의 보상책임을 초과하여 사용자가 부담하게 되는 민법상의 사용자배상책임을 보장
		해외	재해보상	해외근로자에게 생긴 업무상재해로 인하여 피보험자가 부담하는 산재법상 재해보상책임 보장
			사배책	법률상의 보상책임을 초과하여 사용자가 부담하게 되는 민법상의 사용자배상책임을 보장
		선원	재해보상	선원법상 재해보상책임을 보장
			사배책	법률상의 보상책임을 초과하여 사용자가 부담하게 되는 민법상의 사용자배상책임을 보장
		직훈생	재해보상	직업훈련생에 대한 근로자직업훈련촉진법상의 재해보상책임을 보장
			사배책	법률상의 보상책임을 초과하여 사용자가 부담하게 되는 민법상의 사용자배상책임을 보장
	책임	일반배상	개인배상	개인의 활동에 기인된 배상책임위험보장
			영업배상	시설 및 업무수행에 기인하여 타인의 신체나 재물에 손해를 입힘으로써 발생하는 손해배상책임보장
			선주배상	해운법에 의한 해상여객운송사업자가 선박여객의 인명피해에 대한 손해배상책임보장
			유도선 사업자	유선 및 도선사업법에 의한 유선, 도선사업자가 선박여객의 인명피해에 대한 손해배상책임보장
			도로운송 사업자	유상화물운송업자가 화물운송중 발생하는 사고로 화주에 대한 손해를 입힌 경우의 손해배상책임보장
			가스사고	가스의 제조, 판매, 대여 또는 부수 사업 및 가스의 사용에 의해 발생하는 사고로 인한배상책임보장
			체육시설	체육시설의설치및이용에관한법률에 의거 체육시설내 발생하는 사고에 의한 배상책임 보장
			지자체	지방자치단체가 소유, 사용 또는 관리하는 시설 및 그 용도에 따른 업무수행등에 따른 배상책임보장
			기타	상기분류 이외의 일반배상보험종목

대분류		중분류	소 분 류	분 류 기 준
특종	책임	생산물	생산물배상	피보험자가 제조, 판매 또는 취급한 재물이나 작업결과에 기인한 배상책임손해보장
			생산물회수	생산물의 결함에 의한 사고로 배상책임이 발생되었거나 발생우려가 있는 경우 생산물 회수비용보장
			생산물보증	생산물자체의 하자나 결함을 보상
		전문 직업인	비행 (Malpractice)	전문직업인이 사람의 신체에 관한 전문직업상의 행위로 부담하게 되는 손해배상책임 보장
			하자(E&O)	전문직업인이 전문직업상의 행위로 부담하게 되는 손해배상책임 보장
	상해	상해		급격하고 우연한 사고로 피보험자의 신체에 상해를 입은 경우의 손해 보장
		여행	국내여행	국내여행중 상해를 입은 경우의 손해 보장
			해외여행	해외여행중 상해를 입은 경우의 손해보장
			해외연수생	장기체류의 해외연수생(유학생)이 체류중 상해를 입은 경우의 손해보장
		기타		상기분류 이외의 상해보험종목
	질병			피보험자가 질병으로 인하여 치료함에 따른 손해보장
	종합	가계성		개인의 재물손해, 신체손해 및 손해배상책임 보장중 두가지 이상의 손해를 보장
		기업성		기업의 재물손해, 손해배상책임 및 구성원의 신체손해 보장중 두가지 이상의 손해를 보장
	부동산 권리			부동산에 대한 권리상의 하자로 인한 손해를 보장
	기타	도난		재물에 대한 도난손해 보장
		유리		유리에 대한 파손손해를 보장
		동물		동물에 대한 손해를 보장
		원자력		원자력손해배상법에 의한 손해배상책임을 보장
		비용	상금	피보험자가 상금이나 상품등의 지급을 구체화시키는 사고로 인하여 피보험자가 입게되는 손해를 보장
			기타	소송비용 등 상기 이외의 비용보험 종목
		기타		상기분류 이외의 특종보험종목
장기		장기화재		장기손해보험 중 화재로 인한 재물에 생긴 손해 보장
		장기종합		장기손해보험 중 재물손해, 신체손해, 배상책임손해 보장중 두가지 이상의 손해를 보장
		장기상해		장기손해보험 중 신체의 상해로 인한 손해 보장
		장기질병		장기손해보험중 질병에 걸리거나 질병으로 인한 입원, 수술 등의 손해 보장
		장기간병		장기손해보험중 활동불능 또는 인식불명 등 타인의 간병을 필요로 하는 상태 및 이로 인한 손해 보장
		장기기타		상해, 질병, 간병 보장중 두가지 이상의 손해를 보장
개인연금				재원을 일시납 또는 분할납 형식으로 축적한 후 년금개시일부터 일정액을 정기적으로 지급받는 보험
퇴직보험				취업중 일정기금을 적립한 후 연금기간동안 미리 약정한 금액을 지급하는 보험
해외 원보험			종목별	해외에 소재한 물건에 대한 재물손해, 신체손해, 손해배상책임손해를 보장
재보험		수재	종목별	재보험자로서 타보험자의 위험을 재보험으로 인수
		출재	종목별	인수한 보장위험을 분산시키기 위하여 재보험자에게 보험을 부보
		기타		상기 이외의 재보험

〔3〕 손해보험과 인보험의 비교

목 차

Ⅰ. 상법상의 보험의 분류와 문제점

보험은 그 기준에 따라 여러 가지로 분류할 수 있는데, 상법은 보험의 목적이 되는 대상이 재산이냐 사람의 신체 또는 생명이냐에 따라 손해보험과 인보험으로 분류하고 있다. 손해보험은 보험자가 보험사고로 인하여 생길 피보험자의 재산상의 손해를 보상할 것으로 목적으로 하는 보험을 말하며(상 665), 상법상 화재보험, 운송보험, 해상보험, 책임보험 및 자동차보험의 5가지 종류의 보험이 손해보험으로 규정되어 있다. 인보험은 사람의 생명 또는 신체에 관하여 보험사고가 생길 경우에 보험계약의 정하는 바에 따라 보험금액 그 밖의 급여를 할 것으로 목적으로 하는 보험을 말하며(상 727), 상법상 생명보험과 상해보험이 인보험으로 규정되어 있다.

상법이 보험을 손해보험과 인보험으로 분류하는 방식이 타당한 것인지에 대하여는 의문이 있다. 인보험 중 상해보험이나 질병보험 등은 비록 보험의 목적이 재산이 아닌 사람의 신체이지만 보험사고가 발생한 때에는 치료비나 상해의 정도에 따라 지급하는 보험금이 다르기 때문에 순수한 인보험으로 보기가 어렵고 양자의 혼합적 성질을 지닌 제3종의 보험으로 볼 수 있다. 즉 상해보험이나 질병보험은 사람의 생사에 관하여 일정 금액의 지급을 하는 것이 아니므로 생명보험도 아니고 또 직접 산정할 수 있는 손해의 보상을 목적으로 하는 것도 아니므로 순수한 손해보험으로 보기도 어렵다. 그러므로 보험을 손해보험과 인보험으로 구분하는 것이 타당한지는 의문이다.

Ⅱ. 손해보험과 인보험의 비교

1. 피보험이익 관념의 인정 여부

손해보험은 손해의 보상을 목적으로 하므로(상 665), 보험의 객체가 되는 보험의 목적에 대하여 피보험이익이 있을 것을 필요로 한다(상 668). 이에 따라 피보험이익의 가액인 보험가액과 보험금액과의 관계에 따라 초과보험(상 669), 중복보험(상 672), 일부보험(상 674) 등의 문제가 발생하게 되어 상법은 이에 관한 특별규정을 두고 있다. 이에 대하여 인보험에서 보험의 목적은 사람의 생명 또는 신체이므로 성질상 피보험이익의 관념을 부정하여 피보험이익의 평가액인 보험가액이라는 개념이 없다. 이에 따라 보험가액과 보험금액과의 관계에 따른 초과보험, 일부보험, 중복보험 등의 문제가 발생되지 않는 것으로 해석되고 있다. 즉 손해보험은 피보험이익의 관념을 전제로 한 손해의 보상을 목적으로 하지만, 인보험은 피보험이익의 관념을 부정하여 손해의 보상을 목적으로 하는 것이 아니라 보험사고가 발생하면 약정한 보험금액을 지급할 것을 목적으로 하는 점에 근본적인 차이가 있다.

2. 피보험자의 의미

손해보험계약의 관련자로는 계약의 당사자인 보험자와 보험계약자가 있고, 그 외에 피보험자가 있다. 손해보험에서 피보험자란 피보험이익의 주체로서 보험사고가 발생했을 때 손해의 보상을 받을 자를 말하며, 자기를 위한 보험에서는 보험계약자가 피보험자이고, 타인을 위한 보험에서는 보험계약자 이외의 제3자가 피보험자가 된다. 이에 대하여 인보험계약의 당사자는 손해보험의 경우와 같이 보험자와 보험계약자이지만, 인보험에서 피보험자란 손해보험에서의 피보험자 의미와는 다르다. 즉 인보험에서의 피보험자란 보험의 목적이 되는 사람(즉 신체나 생명이 보험에 붙여진 사람)을 말하며, 보험금지급청구권이 있는 자는 별도로 보험수익자라고 부르는 점에서 손해보험과 다르다. 따라서 자기를 위한 보험에서는 보험계약자가 보험수익자이고, 타인을 위한 보험에서는 제3자가 보험수익자가 된다.

3. 보험의 목적과 보험의 목적의 양도성 여부

손해보험의 목적은 경제적인 재산으로서 유체물이든 무체물이든 묻지 않고, 그 보험의 목적은 양도가 인정된다(상 679). 이에 반하여 인보험의 목적은 자연인에 한하고, 특히 사망보험에 있어서는 보험의 목적을 제한하고 있으며(상 732), 보험의 목적의 양도란 성질상 인정될 수 없다.

4. 보험사고의 형태

손해보험의 보험사고는 태풍, 홍수 등과 같은 자연적 사고와 방화, 살인 등과 같은 인위적 사고로 그 형태가 다양하지만, 보험사고는 우연한 사고이어야 하므로 사고의 발생여부, 발생시기 및 발생의 정도 등이 불확정하여야 한다. 이에 대하여 인보험은 사람의 생명 · 신체에 관한 보험이므로 생명에 관한 보험사고는 생사(生死)로서 그 발생의 시기나 발생의 정도는 불확정적이지만 생사의 발생 자체는 확정적인 것이며, 신체에 관한 보험사고는 상해(傷害)이다. 이 처럼 손해보험의 보험사고는 다양하지만 인보험의 보험사고의 형태는 생사나 상해로서 손해보험의 보험사고와는 다르고 또한 손해보험의 사고는 발생자체도 불확정적이지만 생명보험의 보험사고인 생사는 발생자체는 확정적인 것이라는 점에서 양자는 다르다. 상법상의 인보험은 생명보험과 상해보험만이 규정되어 있지만, 보험거래에서는 교육 · 결혼 · 양로 등의 인보험상품이 개발되어 인보험의 보험사고도 다양한 형태를 보이고 있다.

5. 보험금액의 의미와 정액성 여부

손해보험은 손해의 보상을 목적으로 하므로 보험금액은 보험사고가 발생하였을 때에 보험자가 지급하여야 할 최고한도를 의미하며, 보험사고가 발생하였을 때 보험자가 지급할 구체적인 보상액은 보험금액의 한도 내에서 실손해액을 보상함을 원칙으로 한다(부정액보험). 이에 대하여 인보험에서는 보험사고가 발생하면 일정한 금액, 즉 약정된 보험금액을 지급하여야 한다(정액보험). 그러나 인보험 중 상해보험은 보험사고의 발생으로 인한 치료비 또는 상해의 정도에 따른 보상을 하는 부정액보험의 형태를 취하는 것이 일반적이다.

6. 보험기간의 장단

손해보험의 보험기간은 인보험에 비하여 일반적으로 단기간이며, 보험료도 그 전액을 일시에 지급하는 것이 일반적이다. 이에 대하여 인보험에서는 특히 생명보험이나 혼합보험의 경우에는 보험기간이 장기인 경우가 많고, 보험료도 분할지급하는 것이 보통이며, 그리고 보험료도 장기간의 평균보험료를 지급하는 것이 통상이어서 중도해지의 경우에는 보험료적립금의 반환이란 문제가 발생한다(상 736).

7. 보험자대위의 인정 여부

손해보험에서는 보험자가 보험금액을 지급하면 보험의 목적에 대한 피보험자의 권리를 취득하거나(상 681), 제3자에 대한 보험계약자 또는 피보험자의 권리를 지급한 보험금의 한도에서 취득하는 보험자대위가 인정된다(상 682), 그러나 인보험에서는 원칙적으로 보험자대위가 금지되고(상 729), 예외적으로 제3자에 대한 청구권대위를 인정하는 경우가 있을 뿐이다(국건보 53).

8. 보험계약관련자의 권리와 의무

손해보험과 인보험은 보험계약 관련자의 권리와 의무면에서는 대체로 비슷하지만 각 보험의 특성상 약간의 차이가 있다. 즉 손해보험의 특성상 초과보험의 경우 보험계약자는 보험료의 감액청구권을 갖고, 보험자에게는 보험금액감액청구권이 인정되며(상 669 ①), 보험계약자와 피보험자는 보험사고 발생 시에 손해방지경감의무를 부담한다(상 680 ①). 이에 대하여 인보험에서는 피보험이익의 평가인 보험가액의 개념이 없어 보험가액을 기준으로 하는 문제가 없다. 그러나 인보험에서는 손해보험에서는 인정되지 않는 보험계약자의 보험수익자의 지정·변경권제도(상 733)가 있고, 보험자는 보험기간의 장기성을 고려하여 보험료적립금반환의무(상 736 ① 본문, 739)가 있고, 특히 약관상으로는 이익배당의무, 보험증권대출의무(약관대출의무) 등을 부담하는 경우도 있다.

〔4〕 영리보험과 상호보험의 비교

목 차

Ⅰ. 영리보험과 상호보험의 의의

사보험(私保險)은 경영의 주체를 기준으로 영리보험과 상호보험으로 나누어진다. 영리보험(營利保險)은 보험의 인수를 영업으로 하는 보험을 말하며(상 46 17호), 상법상의 보험은 모두 이에 속한다. 상호보험(相互保險)은 보험자가 보험의 인수를 영업으로 하는 것이 아니라 가입자인 사원의 보험보장을 위하여 운영되는 보험을 말한다. 상호보험회사는 상법에 근거한 것이 아니라 보험업법에 근거하여 설립되는 보험사업의 주체로서(보업 5 ②) 상법상의 회사는 아니다. 보험업법은 금융위원회의 허가를 받은 주식회사 또는 상호회사와 외국보험사업자만이 보험사업을 할 수 있도록 하고 있다(동법 4 ③). 양자는 경영의 주체와 보험사업의 영리성 여부에 따라 구분되어 법률형식면에서는 차이가 있지만 그 운영이나 기능적 측면에서는 접근하고 한다. 우리나라에서는 상호보험제도가 거의 이용되지 않고 있으나, 외국의 인보험분야에서는 상호보험이 많이 이용되고 있다.

Ⅱ. 양자의 비교

1. 경영의 주체

영리보험은 보험의 인수를 영업으로 하는 주식회사나 외국보험회사만이 할 수 있다. 이에 대해 상호보험은 동종의 위험에 대한 보장을 위한 다수가 위험단체를 구성하여 구성원 자체가 운영의 주체가 되고 보험의 대상이 되는 비영리사단법인이다.

2. 설립의 근거와 용이성

영리보험은 상법과 보험업법에 근거하여 설립되고, 발기인은 1인이며 족하고 그 자격에는 제한이 없어(상 288) 그 설립이 간편하고 용이하다. 그러나 상호보험은 보험업법에 근거하여 설립되며, 상호보험회사의 설립시 100인 이상의 사원이 있어야 하므로(보업 37) 상법상의 보험회사보다 사원확보의 문제로 그 설립이 용이하지 않다고 할 수 있다.

3. 재산적 기초로서 자본금 또는 기금

영리보험주식회사는 주주의 주금납입으로 자본금을 마련하는데, 주식대금은 금전출자 외에 현물출자도 가능하다(상 290). 이에 대해 상호회사는 사원의 갹출금(醵出金)으로 기금을 마련해야 하고, 기금의 납입은 금전 외의 자산으로 이를 할 수 없다(보업 36). 양자 모두 보험업을 개시하려면 300억원 이상의 자본금 또는 기금의 납입을 설립의 요건으로 한다(보업 9 ①).

4. 의사결정의 방식

자본단체로서의 영리보험의 주체인 주식회사는 1주 1의결권의 원칙에 따라 주주총회에서 의사를 결정하지만(상 369), 자본단체로서의 성격을 갖지 않는 상호회사는 사원총회 또는 그 대행기관(보업 54)에서 1사원 1의결권에 의하여 의사를 결정하는 것이 원칙이다(보업 55).

5. 구성원의 지위

주식회사의 주주는 단지 주금액을 납입한 사원에 지나지 않아 회사에 대한 관계에서 주주는 회사의 구성원이지만 보험계약자는 주주의 지위와는 전혀 별개인 보험계약의 당사자가 되어 주주 지위의 소멸여부가 보험계약자의 지위에 전혀 영향을 미치지 않는다. 그러나 상호보험에서는 사원이 동시에 보험계약자가 되어 사원관계와 보험관계가 병존하게 된다. 그 결과 상호보험에서는 보험관계가 소멸하면 사원관계도 소멸되어 사원은 퇴사하게 된다(보업 66 ① ii).

6. 주주와 사원의 책임

영리보험주식회사의 주주는 회사채권자에 대하여 직접 책임을 부담하지 않고 단지 자신이 납입한 주식대금에 의한 간접유한책임을 부담한다. 상호회사의 사원의 경우에도 회사채권자에 대하여 직접 의무를 부담하지 않고, 회사채무에 대한 사원의 책임은 보험료를 한도로 하지만(보업 47), 회사의 재정상태의 악화로 운영이 어려울 경우를 예정하여 사원에게 지급되는 보험금액의 삭감에 관한 사항을 반드시 정관에 정하여야 한다(보업 49).

7. 이익의 배당과 잉여금의 분배 등

영리보험주식회사는 결산기에 이익이 발생하면 주주에게 이익배당을 하고(상 462 이하), 보험계약자에게는 약관의 내용에 따라 계약자배당을 할 수 있다. 이에 대해 비영리 상호보험회사는 정관에 특별한 규정이 없는 경우에는 잉여금을 각 사업연도 말에 사원에게 분배한다(보업 63).

Ⅲ. 양자의 접근

영리보험과 상호보험은 그 설립목적, 설립근거, 법적형식 등에 차이가 있지만, 보험수리 등에 따라 운영하는 방식은 유사하고, 상호보험의 규모가 커짐에 따라 구성원의 긴밀도가 그다지 크지 않고, 영리보험의 자본금이나 상호보험의 기금의 기준을 동일하게 하는 등 실제에 있어서 양자는 유사한 면이 많아 상호접근 현상을 보이고 있다. 이러한 점을 고려하여 상법은 원칙적으로 상호보험에도 영리보험에 관한 규정을 준용하도록 하고 있다(상 664).

〔5〕 보험의 장려정책과 보험사업에 대한 국가의 감독

목 차

Ⅰ. 보험의 장려정책

1. 장려정책의 필요성

종래 보험에 대한 국민의 인식은, 보험에 대한 기본지식의 부족, 생활수준에 따른 경제적 여유부족, 보험모집활동에 대한 불신, 보험경영의 비합리성, 보험담당자의 전문지식의 부족, 중도 환급금으로 인한 분쟁 등으로 보험제도에 대하여 부정적인 경향이 강하였다. 오늘날에는 보험의 필요성을 부정하는 자는 거의 없지만 자발적으로 보험에 가입하려고 하는 자는 많지 않다고 본다. 보험은 개인의 생활안정 뿐만 아니라 국가적 · 사회적 안정 및 국가 경제적 측면에서도 필요하다. 그러므로 보험제도의 활성화를 위한 국가의 장려정책이 필요한데, 우리나라에서는 과세상의 소득공제를 통하여 조세감면의 혜택을 주는 방법, 사업자가 지급하는 단체퇴직보험료를 필요경비로 인정하여 손비처리할 수 있도록 하는 방법, 기타 교통사고처리특례법상의 혜택 등의 방법을 취하고 있다. 이중 중요한 것은 조세감면방법인데, 현재의 조세감면 내용으로는 충분한 것이라고 할 수 없다, 그러므로 보험제도의 사회적 기능을 고려하여 조세감면의 폭을 보다 확대하고 그 외 다른 방안도 강구하는 것이 필요하다.

2. 국가의 장려정책

1) 보험료소득공제

(1) 근로자가 「국민건강보험법」, 「고용보험법」 또는 「노인장기요양보험법」에 따라 해당년도에 지급하는 보험료 전액을 소득에서 공제한다(소득 52 ① ⅰ). (2) 기본공제 대상자를

피보험자로 하는 보험 중 만기에 환급되는 금액이 납입보험료를 초과하지 아니하는 보험 중 만기에 환급되는 금액이 납입보험료를 초과하지 않는 보험료는 년 100만원 범위에서 소득에서 공제한다(소득 52 ① ⅰ). (3) 기본공제대상자중 장애인을 피보험자 또는 수익자로 하는 보험 중 만기에 환급되는 금액이 납입보험료를 초과하지 아니하는 장애인전용보장성보험의 보험료는 년 100만원 범위 내에서 소득에서 공제한다(소득 52① ⅲ). (4) 종합소득이 있는 거주자로서 「국민연금법」에 의하여 부담하는 연금보험료(사용자부담금 제외) 전액을 당해 종합소득금액에서 공제한다(소득 51의3).

2) 단체퇴직보험금의 소득공제

단체퇴직보험은 퇴직소득으로 분류되어(소득시령 42의2) 단체퇴직보험금의 45/100에 상당하는 금액이 공제되어 공제액만큼 과제기준이 낮아져 소득세가 감액된다(소득 48 참조).

3) 사업자가 지급하는 단체퇴직보험료의 손비 인정

사업자가 지급하는 사용인의 단체퇴직보험의 보험료를 필요경비로 인정하고(소득시령 57), 법인세법은 이를 손비로 처리하도록 하고 있다(법인세법시행령 제45조 제1항 제4호 가).

4) 기타의 방법

그 외 국가를 당사자로 하는 계약에 있어서 입찰보증금과 계약보증금을 보증보험증권으로 대신할 수 있도록 하고 있고(국가를 당사자로 하는 계약에 관한 법률 시행령 제37조 제2항 제3호, 동시행령 제50조 제7항), 자동차대인무한책임보험에 가입한 경우에 교통사고처리특례법에 따라 공소제기를 제한하는 것(동법 제4조)도 보험제도 장려정책의 일종이라고 할 수 있다.

Ⅱ. 보험사업에 대한 국가의 감독

1. 감독의 필요성

보험사업은 형식적으로는 보험자와 개인과의 보험계약체결을 통하여 운영되지만, 실질적으로는 개인뿐만 아니라 국가 또는 사회의 안정 등 공공의 이익에 중대한 영향을 미치는 준공기업(準公企業)적 성질을 지니고 있기 때문에 소비자인 보험계약자와 일반 공공의 이익을 보호하기 위하여 국가의 철저한 지도와 감독이 필요하다(보업 1).[25]

25) 보험업법 제1조(목적) 이 법은 보험업을 영위하는 자의 건전한 운영을 도모하고 보험계약자 · 피보험자 그 밖의 이해관계인의 권익을 보호함으로써 보험업의 건전한 육성과 국민경제의 균형있는 발전에 기여함을 목적으로 한다.

2. 보험사업 감독에 대한 입법주의

보험사업에 대한 국가의 감독방식에 관한 입법주의는 공시주의, 준칙주의, 실질적 감독주의가 있다. 공시주의(公示主義)[26]는 보험업자로 하여금 정기적으로 대차대조표나 영업보고서 등을 통하여 보험업자의 재산상황이나 영업내용을 공시하도록 하는 입장이고, 준칙주의(準則主義)[27]는 국가가 보험업을 허가하기 위한 요건을 규정하고 그 요건을 충족하면 보험업을 허가하는 입장이고, 실질적 감독주의(實質的監督主義)는 국가가 보험업의 허가와 영업활동 등 보험사업 전반에 관한 사항을 실질적으로 감독하는 입장을 말한다. 우리나라는 대부분의 나라와 같이 실질적 감독주의 입장을 취하고 있으며, 보험감독에 관한 대부분의 사항은 보험업법에 규정되어 있다.

3. 보험감독기관

1) 금융위원회

금융위원회는 금융정책, 외국환업무취급기관의 건전성 감독 및 금융감독에 관한 업무를 수행하게 하기 위하여(금융위 3) 국무총리 소속하에 설치된 회의체의 기관으로서 9인의 위원으로 구성되며, 보험업의 허가(보업 4)로부터 보험업에 대한 전반적인 감독업무를 수행하는 보험감독의 주무관청이다(금융위 17).

2) 기획재정부장관

기획재정부장관은 비록 보험감독의 주무관청은 아니지만 국가의 경제정책을 관장하여 금융제도의 일환으로 보험정책의 수립과 보험업법 등에 의하여 위임된 법령의 정비 등에 관한 권한을 가진 정부기구로서 보험업에 대한 간접적인 감독기관이라 할 수 있다.

3) 금융감독원

금융감독원은 금융위원회의 지시를 받아 금융기관에 대한 검사, 감독업무 등을 수행하기 위하여 설립된 무자본특수법인이다(금융위 24). 금융감독원은 금융위원회의 지시에 따라 보험감독업무를 맡고 있는 보조기관이지만 보험업자의 업무와 재산상황에 대한 검사권과

---

26) 공시주의: 거래의 안전을 보호하기 위하여 제3자의 이해에 영향을 미칠 사항, 특히 권리능력, 행위능력 또는 권리의 발생 · 변경 · 소멸 등에 관하여 제3자에게 알 수 있는 기회를 주려고 하는 입장을 말한다. 등기 또는 등록 기타의 효력발생요건 또는 대항요건은 이 주의의 표현이다.

27) 준칙주의: 준칙주의란 주로 법인설립에 관한 주의로서, 법이 미리 정한 일정한 요건을 갖추면 사단 또는 재단의 설립을 인정하여 곧 법인격을 인정하는 주의를 말한다.

감독권을 가진 중요한 감독기관이다(보업 133).

4) 감독의 효율성을 위한 권한의 위탁

보험업에 대한 효율적인 감독을 위하여 보험업법은 금융위원회의 업무의 일부를 대통령령이 정하는 바에 따라 금융감독원장에게 위탁할 수 있도록 하고 있다(보업 194 ③). 그리고 보험업의 특성상 국가의 엄격한 감독이 요구되는 규제를 완화하여 보험영업에 관한 일반적인 사항에 대하여는 금융감독원장은 대통령이 정하는 바에 따라 보험협회장 등에게 위탁할 수 있도록 하였다(보업 194 ⑤).

4. 보험감독의 대상과 방식

보험업법은 보험업의 허가(보업 5 ①)에서부터 보험사업의 정지, 허가의 취소, 각종 행위의 인가 등 보험사업 전반에 관한 사항을 감독의 대상으로 규정하고 있다. 감독의 방식으로는 사전적감독과 사후적감독이 있다. 사전적감독으로는 보험사업의 허가(보업 5), 각종행위의 인가(보업 7, 116), 겸영제한(보업 9), 임원의 자격 및 겸직제한(보업 12), 모집에 대한 규제(보업 14 이하) 등이 있고, 사후적감독으로 금융위원회의 보고 및 자료징구권(보업 14, 93), 금융감독원의 검사권(보업 14), 감독명령(보업 15), 위반행위에 대한 처분(보업 20), 금융감독원장의 이해관계자조사권(보업 182) 등이 있다.

Ⅲ. 보험감독과 다른 법률과의 관계

보험사업자는 보험제도의 특성상 보험사고 발생율의 산출이나 위험의 분산 등을 위하여 공동행위를 할 필요가 있는데, 이러한 경우에 보험사업자는 금융위원회의 인가를 받아서 공동행위를 위한 상호협정을 할 수가 있다(보업 125 ①). 그러나 이와 같은 공동행위는 「독점규제 및 공정거래에 관한 법률」의 공동행위규제 관한 규정(동법 제19조)에 저촉될 수 있기 때문에 금융위원회는 상호협정의 체결 또는 변경의 인가를 하고자 하는 경우에는 미리 공정거래위원회와 협의를 하여야 한다(보업 125 ③).

제2절 보험법과 보통보험약관

〔1〕 보험법의 의의와 법원

목 차

Ⅰ. 보험법과 보험계약법의 의의

1. 보험법과 보험계약법의 의의

보험법은 광의로는 보험에 관한 법규의 총체를 의미하며, 이는 보험공법(保險公法)과 보험사법(保險私法)으로 나누어진다. 보험공법은 보험에 관한 공법적 법규의 총체로서, 보험사업 및 감독에 관한 법과 각 종 공보험에 관한 법이 이에 속한다. 보험사법은 사보험에 관한 법규의 총체로서 보험계약에 관한 법과 보험업의 경영주체에 관한 법을 포함하는데, 보험계약에 관한 중심규정은 상법전 제4편 '보험'에 규정되어 있고 보험의 경영주체에 관한 것은 보험업법에 규정되어 있다. 보험계약법이란 실질적 의미에서는 영리보험에서 보험계약에 관한 법규의 총체를 의미하고, 형식적 의미에서는 법전에서 보험계약에 관한 사항으로 규정된 모든 법규를 말한다. 우리 상법 제4편 '보험'의 규정이 보험계약에 관한 중심적 규정이므로 이를 보험계약법(협의의 보험법)이라고 한다. 상법 제4편 '보험'에 관한 규정은 그 성질이 상반되지 아니하는 한도에서 영리를 목적으로 하지 않는 상호보험에도 준용한다(상 664).

2. 보험계약법의 법체계상의 지위

보험계약법은 계약법의 일종이며, 상행위법(商行爲法)[1]의 일부를 구성한다. 즉 보험계약법

1) 상행위: 상행위라 함은 형식적으로는 상법과 특별법에서 상행위로서 열거된 행위를 말하지만, 실질적으로는 영리에 관한 행위, 즉 상인이 영업상으로 하는 거래행위를 의미한다. 이에 관한 대부분의 내용이 상법

은 보험계약에 관한 사법적인 법률관계를 주된 규율대상으로 하는 계약법의 일종이며, 다만 그 내용이 보험이라는 특성으로 민법상의 채권계약과는 달리 규정되어 있다. 그리고 상법상 보험을 영업으로 할 때에는 상행위가 되므로(상 46 17호), 보험계약법은 상행위인 보험의 인수를 규율하는 법으로써 상행위법의 일부를 이루게 된다. 보험의 인수가 상행위의 일종이지만, 일반적인 다른 상행위와 다른 특수성과 중요성을 고려하여 상법전 안에서도 보험에 관한 사항은 일반 상행위편(상법 제2편)에서 분리되어 별도 독립된 편(상법 제4편)으로 규정되어 있다.

Ⅱ. 보험법의 연혁

1. 보험법의 연혁

원시보험의 형태는 중세 게르만사회의 화재길드(guild) 또는 중세 이태리 해상도시의 모험대차계약(冒險貸借)에서 연유된 것으로 이해되고 있는데, 이에 관한 규정이나 계약내용 등이 근대 보험법으로 발전된 것으로 보고 있다. 보험법으로서 가장 오래된 것은 해상보험에 관한 1435년의 바르셀로나 해상보험조례(海上保險條例)이고, 최초의 포괄적인 해상보험법규는 프랑스 루이 14세의 1681년의 해사조례(海事條例)이며, 독일의 최초 보험법은 1731년 독일의 함부르크 보험 · 해손조례(保險 · 海損條例)이며, 근대의 대표적인 해상보험법은 1906년 영국해상보험법(Marine Insurance Act, 1906)이다. 주요 보험계약법으로는, 1908년의 스위스보험계약법, 1908년의 독일 보험계약법, 1930년의 프랑스 보험계약법을 들 수 있는데, 이들 보험계약법은 육상보험에 관해서만 규정하고 해상보험은 상법전에 규정되어 있다. 프랑스는 1976년에 보험법을 새로이 단행법으로 제정하여 육상보험 외에 해상보험과 보험감독 관련 규정까지 포함하고 있다. 미국에서는 보험계약에 관한 연방법은 없고 각 주가 주법으로 제정한 독립된 보험법전을 가지고 있으며, 그 내용은 보험계약 외의 보험관련 규정도 포함하고 있다.

2. 우리나라 보험법의 역사와 체계

우리나라 최초의 보험법은 1962년에 제정된 현행 상법 제4편의 '보험'이라고 할 수 있으며, 이는 1991년에 대폭 개정되었다. 상법 제정 전에는 1910년의 조선민사령에 의거하여 일본상법이 의용상법(依用商法)[2]으로 시행되었다. 상법 제4편 '보험'에서 제1장에 손해보험과 인보험에

제2편 '상행위'에 규정되어 있어 통상 상법 제2편 '상행위'를 상행위법이라고 한다.

2) 의용상법: 1910년 일제에 의한 국권 상실로 그 당시의 조선총독부의 제령인 조선민사령에 의하여 의용된 일본의 상법 · 수형법 · 소절수법(小切手法) · 유한회사법 · 상법 중 서명해야 할 경우에 관한 건 · 상법시행법

관한 통칙규정을 두고, 제2장에 손해보험, 제3장에 인보험에 관한 사항을 규정하고, 해상보험은 손해보험의 일종으로 규정하고 있다. 그 외 보험관련법으로는 보험사업 및 감독에 관한 「보험업법」, 고용보험에 관한 「고용보험법」, 관광사업자의 손해배상책임보험에 관한 「관광진흥법」, 도시 · 고압가스사용자의 손해배상책임보험에 관한 「도시가스사업법」과 「고압가스안전관리법」, 산업재해보상보험에 관한 「산업재해보상보험법」, 국민의 의료보험에 「국민건강보험법」, 선원보험에 관한 「선원보험법」, 신체손해배상특약부화재보험에 관한 「화재로 인한 재해보상과 보험가입에 관한 법률」, 자동차손해배상책임보험에 관한 「자동차손해배상보장법」, 항공보험에 관한 「항공운송사업진흥법」, 원자력손해배상책임보험에 관한 「원자력손해배상법」 등이 있다.

Ⅲ. 보험계약법의 법원

보험계약법의 법원(法源)[3] 으로는 성문법, 관습법 등과 같은 여러 가지 형태가 있는데, 그 중 중요한 것은 성문법이다. 보험계약법의 법원으로서 가장 기본적인 성문법은 상법 제4편 '보험'에 관한 규정이다. 그 외 특별법으로 보험계약법의 법원이라고 볼 수 있는 것으로는 「보험업법」과 각종의 특수한 보험계약에 관한 특별법이 있다. 보험계약법의 법원과 관련하여 보통보험약관이 보험계약법의 법원이 되느냐에 대하여는 견해가 나누어져 있다([2] 보통보험약관 참조). 보험계약에 관하여는 상법의 보험에 관한 규정이 적용되고 상법에 규정이 없는 사항에 대하여는 상관습법을 적용하며 상관습법도 없는 경우에는 민법의 규정이 보충적으로 적용된다(상 1 참조).

Ⅳ. 보험계약법의 특성

보험계약법은 계약법의 일종이며, 상행위법의 일부를 이루고 있지만, 보험제도의 기술적, 공익적, 단체적 성질 등으로 일반적 계약법이나 상행위법과는 다른 특성을 지니고 있다. 그 특성으로는 기술성, 단체성, 사회성 · 공공성, 상대적 강행법성, 윤리성 · 선의성 등을 들 수 있는데, 보험계약법을 해석 · 적용할 경우에는 이러한 특성을 고려하여야 할 것이다.

· 상법중개정법률시행법 등이 상사법령으로서 효력을 가지고 있었다.

3) 법원: 법원이란 법을 구체적으로 알려고 하는 경우의 인식수단, 즉 객관적으로 말하면 법의 존재형식을 의미한다. 이 경우 법원은 그 표현형식에 따라 성문과 불문법으로 대별되고, 그 외에 조리, 학설, 판례 등이 법원이 되느냐 여부에 대하여는 견해가 나누어져 있다.

1) 기술성(技術性): 보험제도는 위험단체를 기초로 하여 대수의 법칙과 수지상등의 원칙 등에 의하여 보험사고의 발생개연율, 보험료, 보험금 등을 산출하는 기술적인 성질을 가진 제도이다. 보험계약법은 이와 같은 기술적인 기초에 바탕을 두고 있는 보험관계를 규율하는 법이므로 기술법적 성질을 지니게 된다.

2) 단체성(團體性): 보험계약은 계약적 측면에서는 보험자와 보험계약자 사이의 개인법적인 채권채무관계에 지나지 않는다. 그러나 보험사고의 발생개연율, 보험료, 보험금 등은 보험자의 중개로 구성된 위험단체를 기준으로 산출하게 되어 각 보험계약자는 위험단체의 구성원이 된다. 그러므로 위험단체의 관념이 보험계약법의 적용상 중요한 의미를 갖게 되므로 보험계약법은 단체법적인 성질을 지니게 된다. 상법상 고지의무제도(상 651), 위험변경 · 증가 통지의무 등(상 652, 653)과 보험업법에서 '보험계약의 포괄적 이전을 인정하고 있는 것(보업 140)'등은 보험계약의 단체성에 근거한 것이다. 판례도 보험계약관계의 단체성을 고려하여 재정경제부장관이 부실한 보험회사가 지급하게 될 보험금액을 삭감하여 지급하도록 명령하는 것을 유효하다고 하였다.[4)]

3) 공공성 · 사회성(公共性 · 社會性): 보험은 개인생활의 안정뿐만 아니라 사회적 안정 및 국가 경제적 측면에서도 중요한 기능을 하고 있어 보험은 사회적 공공적 이익과 밀접한 관련을 가지고 있으므로, 보험제도는 공공성 · 사회성을 지니게 된다. 이러한 특성을 고려하여 보험회사는 비록 사기업이라 하더라도 준공기업적(準公企業的) 성질을 가지게 되어 보험업에 대하여 국가의 감독적 기능을 인정하고 있다. 즉 보험자의 자격을 주식회사나 상호회사로 제한하고(보업 4, ③, 6), 보험업을 하려면 금융위원회의 허가를 받아야 하고(보업 4 ①), 보험약관의 제정과 변경에는 금융위원회의 인가가 있어야 하고(보업 5 iii, 6). 당사자간의 특약으로 보험계약자 등의 이익을 침해할 수 없도록 규정하고 있다(상 663).

4) 상대적 강행법성(相對的 强行法性): 보험계약법은 비록 사법분야에 속하지만 그 기술성 · 단체성 · 공공성 · 사회성 등으로 사적자치의 원칙을 그대로 적용할 수 없다. 상법 제663조는

4) 대판 1966. 10. 21, 66다1458. 재경부장관이 보험업법의 규정에 따라 관리 중에 있는 보험회사의 보험계약상의 보험금액을 삭감하여 지급하도록 명령한 것은 재산권보장에 관한 헌법조항을 위반하여 무효라고 주장하여, 원고가 보험금 전액의 지급을 청구한 사건에서, 대법원은 「보험계약관계는 동일한 위험 밑에 있는 다수인이 단체를 구성하여 그 중의 한 사람에게 위험이 발생한 경우에 그 손실을 그 구성원이 공동하여 충족시킨다는 이른바 위험단체적 성질을 가지는 것이고, 따라서 보험계약관계는 위험충족의 관계에 있어서는 서로 관련성을 가진다는 전제에서 그 법률적 성격을 관찰하여야 할 것이다.」라고 하여 보험계약법의 단체성을 법의 해석적용에 반영하였다.

“이 편의 규정은 당사자 간의 특약으로 보험계약자 또는 피보험자나 보험수익자의 불이익으로 변경하지 못한다”라고 규정하여 보험계약자 등을 보호하기 위한 강행규정을 두고, 단서에서는 “그러나 재보험 및 해상보험 기타 이와 유사한 보험의 경우에는 그러하지 아니 하다”라고 규정하여 특별히 보호할 필요가 없다고 판단되는 경우에는 사적자치를 인정하여 보험계약자등 불이익 금지의 원칙의 적용을 부정하고 있다. 그러므로 보험계약법은 보험에 관한 지식 등이 부족하여 보험계약상의 약자로 볼 수 있는 일반대중을 대상으로 하는 가계보험 등에서는 상법 제663조의 보험계약자 등 불이익금지의 원칙의 적용을 강행법적으로 인정하고, 보험자와 대등한 관계에서 보험계약을 체결할 수 있다고 판단되는 재보험이나 해상보험같은 기업보험에서는 보험계약자 등 불이익금지의 원칙의 적용을 부정하여 보험계약법의 상대적 강행법성을 나타내고 있다.

5) 윤리성 · 선의성(倫理性 · 善意性): 보험계약은 우연한 사고의 발생으로 보험금을 지급받는 사행계약이므로 투기, 사기 또는 도박 등의 목적으로 악용될 도덕적 위험이 크다. 이를 방지하기 위하여 보험계약법은 보험계약당사자 등의 윤리성과 선의성을 요구하는 제 규정을 두고 있다. 즉 고지의무제도(상 651), 고의로 인한 보험사고에 대한 보험자의 면책(상 659), 위험변경 · 증가의 통지의무(상 652, 653), 사기로 인한 초과보험의 무효(상 669 ④) 등은 이러한 보험계약법의 윤리성 · 선의성을 반영한 규정이다.

〔2〕 보통보험약관

목 차

Ⅰ. 보통보험약관의 의의와 필요성

1. 의의

보통보험약관(普通保險約款; insurance policy)이란 보험자가 동일한 내용의 수많은 보험계약을 체결하기 위하여 미리 작성한 정형적인 보험계약조항을 말한다. 이것만으로는 불충분하여 보충적으로 세부적인 내용을 필요로 할 때 이용되는 것을 특별보통보험약관(特別普通保險約款) 또는 부가약관(附加約款)이라 한다. 이에 대하여 해상보험 등 기업보험 등에서 보험계약의 당사자가 보통보험약관에 의하지 않고 개별적인 사정에 따라 보통보험약관의 내용을 변경, 추가 또는 배제하는 약정을 하는 경우가 있는데, 이를 특별보험약관(特別保險約款)이라고 한다. 특별보험약관은 개별약정으로 보통보험약관이 아니며 보통보험약관에 우선하여 적용된다(약규 4).[5)]

2. 필요성

보통보험약관은 기본적으로 보험계약이 다수를 상대로 동일한 내용의 계약을 대량적, 반복적으로 체결되므로 그 내용이 정형화되어야 한다는 기술적인 요청에 따라 필요한 것이다. 그 외 보험계약이 위험단체의 관념에 기초를 두고 있으므로 동일한 위험단체의 계약자들을 동일하게 취급해야 할 필요가 있다는 점, 보험법의 내용을 발전적으로 보충할 수 있다는 점 등에서도 그 필요성이 있다.

5) 약관의 규제에 관한 법률 제4조(개별약정의 우선) 약관에서 정하고 있는 사항에 관하여 사업자와 고객이 약관의 내용과 다르게 합의한 사항이 있을 때에는 당해 합의사항은 약관에 우선한다.

Ⅱ. 보통보험약관의 내용 및 상법규정과의 관계

보통보험약관은 그 자체가 보험계약의 내용이 되므로 이에는 계약의 요소 및 계약의 효과인 당사자의 권리와 의무 등에 관한 사항이 포함되어야 하는데, 보험업감독규정 제2-3조의 3은 보험약관에 규정할 사항으로, ① 보험자의 보험금 지급 사유 ② 보험계약의 무효의 원인 ③ 보험자의 면책사유 ④ 보험자의 의무의 범위 및 그 의무이행의 시기 ⑤ 보험계약자 또는 피보험자가 그 의무를 이행하지 아니한 경우 받는 손실 ⑥ 보험계약의 전부 또는 일부의 해제원인과 해제한 경우의 당사자의 권리의무 ⑦ 보험계약자, 피보험자 또는 보험금액을 취득할 자가 이익이나 잉여금의 배당을 받을 권리가 있는 경우는 그 범위의 7가지 사항을 규정하고 있다.[6)]

보통보험약관의 내용을 상법 제4편 '보험'의 규정내용과 관련하여 보면, 첫째, 상법의 규정을 그 내용대로 원용하는 원용조항, 둘째, 상법의 규정을 변경한 변경조항, 셋째, 상법의 규정을 보충한 보충조항, 넷째, 상법 제641조의 규정에 따라 보험증권의 내용에 대하여 이의를 할 수 있는 이의약관(異議約款)을 둘 수 있는 것과 같은 상법에 근거한 특별조항 등으로 분류할 수 있다.[7)]

Ⅲ. 보통보험약관의 효력

1. 보험약관의 구속력(법적성질)과 문제점

1) 법적성질: 보험약관은 보험계약에 관한 계약조항으로 당사자 간에 다른 약정이 없으면 계약당사자가 이에 구속되는데, 이 구속력의 근거에 대하여는 의사설(意思說)과 규범설(規範說)의 견해가 나누어져 있다. 의사설은 전통적인 법률행위론에 의거하여 보험약관은 그 자체가 법규범이 아니고 일반적인 계약과 같은 계약조항으로 당사자가 이에 동의하였기 때문에 구속된다는 견해이다. 이에 대하여 규범설은 보험약관은 단순한 계약조항이 아니라 일반적인 법규범과 유사한 성질을 가지고 있다고 보는 견해로서 그 내용에 따라 자치법설(自治法說)과 상관습법설(商慣習法說)등의 주장이 있다. 자치법설은 보험약관을 보험거래권 안의 자치법으로 보고, 상관습법설은 보험약관이 마련되어 있는 거래에서는 특별한 사정이 없는 한 '그 거래는 약관에 의한다'라는 사실인 관습 또는 상관습법이 존재한다고 보는 것이다.

---

6) 보험약관의 기재사항은 종래에는 보험업법시행규칙 제5조에 규정되어 있었는데 동규정이 2005. 3. 31. 삭제되고 금융감독원의 「보험업감독규정」 제2-3조의 3에서 규정하고 있다.
7) 양승규, 전게서, 64면; 정찬형, 전게서, 509면.

생각건대 보통거래약관은 거래의 반복과 신속을 위한 계약내용의 사전합의에 해당하고 감독기관의 인가는 소비자보호차원의 후견행위에 해당하는 것으로 약관의 구속력은 본질적으로 당사자의 합의에 근거한다고 보아야 함으로 의사설이 타당하다고 본다. 판례는 「보통보험약관이 계약 당사자에 대하여 구속력을 갖는 것은 그 자체가 법규범 또는 법규범적 성질을 가진 약관이기 때문이 아니라 보험계약 당사자 사이에서 계약내용에 포함시키기로 합의하였기 때문이라고 볼 것이다.」[8]라고 하여 의사설의 입장을 취하고 있다.

2) 문제점: 보험약관의 구속력과 관련하여 문제되는 것은, 보험자가 법에 의한 감독기관의 허가를 받지 아니하거나 변경신고를 하지 아니한 보통보험약관에 따라 보험계약이 체결된 경우 그 사법상의 효력을 인정할 것인가에 대하여 보험업법에 의한 제재를 받는 것은(보업 209 ② 31호) 별개로 하고 그 효력을 인정하는 것이 타당할 것이다.

2. 보통보험약관의 변경과 소급적용

보험자는 금융위원회에 신고를 하고 그 보험약관의 내용을 변경할 수 있고(보업 127 ①) 또한 금융위원회는 보험자에 대하여 그 업무 및 재산상황 기타 사정의 변경에 의하여 필요하다고 인정하는 때에는 보험약관의 변경을 명할 수 있다(보업 131 ②). 문제가 되는 것은, 변경된 보험약관을 소급적으로 적용할 수 있는가 하는 것이다. 원칙적으로 당사자 간의 합의가 없는 한 소급적용을 인정할 수 없다.[9] 그러나 보험업법상 중대한 예외가 인정되고 있다. 즉 보험업법 제131조 3항은 "금융위원회는 기초서류[10]의 변경을 명하는 경우에 보험계약자 · 피보험자 또는 보험금액을 취득할 자의 이익을 보호하기 위하여 특히 필요하다고 인정하는 경우에는 이미 체결된 보험계약에 대하여도 장래에 향하여 그 변경의 효력이 미치게 할 수 있다."라고 규정하여 금융위원회의 명령에 의한 소급적용을 인정하고 있다.

---

8) 대판 1989. 3. 28. 88다4645.

9) 대판 1983. 10. 19, 83다734. 「보험계약을 갱신하기 수일 전에 종전 보험계약의 중요부분이 변경된 경우, 변경약관이 시행되었다는 사실만으로 그것이 당연히 계약당사자를 구속한다고 할 수 없고 보험계약갱신 시에 보험회사는 변경된 보험약관에 의한 보험가입을 청약하고 피보험자가 이를 승낙한 경우에만 변경된 보험약관을 내용으로 하는 보험계약이 성립된다」

10) 기초서류(基礎書類): 기초서류란 영위하고자 하는 보험종목별의 사업방법서, 보험약관, 보험료 및 책임준비금의 산출방법서를 말한다(보업 5 ③).

Ⅳ. 보통보험약관의 규제

1. 규제의 필요성

보통보험약관은 보험자가 보험에 관한 전문적인 지식과 우월적 지위를 이용하여 일방적으로 자기의 이익을 도모하기 위한 방향으로 작성할 가능성이 높기 때문에 보험계약자를 보호하고 합리적인 보험관계를 유지하기 위하여 보험약관에 대한 규제가 필요하다.

2. 규제의 방식

1) 입법적 규제

입법적 규제는 국회가 입법을 통하여 보통보험약관의 내용과 그 적용을 규제하여 건전한 거래질서를 확립하고 보험계약자 등 소비자의 이익을 보호하고자 하는 것이다. 그 예로는 「상법」에 의한 규제와 「약관의 규제에 관한 법률」에 의한 규제를 들 수 있다. 즉 상법 제663조는 불이익변경금지의 원칙을 규정하여 소비자에게 불이익한 약관조항을 무효로 하고, 「약관의 규제에 관한 법률」은 신의성실의 원칙에 반한 불공정한 약관조항을 무효로 하고(약규 6), 사업자는 불공정약관조항을 계약의 내용으로 사용할 수 없도록 하고(약규 17). 그리고 보험약관의 뜻이 명백하지 않은 경우에는 소비자에게 유리하게 해석하도록 규제하고 있다(약규 5)[11]. 보험약관도 당연히 약관규제법의 적용을 받지만, 보험약관에 대하여는 상법과 보험업법이 우선 적용된다(약규 30 ③). 그러나 국제적으로 통용되는 보험약관에 대하여는 약관규제법 제7조 내지 제14조의 적용을 제한할 수 있다(약규 15, 약규시령 3 ⅱ)[12].

2) 행정적 규제

보험업법은 보험제도의 사회성 · 공익성 · 단체성 등을 고려하여 보험사업의 합리적 운영과 보험계약자의 보호를 위하여 정부에 강력한 감독권을 부여하였다. 즉 보험사업의 허가로부터 시작하여 보험약관의 작성 · 변경 · 사용에 대하여 보험감독기관의 인가(보업 5 ⅲ, 127)를 받도록 하고, 보험회사의 업무운영이 적정하지 아니 하거나 자산상황이 불량하여 보험계약자

---

11) 약관의 규제에 관한 법률 제5조(약관의 해석) ① 약관은 신의성실의 원칙에 따라 공정하게 해석되어야 하며 고객에 따라 다르게 해석되어서는 아니 된다. ② 약관의 뜻이 명백하지 아니한 경우에는 고객에게 유리하게 해석되어야 한다.

12) 약관의 규제에 관한 법률 제15조(적용의 제한) 국제적으로 통용되는 약관 기타 특별한 사정이 있는 약관으로서 대통령령이 정하는 경우에는 제7조 내지 제14조의 규정의 적용을 조항별 · 업종별로 제한할 수 있다.

및 피보험자 등의 권익을 해할 우려가 있는 경우에는 청문을 거쳐 보험약관의 변경 또는 사용의 정지를 명할 수 있는 행정적 권한을 부여하고 있다(보업 131 ②).

3) 사법적 규제

보험약관의 해석 및 유효성은 최종적으로 법원이 판단하므로 보험약관은 법원의 사법적 규제를 받게 된다. 이러한 사법적 규제를 통하여 보험계약자 등의 이익을 보호하게 된다.

Ⅴ. 보통보험약관의 교부 · 명시

보험계약자가 보험계약의 내용을 정확히 알 수 있도록 보험자는 보험약관을 교부하고 약관의 중요내용을 고객이 이해할 수 있도록 설명할 의무가 있다(상 638의3 ①, 보업 97 ①ⅰ, 약규 3 ①, ②). 이는 보험계약자를 보호하기 위한 입법적 규제의 일환이다(자세한 내용은 제2장 제2절 [2] 보험자의 보험약관의 교부 · 명시의무 참조).

Ⅵ. 보통보험약관의 해석의 원칙과 문제점

1. 해석의 원칙

보험약관의 해석의 원칙은 일반거래약관의 해석원칙의 일종으로 오랜 기간에 걸쳐 각국 법원에 의하여 확립된 것으로서, 이에는 개별약정 우선의 원칙, 합리적 기대의 원칙, 작성자 불이익의 원칙, 유효해석의 원칙 등이 있다.

1) 개별약정 우선의 원칙: 보험약관에서 정하고 있는 사항에 관하여 보험자와 보험계약자가 약관의 내용과 다르게 합의한 사항이 있을 때에는 합의사항은 약관에 우선한다(약규 4).

2) 신의성실에 따른 통일적 해석의 원칙: 보험계약의 단체성과 기술성 등을 고려하여 계약당사자의 개별적 의사보다 신의성실의 원칙에 따라 공정하게 해석되어야 하며 당사자에 따라 다르게 해석되어서는 아니 된다(약규 5 ①).

3) 작성자 불이익의 원칙: 보험약관의 내용이 객관적으로 명백하지 아니한 경우에는 작성자인 보험자의 부담으로 하여야 한다는 '불명확성의 원칙'에 따라 보험계약자 측에게 유리하게 해석하여야 한다(약규 5 ②)[13].

13) 대판 2007. 2. 22, 2006다 72093; 대판 1996. 6. 25, 96다12009. 「보통거래약관의 내용은 개개 계약체결자의 의사나 구체적인 사정을 고려함이 없이 평균적 고객의 이해가능성을 기준으로 하되, 보험단체 전체의 이해관계를 고려하여 객관적 · 획일적으로 해석하여야 하고, 고개보호의 측면에서 약관내용이 명백하지

4) 유효해석의 원칙: 보험약관을 해석할 경우에 가능한 보험계약이 무효가 되지 않도록 해석하여야 한다.

2. 문제점

보험약관의 해석과 관련하여 문제가 되는 것은, 첫째, 약관상의 '용어 풀이'의 의미가 무엇이며, 둘째 법원이 약관규제법을 해석함에 있어서 규정의 내용을 제한 또는 축소해석할 수 있는가 하는 것이다. 첫째, 약관상의 '용어풀이'에 대하여 판례는 「약관의 용어풀이란 본문과 결합하여 전체로서 약관의 내용을 구성하는 것이나, 용어풀이는 본문에서 사용된 용어 중 그 의미가 불명확한 것을 명확하게 한다든지 그 풀이에 혼란이 없도록 하는데 그쳐야 할 것이고, 본문의 의미를 임의로 제한하거나 본문과 모순되는 내용을 규정할 수 없다」[14]라고 하여 '용어풀이'의 취지를 제한적으로 해석하였다. 둘째, 약관의 규정 내용을 법원이 일정한 범위로 축소 또는 제한하여 해석하는 것에 대하여 우리나라의 학설과 판례는 이를 긍정하고 있다.[15]

못하거나 의심스러운 때에는 약관작성자에게 불리하게 제한해석 하여야 한다.」

14) 대판 1990. 5. 25. 89다카8290.

15) 대판 1991. 12. 24. 90다카23899. 「약관의규제에관한법률 제6조 제1항, 제2항, 제7조 제2, 3호가 규정하는 바와 같은 약관의 내용통제원리로 작용하는 신의성실의 원칙은 보험약관이 보험사업자에 의하여 일방적으로 작성되고 보험계약자로서는 그 구체적 조항내용을 검토하거나 확인할 충분한 기회가 없이 보험계약을 체결하게 되는 계약 성립의 과정에 비추어, 약관 작성자는 계약 상대방의 정당한 이익과 합리적인 기대 즉 보험의 손해전보에 대한 합리적인 신뢰에 반하지 않고 형평에 맞게끔 약관조항을 작성하여야 한다는 행위원칙을 가리키는 것이며, 보통거래약관의 작성이 아무리 사적자치의 영역에 속하는 것이라고 하여도 위와 같은 행위원칙에 반하는 약관조항은 사적자치의 한계를 벗어나는 것으로서 법원에 의한 내용통제 즉 수정해석의 대상이 되는 것은 당연하며, 이러한 수정해석은 조항 전체가 무효사유에 해당하는 경우뿐만 아니라 조항 일부가 무효사유에 해당하고 그 무효부분을 추출 배제하여 잔존부분만으로 유효하게 존속시킬 수 있는 경우에도 가능하다.」

제2장

보험계약

제1절 보험계약의 개념과 요소

〔1〕 보험계약의 개념 · 법적성질 · 구조

목 차

Ⅰ. 보험계약의 개념

1. 보험계약의 개념에 제 견해

보험의 종류 및 성질 등의 차이로 보험계약의 개념을 일의적으로 정의하기는 어려워 여러 가지 견해가 주장되고 있다.[1] 그 견해는 일원론과 이원론으로 대립하고 일원론은 손해보상계약설, 경제수요충족설, 기술설, 재산급여설 등으로 나누어져 있다. ① 손해보상계약설(損害補償契約說)은 보험제도연혁과 관련하여 초기부터 발전한 해상보험계약과 같은 손해보험제도에 기초하여 보험계약은 손해를 보상하는 계약이라 한다. ② 경제적수요설(經濟的需要說)은 보험의 경제상의 목적에 중점을 두어 보험계약은 불확정한 사고의 발생에 따른 경제적 수요를 충족시킬 목적으로 체결하는 계약이라 한다. ③ 기술설(技術說)은 보험료와 보험금액 산출의 기술성에 착안하여 보험계약은 우연한 사고발생의 개연율에 따라 산출된 보험료의 지급에 대하여 사고발생시 상대방에게 일정한 금액을 지급할 것을 약정하는 계약이라 한다. ④ 재산급여설(財産給與說)은 보험계약체결에서 중요한 것은 객관적으로 인정된 법률효과라는 점에서 보험계약이란 보험자가 대가를 받고 보험사고가 발생한 경우에 일정한 금전 기타 재산적 급여를 약정하는 계약이라고 한다. ⑤ 이원설(二元說)은 부정액보험인 손해보험과 정액보험인 생명보험을 통합하여 하나의 정의를 내리는 것이 곤란하므로 보험계약이란 보험자가 약정한 보험사고가 발생할 경우에 그 사고로 인하여 생긴 손해를 보상하거나 또는 약정한 금액을 지급할 것을 약정하는 계약이라고 하고, 전자를 손해보험계약 후자를 생명보험계약이라고 한다.

---

1) 김성태, 전게서, 101면; 양승규, 전게서, 76면; 최기원, 전게서, 63면 참조.

2. 보험계약의 개념과 상법규정

어느 견해에 의하든 보험계약의 개념에 대한 통일적인 정의는 곤란하다. 그러므로 보험제도의 경제적 사회적 현상을 고려하여 일반적으로 보험계약이란 "당사자의 일방인 보험자가 약정한 보험기간 중 계약에서 정한 보험사고의 발생을 조건으로 일정한 금액 등의 급부를 할 것을 약속하고 상대방이 이에 대하여 일정한 대가인 보험료를 지급할 것을 약정하는 특수한 채권계약"이라 할 수 있다.[2] 상법 제638조는 "보험계약은 당사자 일방이 약정한 보험료를 지급하고 상대방이 재산 또는 생명이나 신체에 관하여 불확정한 사고가 생길 경우에 일정한 보험금액 기타의 급여를 지급할 것을 약정함으로써 효력이 생긴다."라고 하여 손해보험과 인보험에 관한 통합적인 정의규정을 두고 있는데(상 665, 727 참조), 이는 재산급여설의 견해와 유사하다고 볼 수 있다.

Ⅱ. 보험계약의 법적성질

1) 불요식 낙성계약성(不要式 諾性契約性)[3]: 보험계약은 당사자 간에 보험의 목적, 보험사고, 보험기간, 보험료와 보험금액 등에 관하여 의사의 합치가 있으며 성립하는 낙성계약이다(상 638). 그러나 실무상으로는 거래의 편의를 고려하여 청약의 경우에는 보험계약청약서가 이용되고, 승낙의 경우에는 보험증권(保險證券)의 교부로 이에 갈음하고 있다.

2) 유상(有償) · 쌍무(雙務)계약성: 보험계약은 보험계약자가 지급하는 보험료와 보험자가 지급하는 보험금이 서로 대가관계를 이루는 유상 · 쌍무계약이다.[4]

3) 단체성(團體性): 보험계약은 보험자와 보험계약자의 채권계약으로 개별적으로 이루어지고 있지만, 보험의 기술성으로 보험료와 보험금의 산출 등 보험제도가 위험단체(危險團體)의 관념에 기초를 두고 있기 때문에 보험계약의 해석 운영에 보험계약의 단체성이 고려되어야 한다.[5] 보험업법도 보험계약의 단체성을 고려하여 '보험계약의 포괄적 이전'을 인정하고

---

2) 김성태, 전게서, 101면; 양승규, 전게서, 80면; 최기원, 전게서, 68면.
3) 낙성계약: 낙성계약이란 당사자의 합의만으로 성립하는 계약을 말하고 이외에 일방의 당사자가 물건의 인도 기타 급여를 하는 것을 성립요건으로 하는 계약이 요물계약(要物契約)이다. 민법상의 전형계약중 현상광고(懸賞廣告)를 제외하고는 모두 낙성계약이다.
4) 유상계약과 쌍무계약: 유상계약이란 계약의 당사자가 서로 대가적 의미를 가진 재산상의 출연을 하는 계약을 말한다. 쌍무계약이란 당사자 쌍방이 서로 대가적 의미를 가지는 채무를 부담하는 계약을 말한다. 이에 대하여 당사자 일방만이 채무를 부담하든가 또는 양당사자가 채무를 부담하여도 채무 상호간에 대가적 의미가 없는 계약을 편무계약(片務契約)이라 한다.
5) 대판 1966. 10. 21. 66다1458.

있다(보업 140).[6)]

4) 상행위성(商行爲性): 영업으로 하는 보험의 인수는 기본적 상행위에 해당된다(상 46 17호). 그러나 보험제도의 사회성 · 단체성 · 기술성 등의 특성으로 일반적인 상행위와 달리 보험계약은 계약자유의 원칙이 그대로 적용되지 않는다. 즉 보험계약의 체결에는 일정한 제한이 있고(상 663), 감독기관으로부터 보험업의 허가를 받지 아니한 자와는 보험계약을 체결할 수 없다(보업 3, 209 ③ i).[7)]

5) 독립계약성(獨立契約性): 독립계약성은 두가지 의미를 가진다. 첫째, 보험계약은 운송계약 등과 같은 주계약에 부대하여 또는 보조수단으로 체결되는 계약이 아니라 위험의 보장을 목적으로 그 자체가 독립적으로 체결되는 계약으로 운송계약 등의 주계약과는 별개의 독립계약이다. 둘째, 보험계약은 민법상의 전형계약(典型契約)[8)]에 속하지 않는 무명계약 또는 특수계약으로서의 특성을 지니는 독립계약이다.

6) 계속계약성(繼續契約性): 보험계약은 보험사고가 일정한 보험기간 안에 발생할 것을 예정한 계속적계약으로 일회의 급부로 계약관계가 종료하는 매매 등과 다르다. 보험계약자는 보험기간동안 통지의무(상 651) 등 일정한 기간 동안 보험계약상의 의무를 부담하고, 보험계약의 해지는 장래에 대해서만 영향을 미치는 것(상 649 ②; 669 ④)은 보험계약의 이러한 성질을 나타내는 것이다.

7) 사행계약성(射倖契約性): 보험금의 지급이 우연한 보험사고의 발생에 달려 있으므로 보험계약은 사행계약[9)]의 일종이다. 사행계약에는 도박(賭博)도 있지만 도박은 경제적 · 법적

---

6) 보험업법 제140조(보험계약 등의 이전) ① 보험회사는 계약의 방법으로 책임준비금산출의 기초가 동일한 보험계약의 전부를 포괄하여 다른 보험회사에게 이전할 수 있다. ② 보험회사는 제1항의 규정에 의한 계약에서 회사자산을 이전할 것을 정할 수 있다. 다만, 금융위원회가 그 보험회사의 채권자의 이익을 보호하기 위하여 필요하다고 인정하는 자산은 유보하여야 한다.

7) 보험업법 제3조(보험계약의 체결) 누구든지 보험회사가 아닌 자와 보험계약을 체결하거나 이를 중개 또는 대리하지 못한다. 다만, 대통령령이 정하는 경우에는 그러하지 아니하다.

8) 전형계약: 전형계약이란 일반적으로 행하여지는 계약의 전형으로서 특히 이에 관한 규정을 둔 계약을 의미하고 그 이외의 계약을 비전형계약(무명계약)이라 한다. 민법상으로는 증여, 매매, 교환, 소비대차, 사용대차, 임대차, 고용, 도급, 위임, 임치, 조합, 종신정기금, 화해, 현상광고의 14종이 전형계약으로 규정되어 있고, 상법상의 운송, 보험, 상호계산 등 특별법에 의하여 규정되는 것도 있다. 계약자유의 원칙에 의하여 전형계약 이외의 계약을 체결하는 것은 자유이며, 실제 비전형계약일 경우가 많다.

9) 사행계약: 사행계약이란 우연한 이득을 얻으려는 것을 목적으로 하는 계약, 즉 계약당사자가 이행하여야

으로 보험계약과는 다른 평가를 받는다. 즉 보험계약에 있어서는 피보험자는 보험사고로 재산상의 손해를 입은 경우에 금전적인 이익을 가지지만, 도박에서 도박자는 선택의 결과에 대하여 금전적인 이익을 가지지 않는다는 점, 또한 도박은 선량한 사회질서에 어긋나 법률상 허용되지 않는다(민 103)는 점 등에서 보험과 다르다.

8) 최대선의계약성(最大善意契約性): 보험계약은 최대선의에 기초를 둔 계약이다. 최대선의 계약성은 보험사고의 우연성을 전제로 하는 보험계약의 사행계약성에서 찾을 수 있다. 선의성의 원리는 모든 계약에서 인정되는 원칙이지만 특히 보험계약은 우연한 사고의 발생을 전제로 하므로 그 선의성은 더욱 강조되어 그 특성을 최대선의계약성이라고 한다. 보험법상 고지의무(상 651), 사기에 의한 보험계약의 무효(상 669 ④), 고의적 보험사고에 대한 보험자의 면책(상 659) 등은 보험계약의 선의성에 기초하여 도덕적 위험을 방지하려는데 그 취지가 있다. 보험제도는 특히 보험계약자 측의 선의성을 전제로 하지 않고는 존립하기 어려운 제도이다.

9) 부합계약성(附合契約性): 보험계약은 다수의 보험계약자를 상대로 당사자가 개별적으로 협의하여 얻어진 계약내용에 따르는 것이 아니라 미리 작성된 정형화된 약관에 따르기 때문에 보험계약은 일종의 부합계약[10]이다. 보험계약의 내용이 되는 정형화된 보험약관은 보험자가 작성하기 때문에 보험계약자 측에 불리하게 작용될 수도 있다. 그러므로 법은 보험계약자를 보호하기 위하여 보통보험약관은 주무관청의 허가를 받도록 하고(보업 5 iii)[11], 원칙적으로 당사자의 특약으로도 보험계약자 등의 불이익으로 변경하지 못하도록 하고 있으며(상 663 본문), 보험약관의 해석에 있어서 의문이 있을 때에는 작성자불이익의 원칙이 적용된다는 보험약관 해석의 원칙이 정립되어 있다.

할 급부의무 또는 급부내용이 계약성립의 당초부터 우연한 사정에 의존하는 계약을 말한다. 프랑스 민법 제1964조는 "사행계약이라 함은 이익과 손실에 관한 계약의 효력이 당사자의 전부 또는 그 가운데 1인이나 수인에 대하여 불확정한 사건에 따른다는 합의이다"하고 규정하고 그 종류로 보험계약, 모험대차, 도박 및 종신정기금계약을 들고 있다.

10) 부합계약: 부합계약이란 계약당사자의 일방이 결정한 정형적 약관에 대하여 사실상 상대방이 포괄적으로 승인할 수밖에 없는 계약을 말하며, 부종계약(附從契約)이라고도 한다. 오늘날 일반 소비자는 기업과 체결하는 운송, 보험, 예금, 전기 · 가스 · 수도의 공급, 근로자고용 등의 계약은 부합계약으로 대량적으로 이루어지고 있다.

11) 보험업법 제5조(허가신청서 등의 제출) 제4조 제1항의 규정에 의하여 허가를 받고자 하는 자는 신청서에 다음 각 호의 서류를 첨부하여 금융위원회에 제출하여야 한다. 다만 보험회사가 영위하는 보험종목을 추가하고자 하는 경우에는 제1호의 서류를 제출하지 아니할 수 있다. 1. 정관 2. 업무개시 후 3년간의 사업계획서(추정재무제표를 포함한다) 3. 영위하고자 하는 보험종목별 사업방법서, 보험약관, 보험료 및 책임준비금의 산출방법서(이하 "기초서류"라 한다)

Ⅲ. 보험계약의 구조

[보험계약의 성립]

(보험약관)

〈당사자〉: 보험자 ——— 보험의 목적 ——— 보험계약자

보험자	보험의 목적	보험계약자
(승낙자)	(피보험이익)	(청약자)
(수인의 보험자)	보험사고	(자기를 위한 보험계약)
(공동/병존/중복)		(타인을 위한 보험계약)

보험증권

〈보험자의 보조자〉

① 보험대리점
② 보험중개사
③ 보험설계사
④ 보험의

〈보험계약자의 관련자〉

① 피보험자
② 보험수익자

〈보험자의 의무〉

• 계약성립 전의 의무

① 낙부통지의무와 승낙의제
② 보험약관의 교부 명시의무

• 계약성립 후의 의무

① 보험증권교부의무
② 보험금지급의무
③ 보험료반환의무
④ 약관대출의무

〈보험계약자측의 의무〉

• 계약성립 전의 의무

① 고지의무

• 계약성립 후의 의무

① 보험료지급의무
② 위험변경 · 증가 통지의무
③ 위험유지의무
④ 손해방지의무
⑤ 보험사고발생 통지의무

[보험계약의 부활 · 변경 · 소멸]

〔2〕 보험계약의 당사자와 관련자

목 차

Ⅰ. 보험자와 보험자의 보조자[12)]

1. 보험자

보험자(保險者 insurer)는 보험업을 영위하는 자로서 보험계약자와 보험계약을 체결하여 보험사고가 발생한 때에 보험금을 지급해야 할 의무를 부담하는 자이다. 보험의 공공성과 사회성으로 인하여 보험자의 자격은 보험업법에서 제한하고 있다. 즉 손해보험이든 인보험이든 300억원 이상의 자본금 또는 기금을 납입한 주식회사 또는 상호회사로서 금융위원회로부터 보험업의 허가를 받은 자이어야 한다(보업 4, 9 ①). 외국보험회사도 일정한 영업기금을 가지고 금융위원회의 허가를 받아야 우리나라에서 보험업을 영위할 수 있다(보업 5, 9 ③). 보험자가 허가를 받지 아니하고 보험업을 영위한 때에는 형사처벌을 받게 되고(보업 200 ⅰ), 허가없는 보험자와 보험계약을 체결한 사람도 과태료의 제재를 받게 된다(보업 3, 209 ③ ⅰ).

2. 보험자의 보조자

1) 보험대리점

보험대리점(保險代理店 insurance agent)이란 일정한 보험자를 위하여 상시 그 영업부류에 속하는 보험계약의 체결을 대리(代理)[13)]하거나 중개(仲介)[14)]하는 것을 영업으로 하는

12) 일반적으로 보험계약의 요소인 보험계약관계자, 보험의 목적, 보험사고, 보험료, 보험금액, 보험기간, 보험료기간 등을 보험계약의 요소라는 항목에서 총괄하여 설명하고 있지만, 그 내용이 많아 이해하는데 어려움이 있다. 따라서 이 교재에서는 이해의 편의를 도모하기 위하여 보험계약의 요소 하나하나를 개별적으로 설명하도록 한다.

13) 대리: 대리란 대리인이 본인에 갈음하여 제3자에게 의사표시를 하거나 또는 받는 것에 의하여 본인에게 그 법률효과가 직접적으로 귀속되는 관계 또는 제도.

14) 중개: 중개란 타인간의 벌률행위가 원만하게 이루어지도록 상대방의 소개, 정보 등을 제공하는 매개행위를

독립된 상인을 말한다(상 87). 상법상 보험대리점은 보험계약의 체결을 대리하는 보험체약대리점(保險締約代理店)과 중개만을 하는 보험중개대리점(保險仲介代理店)으로 구분되지만, 보험업법 제2조 제9호는 "보험대리점이라 함은 보험사업자를 위하여 보험계약의 체결을 대리하는 자(법인이 아닌 사단이나 재단을 포함한다)로서 제87조 규정에 의하여 등록된 자를 말한다"라고 규정하여 '보험체약대리점'만을 보험대리점으로 보고 있다. 보험대리점은 자연인이든 법인이든 상관없으나 일정한 자격을 갖춘 자로서 금융위원회에 등록하여야 하고(보업 87, 보업시령 30), 보험자와 사이에 보험대리점 위임계약에 의하여 보험계약자와 보험계약을 체결하게 된다. 보험대리점은 보험자의 대리인으로서 보험계약체결권을 가지므로 고지수령권, 보험료의 수령, 보험계약의 변경 · 연기 · 해지 등에 관한 권한을 가지고 있고, 보험대리점이 안 사유는 보험자가 안 것과 동일한 효력이 있다(상 90).[15][16] 그러나 보험대리점에게는 보험자의 소송상 대리, 보험계약자 · 피보험자의 청구의 승인, 손해액결정 등의 권한은 인정되지 않는다고 본다.[17] 보험중개대리점은 보험계약의 체결을 중개하는 권한만 있을 뿐 보험계약의 체결권이 없기 때문에 고지수령권, 보험료수령권이 없는데, 실무상 중개대리상은 인정되지 않고 있다.

2) 보험중개사

보험중개사(保險仲介士, insurance broker)는 보험자의 대리인이 아니면서 보험자와 보험계약자 사이의 보험계약의 체결을 중개하는 것을 영업으로 하는 독립된 상인이다(상 93, 46 xi, 보업 2 x). 보험중개사는 보험계약체결의 중개라는 사실행위(事實行爲)[18]를 하는 자이므로 보험계약 체결의 대리권이 없으며, 이에 따라 고지수령권, 보험료의 수령, 보험계약의 변경 · 연기 · 해지 등에 관한 권한이 없다. 보험중개사는 일정한 자격을 갖추어 금융위원회에

말한다. 즉 당사자 사이에 홍정을 붙여서 계약을 체결하도록 하는 것이고, 중개인 자신이 계약을 체결하는 것은 아니다.

15) 상법 제90조(통지를 받을 권한) 물건의 판매나 그 중개의 위탁을 받은 대리상은 매매의 목적물의 하자 또는 수량부족 기타 매매의 이행에 관한 통지를 받을 권한이 있다.

16) 대판 1995. 5. 26. 94다60615. 「보험회사를 대리하여 보험료를 수령할 권한이 부여되어 있는 보험대리점이 보험계약자에 대하여 보험료의 대납약정을 하였다면 그것으로 곧바로 보험계약자가 보험회사에 대하여 보험료를 지급한 것과 동일한 법적 효과가 발생하는 것이고, 실제로 보험대리점이 보험회사에 대납을 하여야만 그 효과가 발생하는 것은 아니다.」

17) 김성태, 전게서, 120면.

18) 사실행위: 사실행위라 함은 사람의 정신적작용의 표현을 필요로 하지 않고 법률효과를 발생시키는 행위를 말한다. 사실행위에는 건물의 파괴행위, 과실(果實)의 분리행위 등과 같이 외부적결과의 발생만으로써 법률효과를 인정해 주는 순수사실행위와 선점(先占), 습득(拾得), 사무관리(事務管理) 등과 같이 어떤 의식과정이 내포되고 있어야 하는 혼합사실행위가 있다. 사실행위는 일정한 사실상의 결과가 생기기만 하면 족하고 법률효과의 발생을 의욕하는 의사가 표현될 필요가 없으므로 무능력자라도 할 수 있다.

등록하여야 영업을 할 수 있다(보업 89). 보험업법은 보험대리점과 더불어 보험중개사도 보험모집을 할 수 있도록 규정하고 있다(보업 83).

3) 보험설계사

보험설계사(保險設計士, insurance salesman)는 보험자에게 종속되어 보험회사를 위하여 보험계약의 체결을 중개하는 자(법인이 아닌 사단과 재단 포함한다)로서 보험업법 제84조 규정에 의하여 등록된 자를 말한다(보업 2 viii). 보험설계사는 보험모집의 분야에 따라 생명보험설계사, 손해보험설계사, 제3보험설계사로 구분된다. 보험설계사는 보험계약체결권, 고지수령권 등에 대한 대리권이 없다. 그러나 보험료수령권은 보험자의 위임에 의하여 인정될 수 있다. 만약 보험설계사가 보험모집과 관련하여 보험계약자에게 손해를 가한 때에는 보험자는 사용자로서 그 배상책임을 진다(민 756, 보업 102).[19] 보험설계사는 소속 보험사업자의 이외의 보험사업자를 위하여 보험모집을 할 수 없으며, 보험사업자도 다른 보험사업자에게 속하는 보험설계사에게 보험모집을 위탁하지 못한다(보업 85).

4) 보험의

보험의(保險醫)란 생명보험계약에서 보험자의 위임 또는 고용계약에 따라 피보험자의 신체검사를 맡아 의학적 소견을 보험자에게 제공하여 주는 의사로써 진단의(診斷醫))라고도 한다. 보험의는 보험계약체결대리권은 없지만 신체검사와 관련된 고지수령권은 있다.[20] 보험의는 보험자의 의료상의 보조자이지만 보험영업에 관한 대리권이 없기 때문에 상업사용인(商業使用人)[21]은 아니다.

---

19) 민법 제756조(사용자의 배상책임) ① 타인을 사용하여 어느 사무에 종사하게 한 자는 피용자가 그 사무집행에 관하여 제3자에게 가한 손해를 배상할 책임이 있다. 그러나 사용자가 피용자의 선임 및 그 사무감독에 상당한 주의를 한 때 또는 상당한 주의를 하여도 손해가 있을 경우에는 그러하지 아니하다. ② 사용자에 갈음하여 그 사무를 감독하는 자도 전항의 책임이 있다. ③ 전 2항의 경우에 사용자 또는 감독자는 피용자에 대하여 구상권을 행사할 수 있다.
보험업법 제102조(모집을 위탁한 보험회사의 배상책임) ① 보험회사는 그 임원 · 직원 · 보험설계사 또는 보험대리점이 모집을 함에 있어서 보험계약자에게 가한 손해를 배상할 책임을 진다. 다만, 보험회사가 보험설계사 또는 보험대리점에 모집을 위탁함에 있어서 상당한 주의를 하였고 또한 이들이 행하는 모집에 있어서 보험계약자에게 가한 손해의 방지에 노력한 경우에는 그러하지 아니하다. ② 제1항의 규정은 당해 임원 · 직원 · 보험설계사 또는 보험대리점에 대한 보험회사의 구상권의 행사를 방해하지 아니한다. ③ 민법 제756조의 규정은 제1항의 규정에 의하여 발생한 청구권에 관하여 이를 준용한다.

20) 대판 1976. 6. 22. 75다605.

21) 상업사용인: 상업사용인이란 특정한 상인에 종속하여 그 대외적인 영업상의 사무를 보조하는 자를 말한다. 상법은 상업사용인을 지배인(상 11), 부분적 포괄대리권을 가진 상업사용인(상 15), 물건판매점포의 사용인(상 16)으로 분류하고 있다.

Ⅱ. 보험계약자와 관련자

1. 보험계약자

보험계약자(保險契約者, insured)는 보험자의 상대방으로서 자기명의로 보험계약을 체결하는 자를 말한다. 자연인이든 법인이든 그 자격에는 특별한 제한이 없다. 보험계약자가 자신을 위하여 보험계약을 체결하면 '자기를 위한 보험계약', 제3자를 위하여 체결하면 '타인을 위한 보험계약'이 된다. 보험계약자는 1인 또는 다수인이 공동으로 하나의 보험계약을 체결할 수 있고, 대리인으로 하여금 보험계약을 체결하게 할 수도 있다(상 646). 보험계약자는 보험계약의 당사자로써 고지의무(상 651), 보험료지급의무(상 650)를 부담하고, 보험증권교부청구권, 계약의 취소권 또는 해지권 등 일정한 권리를 갖는다.

2. 보험계약자의 관련자

1) 피보험자

피보험자(被保險者, insured)의 의미는 손해보험과 인보험에 따라 다르다. ① 손해보험에서 피보험자란 보험사고가 발생한 때에 피보험이익의 주체로서 재산상의 손해보상을 보험자에게 직접 청구할 수 있는 자를 말한다. 피보험자의 자격에는 제한이 없고, 계약의 당사자는 아니지만 보험계약상 일정한 권리와 의무가 있다. 피보험자와 보험계약자가 동일인일 때는 자기를 위한 손해보험이고, 동일인이 아닐 때에는 타인을 위한 손해보험이 된다. ② 인보험에서 피보험자란 보험의 목적인 생명 또는 신체가 보험에 붙여진 사람을 말한다. 피보험자의 자격은 자연인에 한하지만 생명보험에서는 도덕적 위험을 방지하기 위하여 일정한 제한이 있다. 즉 타인의 사망을 보험사고로 하는 생명보험에서는 피보험자인 타인의 서면에 의한 동의를 요하고(상 731), 15세 미만자, 심신상실자 또는 심신박약자는 사망보험의 피보험자가 될 수 없다(상 732).

2) 보험수익자

보험수익자(保險受益者, beneficiary)란 인보험계약에서 보험사고가 발생한 때에 보험금청구권을 가지는 자를 말한다. 손해보험에서는 보험금을 청구할 수 있는 자를 피보험자라고 하고 보험수익자란 용어를 사용하지 않는다. 보험수익자의 자격에는 특별한 제한이 없지만, 자기를 위한 보험에서는 자연인만이 보험수익자가 될 수 있다. 보험계약자는 보험계약을 체결할 때 보험수익자를 지정하지만, 특별히 지정하지 않은 경우에는 피보험자의 법정상속인이 보험수익자가 된다. 보험계약자는 보험수익자를 지정 또는 변경할 수 있다(상 733). 보험수익자는 계약의 당사자가 아니므로 보험자에 대하여 보험금청구권 외에 다른 권리를 갖지 않는다.

〔3〕 보험의 목적과 보험사고

목 차

Ⅰ. 보험의 목적

보험의 목적이란 보험계약에서 정한 보험사고의 대상이 되는 객체를 말하며, 손해보험에서는 보험계약의 대상인 경제상의 재화를 말하고, 인보험에서는 피보험자의 생명 또는 신체를 말한다. 상법은 손해보험의 경우에는 보험의 목적이란 용어를 직접 사용하고 있으나(상 666, 679 등), 인보험에서는 보험의 목적이란 용어를 직접 사용하지 않고 피보험자의 생명 또는 신체라는 표현만을 쓰고 있다.

손해보험의 목적은 물건인 경우에는 건물, 자동차, 골동품 등 경제적 이익이 있는 재화가 이에 해당되고, 단일물건이나 집합물건 모두 보험의 목적이 될 수 있다. 단일물건을 보험목적으로 하는 경우를 개별보험(個別保險)이라 하고, 집합된 물건을 보험목적으로 하는 경우를 집합보험(상 686)이라 하며, 집합보험 중 집합물건이 특정된 것을 특정집합보험(상 686), 개개의 물건의 교체가 예상되어 있는 보험을 총괄집합보험(상 687)이라 한다. 인보험에서 보험의 대상은 사람의 생명 또는 신체이므로 자연인에 한정되고, 인보험 중 사망보험에서는 15세 미만자, 심신상실자, 심신박약자는 피보험자로 할 수 없다(상 732). 인보험에서 피보험자가 개인인 경우를 개인보험(個人保險), 직장 등의 단체의 구성원 전원을 피보험자로 하는 경우를 단체보험(團體保險)이라 한다. 보험의 목적은 이른바 피보험이익이라고 하는 '보험계약의 목적'(상 668)과는 구별된다.

Ⅱ. 보험사고

1. 보험사고의 의의

보험사고(保險事故, risk covered)란 보험계약에서 보험자의 보험금지급책임을 발생시키는 우연한 사고를 말한다. 보험사고를 위험이라고도 하지만, 상법은 위험을 보험사고와 동일시하지 않고 보험사고의 발생가능성(상, 647, 652, 653)의 의미로 쓰기도 한다.

2. 보험사고의 요건

보험사고는 보험계약에서 정한 특정한 사고로 보험의 목적에 대하여 일어날 수 있는 가능성이 있는 우연한 사고이어야 한다.

(1) 보험사고는 우연한 사고이어야 한다. 보험사고가 우연성(偶然性)을 가지려면 사고의 발행여부, 발생시기 및 발생의 정도 등을 알 수 없어야 한다. 이에 상법은 "보험계약 당시에 보험사고가 이미 발생하였거나 또는 발생할 수 없는 것이 확실한 것인 때에는 그 계약은 무효로 한다"(상 644 본문)고 규정하여 보험사고 발생의 불확정성이 보험계약의 전제가 되고 있음을 나타내고 있다. 다만 사망보험에서는 보험사고의 발생여부는 확정적이고, 그 사고의 발생시기만 불확정한 것이다.

(2) 보험사고는 발생이 가능한 사고이어야 한다. 보험사고의 발생 가능성이 물리적으로 불가능한 경우, 또는 이미 발생한 경우에는 보험계약은 무효이다(상 644 본문). 그러나 보험사고의 발생가능성이 없음을 보험계약의 당사자 쌍방과 피보험자가 알지 못한 때에는 예외로 한다(상 644 단서). 이를 근거로 소급보험이 인정될 수 있다(상 643).

(3) 보험사고는 보험계약에서 정한 보험목적에 대한 일정한 사고이어야 한다. 보험사고는 보험계약체결 당시에 일정한 기준에 의하여 그 범위가 한정되어 사고의 발생확률을 산출할 수 있는 것이어야 함이 원칙이지만, 해상보험의 경우와 같이 항해에 관한 모든 사고를 포괄적으로 정하는 것도 가능하다. 보험사고를 한정하는 것은 보험사고의 발생확률을 측정하여 보험료 산출의 합리적 기초를 마련하고 보험자의 책임의 범위를 명확하게 하기 위한 것이다.

〔4〕 보험료와 보험금액

목 차

Ⅰ. 보험료

1. 보험료의 의미

보험료는 보험계약에서 보험자가 보험금의 지급책임을 지는 대가로서 보험계약자가 지급하는 금액이다. 상호보험에 있어서는 보험가입자가 동시에 상호보험회사의 구성원이 되는데, 이들이 상호보험회사의 기금을 마련하기 위하여 납입하는 각자의 갹출금(보업 38 ② iii)은 보험료와 동일하게 취급된다(상 664).

2. 보험료의 산출과 적정성 확보

1) 보험료의 산출

보험료의 산출은 보험수리의 원칙에 따라 보험계리인(保險計理人, 보업 181)에 의하여 이루어지는데, 각 보험계약자가 납입하는 보험료의 총액이 보험사고로 지급될 보험금의 총액과 균형을 유지하도록 계산된다. 이를 수지상등의 원칙(급여 · 반대급여 균형의 원칙) 또는 독일 경제학자 렉시스(W. Lexis)의 방식에 따라 산출된다고 하여 '렉시스의 원칙'이라고도 한다.

*** 렉시스의 공식** $P=\frac{r}{n}Z$

(p: 보험료, w: 사고발생률, Z: 보험금액, r: 보험금을 받을 자의 수, n: 가입자수)
(예: 화재보험계약에서 화재보험가입자 수: 100,000명, 각 100,000,000원 건물 소유, 1년간의 화재발생률: 0.02%, 보험금액: 1억일 경우에 보험료(p): 200,000원)

2) 보험료 산출의 적정성 확보

보험료는 위험단체와 보험가입자의 이익과 관련되는 것이므로 보험업법은 보험자가 보험사업의 허가를 받을 때 기초서류의 하나로 보험료산출방법서를 제출하고(보업 5 iii), 합리적인 보험료의 산출을 위하여 객관적인 통계자료를 기초로 대수의 법칙 및 통계신뢰도를 바탕으로 하도록 하고 있다(보업 129). 그리고 보험료산출방법서를 변경할 경우에는 미리 금융위원회에 신고하고 필요에 따라 금융위원회의 확인을 거치도록 하였다(보업 128). 또한 보험회사는 보험요율의 공정하고 합리적인 산출 등을 위하여 금융위원회의 인가를 받아 보험요율산출기관을 설립할 수 있도록 하고 있다(보업 176).

3. 보험료의 분류

1) 순보험료와 부가보험료

보험료는 대수의 법칙에 따른 사고발생개연율에 의하여 산출되는 순보험료(純保險料)와 기업이윤과 모집비용, 기타 보험회사의 운영비용 등이 부가되는 부가보험료(附加保險料)가 있으며, 순보험료와 부가보험료를 합한 것을 영업보험료(營業保險料)라 한다.

2) 일시납보험료와 분납보험료

일시납보험료(一時納保險料)는 일시에 보험료 전액을 지급하는 것을 말하고, 분납보험료(分納保險料)는 보험료를 일정기간 정기적으로 나누어 지급하는 것을 말한다. 손해보험에서는 일반적으로 분납의 비율을 동일하게 하지만 이를 달리하는 경우도 있다. 생명보험의 경우에는 피보험자의 연령이 높아감에 사망률이 높기 때문에 보험료도 연령이 높아짐에 따라 증가되지만, 실무상의 편의를 위하여 전 보험기간을 통하여 동일한 평균보험료(平均保險料)를 지급하도록 하고 있다.

3) 최초보험료와 계속보험료

최초보험료란 그 지급이 없으면 보험자의 책임이 개시되지 아니하는 보험료를 말하고(상 656), 계속보험료는 그 지급이 없으면 이미 개시된 보험자의 책임이 더 이상 계속되지 아니하는 보험료를 말한다(상 650 ②). 보험계약자가 보험보장을 받으려면 반드시 최초보험료를 지급해야 하므로 최초보험료는 보험료의 지급을 강제하는 기능을 하게 된다.[22] 계속보험료는 원칙적으로 보험료의 분납방식에 따르는 것이지만 보험계약자의 보험료 지급편의는 물론

22) 김성태, 전게서, 126면; 최기원, 전게서, 101면.

보험자의 보험료 확보에도 도움이 된다. 상법은 계속보험료의 지체를 이유로 즉시 보험관계를 소멸시키는 것은 보험계약자에게 가혹하기 때문에 보험자가 상당한 기간을 정하여 보험료납입을 최고하게 함으로써(상 650 ②) 보험관계의 유지와 보험계약자의 보호를 도모하고 있다.

4. 보험료기간

보험료기간(保險料期間)이란 보험료산정의 기초가 되는 단위기간을 말하며, 이를 위험측정기간(危險測定期間)이라고도 한다. 보험료기간은 통상 1년 단위로 하고 있다. 보험료기간은 보험기간과 일치하는 경우도 있지만, 장기간의 보험기간에서는 다수의 보험료기간이 있을 수 있으므로 양자가 반드시 일치하는 것은 아니다.

5. 보험료불가분의 원칙

보험료불가분의 원칙(保險料不可分의 原則)이란 보험료를 산출하기 위한 일정한 단위기간을 보험료기간이라 하고 이 기간에 대응하는 보험료는 기술적으로 더 이상 세분할 수 없기 때문에 보험료기간의 보험료는 관념적으로 하나로 보아야 한다는 원칙을 말한다. 이 원칙은 보험료산출을 위한 보험기술상의 요청에 의한 것으로, 보험료기간의 보험료를 하나의 단위로 하여 보험자가 보험료기간의 일부에 대하여만 위험을 부담하였다 하더라도 그 보험료기간에 대응하는 보험료의 전액을 취득할 수 있다는 것을 의미한다. 상법 제677조는 "보험자가 손해를 보상할 경우에 보험료의 지급을 받지 아니한 잔액이 있으면 그 지급기일이 도래하지 아니한 때라도 보상할 금액에서 이를 공제할 수 있다"라고 규정하고 있는데, 이는 이 원칙에 기초한 것이다. 보험료불가분의 원칙은 보험계약상 절대적인 것은 아니므로 실제 보험거래에서는 보험계약자의 편의를 도모하여 보험료의 분할지급을 인정하고, 보험계약이 해지된 경우 이미 경과한 기간에 대하여 단기요율로 계산한 보험료를 뺀 잔액 또는 일단위로 계산한 보험료를 보험계약자에게 돌려주고 있는 실정이어서(화보약 14 참조) 그 의미가 크지 않다.

Ⅱ. 보험금액

1. 보험금액의 의미

보험금액은 보험자가 보험계약에 따라 보험사고가 발생한 때에 지급할 약정금액이다. 보험금액은 손해보험이냐 정액보험이냐에 따라 그 의미가 다르다. 손해보험계약에서는 보험자는 보험사고로 인한 피보험자의 손해를 '보상'할 책임을 지므로(상 665), 보험금액이란 보험계약에서 약정한 손해보상책임의 최고한도액을 의미한다. 생명보험과 같은 정액보험에서 보험금액이란 보험자가 보험사고발생시 지급하기로 약정한 확정된 금액을 말한다. 상법상 보험금액은 손해보험에서 보험사고가 발생하여 현실적으로 지급하는 손해보상액을 의미하기도 한다(상 682).

2. 보험금액의 지급방법

보험금액은 현금으로 지급하는 원칙이지만 현물급여 또는 그 밖의 급여(치료행위 등) 등의 방법으로 지급될 수도 있다(상 633). 보험금액은 약정에 따라 일시에 지급되기도 하고 연금형식으로 지급될 수도 있다.

〔5〕 보험기간 · 보험료기간 · 보험계약기간

목 차

Ⅰ. 보험기간

1. 보험기간의 의미

보험기간(保險期間)이란 보험계약에서 약정한 보험사고에 대한 보험자의 책임이 개시되고 종료할 때까지의 기간으로서 이를 책임기간(責任期間) 또는 위험기간(危險期間)이라고도 한다. 보험기간은 당사자의 약정으로 결정되며 보험계약기간과는 반드시 일치하는 것은 아니다. 상법은 보험자의 책임이 최초의 보험료를 받은 때부터 개시되는 것으로 하고 있으나(상 656), 보험기간에 관한 분쟁을 방지하기 위하여 상법과 약관에서는 보험기간의 개시 · 종료시각을 명시하는 경우도 있다.[23]

2. 소급보험

보험기간은 통상 보험계약 성립시 또는 성립 이후부터 시작되지만, 보험기간을 계약성립 이전으로 소급시키는 경우가 있는데, 이를 소급보험(遡及保險)이라 한다(상 643). 보험계약에서 보험사고가 이미 발생하였거나 발생할 수 없을 때에는 보험계약은 무효가 되지만, 당사자 쌍방과 피보험자가 이를 주관적으로 알지 못한 때에는 보험계약의 효력을 인정할 수 있으므로(상 644) 소급보험을 인정할 수 있게 된다(상 644). 만약 소급보험계약의 경우에 보험계약자가 이미 그 보험사고가 발생한 것을 알고 보험계약을 체결한 때에는 그 보험계약은 무효이며, 이 경우 보험자는 보험계약자가 지급한 보험료를 반환할 의무가 없다고 본다(상 648).

23) 해상보험의 보험기간의 개시(상 699); 해상보험의 보험기간의 종료(상 700); 보험회사의 책임의 시기 및 종기(화보약 4); 제1회 보험료 및 회사의 책임개시일(생보약 9).

Ⅱ. 보험계약기간

보험계약기간(保險契約期間)이란 보험계약이 성립하여 존속하는 기간으로 보험계약의 유효기간이라고 한다. 보험계약기간은 특별규정이나 특약이 없으면 보험기간과 일치하지만, 보험계약의 내용 또는 실무상의 편의 때문에 양자가 일치하지 않는 경우도 있다. 보험계약에서 당사자가 중요시 하는 것은 보험사고시 보장을 받을 수 있는 보험기간이기 때문에 보험계약기간의 의미는 크지 않다.

Ⅲ. 보험료기간

보험료기간이란 보험료산정의 기초가 되는 단위기간을 말하며, 이를 위험측정기간이라고도 한다. 보험료기간은 통상 1년 단위로 하고 있다. 보험료기간은 보험기간과 일치하는 경우도 있지만, 장기간의 보험기간에서는 다수의 보험료기간이 있을 수 있으므로 양자가 반드시 일치하는 것은 아니다.

Ⅳ. 보험기간 · 보험료기간 · 보험계약기간의 관계

1. 원칙

3자간 일치하는 것이 원칙이지만, 운송보험과 같은 경우에는 보험기간이 보험료기간보다 짧을 수 있고, 생명보험과 같은 장기보험계약에서는 보험기간이 수 개의 보험료기간으로 나누이기도 한다.

2. 3자간의 불일치

1) 보험기간과 보험계약기간의 불일치

(1) 보험기간이 보험계약기간보다 짧은 경우가 있다. 예컨대, 보험기간의 개시를 계약성립 후 일정한 시각으로 하는 경우, 예정보험(장래보험)의 경우, 보험계약은 성립하였으나 제1회의 보험료를 지급하지 않아 보험기간이 개시하지 않은 경우(상 656, 화보약 4 ① 본문) 등에 있어서는 보험기간이 보험계약기간보다 짧다.

(2) 보험계약기간이 보험기간보다 짧은 경우가 있다. 예컨대 소급보험의 특약이 있는 경우(상 643)에는 보험계약기간이 보험기간보다 짧게 된다.

2) 보험기간과 보험료기간의 불일치

보험료기간은 보험기간과 일치하는 경우도 있지만, 생명보험과 같은 보험에서는 다수의 보험료기간이 있을 수 있으므로 양자가 반드시 일치하는 것은 아니다. 예컨대 20년의 장기생명보험계약을 체결한 경우에는 생명보험의 보험기간은 20년이지만 보험료기간을 1년 단위로 할 경우에는 20개의 보험료기간이 존재하게 된다.

제2절 보험계약의 성립

〔1〕 보험계약의 성립과 승낙의제

목 차

Ⅰ. 보험계약의 성립

1. 보험계약의 성립요건

보험계약은 불요식 낙성계약이므로 계약법의 일반원칙에 따라 보험계약자의 청약에 대하여 보험자가 승낙함으로써 성립한다. 보험계약의 청약과 승낙에 대하여는 민법의 일반원칙(민 527 이하)이 적용되고, 보험의 인수는 상행위(상 46조 17호)이므로 상법의 규정(상 51, 52)[1]도 적용된다. 보험계약은 불요식 낙성계약이므로 보험료의 납입이나 보험증권의 교부는 보험계약의 성립요건은 아니며, 당사자의 합의 외에 어떤 특정한 방식이나 다른 행위도 요구되지 않는다. 그러나 보험계약의 단체성, 사행성, 기술성 등의 특성과 보험계약자의 보호를 위하여 일반채권계약과는 달리 보험계약자에게는 고지의무, 보험자에게는 보험약관의 교부 · 명시의무 등이 계약체결 전의 의무로 부여되어 있고, 그리고 보험자의 낙부통지의무, 승낙의제 등의 보험계약자 보호제도가 마련되어 있다.

---

1) 상법 제51조(대화자간의 청약의 구속력) 대화자간의 계약의 　약은 상대방이 즉시 승낙하지 아니한 때에는 그 효력을 잃는다.
상법 제52조(격지자간의 청약의 구속력) ① 격지자간의 계약의 청약은 승낙기간이 없으면 상대방이 상당한 기간 내에 승낙의 통지를 발송하지 아니한 때에는 그 효력을 잃는다. ② 민법 제530조의 규정은 전항의 경우에 준용한다.
민법 제530조(연착된 승낙의 효력) 전2조(승낙기간을 정한 계약의 청약, 승낙기간을 정하지 아니한 계약의 청약)의 경우에 연착된 승낙은 청약자가 이를 새 청약으로 볼 수 있다.

1) 보험계약자의 청약과 철회

보험계약의 청약이란 보험계약자가 보험자에 대하여 일정한 보험계약을 맺을 것을 목적으로 하는 일방적인 의사표시로서 구두에 의하든 서면에 의하든 그 방식에는 특별한 제한이 없다. 그러나 실제 보험거래에서는 보험계약청약서(保險契約請約書)라는 일정한 양식을 이용하여, 보험계약자가 보험계약청약서의 필요사항을 기재하여 보험자에게 교부할 때에 보험계약을 청약한 것으로 된다. 계약의 청약은 청약자가 임의로 철회하지 못하는 것이 계약법의 일반법리(민 527, 529, 상 52)[2)]이지만, 보험약관에서는 청약철회제도(請約撤回制度, cooling off system)[3)]를 두어 보험설계사 또는 보험대리점 등의 무리한 보험가입권유 등으로부터 보험청약자를 보호하고자 한다. 그러나 실제거래에서는 임의로 철회하고 있음이 일반적이다.

2) 보험자의 승낙

보험자의 승낙은 보험자가 보험계약자의 청약에 동의하여 계약을 성립시킬 목적으로 보험계약자에게 행하는 의사표시로서 그 방식에는 특별한 제한이 없다. 보험계약은 상사계약으로 대화자 사이의 청약은 상대방이 즉시 승낙하지 않으면 그 효력을 잃게 되고(상 51), 격지자간의 계약은 승낙기간이 없으면 상대방이 상당한 기간 안에 승낙의 통지를 발송하지 아니 한 때에는 그 효력을 잃는다(상 52). 실제 거래에서는 보험증권의 교부를 통하여 승낙에 갈음하고 있는 것이 일반적이다.

2. 보험자의 낙부통지의무와 승낙의제

계약법의 일반원리에 의하면 승낙자는 승낙여부의 의사표시를 할 의무가 없으므로 승낙의 통지가 없으면 청약은 효력을 잃는다(민 529, 상 52). 그러나 보험계약에서는 피보험자나 보험수익자의 보험보호를 위하여 보험자가 보험계약자로부터 보험계약의 청약과 함께 보험료 상당액의 전부 또는 일부의 지급을 받은 때에는 다른 약정이 없으면 30일 내에 그 상대방에 대하여 낙부의 통지를 발송하도록 하고(상 638의2 ① 본문), 이를 게을리 한 때에는 승낙한 것으로 보아(상 638의2 ②). 보험계약자 측을 보호하고 있다. 이를 승낙의제(承諾擬制)[4)]라 한다. 다만 인보험계약에서 피보험자가 신체검사를 받아야 하는 경우에는 그 기간은 신체검사를 받은 날로부터 기산한다(상 638의2 ① 단서).

---

2) 민법 제527조(계약의 청약의 구속력) 계약의 청약은 이를 철회하지 못한다.
민법 제529조(승낙기간을 정하지 아니한 계약의 청약) 승낙의 기간을 정하지 아니한 계약의 　약은 청약자가 상당한 기간 내에 승낙의 통지를 받지 못한 때에는 그 효력을 잃는다.

3) 개인자동차보험 보통약관 제4조; 부록의 보험계약청약서 견양 참조.

4) 의제: 의제란 본질이 다른 것을 법률적 취급에 있어서 동일한 것으로 보고 동일한 법적효과를 부여하는 것을 말한다(예: 실종선고를 받은 자를 사망한 것으로 보는 경우(민 28)).

Ⅱ. 승낙 전의 보험보호

보험자가 보험계약자로부터 청약과 함께 보험료의 전부 또는 일부를 받았다 하더라도 보험자의 승낙이 없으면 보험계약은 성립하지 않는다. 이와 같은 상황에서 보험사고가 발생할 경우에는 보험계약자의 기대에 반하여 예측하지 않은 손해를 입게 된다. 이에 상법은 보험자가 보험계약자로부터 보험계약의 청약과 함께 보험료 상당액의 전부 또는 일부를 받은 경우에 그 청약을 승낙하기 전에 보험계약에서 정한 보험사고가 발생한 생긴 때에는 그 청약을 거절할 사유가 없는 한 보험자는 보험계약상의 책임을 진다(상 638의2 ③ 본문)라고 하여 보험계약자 측의 기대이익을 보호하고 있다. 다만 인보험계약의 피보험자가 신체검사를 받아야 하는 경우에 그 검사를 받지 아니한 때에는 보험자는 책임을 부담하지 않는다(상 638의2 ③ 단서).

Ⅲ. 전자거래에 의한 보험계약의 성립

최근에는 인터넷의 발달로 전자거래(電子去來)에 의한 보험계약이 많이 이루어지고 있다. 전자거래에 의하여 보험계약이 체결되는 경우에는 그 청약이나 승낙 등이 전자문서에 의하여 이루어지는 것을 제외하고는 그 요건과 효력은 통상의 보험계약과 차이가 없다.

〔2〕 보험자의 보험약관의 교부 · 명시의무

목 차

Ⅰ. 보험약관의 교부 · 명시의무제도의 취지

상법은 "보험자는 보험계약을 체결할 때에 보험계약자에게 보험약관을 교부하고 그 약관의 중요한 내용을 알려 주어야 한다."(상 638의2 ①)[5]라고 하여 보험자의 보험약관의 교부 · 명시의무(交付 · 明示義務)를 규정하고 있다. 이를 보험자의 보험계약 체결 전의 의무로 규정한 이유는, 보험계약의 기술성 등으로 인하여 보험약관의 내용이 전문적이고 복잡하여 보험계약자가 이를 정확하게 이해하기에는 어려움이 많기 때문에 보험자가 약관을 교부하고 이의 중요한 사항을 설명하여 보험계약자가 예측하지 못한 불이익을 받지 않도록 하고[6] 나아가 보험계약의 내용으로 인한 분쟁이 없도록 하기 위함에 있다.

Ⅱ. 교부 · 명시의무의 내용

1. 보험약관의 범위

교부 · 명시의 대상이 되는 보험약관을 '보통보험약관'에 한정하는 견해도 있지만, 상법상

5) 약관의 규제에 관한 법률 제3조(약관의 작성 및 설명의무 등) ① 사업자는 고객이 약관의 내용을 쉽게 알 수 있도록 한글 및 표준화 · 체계화된 용어를 사용하고, 약관의 중요한 내용을 부호 · 문자 · 색채 등으로 명확하게 표시하여 약관을 작성하여야 한다. ② 사업자는 계약체결에 있어서 고객에게 약관의 내용을 계약의 종류에 따라 일반적으로 예상되는 방법으로 명시하고, 고객이 요구할 때에는 당해 약관의 사본을 고객에게 교부하여 이를 알 수 있도록 하여야 한다. 다만, 다른 법률에 따라 행정관청의 인가를 받은 약관으로서 거래의 신속을 위하여 필요하다고 인정되어 대통령령으로 정하는 약관에 대하여는 그러하지 아니하다. ③ 사업자는 약관에 정하여져 있는 중요한 내용을 고객이 이해할 수 있도록 설명하여야 한다. 다만, 계약의 성질상 설명이 현저하게 곤란한 경우에는 그러하지 아니하다. ④ 사업자가 제2항 및 제3항을 위반하여 계약을 체결한 때에는 당해 약관을 계약의 내용으로 주장할 수 없다; 보험업법 제97조 제1항 제1호.

6) 대판 1999. 2. 12, 98다51374.

특별히 보통보험약관에 한정한다는 규정이 없을 뿐만 아니라 약관규제법상으로도 이에 대한 제한이 없으며 또한 보험계약자를 보호한다는 취지에서 볼 때 교부의 대상이 되는 보험약관인 이상 보통보험약관은 물론 특별보통보험약관도 포함된다고 본다. 그러나 보통보험약관에 의하지 않고 개별적인 사정에 따라 계약의 내용을 정하게 되는 특별보험약관의 경우에는 그 성질상 이에 포함되지 않는다고 본다. 이 의무는 새로이 체결하는 모든 보험계약에만 부과되고 기존의 보험계약을 갱신하는 경우에는 적용되지 않는다고 할 것이다.

2. 교부의무

보험자는 보험계약을 체결할 때 보험계약자에게 보험약관을 교부하여 보험계약자가 보험계약의 내용을 알 수 있도록 하여야 한다. 약관규제법은 상대방의 요구가 있을 때에만 약관의 교부의무가 있다고 규정하고 있지만(약규 3 ②), 상법은 상대방의 요구여부에 관계없이 보험자에게 보험약관의 교부의무를 부과하고 있다.

3. 중요한 내용에 대한 설명의무

설명의무가 있는 중요한 내용이란 보험의 종류에 따라 다르지만, 일반적으로 보험계약의 중요한 요소, 즉 보험료와 그 지급시기, 보험금액, 보험기간, 보험자의 책임시기, 보험사고, 보험계약의 해지사유 또는 보험자의 면책사유 등이 이에 해당된다고 할 수 있다. 그러나 보험자에게 보험약관의 교부 · 명시의무가 부여되는 것은 보험계약자가 알지 못하는 가운데 약관에 정하여진 중요한 사항이 계약 내용으로 되어 보험계약자가 예측하지 못한 불이익을 받게 되는 것을 피하고자 하는 데 그 취지가 있으므로, 보험약관에 정하여진 사항이라도 거래상 일반적이고 공통된 것이어서 보험계약자가 별도의 설명 없이도 충분히 예상할 수 있었던 사항이거나 이미 법령에 의하여 정하여진 것을 되풀이하거나 부연하는 정도에 불과한 사항이라면 그러한 사항에 대해서는 보험자에게 명시 · 설명의무가 없다고 본다.7) 또한 보험약

7) 대판 2003. 5. 30. 2003 다 15556.「일반적으로 보험자 및 보험계약의 체결 또는 모집에 종사하는 자는 보험계약의 체결에 있어서 보험계약자 또는 피보험자에게 보험약관에 기재되어 있는 보험상품의 내용, 보험료율의 체계 및 보험청약서상 기재사항의 변동사항 등 보험계약의 중요한 내용에 대하여 구체적이고 상세한 명시 · 설명의무를 지고 있으므로 보험자가 이러한 보험약관의 명시 · 설명의무에 위반하여 보험계약을 체결한 때에는 그 약관의 내용을 보험계약의 내용으로 주장할 수 없다고 할 것이나, 보험자에게 이러한 약관의 명시 · 설명의무가 인정되는 것은 어디까지나 보험계약자가 알지 못하는 가운데 약관에 정하여진 중요한 사항이 계약 내용으로 되어 보험계약자가 예측하지 못한 불이익을 받게 되는 것을 피하고자 하는 데 그 근거가 있다고 할 것이므로, 보험약관에 정하여진 사항이라고 하더라도 거래상 일반적이고 공통된 것이어서 보험계약자가 별도의 설명 없이도 충분히 예상할 수 있었던 사항이거나 이미 법령에 의하여 정하여진 것을 되풀이하거나 부연하는 정도에 불과한 사항이라면 그러한 사항에 대하여서까지 보험자에게

관의 중요한 내용에 해당하는 사항이라고 하더라도 보험계약자나 그 대리인이 그 내용을 충분히 잘 알고 있는 경우에는 당해약관이 바로 계약내용이 되어 당사자에 대하여 구속력을 갖는 것이므로, 보험자로서는 보험계약자 또는 그 대리인에게 약관의 내용을 따로 설명할 필요가 없다.8)

Ⅲ. 교부 · 명시의무의 의무자와 상대방

보험약관의 교부 · 명시의무자는 원칙적으로 보험자이지만, 보험계약체결 대리권이 있는 보험대리점은 물론 보험설계사나 보험중개사를 통하여 보험모집이 이루어지는 경우(보업 83)에는 이들이 대신할 수 있다고 본다. 교부 · 명시의무의 상대방은 반드시 보험계약자 본인에 국한되는 것이 아니라, 보험자가 보험계약자의 대리인과 보험계약을 체결할 경우에는 그 대리인에게 보험약관을 교부 · 명시하면 된다.9) 문제가 되는 것은 보험목적이 양도될 경우에 양수인에 대하여도 보험약관의 교부 · 명시의무가 있느냐 하는 것인데, 이를 부정하는 견해도 있지만,10) 보험목적이 양도될 때에도(상 679) 원칙적으로 보험자는 양수인에 대하여 이 의무를 부담한다고 본다.11)

Ⅳ. 의무위반의 효과와 문제점

1. 보험계약자의 보험계약의 취소

보험자가 보험약관에 대한 교부 · 설명의무를 위반한 경우에는 보험계약자는 보험계약이 성립한 날로부터 1월 내에 그 계약을 취소할 수 있다(상 638의3 ②). 이로 인하여 보험계약은 무효가 되어(민 141)12) 보험자는 보험계약자가 지급한 보험료를 반환하여야 한다(상 648). 1월의 기간은 제척기간(除斥期間)13)이다.

명시 · 설명의무가 인정된다고 할 수 없다.」

8) 대판 2005. 8. 25. 2004다18903.

9) 대판 2001. 7. 27. 2001다23973.

10) 최기원, 전게서, 119면.

11) 대판 1994. 10. 14, 94다17970.「보험계약의 승계절차에 관하여 보험회사의 자동차종합보험약관에 보험계약자가 서면에 의하여 양도통지를 하고, 이에 의하여 보험증권에 승인의 배서를 하도록 규정되어 있다 하더라도 보험회사가 그와 같은 약관내용을 보험계약을 승계하고자 하는 자에게 구체적으로 명시하여 상세하게 설명하지 아니한 때에는 이를 보험계약의 내용으로 주장할 수 없다.」

12) 민법 제141조(취소의 효과) 취소한 법률행위는 처음부터 무효인 것으로 본다. 그러나 무능력자는 그 행위로 인하여 받은 이익이 현존하는 한도에서 상환할 책임이 있다.

13) 제척기간: 제척기간이란 법정기간의 경과로써 당연히 권리의 소멸을 가져오는 것을 말한다. 권리의 존속기간이 예정되고 그 기간만료에 의하여 권리가 당연히 소멸된다는 단순한 시간의 경과에 불과하며, 권리의

2. 문제점

보험약관의 교부 · 명시 의무위반과 관련하여 두 가지의 문제가 있다. (1) 만약 1개월 내에 보험계약자가 보험계약을 취소하지 않으면 그 보험약관의 효력은 인정 되는가? 약관규제법 제3조 제3항은 "사업자가 약관의 작성 · 설명의무를 위반하여 계약을 체결한 때에는 그 약관을 계약의 내용으로 주장할 수 없다"라고 하여 약관의 효력을 부인하고 있고, 판례는 「상법 제638조의3 제2항에 의하여 보험자가 약관의 교부 및 설명의무를 위반한 때에 보험계약자가 보험계약 성립일로부터 1월내에 행사할 수 있는 취소권은 보험계약자에게 주어진 권리일 뿐 의무가 아님이 그 법문상 명백하므로, 보험계약자가 보험계약을 취소하지 않았다고 하더라도 보험자의 설명의무 위반의 법률효과가 소멸되어 이로써 보험계약자가 보험자의 설명의무 위반의 법률효과를 주장할 수 없다거나 보험자의 설명의무 위반의 하자가 치유되는 것은 아니다」[14]라고 하여 약관의 효력을 부정하고 있다. 생각건대 판례나 약관규제법의 내용과 같이 약관의 효력을 부정한다면 보험자와 보험계약자 사이에는 어떠한 내용의 보험계약을 체결되었다고 보아야 하는지 의문이 아닐 수 없다. 그러므로 보험계약자가 주어진 보험계약의 취소권을 행사하지 아니한다면 보험계약의 단체성을 고려하여 볼 때 그 보험약관의 효력을 인정하는 것이 합리적이라 본다.[15] (2) 보험자가 약관의 내용을 잘못 설명한 경우에 그 약관의 내용이 변경되느냐? 이에 대하여 보험계약이 위험단체를 전제로 하는 특수한 계약이라는 점에서 이를 개별적으로 홍정할 수 없다는 이유로 약관의 내용이 변경되지 않는다는 주장도 있지만, 판례는 「보통보험약관이 계약당사자에 대하여 구속력을 갖는 것은 그 자체가 법규범 또는 법규범적 성질을 가진 약관이기 때문이 아니라 당사자가 계약내용에 포함시키기로 합의하였기 때문인 바, 일반적으로 보통보험약관을 계약내용에 포함시킨 보험계약서가 작성되면 약관의 구속력은 계약자가 그 약관의 내용을 알지 못하더라도 배제할 수 없으나 당사자가 명시적으로 약관의 내용과 달리 약정한 경우에는 배제된다고 보아야 하므로 보험회사를 대리한 보험대리점 내지 보험외판원이 보험계약자에게 보통보험약관과 다른 내용으로 보험계약을 설명하고 이에 따라 계약이 체결되었으면 그때 설명된 내용이 보험계약의 내용이 되고 그와 배치되는 약관의 적용은 배제된다.」[16]라고 하여 보험자가 잘못 설명한 내용이 보험계약의 내용이 된다고 한다.

불행사라는 사실상태의 계속을 요건으로 하지 않는다. 따라서 제척기간에 대하여는 시효와 같이 원용이나 포기 또는 중지라는 문제가 생기지 않는다. 소멸시효와의 구별은 용이하지 않지만 법문상 시효(時效)라는 문자가 없는 경우에는 제척기간으로 보면 된다.

14) 대판 1996. 4. 12, 96다4893.
15) 양승규, 전게서, 114면.
16) 대판 1989. 3. 28, 88다4645; 이기수 외, 전게서, 70면.

〔3〕 고지의무

목 차

Ⅰ. 고지의무의 개념

1. 고지의무의 의의와 법적성질

고지의무(告知義務, disclosure and representation)란 보험자계약자 또는 피보험자가 보험계약을 체결함에 있어서 보험자에 대하여 중요한 사실을 고지하고, 부실의 사실을 고지하지 아니할 의무를 말한다(상 651). 고지의무는 일반적인 의무와는 달리 보험사고 발생가능성, 보험료의 책정 등 보험기술상의 이유로 보험계약 체결 전에 부담하는 특수한 간접의무(間接義務)[17]이다.[18] 왜냐하면 고지의무자가 의무를 이행하지 아니할 경우에 보험자가 그 이행을 강제하거나 불이행을 이유로 손해배상을 청구할 수 있는 것이 아니라 단지 그 위반을 이유로 보험계약을 해지할 수 있을 뿐이기 때문이다. 고지의무는 보험계약 체결 전의 의무로써 보험계약 체결 후 보험계약자 등이 부담하는 각종의 통지의무와는 구별된다.

2. 고지의무의 근거

고지의무의 근거론에 대하여는 여러 견해가 있지만 보험제도의 기술성에 기초한 위험측정 자료의 필요와 보험계약의 사행성에 기초한 도덕적 위험방지에 있다고 본다. 즉 보험자가 보험사고의 발생가능성, 보험료의 책정 등을 위한 보험목적에 대한 정보는 기본적으로 보험계약자와 피보험자 측에 있기 때문에 이들의 협조가 필요하고 또한 이러한 의무를 통하여

---

17) 간접의무: 의무의 이행을 강제할 수 없으나 불이행을 이유로 손해배상을 청구할 수 있는 것이 아니라 단지 그 의무를 이행하지 않을 경우에는 법률상 불이익을 받게 되는 의무를 말한다.
18) 김성태, 전게서, 210면; 양승규, 전게서, 116면; 정찬형, 전게서, 542면; 최기원, 전게서, 148면.

불량위험을 배제하고 도덕적 위험을 방지할 수 있는 것이다.[19)]

Ⅱ. 고지의무의 당사자

1. 고지의무자

고지의무자는 보험계약자와 피보험자이다(상 651). 상법상 생명보험에서 피보험자는 비록 보험계약자가 아니라도 보험사고 발생의 객체가 되므로 그 객체 자체에 내재하는 위험을 누구보다 잘 알고 있기 때문에 피보험자도 고지의무자가 되는 것은 당연하다. 손해보험의 경우에 피보험자는 보험금청구권을 가지는 자에 지나지 않으므로 고지의무자로 볼 수 있는가가 문제된다. 타인을 위한 손해보험계약의 경우에 피보험자가 비록 고지의무를 이행할 지위에 있지는 않지만 보험금청구라는 중요한 권리를 가지므로 보험계약의 사행성을 고려하여 손해보험의 피보험자도 고지의무가 있다고 보아야 한다. 보험계약자가 수인인 경우에는 각 보험계약자가 고지의무를 부담한다. 보험계약이 대리인에 의하여 체결되는 경우에는 대리인도 고지의무를 부담하며(상 646, 민 116)[20)], 대리인이 고지할 경우에는 본인이 알고 있는 사실 외에 대리인이 알고 있는 사실도 고지하여야 한다.[21)]

2. 고지수령권자

고지사항을 수령할 권한이 있는 자는 보험자와 보험자를 위하여 고지사항을 수령할 대리권을 가진 자이다. 따라서 보험대리점은 고지수령권이 있으나 보험중개사는 계약체결대리권이 없기 때문에 고지수령권이 없다. 생명보험의 경우에 신체검사를 담당한 보험의는 피보험자의 건강에 관한 자료를 보험자에게 제공하는 보험자의 보조자로서 보험계약체결권은 없지만 신체검사에 관한 고지수령권은 있다. 문제가 되는 것은, 보험계약체결권이 없는 보험설계사에게 고지수령권이 있는가 하는 것이다. 이에 대하여 거래의 실정을 고려하여 이를 인정하자는 견해도 있지만 보험설계사는 보험계약의 체결을 중개하는 사실행위만을 하는 자이므로 고지수령권이 없으며, 판례[22)]도 같은 견해이다.

---

19) 자세한 내용은 최기원, 전게서, 148면 이하 참조.

20) 민법 제116조(대리행위의 하자) ① 의사표시의 효력이 의사의 흠결, 사기, 강박 또는 어느 사정을 알았거나 과실로 알지 못한 것으로 인하여 영향을 받을 경우에 그 사실의 유무는 대리인을 표준하여 결정한다. ② 특정한 법률행위를 위임한 경우에 대리인이 본인의 지시에 좇아 그 행위를 한 때에는 본인은 자기가 안 사정 또는 과실로 인하여 알지 못한 사정에 관하여 대리인의 부지를 주장하지 못한다.

21) 양승규, 전게서, 118면; 독일보험계약법 제19조.

22) 대판 2006. 6. 30. 2006다 19672 · 19689. 「구 보험업법상의 보험모집인은 특정한 보험자를 위하여 보험계약의 체결을 중개하는 자일 뿐 보험자를 대리하여 보험계약을 체결할 권한이 없고 보험계약자 또는 피보험자가 보험자에 대하여 하는 고지나 통지를 수령할 권한도 없으므로 보험모집인이 통지의무의 대상인 보험사고

Ⅲ. 고지의무의 내용

1. 고지사항인 중요한 사항과 질문표

1) 중요한 사항

고지사항은 보험계약과 관련된 중요한 사항이다. 중요한 사항이란 보험자가 보험사고의 발생과 그로 인한 책임부담의 개연율을 측정하여 보험계약의 체결 여부 또는 보험료나 특별한 면책조항의 부가와 같은 보험계약의 내용을 결정하기 위한 표준이 되는 사항으로서 객관적으로 보험자가 그 사실을 안다면 그 계약을 체결하지 아니하든가 또는 적어도 동일한 조건으로는 계약을 체결하지 아니하리라고 생각되는 사항을 말한다.[23] 어떠한 사항이 중요한 사항인가 여부를 판단하는 것은 사실문제에 속하고 보험의 종류에 따라 다르다. 예컨대 건물의 화재보험에서는 건물의 자재, 구조, 사용목적 또는 자동차보험에서의 사고경력 등이 이에 해당될 것이고, 생명보험에서는 건강상태, 기왕증(旣往症), 나이, 생활환경, 직업 등이 이에 해당될 것이다.

2) 질문표

보험계약과 관련된 중요한 사항은 보험전문가가 아니면 판단이 곤란하므로 실제 거래계에서는 보험자가 미리 작성한 보험계약청약서에 보험계약시 고지할 사항을 질문형식으로 제시한 질문표(質問表)를 활용하고 있는 것이 보통이다. 이에 상법은 "보험자가 서면으로 질문한 사항은 중요한 사항으로 추정한다"(상 651의2)라고 규정하여 거래계의 실제를 반영하고 있다. 그러므로 보험계약자 등이 질문표에 기재한 질문사항에 사실과 다른 기재를 하였다면 특별한 사정이 없는 한 이는 고지의무위반이 된다.[24] 이 규정은 추정(推定)[25]규정이므로 비록 질문표

발생의 위험이 현저하게 변경 또는 증가된 사실을 알았다고 하더라도 이로써 곧 보험자가 위와 같은 사실을 알았다고 볼 수는 없다.」

23) 대판 2004. 6. 11, 2003다18494. 「보험계약자나 피보험자가 보험계약 당시에 보험자에게 고지할 의무를 지는 상법 제651조에서 정한 '중요한 사항'이란 보험자가 보험사고의 발생과 그로 인한 책임부담의 개연율을 측정하여 보험계약의 체결 여부 또는 보험료나 특별한 면책조항의 부가와 같은 보험계약의 내용을 결정하기 위한 표준이 되는 사항으로서 객관적으로 보험자가 그 사실을 안다면 그 계약을 체결하지 아니하든가 또는 적어도 동일한 조건으로는 계약을 체결하지 아니하리라고 생각되는 사항을 말하고, 어떠한 사실이 이에 해당하는가는 보험의 종류에 따라 달라질 수밖에 없는 사실인정의 문제로서 보험의 기술에 비추어 객관적으로 관찰하여 판단되어야 하는 것이나, 보험자가 서면으로 질문한 사항은 보험계약에 있어서 중요한 사항에 해당하는 것으로 추정되고(상법 제651조의2), 여기의 서면에는 보험청약서도 포함될 수 있으므로, 보험청약서에 일정한 사항에 관하여 답변을 구하는 취지가 포함되어 있다면 그 사항은 상법 제651조에서 말하는 '중요한 사항'으로 추정된다.」

24) 대판 2004. 6. 11, 2003다18494.

에 명시되어 있는 사항이라도 보험계약자가 중요한 사항이 아님을 증명하면 이는 중요한 사항이 아닐 수도 있다.

2. 고지의 방법과 시기

(1) 고지의 방법에 대하여는 특별한 제한이 없다. 따라서 서면이나 구두로 하든 상관없고, 실제의 거래계에서는 보험계약청약서에 질문표란을 두어 그에 대답하도록 하는 것이 일반적이다.

(2) 고지의 시기는 보험계약이 성립할 때까지이다. 즉 청약시에 고지의무를 다하지 않아도 보험자가 승낙할 때까지 추가 또는 정정할 수 있다.

Ⅳ. 고지의무의 위반

1. 고지의무 위반의 요건

보험계약자가 고지의무를 위반하였다고 하려면, 고지의무자가 고의 또는 중대한 과실로(주관적요건), 보험계약에 관한 중요한 사항에 대하여 불고지(不告知) 또는 부실고지(不實告知)를 하여야 한다(객관적요건).

1) 주관적 요건

고지의무의 위반이 되려면 중요한 사항의 불고지 또는 부실고지가 보험계약자 또는 피보험자의 고의 또는 중대한 과실에 의한 것이어야 한다. 고의라 함은 중요한 사항을 알면서 이를 고지하지 않거나 부실고지를 하는 것을 말하고, 중대한 과실이란 보험계약자 등이 주의를 현저히 결하여 중요한 사항을 불고지 또는 부실고지하는 것을 말한다.[26] 중대한 과실과 관련하여 문제가 되는 것은 보험계약자 등이 중요한 사항에 대하여 적극적으로 조사하여 고지해야할 탐지의무를 가지느냐 하는 것이다. 고지의무는 보험계약자 등이 알고 있는 사실을 고지하도록 하는 것이므로 적극적인 탐지의무는 없다고 본다.[27]

---

25) 추정: 추정이란 명확하지 않은 사실을 일단 존재하는 것으로 정하여 법률효과를 발생시키는 것을 의미한다. 법은 법률관계 또는 사실이 명확하지 아니한 경우에 일반의 경우에 존재한다고 생각되는 상태를 표준으로 하여 그것에 기초하여 일단 법률관계 또는 사실에 대한 판단을 내려서 법률효과를 발생시키고 당사자간의 분쟁을 회피시키는 경우가 있는 바, 이렇게 하여 이루어진 판단을 추정이라고 한다. 추정의 경우에는 당사자는 반증(反證)을 들어서 그 추정을 번복시킬 수 있다. 이 점에 있어서 법규상의 '본다'와 다른 것이다. '본다'의 경우에는 반증을 들어도 일단 발생한 법률효과는 번복되지 않는다.

26) 대판 1996. 12. 23, 96다27971.「보험계약에 있어 고지의무 위반이 성립하기 위하여는 고지의무자에게 고의 또는 중대한 과실이 있어야 하고, 여기서 말하는 중대한 과실이란 고지하여야 할 사실은 알고 있었지만 현저한 부주의로 인하여 그 사실의 중요성의 판단을 잘못하거나 그 사실이 고지하여야 할 중요한 사실이라는 것을 알지 못하는 것을 말한다.」

2) 객관적 요건

중요한 사항에 대한 불고지 또는 부실고지를 하는 것이다. 불고지라 함은 중요한 사항을 알면서 알리지 아니하는 것을 말하고, 부실고지란 사실과 다르게 거짓진술을 하는 것을 말한다. 질문표란에서 요구하는 것을 기재하지 않고 공백으로 남겨두는 것은 불고지에 해당되고, 사실과 다른 내용을 기재하는 것은 부실고지에 해당된다. 질문표란에서 언급하지 않은 사항에 대하여 고지의무자가 악의로 고지하지 않으면 이는 고지의무위반으로 보아야 한다.[28] 그리고 고지한 사항이 세부적인 면에서 사실과 다르더라도 전체적으로 보아 사실과 같을 경우에는 이를 고지의무위반이라고 할 수 없을 것이다.[29]

3) 증명책임

고지의무위반을 이유로 보험계약을 해지하고자 하는 경우에는 보험자는 고지사항인 중요한 사항이 보험계약자 등의 고의 또는 중대한 과실로 불고지 또는 부실고지되었음을 입증하여야 한다

2. 고지의무 위반의 효과

1) 보험계약의 해지와 보험금의 반환청구

보험자는 보험계약자 등이 고지의무를 위반하면 보험사고의 발생 전후를 불문하고 이를 입증하여 보험계약을 해지할 수 있으며(상 651) 그 효력은 상대방에게 도달한 후에 생긴다. 해지의 의사표시는 보험계약자 또는 그 상속인에게 하여야 효력이 있고, 피보험자나 보험수익자에게 하는 해지의 의사표시는 특별한 약정이 없는 한 해지의 효력이 없다.[30] 고지의무위반으로 인한 보험계약의 해지는 보험사고가 발생한 후에도 할 수 있으므로, 이 경우에는 보험금을 지급할 책임이 없고 이미 지급한 보험금이 있으면 그 반환을 청구할 수 있다(상 655). 보험자는 이미 받은 보험료를 반환할 의무는 없지만, 생명보험의 경우에는 보험수익자를 위한 보험료적립금을 보험계약자에게 지급하여야 한다(상 736). 보험자는 해지권을 포기할 수 있다고 본다.[31]

---

27) 김성태, 전게서, 224면; 양승규, 전게서, 122면.
28) 양승규, 전게서, 123면; 정찬형, 전게서, 548면.
29) 양승규, 전게서, 122면.
30) 대판 1986. 11. 25, 85다카2578.
31) 양승규, 전게서, 124면; 정찬형, 전게서, 549면.

2) 해지권의 제한

(1) 제척기간의 경과: 보험자는 고지의무위반의 사실을 안 날로부터 1월, 계약이 성립한 날로부터 3년이 지나면 계약을 해지할 수 없다(상 651). 이 기간은 제척기간으로, 이러한 제척기간을 정한 약관의 조항을 불가항쟁약관(不可抗爭約款)이라 한다. 보험자가 고지의무위반의 사실을 안 날이라 함은 보험계약체결권이 있는 보험자 또는 보험자의 대리인 등이 안 날을 말하고 보험계약체결권이 없는 보험설계사가 알게 된 것은 이에 포함되지 않는다.

(2) 보험계약체결 당시 보험자가 안 경우: 보험자가 보험계약 체결 당시에 고지의무위반 사실을 알았거나 중대한 과실로 인하여 알지 못한 때에는 보험계약을 해지할 수 없다(상 651 단서). 보험자란 보험자 외에 보험대리점, 보험의 등 고지수령권이 있는 자를 포함한다. 이는 악의 또는 중대한 과실이 있는 보험자를 특별히 보호할 필요가 없다고 본 것이다.

(3) 인과관계의 부존재: 비록 보험계약자 등에게 고지의무 위반사실이 있다고 하더라도 보험사고와 고지의무 위반사실이 인과관계가 없는 경우에는 보험자는 해지권을 행사할 수 없다(상 655 단서). 이는 피보험자나 보험수익자를 정책적인 입장에서 보호하고자 하는 것인데, 보험제도의 특수성이나 고지의무제도의 취지를 고려하여 볼 때 그 타당성이 의문시된다. 고지의무 위반사실과 보험사고 사이에 인과관계가 없다는 것은 보험계약자가 증명하여야 한다. 상법 제655조 규정의 타당성 여부와 관련하여 인과관계의 존부가 의심스러울 때는 보험자에게 유리하게 해석할 필요가 있다는 견해[32]가 있지만, 상법 제663조와 보험제도의 취지를 고려하여 볼 때 보험계약자 측에 유리하게 해석하여야 할 것이다.

(4) 보험자가 보험약관의 교부 · 명시의무를 위반한 경우: 판례는 보험약관의 교부 · 설명의무를 이행하지 못한 보험자는 보험계약자나 피보험자의 고지의무 위반을 이유로 보험계약을 해지할 수 없다고 한다.[33]

---

32) 양승규, 전게서, 127면. 이 견해는 「고지의무위반사실과 공제사고 발생과의 인과관계의 존재를 조금이라도 엿볼 수 있는 여지가 있으면 고지의무 위반을 이유로 한 공제자의 계약해지권을 제한해서는 안 되므로...」(대판 1997. 10. 28, 97다33089)라는 판례를 근거로 주장하는 것으로 보이는데, 과연 이 판례를 그렇게 확대해석할 수 있는지는 의문이다.

33) 대판 1997. 9. 9, 95다45873. 「보험자 및 보험계약의 체결 또는 모집에 종사하는 자는 보험계약의 체결에 있어서 보험계약자 또는 피보험자에게 보험약관에 기재되어 있는 보험상품의 내용, 보험료율의 체계 및 보험청약서상 기재 사항의 변동 등 보험계약의 중요한 내용에 대하여 구체적이고 상세한 명시 · 설명의무를 지고 있어서 보험자가 이러한 보험약관의 명시 · 설명의무에 위반하여 보험계약을 체결한 때에는 그 약관의 내용을 보험계약의 내용으로 주장할 수 없으므로, 보험계약자나 그 대리인이 그 약관에 규정된 고지의무를 위반하였다 하더라도 이를 이유로 보험계약을 해지할 수는 없다.」

Ⅴ. 고지의무 위반과 착오 · 사기와의 관계

고지의무 위반을 이유로 보험자는 보험계약을 해지할 수 있는데, 이 해지권은 그 사실을 안 날로부터 1개월 내에 계약을 체결한 날로부터 3년 내에 한하여 할 수 있다. 그런데 사기나 착오에 의한 고지의무 위반이 민법상의 착오(민 109)나 사기(민 110)의 요건을 갖추고 있는 경우에는 민법의 원칙에 따라 이 계약을 취소할 수 있는가 하는 것이 문제된다.[34) 이에 대하여는 민상법적용설, 상법적용설, 착오 · 사기구별설(절충설)의 견해가 나누어져 있다. 민상법적용설은 고지의무에 관한 상법규정과 착오와 사기에 관한 민법의 규정은 그 취지, 요건, 효과 등이 다른 것이므로 민법과 상법규정이 각각 적용된다고 한다. 상법적용설은 보험에서 고지의무위반에 관한 사항은 상법상의 특수한 것이므로 이는 상법의 규정에 따라 해결하는 것이 바람직하다고 한다. 착오 · 사기구별설은 착오의 경우에는 상법의 규정에 따르고 사기에 의한 경우에는 보험계약자나 피보험자를 특별히 보호할 필요가 없으므로 상법의 규정에 따라 보험계약을 해지할 수 있음과 동시에 그 제척기간이 경과한 후에도 민법의 원칙에 따라 보험계약을 취소할 수 있다고 한다. 보험계약의 선의성을 고려하여 볼 때 착오 · 사기구별설이 타당하다고 보며, 판례도 같은 입장을 취하고 있다.[35)]

---

34) 민법 제109조(착오로 인한 의사표시) ① 의사표시는 법률행위의 내용의 중요부분에 착오가 있는 때에는 취소할 수 있다. 그러나 그 착오가 표의자의 중대한 과실로 인한 때에는 취소하지 못한다. ② 전항의 의사표시의 취소는 선의의 제3자에게 대항하지 못한다.
민법 제110조(사기, 강박에 의한 의사표시) ① 사기나 강박에 의한 의사표시는 취소할 수 있다. ② 상대방있는 의사표시에 관하여 제3자가 사기나 강박을 행한 경우에는 상대방이 그 사실을 알았거나 알 수 있었을 경우에 한하여 그 의사표시를 취소할 수 있다. ③ 전2항의 의사표시의 취소는 선의의 제3자에게 대항하지 못한다.
민법 제146조(취소권의 소멸) 취소권은 추인할 수 있는 날로부터 3년 내에, 법률행위를 한 날로부터 10년 내에 행사하여야 한다.

35) 대판 1991. 12. 27, 91다1165.「보험계약을 체결함에 있어 중요한 사항에 관하여 보험계약자의 고지의무위반이 사기에 해당하는 경우에는 보험자는 상법의 규정에 의하여 계약을 해지할 수 있음은 물론 민법의 일반원칙에 따라 그 보험계약을 취소할 수 있다.」

〔4〕 보험자의 보험증권 교부의무

목 차

Ⅰ. 보험자의 보험증권 교부의무의 의의

보험자는 보험계약이 성립하고 보험료의 전부 또는 최초의 보험료를 지급받은 때에는 지체없이 보험증권을 작성하여 보험계약자에게 교부하여야 한다(상 640 ① 본문). 기존의 보험계약을 연장하거나 변경하는 경우에는 보험자는 이미 발행한 보험증권에 그 사실을 기재함으로써 보험증권의 교부에 갈음할 수 있도록 하였다(상 640 ②). 보험증권의 교부청구권은 전적으로 보험계약자에게 속하며, 타인을 위한 보험계약(상 639)의 경우에도 피보험자나 보험수익자가 교부청구권을 갖는 것은 아니다.

Ⅱ. 보험증권의 의의와 법적성질

1. 보험증권의 의의

보험증권(保險證券, insurance policy)이란 보험계약의 성립과 내용을 증명하기 위하여 계약의 중요내용을 기재하고 보험자가 기명날인 또는 서명하여 보험계약자에게 교부하는 증권이다. 보험증권은 보험자만이 기명날인 또는 서명하는 것이므로 보험계약서가 아니며, 보험증권의 교부는 보험계약의 성립요건도 아니다. 보험증권은 보험계약자의 편의를 위하여 발행되는 것으로서 보험계약의 성립을 증명하는 일종의 증거로 이용되고 있다

2. 보험증권의 법적성질

(1) 요식증권성(要式證券性): 보험증권은 일정한 사항을 기재하고 보험자가 기명날인 또는 서명하여야 하는 요식증권이다(상 666). 보험증권의 기재사항은 상법 제666의 게기사항을 기본사항으로 하고, 그 외에 화재보험증권(상 685), 운송보험증권(상 690), 해상보험증권(상

695), 자동차보험증권(상 726의3), 인보험증권(상 728), 상해보험증권(상 738) 등 보험의 종류에 따라 특별한 기재사항이 있다. 보험증권은 엄격한 요식증권이 아니기 때문에 법정사항의 기재를 결하거나 또는 그 밖의 사항을 기재하여도 보험증권의 효력에는 영향이 없다. 보험증권을 발행할 때 인보험의 경우에는 피보험자의 성명과 주소, 생년월일과 보험수익자의 주소, 성명, 생년월일을 기재하여야 하지만, 손해보험의 경우에는 피보험자의 주소와 성명이 필요적 기재사항이 아니다.

(2) 증거증권성(證據證券性): 보험증권은 보험계약의 성립을 증명하기 위하여 보험자가 발행하는 증거증권으로서 보험계약의 성립과 내용에 대하여 사실상의 추정력을 갖는다. 보험증권은 증거증권이지만 그 내용이 실제의 합의와 다른 때에는 증권 외의 사실로 다툴 수 있다고 본다.[36)]

(3) 면책증권성(免責證券性): 보험자는 보험금을 지급함에 있어서 보험증권의 제시자의 자격의 유무를 조사할 권리는 있으나 의무가 없으므로 보험자에게 악의 또는 중대한 과실이 없는 한 그 제시자에게 보험금을 지급하면 그 책임을 면하게 되므로 보험증권은 면책증권이다.

(4) 상환증권성(相換證券性): 보험금을 지급할 때 보험증권과 상환하여 지급하므로 보험증권은 상환증권으로서의 성질을 가진다. 상환증권성은 절대적인 아니고 보험증권을 제출할 수 없을 때에는 다른 방법으로 그 권리를 증명하여 보험금을 청구할 있다.

(5) 유인증권성(有因證券性): 보험증권은 어음이나 수표와 달리 보험증권이 발행되었더라 보험계약이 성립되지 않았던가, 보험계약이 고지의무 위반, 통지의무 위반, 보험료의 미지급 등의 사유로 해지되면 보험증권의 내용대로 주장할 수 없는 유인증권이다.

(6) 유가증권성(有價證券性) 인정 여부: 보험증권 중 지시식(指示式)또는 무기명식(無記名式)의 보험증권을 유가증권으로 볼 수 있는가에 대하여 부정설, 긍정설, 일부긍정설의 견해가 나누어져 있다. 부정설은 보험금청구권은 단지 보험증권을 소지하고 있다는 사실만으로 인정되는 것이 아니라 보험료의 지급 등의 조건에 의하여 결정되고, 또한 손해보험에서 보험목적의 양도 없이 보험증권의 점유이전만으로 보험금청구권이 양도될 수 없는 점(상 679) 등을 고려하여 볼 때 보험증권의 유가증권성을 인정할 수 없다고 한다. 긍정설은 지시식 또는 무기명식의 보험증권은 보험사고의 발생으로 인하여 생길 보험청구권을 표창하는 것이므로 이는 보험증권의 소지인으로 하여금 그 청구권을 취득하여 행사할 수 있도록 한 것이라고 보아 이를 유가증권이라고 한다. 일부 긍정설은 제 보험증권 중 운송보험증권, 해상보험증권

36) 대판 2003. 4. 25. 2002다64520. 「일반적으로 보험계약은 당사자 사이의 의사 합치에 의하여 성립되는 낙성계약으로서 별도의 서면을 요하지 아니하므로 보험계약을 체결할 때 작성 · 교부되는 보험증권은 하나의 증거증권에 불과한 것이어서 보험계약의 성립 여부라든가 보험계약의 내용 등은 그 증거증권만이 아니라 계약 체결의 전후 경위 등을 종합하여 인정할 수 있다.」

특히 적하보험증권 등은 화물상환증 또는 선하증권의 이전에 따라 전전유통될 경제적 필요성이 있으므로, 배서나 교부에 의하여 양도될 수 있는 유가증권으로 인정할 수 있다고 한다. 생각건대 현행법상 보험증권의 유가증권성에 관한 규정은 없고, 보험증권이 멸실되면 재교부(상 642)를 청구할 수 있다는 점을 고려하면 보험증권의 유가증권성을 인정할 수 없다. 그러나 운송 또는 보관 중인 물건에 관한 권리를 화체한 화물상환증권이나 선하증권 또는 창고증권 등의 유가증권이 발행되어 있고, 이에 동반하여 보험증권이 지시식 또는 무기명식으로 발행되는 경우에는 예외적으로 보험증권의 유가증권성은 인정된다고 할 것이다.[37] 인보험증권은 그 성질상 유가증권으로 인정할 수 없다(상 731 참조).

Ⅲ. 보험증권에 관한 이의신청

보험계약의 당사자는 보험증권의 교부가 있은 날로부터 일정한 기간 내에 한하여 그 증권내용의 정부(正否)에 관하여 이의를 할 수 있음을 약정할 수 있다. 그 기간은 1월을 내리지 못한다(상 641). 이것을 규정한 약관을 이의약관(異議約款)이라 한다. 이의약관이 없을 경우에는 민법의 일반원칙에 따라 이의를 제기할 수 있다.

Ⅳ. 보험증권의 재교부

보험증권을 멸실 또는 현저하게 훼손한 때에는 보험계약자는 보험자에 대하여 증권의 재교부를 청구할 수 있으며, 그 비용은 보험계약자가 부담한다(상 642). 보험증권은 원칙적으로 증거증권의 일종에 지나지 않으므로 보험증권이 멸실 또는 훼손된 경우라도 보험계약자 등은 다른 방법에 의하여 보험 상의 권리를 증명하여 보험금을 청구할 수 있다. 그러나 멸실 또는 훼손된 보험증권이 유가증권으로 인정되는 경우에는 공시최고절차(公示催告節次, 민소 475 이하)[38]를 따라야 할 것이다.

---

37) 김성태, 전게서, 249면; 양승규, 전게서, 136면; 이기수 외, 전게서, 92면; 정찬형, 전게서, 561면; 최기원, 전게서, 213면.

38) 공시최고절차: 공시최고절차란 공시최고의 신청으로 개시되어 청구 또는 권리의 신고가 없을 때에는 제권판결에 의하여 종료하는 절차를 말한다. 여기서 제권판결(除權判決)이란 공시최고절차에서 신청인의 신청에 의하여 신청인의 이익으로 권리를 변경하는 효력을 가지 형성판결을 의미한다.

〔5〕 타인을 위한 보험계약

목 차

Ⅰ. 타인을 위한 보험계약의 개념

1. 의의

타인을 위한 보험계약이라 함은 보험계약자가 타인의 이익을 위하여 자기의 명의로 보험자와 체결한 보험계약을 말한다(상 639). 보험계약자와 손해보험의 피보험자 또는 인보험의 보험수익자가 같은 경우를 '자기를 위한 보험계약'이라 함에 대하여, 보험계약자가 아닌 타인이 손해보험의 피보험자 또는 인보험의 보험수익자로 되어 있는 보험계약을 '타인을 위한 보험계약'이라 한다. 예컨대 운송인이 송하인을 위하여 운송물보험계약을 체결하거나, 아버지가 아들을 보험수익자로 하여 생명보험계약을 체결하는 경우 등이 이에 해당된다. 그 외 피보험자 또는 보험수익자를 특정하지 아니하고 보험계약을 체결할 수 있는데, 이것은 '불특정인을 위한 보험계약'으로 타인을 위한 보험계약의 한 형태에 해당된다(상 639 ①).

2. 법적성질

타인을 위한 보험계약의 성질에 대하여는 보험계약자는 대리인으로서 보험계약을 체결한다는 대리설, 민법상의 제3자를 위한 계약설, 제3자를 위한 특수계약설의 견해가 나누어져 있다. 판례와 일부 견해는 제3자를 위한 계약이라고 한다.[39] 그러나 이는 순수한 제3자를

---

39) 이기수 외, 전개서, 116면; 정찬형, 전게서, 592면; 최기원, 전게서, 133면; 대판 1974. 12. 10. 73다1591. 「원판결 판단취의는 상사에 관하여 특별한 규정이 없으면 민법의 규정이 원칙적으로 적용된다는 전제하에 본건 이행보증계약의 법적 성질을 민법상의 제3자를 위한 계약의 법적 성질을 구유한다고 판단하면서, 다만 상법 제649조 소정 사유 즉 보험사고가 발생하기 전에 보험계약자에 의하여 계약의 전부 또는 일부가 임의 해지된 경우에는 그 해지의 효과로서 그 범위에서 민법 제541조의 적용이 배제된다는 것이며

위한 계약이 아니라 이와는 다른 제3자를 위한 특수계약이라고 보는 것이 타당할 것이다. 왜냐하면 타인을 위한 보험계약은 본의의 위임에 따라 대리인에 의하여서 이루어지는 계약이 아니므로 대리설은 부당하다. 그리고 민법상의 제3자를 위한 계약에서는 제3자가 채무자에 대하여 수익의 의사표시를 함으로써 비로소 제3자의 권리가 발생하는데(민 539 ②)[40] 타인을 위한 보험계약에서는 제3자의 수익의 의사표시 없이 당연히 보험계약상의 이익을 받게 되는 점(상 639 ②), 타인을 위한 보험계약에서는 피보험자가 고지의무(상 651), 위험변경증가의 통지의무(상 652), 보험사고발생의 통지의무(상 657) 등을 지는 점 등을 고려하여 볼 때 민법상의 제3자를 위한 계약과는 다른 특수한 계약이라고 보아야 한다.[41]

3. 효용

타인을 위한 보험계약은 해상보험에서 시작되었지만 오늘날엔 모든 보험에서 다음과 같은 목적으로 널리 이용되고 있다. ① 예컨대 매도인이 매수인을 위한 운송보험계약을 체결하는 경우와 같이 보험제도의 적절한 이용과 보험계약 체결의 편의를 도모하고 상대방에 대한 신뢰를 제고를 할 수 있다. ② 아버지가 아들을 위하여, 기업주가 피용자를 위하여 상해보험계약을 체결하는 것과 같이 보험계약자의 보호 하에 있는 자들을 보살펴 주는 방법으로 이용될 수 있다. ③ 피보험자가 거래의 당사자가 되는 것을 피하기 위한 방법으로 이용될 수 있다. ④ 임대차 사용대차, 할부판매 등의 경우에는 타인의 이익과 더불어 자기의 이익을 위하여 이용될 수 있다. ⑤ 보험업법이 근거를 제공하고 있는 보증보험(보업 2 iii)[42]의 기초가 되며, 보증보험은 타인을 위한 보험계약의 전형이라고 볼 수 있다.

민법상의 제3자를 위한 계약에 있어서도 수익의 의사표시 후의 제3자의 지위를 규정한 민법 제541조의 규정은 계약당사자가 제3자의 권리발생 후에 있어서도 그 권리를 변경 · 소멸시킬 수 있음을 미리 유보한 때에는 그 제한된 권리의 범위 내에서만 적용이 있는 것으로서 원판결은 상사에 관하여는 민법 규정의 적용이 전연 배제된다든가 또는 타인을 위한 보험계약에 있어 민법 제541조의 규정이 전적으로 배제된다고 판단한 것은 아니므로 원판결에 소론 이유 불비나 법리오해가 있을 수 없다.」

40) 민법 539조(제3자를 위한 계약) ① 계약에 의하여 당사자 일방이 제3자에게 이행할 것을 약정한 때에는 그 제3자는 채무자에게 직접 이행을 청구할 수 있다. ② 전항의 경우에 제3자의 권리는 그 제3자가 채무자에 대하여 계약의 이익을 받을 의사를 표시한 때에 생긴다.

41) 김성태, 전게서, 343면; 양승규, 전게서, 183면.

42) 보험업법 제2조(정의) 3호: "손해보험업"이란 우연한 사고(제4호의 규정에 의한 질병 · 상해 및 간병을 제외한다)로 인하여 발생하는 손해의 보상을 약속하고 금전을 수수하는 것(매매 · 고용 · 도급 그 밖의 계약에 의한 채무 또는 법령에 의한 의무의 이행에 관하여 발생할 채권자 그 밖의 권리자의 손해를 보상할 것을 채무자 그 밖의 의무자에게 약속하고, 채무자 그 밖의 의무자로부터 그 보수를 수수하는 것을 포함한다)을 업으로 행하는 것을 말한다.

Ⅱ. 성립요건

1. 타인을 위한 의사표시의 존재

보험자와 보험계약자가 보험계약을 체결할 때 타인을 위한다는 의사표시가 있어야 한다. 타인이란 보험계약상의 이익을 받을 자, 즉 손배보험에서의 피보험자, 인보험에서의 보험수익자를 의미한다.[43] 타인을 위한다는 것은 타인에게 보험상의 이익을 부여하기 위함이라는 것으로 '타인의 계산으로'라는 의미와는 다르다. 타인을 위한다는 의사표시가 분명하지 아니한 경우에는 보험계약자 자신을 위한 보험계약으로 추정하게 된다.

2. 타인의 위임여부 불문

타인의 위임여부는 불문한다. 즉 타인을 위한 보험계약에서는 그 타인의 위임을 받거나 받지 아니하고 보험계약을 체결할 수 있다(상 639 ①). 그러나 손해보험의 경우에는 타인의 위임이 없으면 그 사실을 보험자에게 고지하여야 하고, 만약 고지하지 아니한 경우에는 피보험자가 모르는 사이에 보험계약이 체결되었다는 사유로 보험자에게 대항하지 못한다(상 639 ① 단서).

3. 타인의 특정 불요

피보험자와 보험수익자는 계약체결 시에 특정되는 것이 원칙이지만 불특정의 타인을 위한 보험계약도 유효하다(상 639 ① 본문). 즉 사고발생시의 피보험이익의 귀속주체를 피보험자로 하는 합의가 있는 경우에는 이러한 계약을 유효로 보아야 할 것이다. 이는 손해보험 중 보험의 목적이 양도될 것이 예정되어 있는 경우에 실익이 있다.

4. 타인을 위한 보험계약의 의제

화재보험에서는 타인을 위한 보험계약으로 의제되는 경우가 있다. 화재보험에서 집합된 물건을 일괄하여 보험의 목적으로 한 때에는 피보험자의 가족과 사용인의 물건도 보험의 목적에 포함된 것으로 보기 때문에 이러한 경우에 타인 즉 가족과 사용인을 위한 보험계약이 체결된 것으로 보게 된다(상 686 단서).

---

43) 대판 1999. 6. 11, 99다 489; 대판 1996. 6. 11. 89다489. 「타인을 위한 손해보험계약에서 말하는 타인이란 보험계약자가 제3자를 주체로 하는 피보험이익에 관하여 보험계약을 체결한 후 그 제3자 즉, 피보험이익의 주체인 피보험자를 말하는 것이고, 단지 보험계약자에게 귀속되는 피보험이익에 관하여 체결된 손해보험계약에서 보험금을 수취할 권리가 있는 자로 지정되었을 뿐인 자는 여기에서 말하는 타인이라 할 수 없다.」

5. 타인의 고지의무자 여부

타인을 위한 보험계약에서 보험계약의 당사자가 아닌 타인이 고지의무를 부담하느냐 하는 것이 문제된다. 생각건대 타인을 위한 보험계약의 체결을 알고 있는 타인은 당연히 고지의무를 부담하고(상 651), 그 타인이 보험계약 체결의 사실을 알지 못한 경우에 보험계약자가 그 타인의 위임이 없이 보험계약을 체결한다는 사실을 고지한 때에는(상 639 ①) 보험자는 이 사실을 타인에게 통지하여 고지의무를 이행시킬 수 있을 것이고, 타인인 피보험자가 고지의무를 이행할 수 없는 상황에 있을 때에는 고지의무를 부담하지 않는다고 보아야 할 것이다. 그러나 타인의 위임이 없는 타인을 위한 손해보험계약이라는 점을 보험계약자가 고지하지 아니하면, 타인은 자기를 위하여 손해보험계약이 체결되었음을 알지 못했다는 이유로 자신의 고지의무위반으로 인한 불이익을 면할 수 없을 것이다(상 639 ①).

Ⅲ. 효과

1. 보험계약자의 지위

1) 보험계약자의 권리

보험계약자는 원칙적으로 보험금청구권을 가지지 아니한다. 그러나 보험계약자로서 부수적인 권리, 예컨대 보험증권교부청구권(상 648), 보험료감액청구권(상 647), 보험료반환청구권(상 648), 보험사고 발생 전의 보험계약해지권(상 649) 등을 가진다. 다만 보험계약해지권은 그 타인의 동의를 얻거나 보험증권을 소지한 경우에 한하여 행사할 수 있다(상 649 ① 단서). 그 외 인보험의 경우에는 일정한 경우에 보험수익자의 지정 · 변경권을 가진다(상 733, 734 참조). 원칙적으로 보험계약자에게는 보험금청구권이 없지만 보험계약자가 보험사고로 생긴 손해를 타인에게 보상한 때에는 그 타인의 권리를 해하지 아니하는 범위에서 보험금청구권이 인정된다(상 639 ②). 다만 그 손해가 보험계약자의 귀책사유로 발생한 경우[44]와 보증보험과 같이 보험자가 보험계약자의 피보험자에 대한 채무이행을 보증하고 있는 특수한 보험[45]에서는 보험계약자의 보험금청구권은 인정되지 않는다고 할 것이다.

2) 보험계약자의 의무

보험계약자는 계약의 당사자로서 보험료지급의무(상 639 ③ 본문)는 물론 위험변경 · 증가의 통지의무(상 652), 위험유지의무(상 653), 보험사고발생 통지의무(상 657조), 손해방지의무(상

44) 김성태, 전게서, 354면; 양승규, 전게서, 186면; 최기원, 전게서, 143면.
45) 양승규, 전게서, 186면.

680)를 부담한다.

2. 타인인 피보험자 · 보험수익자의 지위

1) 타인의 권리

타인인 피보험자 또는 보험수익자는 보험자에 대한 수익의 의사표시가 없어도 보험사고가 발생하면 보험자에 대하여 직접 보험금청구권을 행사할 수 있다(상 639 ② 본문). 이에 대하여 보험자는 보험계약자에 대항할 수 있는 사유로 피보험자 또는 보험수익자에게 대항할 수 있다. 그러나 보증보험계약에서 보험자가 보험계약자의 사기를 이유로 보험계약을 취소하는 경우, 피보험자가 그와 같은 기망행위가 있었음을 알았거나 알 수 있었던 경우 등과 같은 특별한 사정이 없는 한 보험자는 보험계약의 취소를 가지고 피보험자에게 대항할 수 없다.[46] 인보험에 있어서의 타인 즉 보험수익자의 권리는 보험계약자의 보험수익자지정 · 변경권에 의하여 제약을 받는다(상 733).

2) 의무

피보험자 또는 보험수익자는 보험계약의 당사자가 아니므로 보험료지급의무는 없다. 그러나 보험계약자가 파산선고를 받거나 보험료의 지급을 지체한 때에는 그 계약상의 권리를 포기하지 않는 한 보험료를 지급하여야 한다(상 639 ③ 단서) 그리고 피보험자 또는 보험수익자는 보험계약상의 수익자이므로 보험계약자와 같이 법률의 규정에 따라 고지의무(상 651), 위험변경 · 증가의 통지의무(상 652), 손해방지의무(상 680), 보험사고발생 통지의무(상 657) 등 보험계약상의 의무를 부담한다.

---

46) 대판 1999. 7. 13, 98다 63162.

제3절 보험계약의 효과

〔1〕 보험자의 보험금지급의무

목 차

Ⅰ. 보험금지급의무의 의의

보험자는 보험기간 내에 보험사고가 발생한 때에는 피보험자 또는 보험수익자에게 보험금을 지급할 의무가 있다(상 638). 이 의무는 보험계약자의 보험료지급에 대한 반대급부로서 보험자의 주된 의무이며, 그 내용은 손해보험과 생명보험에 따라 약간의 차이가 있다. 여기서 보험금이란 손해보험에서는 약정한 보험금액의 한도에서 보험사고로 피보험자가 입은 재산상의 손해이고, 생명보험과 같은 정액보험에서는 계약에서 정한 보험금액이다.

Ⅱ. 보험금지급의무의 요건

1. 보험사고의 발생

보험자의 보험금지급의무는 보험기간 안에 약정한 보험사고가 발생하여야 한다(상 638). 보험사고의 발생이 보험기간 안에 발생한 이상 그 결과(예컨대 사망보험에서의 사망)가 보험기간이 경과한 후에 확정되더라도 인과관계가 인정되는 한 보험자는 보험금지급책임이 있다.

2. 보험계약자의 보험료지급

보험자의 책임은 보험계약자로부터 최초의 보험료를 받은 때부터 시작되므로, 외상보험과 같은 다른 약정이 없는 한 보험계약자의 최초의 보험료지급이 있어야만 보험자의 보험금지급책임이 있다(상 656).

3. 승낙 전의 사고에 대한 책임

보험자가 보험계약자로부터 보험계약의 청약과 함께 보험료 상당액의 전부 또는 일부를 받은 경우에는 그 청약을 승낙하기 전에 보험사고가 발생한 때에는 그 청약을 거절할 사유가 없는 한 보험자는 보험계약상의 책임을 진다(상 638의2 ③ 본문). 이는 보험계약이 성립하기 전이라도 보험계약자의 기대를 보호하기 위한 정책적인 배려이다. 그러나 인보험계약의 피보험자가 신체검사를 받아야 하는 경우에 그 검사를 받지 아니한 때에는 보험자는 보험금지급책임을 지지 않는다(상 638의2 ③ 단서).

Ⅲ. 보험금의 지급

1. 보험금청구권자

보험사고가 발생하여 보험금을 청구할 수 있는 자는, 손해보험에서는 피보험자이고(상 665), 생명보험에서는 보험수익자(상 733)이다. 그러므로 사망보험계약에서 보험수익자가 지정되어 있는 경우에는 비록 피보험자의 상속인이라 하더라도 보험금을 청구할 수 없다(상 733).

2. 보험금의 지급방법과 지급시기

보험금의 지급은 원칙적으로 현금으로 지급하고, 다른 약정이 있는 경우에는 현물 기타의 급여로서 할 수 있다(상 638). 보험자는 보험금의 지급에 관하여 다른 약정기간이 있는 경우에는 그 기간 내에, 다른 약정기간이 없는 경우에는 보험사고발생의 통지(상 657 ①)를 받은 후 지체없이 지급할 보험금액을 정하고, 그 정하여진 날로부터 10일 내에 피보험자 또는 보험수익자에게 보험금을 지급하여야 한다(상 658). 이 규정은 가능한 보험자가 신속히 보험금을 지급할 것을 요구하는 의미가 있다. 당사자 간의 다른 약정에 따라 보험금의 지급기한을 유예하는 것에 대하여, 판례는 이를 상법 제663조, 상법 제658조의 규정에 위반되는 것은 아니라고 한다.[1)]

---

1) 대판 1981. 10. 6. 80다2699. 「피보험자와 보험자 사이의 보험금지급기한유예의 합의는 보험금지급청구권에 관한 소멸시효의 이익을 미리 포기하는 것에 해당되지 아니하므로 보험계약자에게 불이익한 것이라 할 수 없으니 이를 상법 제663조, 상법 제658조의 규정에 위반되는 것이라 볼 수 없다.」

3. 보험금의 지급장소

보험약관상 다른 약정이 없으면 보험자는 손해보험에서는 피보험자, 생명보험에서는 보험수익자의 주소 또는 영업소에서 보험금을 지급하여야 한다(민 467 ②).[2] 그러나 실제 거래에서는 보험자의 영업소에서 보험금을 지급하는 것이 관행으로 되어 있는데, 이는 피보험자나 보험수익자에게 편리하고 이익이 될 수 있기 때문이다.

4. 소멸시효

보험자의 보험금지급의무는 2년이 지나면 시효로써 소멸한다(상 662). 소멸시효(消滅時效)[3]의 기간은 피보험자 등이 권리를 행사할 수 있는 때부터 진행하는 것이기 때문에(민 166 ①)[4] 보험사고의 발생통지를 한 때에는 보험자가 그 통지를 받은 후 지급할 보험금액이 정해지고 보험금지급유예기간(10일)이 경과한 다음 날로부터 기산하고, 피보험자 또는 보험수익자가 객관적으로 보아 보험사고의 발생을 알 수 없는 사정이 있는 때에는 보험사고의 발생을 안 때부터 소멸시효가 진행된다고 보아야 한다.[5] 이처럼 보험금지급의무의 소멸시효가 단기로 규정된 것은 보험금지급의 신속한 결제를 통하여 보험관계를 종결하여 보험사업의 원활화를 도모하기 위함이다.

Ⅳ. 보험자의 면책사유

1. 면책사유의 근거

보험법과 각종 보험약관은 보험계약자 등에 의한 도덕적 위험을 방지하고 보험사업의 합리적인 관리를 위하여 보험자의 면책사유를 규정하고 있다. 면책사유는 법정면책사유와 약관면책사유로 구분할 수 있고, 법정면책사유는 보험통칙상의 면책사유와 보험각론상의

---

2) 민법 제467조(변제의 장소) ① 채무의 성질 또는 당사자의 의사표시로 변제장소를 정하지 아니한 때에는 특정물의 인도는 채권성립 당시에 그 물건이 있던 장소에서 하여야 한다. ② 전항의 경우에 특정물 인도 이외의 채무변제는 채권자의 현주소에서 하여야 한다. 그러나 영업에 관한 채무의 변제는 채권자의 현영업소에서 하여야 한다.

3) 소멸시효: 소멸시효란 권리를 일정한 기간 동안 행사하지 않으면 그 권리가 소멸되는 제도를 말한다. 채권은 민사는 10년, 상사는 5년, 소유권 외의 재산권은 20년간 행사하지 않으면 소멸시효가 완성하는 것이 원칙이지만 그 시효기간은 권리의 성질에 따라 많은 특칙이 있다(민 162, 상 64 참조)

4) 민법 제166조(소멸시효의 기산점) ① 소멸시효는 권리를 행사할 수 있는 때로부터 진행한다. ② 부작위를 목적으로 하는 채권의 소멸시효는 위반행위를 한 때로부터 진행한다.

5) 대판 1997. 11. 11. 97다36521.「보험사고가 발생한 것인지의 여부가 객관적으로 분명하지 아니하여 보험금청구권자가 과실 없이 보험사고의 발생을 알 수 없었던 사정이 있는 경우에는 보험사고의 발생을 알았거나 알 수 있었을 때부터 보험금청구권의 소멸시효가 진행하지만, 그러한 특별한 사정이 없는 한 보험금청구권의 소멸시효는 원칙적으로 보험사고가 발생한 때부터 진행한다.」

면책사유[6]가 있다. 보험각론상의 면책사유는 해당 부분에서 설명하도록 한다.

2. 법정면책사유

1) 보험계약자 등의 고의 · 중대한 과실에 의한 보험사고

(1) 면책사유로 규정한 이유

상법 제659조는 "보험사고가 보험계약자 또는 피보험자나 보험수익자의 고의 또는 중대한 과실로 인하여 생긴 때에는 보험자는 보험금액을 지급할 책임이 없다"라고 하여 인위적인 보험사고를 보험자의 면책사유로 규정하고 있다. 다만 사망보험과 상해보험의 경우에는 보험계약자 또는 피보험자나 보험수익자의 '고의'로 생긴 보험사고만을 면책사유로 하고 있다(상 732의2, 739). 고의 또는 중대한 과실에 의한 경우를 면책사유로 규정한 것은, 인위적으로 보험사고를 발생시키는 것은 보험사고의 우연성에 어긋나고, 보험계약의 선의성에 입각하여 도덕적 위험을 방지할 필요가 있고, 그리고 고의나 중대한 과실의 경우에도 보험자가 책임을 진다는 것은 보험자에게 가혹하고 보험정책면에서도 보호할 필요가 없기 때문이다

(2) 고의와 중대한 과실의 의미와 증명책임

고의(故意)라 함은 보험사고의 발생을 인식하면서 감히 그것을 행하는 심리상태를 말한다.[7] 예컨대 화재보험에서의 방화, 사망보험에서의 피보험자의 자살, 상해보험에서 자해행위 등이 이에 해당된다. 고의는 원인행위에 존재하면 되고 그 결과의 발생에 대해서까지 인식하여야 하는 것이 아니며 미필적고의(未畢的故意)[8]만 있어도 된다.[9] 중대한 과실이란 통상인에게 요구되는 주의를 현저하게 결한 경우를 의미한다. 예컨대 창고에 인화성물건이 있는데 그

---

6) 각종의 손해보험 특유의 면책사유와 인보험에서 상법 제659조에 대한 특칙(상 732의2, 739).

7) 대판 2001. 4. 24, 2001다 10199.

8) 미필적고의: 미필적고의란 결과의 발생을 확정적인 것으로 인식하지 아니하고 단지 가능한 것으로 인식하고 있음에도 불과하지만 그 결과발생의 인용이 있는 경우를 말한다. 예컨대 포수가 짐승을 잡으려고 총을 겨누어 실탄을 발사하려고 할 때 옆에 사람이 있는 것을 보고 혹 잘못 발사하면 사람이 죽을 수도 있다고 인식하였으나 사람이 죽어도 부득이하다고 하면서 총을 발사하여 사람이 죽은 경우에는 미필적고의에 의한 살인죄에 해당된다.

9) 서울고판 1988. 12. 6. 88다25712. 「피보험자가 순간적으로 구타당한 데 대한 앙갚음을 할 생각으로 자동차를 급히 전진시켜 우측 범퍼와 후사경으로 피해자의 다리 부위를 충격하여 넘어지게 함으로써 피해자가 그 충격으로 인한 두개골 골절상으로 사망한 경우에는 이는 미필적고의로 생긴 사고로서 보험약관에 정하여진 고의에 포함된다고 할 것이고, 원인행위에 대한 고의가 있었던 이상 사망이라는 결과가 초래된 경우에도 고의로 일으킨 사고라고 해석하여 보험자는 그로 인한 보험금지급의무를 면한다고 할 것이다」

안에서 난로불을 다루는 행위 등은 이에 해당된다. 보험계약자나 피보험자 또는 보험수익자의 고의 또는 중대한 과실은 보험자가 입증하여야 한다. 이 경우 보험자는 추정적증거(推定的證據)를 제시하는 것으로 충분하다고 본다.[10)]

(3) 고의면책 특약의 효력 유무

보험계약자 등이 고의로 야기한 보험사고에도 보험자의 책임을 인정하는 특약은 보험계약의 선의성, 공익성, 단체성 등에 반하기 때문에 무효라고 본다. 그러나 보험계약자 등의 중대한 과실의 경우에도 보험자는 책임을 진다는 것과 같이 보험계약자의 이익을 보호하는 특약은 그 효력이 인정된다고 본다(상 663). 예컨대 배상책임보험약관에서 피보험자의 고의만을 보험자의 면책사유로 하고, 중대한 과실로 인한 손해에 대하여는 그 보상책임을 인정하는 경우가 이에 해당된다.[11)] 일정한 경우에는 보험자의 고의면책을 정책적 입장에서 제한하는 경우도 있다.[12)]

---

10) 양승규, 전게서, 143면; 최기원, 전게서, 232면; 대판 1984. 1. 17. 83다카1940. (1) 피보험자와 세대를 같이 하는 친족 또는 고용인의 고의에 의한 보험사고의 경우에 보험자가 면책된다는 보험약관이 상법 제663조에 위배되어 무효가 되는지 여부에 대하여「보험계약의 보통약관 중 "피보험자에게 보험금을 받도록 하기 위하여 피보험자와 세대를 같이 하는 친족 또는 고용인이 고의로 사고를 일으킨 손해에 대해서는 보험자가 보상하지 아니 한다"는 내용의 면책조항은 그것이 제3자가 일으킨 보험사고에 피보험자의 고의 또는 중대한 과실이 개재되지 않은 경우에도 면책하고자 한 취지라면 상법 제659조, 제663조에 저촉되어 무효라고 볼 수밖에 없으나, 동 조항은 피보험자와 밀접한 생활관계를 가진 친족이나 고용인이 피보험자를 위하여 보험사고를 일으킨 때에는 피보험자가 이를 교사 또는 공모하거나 감독상 과실이 큰 경우가 허다하므로 일단 그 보험사고 발생에 피보험자의 고의 또는 중대한 과실이 개재된 것으로 추정하여 보험자를 면책하고자 한 취지에 불과하다고 해석함이 타당하며, 이러한 추정규정으로 보는 이상 피보험자가 보험사고의 발생에 자신의 고의 또는 중대한 과실이 개재되지 아니하였음을 입증하여 위 추정을 번복할 때에는 위 면책조항의 적용은 당연히 배제될 것이므로 위 면책조항은 상법 제663조의 강행규정에 저촉된다고 볼 수 없다.」 (2) 위 고용인의 의미에 대하여「위 면책조항을 추정규정이라고 본 이상, 그에 열거된 친족 또는 고용인이라 함은 그들의 행위가 피보험자의 고의 또는 중대한 과실에 기인한 것이라고 추정케 할 만큼 피보험자와 밀접한 생활관계를 가진 자에 국한된다고 보아야 하므로 고용인도 세대를 같이 하는 자임을 요한다고 해석함이 타당하다.」

11) 영업배상책임보험 보통약관 제6조는 보험자의 면책사유를 특별약관의 규정에 따르도록 규정하고 있는데, 그 특별약관 중 '학교경영자 특별약관', '창고업자 특별약관' '사용자배상책임담보 특별약관' 등에서는 피보험자의 고의의 경우만을 면책사유로 하고, 피보험자의 중대한 과실의 경우는 면책사유로 규정하고 있지 않다.

12) 보험자의 고의면책의 정책적 제한: ① 자동차책임보험의 대인배상 I 보통약관 제3조에서, 피보험자 측의 고의로 인한 손해에 대하여도 자동차손해배상보장법 제12조의 직접청구를 피해자가 하는 때에는 보험자는 일단 보상책임을 지도록 하고, 그 부분을 피보험자에게 구상하도록 하고 있다. ② 보증보험에서는 보험계약자의 고의·중대한 과실로 생긴 보험사고에도 보상책임을 지도록 하고 있다. ③ 생명보험약관에서는 비록 보험사고가 피보험자의 자살로 인한 경우에도 그 자살이 보험계약 후 일정기간 경과 후의 자살이면 보험금을 지급하는 것으로 하고 있다.

(4) 대표자책임이론의 인정 여부

보험사고가 보험계약자 또는 피보험자나 보험수익자 외의 보험계약자 등이 민사상의 배상책임을 지는 가족 · 사용인의 고의 또는 중대한 과실로 발생한 때에는 보험계약자 등의 고의 또는 중대한 과실과 동일시하여 보험자의 면책을 인정할 것인가 하는 것이 문제된다. 이를 인정하는 독일의 이론이 이른바 대표자책임이론(代表者責任理論)이다. 우리나라에서는 이 이론을 인정하는 견해, 특별한 근거규정이 없는 한 그대로 수용하기는 어려우나 적극적 공모, 교사, 방조가 있는 경우에는 인정하자는 견해, 보험약관에 규정한 경우에만 인정하자는 견해, 이를 부인하는 견해 등으로 나누어져 있다. 생각건대 보험계약자나 보험수익자의 법정대리인(가령 미성년인 보험수익자의 부모) 또는 보험계약자나 피보험자의 영업에 관한 포괄적인 대리권을 가지고 있는 지배인[13]과 같은 특수한 지위에 있는 자의 고의 또는 중대한 과실로 생긴 경우를 제외하고는, 피보험자나 보험수익자를 보호하기 위하여 단순히 피보험자와 세대를 같이하는 친족 또는 고용인의 경우에는 보험자의 면책을 인정할 수 없다고 할 것이다. 판례도 같은 입장을 취하고 있다.[14] 화재보험보통약관 제7조에서 규정하고 있는 보상하지 아니하는 손해 중에는 「계약자, 피보험자(법인의 경우에는 그 이사 또는 법인의 업무를 집행하는 그 밖의 기관) 또는 이들의 법정대리인의 고의 또는 중대한 과실로 생긴 손해」(동조 1호)와 「피보험자에게 보험금을 받도록 하기 위하여 피보험자와 세대를 같이 하는 친족 및 고용인의 고의로 일으킨 손해」(동조 2호)를 열거하고 있는데, 동조 1호의 경우에는 이론이 없으나 동조 2호는 상법 제663조의 강행법규에 위반된다고 본다.[15]

---

13) 지배인(支配人): 특정한 상인에 종속하여 그 영업에 관한 재판상 또는 재판외의 모든 행위를 할 수 있는 상업사용인이다(상 11 ①).

14) 대판 1998. 4. 28. 97다11898. 동산종합보험의 중과실 면책조항에 보험계약자 등의 피용자의 고의 또는 중과실로 인한 손해가 포함되는지 여부에 대하여 「동산종합보험보통약관 소정의 '보험계약자, 피보험자(법인인 경우에는 그 이사 또는 법인의 업무를 집행하는 그 밖의 기관) 또는 이들의 법정대리인의 고의 또는 중대한 과실로 생긴 손해'라는 면책조항이 적용되기 위하여는 '보험계약자, 피보험자(법인인 경우에는 그 이사 또는 법인의 업무를 집행하는 그 밖의 기관) 또는 이들의 법정대리인'의 고의 또는 중대한 과실로 생긴 손해에 한하여 면책되는 것이지, 위 '보험계약자나 피보험자 또는 이들의 법정대리인에게 단순히 고용된 자'의 고의 또는 중대한 과실로 생긴 손해는 여기에 해당되지 않는 것으로 보아야 한다.」

15) 외국의 입법예: 프랑스 보험법 L. 121-2조: "민법 제1384조에 의하여 보험계약자가 민사책임을 지게 되는 자의 행위로 인한 멸실과 손해에 대하여는 그자의 과실의 성질 및 정도의 여하를 묻지 아니하고 보험자는 이를 보상할 책임을 진다."; 스위스 보험계약법 제14조 제3항은 "보험계약자 또는 청구권자의 동거가족, 그의 행위에 대하여 보험계약자 또는 청구권자가 책임을 지게 되는 자의 고의 또는 중대한 과실로 보험사고가 생기고 이들의 감독, 선임, 채용에 있어서 중대한 과실이 있는 경우에는 보험자는 보험계약자 또는 청구권자의 책임의 정도에 상응하는 비율에 따라 보험금을 감액할 수 있다."

2) 전쟁 기타 변란에 의한 보험사고

보험사고가 전쟁 기타의 변란으로 인하여 생긴 때에는 당사자 간에 다른 약정이 없으면 보험자는 보험금액을 지급할 책임이 없다(상 660). 이는 보통의 보험료로는 전쟁 기타 변란 등 보험사고의 발생가능성이 높은 위험을 인수할 수 없기 때문이다. 전쟁(戰爭)이란 반드시 국제법상의 전쟁만을 의미하는 것이 아니고 통상의 위험을 초과하는 국권발동의 전투행위가 있으면 되고 선전포고의 유무는 불문한다. 변란(變亂)이란 전쟁에 이르지는 않지만 인위적인 소란으로 사회의 안녕질서가 통상의 경찰력으로써는 유지하기 어려운 상태를 말하며 이에는 폭동과 소요가 포함된다. 폭동(暴動)이라 함은 다수인이 결합된 집단행동으로 사회의 안녕질서를 어지럽히는 일을 말하고, 소요(騷擾)란 폭동에 이르지 않지만 다수의 군중이 집합하여 폭행, 손괴 등의 행위로 사회질서를 어지럽히는 것을 의미한다. 판례는 프로야구 경기장에서의 관객의 난동을 소요로 보지 않는다.[16)]

3. 약관면책사유

각종 보험약관은 법률에서 정한 면책사유 외에 보험의 특성에 따라 보험자의 면책사유를 정하고 있는바, 이것을 면책약관(免責約款)이라 한다. 이 약관상의 면책사유는 상법 제663조에 저촉되지 않는 한 유효하다.

16) 대판 1991. 11. 26. 91다18682. 「프로야구 경기장에서 연고팀이 역전패당한 것에 불만을 품은 1,000여명의 관중들이 상대팀 선수들을 태우고 떠나려는 버스 앞을 가로막고 돌과 빈병 등을 던지는 소동은 '소요'에 해당되지 않으므로 위 소동 중 위 버스에 의해 야기된 교통사고에 대하여는 보험자는 면책을 주장하지 못한다.」

〔2〕 보험자의 보험료반환의무

목 차

Ⅰ. 보험료반환의무의 취지

보험자는 보험계약이 무효, 취소, 해지된 경우에는 보험계약자에게 일정한 보험료를 반환하여야 한다. 계약의 일반원칙에 의하면 계약이 무효, 취소, 해지된 경우에는 양당사자는 원상회복의무에 따라 보험료의 반환의무는 당연한 것으로 생각되지만, 보험계약에서는 보험계약의 기술성, 단체성 등의 특성과 보험계약자에 대한 제재적 목적 등을 고려하여 일정한 보험료를 공제하고 나머지만을 반환하게 되는 경우가 있다.

Ⅱ. 보험료반환의무의 원인 및 반환범위

1. 보험계약이 취소된 경우

보험계약을 체결할 때 보험자가 보험약관의 교부 · 명시의무를 이행하지 않아 보험계약자가 그 계약을 취소한 경우에는(상 638의3, 민 141) 보험자는 지급받은 보험료 전액을 반환하여야 한다.

2. 보험계약이 무효인 경우

보험계약이 선량한 풍속 기타 사회질서에 위반한 경우(민 103), 화재보험에서 건물이 수재로 소멸된 것과 같이 보험의 목적이 존재하지 않게 된 경우, 피보험자의 서면에 의한 동의를 얻지 않고 타인의 사망을 보험사고로 한 보험계약(상 731), 15세 미만자, 심신상실자, 심신박약자의 사망을 보험사고로 한 보험계약(상 732) 등의 경우에는 보험계약이 무효이므로 보험자는 이로 인해 받은 보험료를 반환하여야 한다. 그러나 무효의 원인에 대하여 보험계약자와 피보험자에게 악의 또는 중대한 과실이 있는 경우에는 보험료를 반환할 의무가 없다(상

648).

3. 보험사고 발생 전의 보험계약 해지의 경우

보험계약자가 보험사고의 발생 전에 보험계약의 전부 또는 일부를 해지한 경우에는 보험자는 다른 약정이 없으면 미경과보험료(未經過保險料)를 반환할 의무가 있다(상 649 ① ③). 미경과보험료란 보험계약이 해지될 때의 보험료기간 이후의 기간에 해당하는 기간의 보험료를 의미한다. 보험자가 위험을 담보한 보험료기간의 보험료는 비록 보험사고가 발생하지 않았다 하더라도 보험료불가분의 원칙에 따라 보험자에게 귀속하는 것은 당연하다. 그러나 실제 보험거래에서는 보험계약이 무효, 효력상실 또는 해지된 때에 는 일할(日割)로 계산하여 나머지 기간에 대한 보험료를 반환하고 있다(화보약 14 ① i 참조). 생명보험의 경우에는 보험자는 보험계약이 해지된 때에는 보험료적립금(평균보험료에서 자연보험료를 뺀 잔액)을 반환하여야 한다(상 736).

4. 소멸시효(消滅時效): 보험자의 보험료반환의무는 2년의 시효로써 소멸한다(상 662).

〔3〕 보험계약자 등의 의무

목 차

Ⅰ. 보험계약자 등의 의무의 특성

보험계약은 일반적인 계약의 성질도 있지만, 사행성, 기술성, 선의성 등의 특성을 지니고 있기 때문에 보험계약자 등은 이에 따른 특수한 의무를 지니게 된다. 상법은 이러한 점을 고려하여 보험료 지급의무 외에 위험변경 · 증가 통지의무, 위험유지의무, 보험사고발생의 통지의무를 보험계약자 등에게 부과하고 있다.

Ⅱ. 보험료지급의무

1. 의의

보험계약은 유상 · 쌍무계약으로 보험자가 지급하는 보험금과의 대가관계에 따라 보험계약자는 보험자에 대하여 보험료를 지급할 의무가 있다(상 638). 보험제도는 수지상등의 원칙에 따라 운영되므로 보험계약의 효력으로 보험계약자 등의 보험료지급의무는 보험자의 보험금지급의무에 대응하는 중요한 의무이며, 보험자의 보험금지급의무의 개시요건이다.

2. 의무자

보험료는 원칙적으로 보험계약자가 부담하며, 보험계약자가 수인인 경우에는 각 보험계약자는 연대하여 보험료를 지급할 의무가 있다(상 639 ③, 상 57 ①). 예외적으로 타인을 위한 보험계약의 경우에 보험계약자가 파산선고를 받거나 보험료의 지급을 지체한 때에 피보험자 또는 보험수익자는 그의 권리를 포기하지 아니하는 한 제2차적으로 보험료지급의무가 있다(상 639 ③ 단서).

3. 보험료의 산정과 보험료의 감액청구

보험계약자가 지급할 보험료의 금액은 보험계약 체결 전에 기준요율에 따라 결정되는 것이 일반적이며, 보험의 단체성을 고려하여 볼 때 당사자 간의 합의로 결정되는 것은 제한되어야 한다. 다음과 같은 경우에는 보험료의 감액을 청구할 수 있다. 첫째, 보험계약의 당사자가 특별한 위험을 예기하여 보험료의 액을 정한 경우에 보험기간 중 그 예기한 위험이 소멸한 때에는 보험계약자는 그 후의 보험료의 감액을 청구할 수 있다(상 647). 이 청구권은 형성권(形成權)[17]이며, 감액의 효력은 장래에 대하여 발생하며, 보험료의 감액은 그 위험이 소멸한 보험료기간에 대해서만 적용된다고 본다. 둘째, 손해보험의 경우에 보험금액이 보험계약의 목적의 가액을 현저하게 초과한 때에는 보험자 또는 보험계약자는 보험료와 보험금액의 감액을 청구할 수 있고, 보험료의 감액은 장래에 대하여서만 효력이 있다(상 669 ①). 셋째, 손해보험의 경우에 보험가액이 보험기간 중에 현저하게 감소된 때에는 보험계약자는 보험료의 감액을 청구할 수 있다(상 669 ③). 이는 보험료는 보험가액에 따라 결정되기 때문에 기존의 보험가액에 따라 보험료를 지급하는 것은 불합리하기 때문이다.

4. 보험료의 지급시기와 지급장소

1) 보험료의 지급시기

보험자의 책임은 최초의 보험료를 받은 때부터 개시되므로(상 656) 보험계약자는 보험계약이 성립한 후 지체없이 보험료의 전부 또는 제1회의 보험료를 지급하여야 한다(상 650 ① 전단). 지체없이란 즉시의 뜻이라고 해석한다. 일반적으로 손해보험보통약관에서는 "보험료는 다른 약정이 없으면 보험기간이 시작되기 전에 내어야 합니다."(화보약 3 ①; 영배보약 3 ① 등)라는 규정을 두고 있는데, 이 경우 보험료의 지급시기는 보험기간이 개시될 때까지를 의미한다. 계속보험료의 지급시기에 대하여는 상법에 아무런 규정이 없는데, 이 경우는 당사자의 약정에 의한다고 할 것이다. 일반적으로 손해보험보통약관에는 계속보험료의 지급시기에 관한 조항이

---

17) 형성권: 형성권이란 권리자의 일방적인 의사표시에 의하여 권리관계의 발생 · 변경 · 소멸을 발생시킬 수 있는 사권을 말한다. 사권(私權)을 작용에 의하여 지배권, 청구권, 형성권으로 분류할 수 있는데, 취소권(민 5, 10, 13, 23, 141), 추인권(민 143, 144, 415), 해제권(민 543~552), 상계권(민 492 이하) 등은 형성권에 속한다.

없지만, 생명보험표준약관에서는 "제2회 이후의 보험료는 납입기간 중 계약자가 이 계약의 납입방법과 수금방법에 따라 납입기일까지 납입하여야 합니다."(생보약 10)라고 규정하고 있다. 보험료지급시기와 관련하여 판례는 「보험대리점이 보험료의 대납을 약정하고 보험계약자에게 보험료영수증을 발행한 때에는 보험계약자가 그 후에 보험료를 지급하였다 하더라도 그 대납을 약정한 날에 보험료의 지급이 있은 것으로 보아야 한다.」[18] 라고 한다

2) 보험료의 지급장소

보험료의 지급장소에 대하여는 상법상 특별규정이 없으므로 민법의 일반원칙에 따라 채권자인 보험자의 영업소에서 지급해야 한다(민 467 ②, 상 56). 보험료채무는 지참채무(持參債務)가 원칙이며 당사자 간의 합의에 따라 추심채무(推尋債務)가 될 수도 있다.[19] 실제 거래계에서 이용하고 있는 이른바 지로(Giro) 또는 온라인(on-line)에 의한 납부는 지참채무의 방식에 해당된다.

5. 보험료의 지급방법

1) 선급과 후급

보험료의 지급시기는 보험기간의 개시 전후를 기준으로 선급(先給)과 후급(後給)으로 나눌 수 있는데, 선급이 원칙이다. 이는 보험단체의 운영을 위하여는 보험기금이 먼저 확보되어야 하기 때문이다. 그러나 공제나 상호보험에서는 추가보험료의 후급이 인정되기도 한다. 판례는 공제조합원의 보험료납입의무와 관련하여 추가보험료의 납입채무는 당해 사업연도말의 결산총회의 결의로 발생한다고 한다.[20]

18) 대판 1991. 12. 10. 90 다10315; 보험업법은 보험료의 대납을 금지하고 있다(동법 98 iv).

19) 지참채무(持參債務)·추심채무(推尋債務)·송부채무(送付債務): 채무이행장소가 채권자의 주소 또는 영업소인 것을 지참채무라 하고, 채무자의 주소 또는 영업소인 것을 추심채무라하며, 이외의 제3의 장소인 경우를 송부채무라 한다.

20) 대판 1993. 12. 14. 93다17959.「전국화물자동차운송사업조합연합회가 운영하는 공제사업에 관한 공제규정에 따르면, 연도말 결산결과 공제지급금의 결손금이 발생하였을 때 공제조합 조합원들에게 부과될 수 있는 추가분담금채무는 당해 사업연도말의 결산총회에서 추가분담금부과의 결의가 된 때에 비로소 발생 확정되는 것이지, 공제사업의 결손이 생긴 사실만에 의하여 바로 발생하는 것은 아니고, 또 공제지급금의 결손이 생겼음에도 당해 사업연도말의 결산총회에서 그 결손을 보전하기 위한 추가분담금부과의 결의를 하지 아니하고 이를 다음 사업연도로 이월시켰다면, 이로써 결손금처리의 방식이 확정되어 그 이후에는 그 결손을 보전하기 위한 추가분담금부과의 결의를 새로 할 수는 없는 것으로 보아야 한다.」

2) 일시지급과 분할지급

보험료는 보험료불가분의 원칙에 따라 일시에 지급하는 것이 원칙이지만 당사자의 약정에 따라 분할지급도 가능하다.

3) 어음 · 수표에 의한 보험료지급

보험료를 어음 또는 수표로 지급하는 경우가 있는데, 이 경우 보험료의 지급을 어음 · 수표가 교부된 때로 볼 것인가 아니면 어음 · 수표금이 지급된 때로 볼 것인가에 대하여, 어음 · 수표에 관한 일반법리에 따르는 설, 지급의제설, 해제조건부 대물변제설, 유예설 등의 견해가 대립되어 있다. ① 어음 · 수표에 관한 일반법리에 따르는 설은 어음 · 수표가 보험료의 '지급에 갈음하여' 교부된 경우에는 보험료의 지급된 것으로 보지만, 당사자 간의 의사가 분명하지 않은 경우에는 보험료의 '지급을 위하여' 교부된 것으로 보아 어음 · 수표의 지급이 있은 때에 비로소 보험료가 지급된 것으로 보게 된다.[21] ② 지급의제설은 어음 · 수표를 보험료의 지급을 위하여 교부한 때에 직접 보험료를 지급한 것으로 본다. ③ 해제조건부대물변제설은 어음 · 수표의 부도를 해제조건(解除條件)[22]으로 해서 현금의 지급에 갈음하여 교부된 것으로 보아 보험자가 수표를 교부받은 날을 보험료의 지급일로 하여 이때부터 보험자의 책임이 개시되는 것으로 보며, 선일자수표의 경우에도 동일하다고 한다.[23] ④ 유예설은 보험자가 보험료의 명목으로 어음 · 수표를 교부받은 경우에는 어음 · 수표금의 불지급을 해제조건으로 하여 그 지급이 유예된다는 것이다.[24] 생각건대 어음과 수표의 성질상의 차이로 양자는 달리 해석하여야 할 것이다. 즉 보험료로 어음이 교부된 때에는 보험료의 지급 자체는 아니고 어음의 지급기일까지 보험료의 지급을 유예하여 어음의 지급이 있을 때에 보험료를 지급한 것으로 한다는 유예설 입장에서 해석하고, 수표는 금전지급증권이므로 그 지급이 거절되는 것을 해제조건으로 하는 대물변제로 보아야 할 것이다.[25] 판례는 보험료를 선일자수표[26]로 지급한 경우에 관하여, 선일자수표는

---

21) 정찬형, 전게서, 574면.

22) 해제조건(解除條件)과 정지조건(停止條件): 1) 해제조건이란 법률행위의 효력의 소멸을 장래의 불확실한 사실의 발생에 둔 조건을 말한다. 예컨대 "너에게 장학금을 지급하지만 성적이 B+가 되지 않으면 장학금의 지급을 중단한다"라고 할 때 '성적이B+가 되지 않으면'이 해제조건이다. 2) 정지조건이란 대학에 입학되면 장학금을 주겠다고 하는 것과 타이 법률행위의 효력의 발생을 장래의 불확실한 사실에 매이게 하는 조건을 말한다.

23) 채이식, 「상법강의(하)」, 박영사, 2003, 489면.

24) 최기원, 전게서, 241면.

25) 김성태, 전게서, 301면; 양승규, 전게서, 153면.

26) 선일자수표(先日字手票): 수표상의 발행일자를 실제의 발생일보다 뒤의 날로 기재한 수표를 말한다. 예컨대 2007년 3월 3일에 수표를 발행하면서 수표의 발생일자를 3월 3일 이후인 4월 3일 등과 같이 기재하는 수표를 말한다.

대부분의 경우 당해 발행일자 이후의 제시기간내의 제시에 따라 결제되는 것이라고 보아야 하므로 선일자수표가 발행 · 교부된 날에 액면금의 지급효과가 발생된다고 볼 수 없으니, 보험약관상 보험자가 제1회 보험료를 받은 후 보험청약에 대한 승낙이 있기 전에 보험사고가 발생한 때에는 제1회 보험료를 받은 때에 소급하여 그때부터 보험자의 보험금 지급책임이 생긴다고 되어 있는 경우에 있어서 보험모집인이 청약의 의사표시를 한 보험계약자로부터 제1회 보험료로서 선일자수표를 발행받고 보험료 가수증을 해주었더라도 그가 선일자수표를 받은 날을 보험자의 책임발생 시점이 되는 제1회 보험료의 수령일로 보아서는 안 된다[27]라고 하여 선일자수표의 경우에는 어음과 같이 유예설의 입장을 취하고 있다.

4) 신용카드에 의한 보험료지급

신용카드로 보험료를 지급한 경우에는 다른 사정이 없으면 신용카드의 전표가 발급된 시점에서 보험료가 납입한 것으로 보아야 한다. 왜냐하면 어음 · 수표와 달리 보험자는 신용카드에 한도초과 등의 특별한 사정이 없는 한 신용카드사로부터 그 대금을 받을 수 있기 때문이다. 그러나 보험계약자의 귀책사유로 카드대금이 카드사로부터 보험자에게 지급되지 않을 때에는 보험자는 보험금지급의무가 없다고 본다.[28]

6. 보험료지급의무 해태의 효과

1) 제1회 보험료지급의 해태와 계약해제의 의제

보험계약자가 보험계약 체결 후 보험료의 전부 또는 제1회 보험료를 지급하지 아니하는 경우에는 다른 약정이 없는 한 계약 성립 후 2월이 경과하면 그 계약은 해제된 것으로 본다(상 650 ① 후단). 즉 이 경우에 보험계약의 해제가 의제되어 보험계약은 소급하여 무효가 되므로 2월경과 전에 보험사고가 발생하여도 보험자는 보험책임을 지지 않는다. 문제가 되는 것은, 보험계약자가 계약체결 후 보험료를 지급하지 않는 경우에 2월 이전에 보험자는 보험계약을 해제할 수 있는가 이다. 계약체결 후 상당한 기간이 경과하였음에도 불구하고 보험료를 지급하지 않을 경우에는 해제권을 행사할 수 있다고 본다. 그리고 타인을 위한 보험계약의 경우에 보험계약자가 보험료를 지급하지 않으면 보험자는 그 타인에게 상당한 기간을 정하여 보험료의 지급을 최고한 후 그 타인이 그 기간 안에 보험료를 지급하지

---

27) 대판 1989. 11. 28. 88다카33367.

28) 자동차보험 「신용카드이용보험료납입특별약관」에 따르면 보험계약자 또는 피보험자가 소정의 신용카드로써 보험료를 결제하고 카드회사의 승인을 받은 시점을 보험료의 영수시점으로 간주하고 있다(동특별약관 2).

아니하면 보험계약을 해제할 수 있다(상 650 ③).

2) 계속보험료지급의 해태와 보험자의 계약해지권

(1) 보험자의 해지권

계속보험료가 약정한 시기에 지급되지 아니한 때에는 보험자는 상당한 기간을 정하여 보험계약자에게 최고하고 그 기간 내에 지급되지 아니한 때에는 그 계약을 해지할 수 있다(상 650 ② ③). 상당한 기간이란 거래의 통념에 따라 결정되겠지만 통상 2주 이상이면 충분하다고 한다. 보험자가 해지할 경우에는 해지의 의사표시를 해야 하며, 그 의사가 보험계약자에게 도달한 때에 해지의 효력이 발생한다(민 111).[29] 그러므로 상당한 기간이 경과하여도 보험자가 해지의 의사표시를 하지 않으면 보험계약은 계속 유효한 것이다.

해지의 의사표시와 관련하여 두 가지의 문제가 있다. 첫째, 보험계약해지의 의사표시를 생략하는 계약해지예고부최고(契約解止豫告附催告)의 효력을 인정할 수 있는가 하는 것이다. 이를 인정하는 견해도 있지만 우리 법체계로 보아 보험계약자의 보호를 위하여 해지의 의사표시가 별도로 있어야 된다고 본다(상 663 참조). 둘째, 보험계약자가 상당한 기간 내에 보험료를 지급하지 아니하여 보험자가 보험계약 해지의 의사표시를 하게 되는 경우에, 상당한 기간의 종료와 해지의 의사표시 도달사이에 발생한 보험사고에 대하여 누가 책임을 지는가 하는 것이 문제된다. 해지의 의사표시는 상대방에게 도달한 때부터 효력을 발생하므로 이 경우에는 보험자가 책임을 부담하지 않을 수 없을 것이다.

(2) 해지의 효과

보험계약을 해지하면 보험계약은 장래에 향하여 효력을 잃는다. 보험사고가 발생한 후에도 보험계약을 해지한 때에는 보험금액을 지급할 책임이 없고, 이미 지급한 보험금이 있으면 그 반환을 청구할 수 있다(상 655). 그리고 보험자가 위험을 담보한 기간에 속하는 보험료기간에 대한 보험료의 지급을 청구할 수 있고, 미경과보험료가 있을 경우에는 이를 반환하여야 한다.

(3) 실효약관의 효력

가) 실효약관의 의미: 실효약관(失效約款)이란 보험계약자가 계속보험료의 지급기일로부터

---

29) 민법 제111조(의사표시의 효력발생시기) ① 상대방있는 의사표시는 그 통지가 상대방에 도달한 때로부터 그 효력이 발생한다 ② 표의자가 그 통지를 발한 후 사망하거나 행위능력을 상실하여도 의사표시의 효력에 영향을 미치지 아니한다.

유예해준 일정한 기간 안에 보험료를 지급하지 아니한 때에는 그 보험계약은 당연히 효력을 잃는다고 정한 보험약관의 조항을 말한다.

나) 실효약관의 효력: 실효약관은 계속보험료의 지급이 없는 경우에 상당한 기간을 정하여 최고하고 그 후 그 계약을 해지할 수 있도록 한 상법 제650조 제2항에 어긋나 상법 제663조에 따라 무효가 아닌가 하는 것이 문제된다. 이에 대하여 실효약관의 효력을 인정하는 견해와 부정하는 견해가 나누어져 있다. 긍정설은, 보험계약은 비록 개별적 계약이지만 이는 위험단체를 고려하여 결정되어야 하고, 계속보험료는 원칙적으로 일시에 지급할 보험료를 계약자의 편의를 도모하여 분할지급하도록 한 것이며, 그리고 보험료지급기간을 경과하고 또 다시 일정한 유예기간을 설정하여 그 기간에 안에도 보험료를 지급하지 아니하면 보험계약이 실효한다는 조항은 반드시 보험계약자에게 불리한 것은 아니라고 한다.[30] 이에 대하여 판례는 처음에는 실효약관의 효력을 인정하였으나[31], 후에 이를 부정하였다. 즉 「분납보험료가 소정의 시기에 납입되지 아니하였음을 이유로 상업 제650조 소정의 최고와 해지절차를 거치지 아니하고 막바로 보험계약이 해지되거나 실효됨을 규정하고, 보험자의 보험금지급책임을 면하도록 규정한 보험약관은 상법 제650조와 제663조의 규정에 위배되어 무효라고 보아야 할 것이고, 상법 제650조의 규정이 보험료미납을 이유로 보험자의 일방적인 의사표시로서 보험계약을 해지하는 경우의 그 해지요건에 관한 규정일 뿐 보험자의 의사표시를 기다릴 필요없이 분납보험료가 연체되거나 혹은 그 분납보험료의 납입유예기간이 경과되면 바로 보험계약이 실효되거나 보험자가 면책되는 것으로 규정하는 경우에까지 적용되는 것은 아니라고 해석할 것은 아니다.」[32]라고 판시하여 실효약관의 효력을 부인하고 있다.

(4) 소멸시효

보험료의 청구권은 1년간 행사하지 아니하면 시효로써 소멸한다(상 622). 보험금지급의무의 소멸시효가 2년임에 반하여 1년의 단기로 한 것은 보험계약자 등을 보험자보다 더욱 보호하고자 하는 취지이다.

Ⅲ. 위험변경 · 증가의 통지의무

1. 의미와 법적성질

보험기간 중에 보험계약자 또는 피보험자가 사고발생의 위험이 현저하게 변경 또는 증가된

30) 김성태, 전게서, 307면; 양승규, 전게서, 159면; 정찬형, 전게서, 577면; 최기원, 전게서, 251면.
31) 대판 1977. 9. 13. 77다329.
32) 대판 1995. 11. 16. 94 다 56852.

사실을 안 때에는 지체없이 보험자에게 통지하여야 한다(상 652 ① 전단). 위험의 '현저한 변경 또는 증가'란 그 정도의 위험이 계약체결 당시에 존재하였다고 하면 보험자가 계약을 체결하지 않았든가 또는 적어도 동일한 조건으로는 그 계약을 체결하지 아니하였으리라고 생각되는 정도의 변경 · 증가를 의미한다.[33] 이 의무는 보험계약자 또는 피보험자가 보험의 목적에 대한 위험의 변경이나 증가의 현황을 잘 알 수 있는 지위에 있기 때문에 부여된 것이다. 이 의무는 계약성립 후에 부담하는 의무이기 때문에 순수한 채무의 성질을 가진다는 견해도 있었지만, 고지의무와 같이 보험제도의 기술적 성질에서 요구되는 간접의무라고 보아야 할 것이다.[34]

2. 위험변경 · 증가 통지의무의 요건

이 의무가 발생하기 위하여는 첫째, 보험기간 중에 위험의 변경 또는 증가가 있어야 하며, 둘째, 위험의 변경 또는 증가가 현저한 것이어야 하고, 셋째, 위험의 변경 또는 증가가 보험계약자 또는 피보험자의 행위로 야기된 것이 아닌 것으로서 보험계약자 또는 피보험자가 그 위험의 현저한 변경이나 증가의 사실을 알았어야 한다.[35]

3. 위험변경 · 증가의 통지의 시기 및 방식

보험계약자 또는 피보험자는 그 사실을 안 때에 지체없이 통지하여야 한다. 지체없이'란 '자기의 귀책사유로 인하여 지연되는 일이 없이'라는 의미로 해석되며, 이는 거래상의 통념에 따라 결정될 문제이다. 통지를 발송하기만 하면 되고, 통지의 방식에는 특별한 제한이 없다. 일반적으로 보험약관에서는 서면으로 통지하도록 규정하고 있다(화보약 10 ① vii 참조).

4. 위험변경 · 증가의 통지의무 해태의 효과

보험자는 보험계약자 또는 피보험자가 그 사실을 통지하지 아니한 것을 안 날로부터 1월 안에 보험계약을 해지할 수 있으며(상 652 ① 후단), 그 해지권의 행사는 보험사고의 발생 전후를 불문한다. 1월의 기간은 제척기간이다. 해지권의 행사로 보험계약관계는 종료하며, 보험자는 해지한 때까지의 기간에 대한 보험료를 청구할 있다. 해지와 위험변경 · 증가의 사실과 인과관계가 없다는 사실에 대한 입증책임은 보험계약자 또는 피보험자가 부담한다.

---

33) 대판 2004. 6. 11, 2003다 18494; 대판 2000. 7. 4. 98다62909 · 62916.

34) 김성태, 전게서, 311면; 양승규, 전게서, 165면; 이기수 외, 전게서, 107면; 정찬형, 전게서, 580면; 최기원, 전게서, 256면.

35) 대판 2001. 11. 27, 99다 33311.

5. 위험변경 · 증가 통지의 효과

보험자가 보험계약자 또는 피보험자로부터 위험의 변경 · 증가의 통지를 받은 때에는 1월내에 보험료의 증액을 청구하거나 계약을 해지할 수 있다(상 652 ②).

Ⅳ. 위험유지의무

보험기간 중에 보험계약자, 피보험자 또는 보험수익자의 고의 또는 중대한 과실로 인하여 사고발생의 위험이 현저하게 변경 또는 증가된 때에는 보험자는 그 사실을 안 날부터 1월내에 보험료의 증액을 청구하거나 계약을 해지할 수 있다(상 653). 이는 보험계약자 등에게 보험자가 인수한 위험을 계약체결 당시의 상태로 유지해야 할 의무를 부과한 것이라고 할 수 있다.[36] 보험자는 보험사고 발생 후에도 위험변경 · 증가의 사실을 안 날부터 1월내에 보험계약을 해지할 수 있지만, 보험계약자 또는 피보험자나 보험수익자의 고의 또는 중대한 과실로 인한 위험의 변경이나 증가가 보험사고 발생에 영향을 미치지 아니하였음을 보험계약자가 입증한 때에는 보험자는 보험계약을 해지할 수 없고 보험금의 지급책임을 진다(상 655 단서).

Ⅴ. 보험사고발생의 통지의무

1. 통지의무의 의미와 법적성질

보험계약자 또는 피보험자나 보험수익자는 보험사고의 발생을 안 때에는 지체없이 보험자에게 그 통지를 발송하여야 한다(상 657 ①). 이는 보험자로 하여금 보험사고발생의 상황을 조사하여 보험금지급의무의 유무 및 범위를 파악하고 그에 적절한 조치를 취할 수 있도록 하기 위함이다. 보험사고발생 통지의무의 법적성질에 대하여는 간접의무설[37]과 진정의무설[38]이 나누어져 있다. 생각건대 이 의무는 보험금을 청구하기 위한 전제조건이지만, 이 의무를 위반한 경우에 보험금의 감액이라는 손해배상청구가 가능하다는 점(상 657 ②)을 고려한다면 보험계약자 또는 피보험자나 보험수익자가 보험자에 대하여 부담하는 진정한 의무라고 보아야 한다.

2. 통지의무의 당사자와 상대방

통지의무자는 손해보험계약에서는 보험계약자와 피보험자이고, 생명보험에서는 보험계약

---

36) 대판 2003. 6 10, 200다 63312.
37) 김성태, 전게서, 318면.
38) 손주찬, 전게서, 555면; 양승규, 전게서, 167면; 정찬형, 전게서, 582면; 최기원, 264면.

자와 보험수익자이다. 수인의 보험계약자가 있는 경우에도 그 중 한 사람의 보험계약자가 통지하면 족하다. 통지의 상대방은 보험자와 그 대리인이다.

3. 통지의 시기와 방법

보험사고의 발생을 안 때는 지체없이 통지하여야 한다. 지체없이라는 것은 통지의무자가 상당한 이유없이 지연시키지 아니한다는 뜻이다. 그 통지방법에는 특별한 제한이 없으므로 구두나 전화 또는 서면으로 하든 상관없다.

4. 통지의무 위반의 효과

보험계약자 등이 보험사고 발생의 통지의무를 지체하여 손해가 증가된 때에는 보험자는 그 증가된 손해를 보상할 책임이 없다(상 657 ②). 그리고 보험계약자 등이 보험사고의 발생을 통지할 때까지는 보험자의 보험금지급의무는 지체에 빠지지 않는다(상 658 참조).

제4절 보험계약의 무효 등과 보험계약의 부활

〔1〕 보험계약의 무효 · 변경 · 종료

목 차

Ⅰ. 서언

보험계약의 무효, 변경, 소멸의 원인은 보험계약의 사행성으로 인하여 일반계약관계의 원인에 비하여 다른 특칙이 인정되고 있다. 보험계약의 무효라 함은 보험계약의 성립시부터 그 효력이 없는 경우이고, 변경이라 함은 보험계약의 내용이 변경되는 것을 의미하고, 종료라 함은 보험계약관계가 종료하는 것을 말한다. 그 원인에는 보험계약에 일반적인 것과 보험계약의 종류에 따라 다른 것이 있는데, 여기서는 일반적인 원인에 대하여서만 설명한다.

Ⅱ. 보험계약의 무효

1. 보험계약의 취소

1) 보험자의 보험약관의 교부 · 명시의무 위반: 보험자가 보험약관의 교부 · 명시 의무를 위반하여 보험계약자가 보험계약을 취소한 경우에는 보험계약은 소급하여 성립한 때로부터 무효가 된다(상 638의 3, 민 141). 이 경우에는 보험자는 보험계약자가 지급한 보험료를 전부 반환하여야 한다(상 648).

2) 사기에 의한 고지의무 위반: 보험계약자 또는 피보험자가 사기로 고지의무를 위반하여 보험자가 보험계약을 취소한 때에는 보험계약은 소급하여 효력을 상실하여 무효가 된다(민

110). 이 경우에 보험자는 이미 지급한 보험금이 있으면 그 반환을 청구할 수 있고, 이미 받은 보험료는 반환할 의무가 없다. 생명보험의 경우에는 보험수익자를 위한 보험료적립금을 보험계약자에게 지급하여야 한다(상 736).

2. 보험사고의 발생이 불능한 보험계약

보험계약 당시에 보험사고가 이미 발생하였거나 또는 발생할 수 없는 것인 때에는 보험계약은 무효가 된다(상 644 본문). 왜냐하면 보험사고는 그 발생이 불확정적인 것이어야 하기 때문이다. 그러나 선의의 보험계약자를 보호하기 위하여 당사자 쌍방과 피보험자가 이를 알지 못한 때에는 보험계약의 성립을 인정하고 있다(상 644 단서).

3. 보험계약자의 사기로 인한 초과 · 중복보험계약 등

보험계약의 선의성에 따른 도덕적 위험을 방지하기 위하여 상법은 사기로 인한 초과보험(상 669 ④)과 사기로 인한 초과중복보험의 경우(672 ③)에는 그 보험계약을 무효로 한다. 그러나 보험자는 그 사실을 안 때까지의 보험료를 청구할 수 있다. 보험계약이 민법 제103조의 선량한 풍속 기타 사회질서에 반하는 경우에도 무효가 된다.[1)]

Ⅲ. 보험계약의 변경 · 종료

1. 당연한 보험계약의 변경 · 종료

1) 보험료 불지급으로 인한 보험계약의 해제의제: 보험계약자가 계약체결 후 보험료의 전부 또는 제1회 보험료를 지급하지 아니하는 경우에는 다른 약정이 없으면 계약성립 후 2월이 경과하면 그 계약은 해제된 것으로 본다(상 650 ①).

2) 위험의 변경 · 소멸: 보험계약의 당사자가 전쟁 등과 같은 특별위험을 예기하여 보험료의 액을 정한 경우에 보험기간 중에 그 특별위험이 소멸한 때에는 보험계약자는 그 후의 보험료의 감액을 청구할 수 있고(상 647), 이와 반대로 위험이 현저히 증가한 때에는 보험료의 증액을 청구하거나 보험계약을 해지할 수 있기 때문에(상 652, 653) 보험계약의 내용이 당연히 변경되게 된다.

3) 보험목적의 멸실: 예컨대 수재보험계약에서 보험의 목적이 화재로 소실된 경우와 같이 약정한 보험사고에 대한 보험목적의 멸실로 그 보험계약은 당연히 종료한다.

---

1) 대판 2005. 7. 28, 2005다 23858.

4) 보험자의 파산 후 3월을 경과한 때: 보험자가 파산선고를 받은 때에는 보험계약자가 보험계약을 해지할 수 있는데, 만약 보험계약자가 해지하지 아니한 경우에는 파산선고 후 3월을 경과한 때에는 보험계약은 그 효력을 잃는다(상 654 ②, 화보약 33). 실제의 보험거래에서는 보험자가 파산하여 보험업을 영위할 수 없는 경우에는 보험계약의 이전 등에 의하여 보험계약자를 보호하고 있다(보업 140, 예자보 31 참조).

5) 보험사고의 발생: 보험사고가 발생하여 보험금이 지급되면 보험계약은 그 목적의 달성에 의하여 종료함이 원칙이다. 그러나 손해보험에서 일부손해로 보험금액의 일부만 지급한 경우에는 보험금액의 잔액의 한도에서 보험기간 동안 보험계약의 존속을 인정하는 경우가 있고(화보약 25), 책임보험과 상해보험에서는 보험사고의 발생건수를 제한하지 않고 있기 때문에 보험사고가 발생하여 보험금을 지급하여도 보험기간 동안 보험계약이 그대로 유지된다.

6) 보험기간의 만료: 보험계약에서 정한 보험사고가 보험기간 내에 발생하지 않고 보험기간이 만료된 때에는 그 보험계약은 종료한다.

2. 당사자의 의사에 따른 보험계약의 변경 · 종료

1) 보험계약자의 보험계약의 해지

(1) 보험계약자의 임의해지: 보험계약자는 보험사고 발생 전에는 언제든지 보험계약의 전부 또는 일부를 해지할 수 있고, 타인을 위한 보험계약의 경우에는 그 타인의 동의를 얻거나 보험증권을 제시하고 보험계약을 해지할 수 있다. 이 경우에 당사자 간에 다른 약정이 없으면 미경과보험료의 반환을 청구할 수 있다(상 649 ① ③). 이는 보험계약자의 입장을 존중하기 위한 것이다. 그리고 책임보험에서와 같이 보험사고의 발생으로 보험자가 보험금액을 지급한 때에도 보험금액이 감액되지 아니하는 보험의 경우에는 보험계약자는 그 사고발생 후에도 보험계약을 해지할 수 있다(상 649 ③). 이 경우에는 보험의 본질상 보험료의 반환청구는 인정되지 않는다.

(2) 보험자의 파산으로 인한 해지: 보험자가 파산의 선고를 받은 때에는 보험계약자는 계약을 해지할 수 있다(상 654 ①)

2) 보험자의 보험계약의 해지

(1) 보험료의 불지급으로 인한 해지: 보험계약자가 약정한 계속보험료를 지급하지 않으면 보험자는 상당한 기간을 정하여 이의 지급을 최고하고 그 기간 안에도 보험료를 지급하지 않으면 보험자는 보험계약을 해지할 수 있다(상 638, 650 ②). 특정한 타인을 위한 보험의

경우에 보험계약자가 보험료의 지급을 지체한 때에는 보험자는 그 타인에게도 상당한 기간을 정하여 보험료의 지급을 최고한 후에 그 계약을 해제 또는 해지할 수 있다(상 653 ③).

(2) 고지의무위반으로 인한 해지: 보험계약자 또는 피보험자가 고지의무를 위반하면 보험자는 고지의무 위반 사실을 안 날로부터 1월 안에 계약을 체결한 날로부터 3년 안에 보험계약을 해지할 수 있다(상 651).

(3) 위험변경 · 증가 통지의무의 해태로 인한 해지: 보험계약자 또는 피보험자가 보험기간 중에 사고의 발생의 위험이 현저하게 변경 또는 증가한 사실을 보험자에게 통지할 의무를 해태한 경우에는 보험자는 그 사실을 안 날로부터 1월 안에 그 보험계약을 해지할 수 있다(상 652).

(4) 위험유지의무 위반으로 인한 해지: 보험기간 중에 보험계약자, 피보험자 또는 보험수익자의 고의 또는 중대한 과실로 사고발생의 위험이 현저하게 변경 또는 증가한 때에는 보험자는 그 사실을 안 날로부터 1월안에 보험계약을 해지할 수 있다(상 653).

(5) 약관에 의한 해지: 보험자는 보험약관에서 정한 보험계약해지사유가 있는 때에는 보험계약을 해지할 수 있다(화보약 11 ③). 이 약관상의 해지사유는 상법 제663조 등 강행법규에 위반되면 효력이 없다.

〔2〕 보험계약의 부활

목 차

Ⅰ. 보험계약 부활의 의미와 효용

1. 보험계약 부활의 의의와 법적성질

보험계약의 부활(復活)이란 계속보험료의 지급해태로 보험계약이 해지되었지만 해지환급금이 지급되지 않은 경우에는 보험계약자는 일정한 기간 내에 연체보험료에 약정이자를 붙여 보험자에게 지급하고 원보험계약의 부활을 청구하여 보험계약을 계속 유지할 수 있는 것을 말한다(상 650의2). 부활된 보험계약의 성질에 대하여는 종전과 동일한 내용을 가지는 신계약이라는 견해도 있지만 이는 해지된 구보험계약을 다시 회복시키는 것을 내용으로 하는 특수계약라고 보아야 할 것이다.[2)]

2. 보험계약 부활의 효용

보험계약의 해지로 인하여 소멸한 보험계약을 다시 체결해야 할 경우에는, 보험계약자 입장에서는 해지환급금을 받는 것이 손해가 될 수 있고, 피보험자의 높은 연령과 물가인상 등으로 고율의 보험료를 지급해야 하거나 보험가입이 어려울 수도 있고, 보험자 입장에서는 보험계약을 체결할 수 없는 경우도 있을 수 있어 결과적으로 보험계약자와 보험자 모두에게 불리한 결과를 초래하게 된다. 종래에는 주로 장기보험인 인보험약관으로 이용되던 제도를 1991년 개정상법에서 통칙규정으로 명문화하였다.

Ⅱ. 보험계약 부활의 요건

보험계약의 부활계약도 일반적인 보험계약과 같이 보험계약자의 청약과 승낙에 의하여 성립하지만, 보험계약 부활의 특수성 때문에 다음과 같은 요건이 필요하다.

---

2) 김성태, 전게서, 337면; 양승규, 전게서, 170면; 정찬형, 전게서, 589면; 최기원, 전게서, 275면.

1) 계속보험료의 불지급으로 인한 보험계약의 해지: 보험료를 분할하여 지급해야 하는 경우에 최초의 보험료를 지급하여 보험자의 책임이 개시되었으나(상 656), 제2회 이후의 계속보험료를 지급하지 않음을 이유로 보험자가 보험계약을 해지하였어야 한다.

2) 해지환급금의 미지급: 비록 보험계약이 해지되었더라도 보험계약자가 해지환급금을 반환받지 않았어야 한다.

3) 연체보험료의 지급과 부활청약: 보험계약자가 그 보험계약이 해지된 후 일정한 기간 내에 연체보험료에 약정이자를 붙여 보험자에게 지급하고 그 보험계약의 부활을 청구하여야 한다. 일정한 기간이란 보험약관에서 정한 기간을 의미하며,[3] 그 기간은 보험약관에서 정한 보험기간이 종료되기 전이어야 한다.

4) 보험자의 승낙: 보험계약자의 청구에 대하여 보험자의 승낙이 있어야 한다. 보험계약 부활의 청약에도 상법 제638조의2가 준용되므로, 낙부통지의무, 승낙의제 규정이 적용되고, 승낙 전 보험보호규정도 적용된다.

Ⅲ. 보험계약 부활의 효과

보험계약이 부활하면 해지된 보험계약의 내용과 동일한 보험계약이 유효하게 존속하게 되고, 보험자의 부활계약 승낙 시부터 보험자의 책임이 다시 개시된다. 그러므로 종래의 보험계약에 존재한 무효 · 해지 · 실효와 고지의무에 관한 사항 등은 부활한 보험계약에 승계된다. 종래에 고지의무를 위반한 사항이 있어도 그 사항에 대하여 부활시 사실대로 고지를 하였다면 고지의무를 이행한 것으로 본다.[4] 그렇지만 보험계약이 해지되어 부활할 때까지 발생한 보험사고에 대하여는 보험자는 보험금의 지급책임을 지지 않는다.[5] 그리고 보험계약자의 보험계약의 청약에 대하여 승낙이 지연되거나 부활계약 승낙 전에 보험사고가 발생하면 상법 제638조의2가 준용된다.

---

3) 생명보험 표준약관은 그 기간을 2년으로 하고(동약관 13 ①), 자동차보험 보험료분할납입특별약관은 30일로 하고 있다.
4) 양승규, 전게서, 172면; 정찬형, 전게서, 590면.
5) 대판 1987. 6. 23. 86다카2995. 「보험계약의 약속상, 보험계약자가 보험료납입유예기간 경과 시까지 보험료를 납입하지 아니하여 보험계약이 실효된 후에도 보험계약자가 미납보험료를 납입한 때에는 보험계약은 유효하게 계속되나 그 경우 보험계약이 실효된 때로부터 미납보험료를 영수한 날의 오후 6시까지 생긴 사고에 대하여는 보상하지 아니하기로 약정하였다면 보험자가 납입유예기간 경과 후에 보험계약자로부터 미납보험료를 영수하면서 아무런 이의가 없었다 하더라도 그로 인하여 납입유예기간 경과 후 미납보험료 영수 전에 발생한 사고에 대하여는 보험자는 보험금을 지급할 책임이 없다.」

제3장

손해보험

제1절 손해보험 총론

〔1〕 손해보험계약의 개념

목 차

Ⅰ. 손해보험계약의 의미

1. 손해보험계약의 의의

손해보험계약이란 보험계약의 당사자인 보험계약자가 약정한 보험료를 지급하고 보험자가 보험사고로 인하여 발생될 피보험자의 재산상의 손해를 보상할 것을 약정함으로써 효력이 발생하는 보험계약을 말한다(상 638, 665). 이는 우연한 사고로 피보험자의 재산에 발생한 손해를 보상한다는 점에서 사람의 생명 또는 신체에 생길 우연한 사고에 대비하는 인보험계약과는 다르고, 손해의 보상(報償)이라는 점에서 손해의 배상(賠償)과도 다른다.

2. 손해보상계약성

1) 손해보상과 손해배상

손해보험계약은 보험사고로 인한 피보험자의 재산상의 손해를 보상할 책임을 지는 점에서 손해보상계약(損害補償契約)의 일종이다. 손해보험에선 손해배상이라는 용어를 사용하지 않고 '손해보상'이라는 용어를 사용하는데, 그 이유는 다음과 같다. 첫째, 일반적으로 불법행위 또는 채무불이행으로 인한 손해를 전보하는 경우를 손해배상(損害賠償), 적법한 행위로 인한 재산상의 손실을 전보하는 경우를 손실보상(損害補償)이라 한다. 손해배상에서는 불법행위자 또는 채무불이행자가 손해를 발생시키면 법률상 당연히 그 행위자가 손해에 대한 전보책임을 부담하는 것이 원칙이므로 손해발생자와 손해전보자는 동일인이 된다. 그러나 손해보험에서는 피보험자 또는 제3자에 의한 보험사고로 피보험자에게 발생한 손해 또는 피보험자에 의한 보험사고로 제3자에게 발생한 손해를 전보하여 주는 자는 피보험자가 아닌 보험자로써 손해발생자와 손해전보자가 다르다. 손해전보자인 보험자는 보험계약의 내용에 따라 보험료를 받고 위험을 담보한 대가로서 적법하게 손해를 전보하여 주기 때문에 전보자를 기준으로 하여 손해'보상'이라는 용어를 사용하는 것이다. 둘째, '손해'의 개념은 사법상의 손해배상법리에서 쓰고 있는 손해와 같이 사고발생 전의 재산상태와 사고 발생 후의 재산상태의 차이를 말하지만, 손해보험계약에서의 손해보상은 채무불이행(민 390)이나 불법행위(민 750)의 경우와 같이 상당관계가 있는 모든 손해(민 393, 763)를 의미하는 것이 아니라 보험금액의 한도에서 보험사고로 피보험자가 입은 재산상의 손해만을 전보하는 것을 의미한다.[1)]

2) 손해보상의 원칙의 기능

손해보험계약에서는 보험자가 보험사고로 인하여 발생하는 피보험자의 재산상의 손해를 보상하는 것을 목적으로 하는 손해보상의 원칙이 정립된다. 이 원칙으로부터 피보험자는 보험사고로 입은 손해보다 더 큰 이익을 얻을 수 없다는 이득금지(利得禁止)의 원칙(原則)이 도출된다. 손해보상의 원칙은 손해보험계약의 절대적인 요소로써 손해보험의 도박화를 방지하고 인위적인 사고를 억제하는 기능을 한다. 오늘날의 보험거래에서는 손해보상의 원칙에 대한 예외적 현상(상 667, 676 단서)도 있지만 이는 피보험자에게 어떤 이득을 주려고 하는 것이 아니라 보험경영정책면에서 고려된 것이다.

Ⅱ. 손해보험의 종류

1. 물건보험과 재산보험

손해보험의 목적은 원칙적으로 재산이므로 손해보험을 재산보험이라 할 수 있다.

광의의 재산보험에는 물건보험과 재산보험(협의)이 있다. 물건보험은 보험의 목적이 피보험자의 특정한 물건 특히 유체물에 대한 손해를 보상하는 보험을 말하고, 재산보험(협의)은

---

1) 민법 제390조(채무불이행과 손해배상) 채무자가 채무의 내용에 좇은 이행을 하지 아니한 때에는 채권자는 손해배상을 청구할 수 있다. 그러나 채무자의 고의나 과실없이 이행할 수 없게 된 때에는 그러하지 아니하다.
민법 제393조(손해배상의 범위) ① 채무불이행으로 인한 손해배상은 통상의 손해를 그 한도로 한다. ② 특별한 사정으로 인한 손해는 채무자가 그 사정을 알았거나 알 수 있었을 때에 한하여 배상의 책임이 있다.
민법 제750조(불법행위의 내용) 고의 또는 과실로 인한 위법행위로 타인에게 손해를 가한 자는 그 손해를 배상할 책임이 있다.
민법 제763조(준용규정) 제393조, 제394조, 제396조, 제399조의 규정은 불법행위로 인한 손해배상에 준용한다.

물건이 아닌 피보험자의 전재산 내지 책임재산에 대한 손해를 보상하는 보험을 의미하는데, 책임보험이 이에 해당된다. 이에 따라 물건보험은 적극보험(積極保險), 재산보험(협의)은 소극보험(消極保險)이라고 할 수 있다.

2. 상법상의 분류

상법은 보험제도의 연혁이나 발전과정을 고려하여 손해보험을 화재보험, 운송보험, 해상보험, 책임보험 및 자동차보험의 다섯 분야로 나누어 규정하고 있다. 화재보험 · 운송보험 · 해상보험은 전통적인 손해보험에 속하고, 책임보험은 피보험자의 제3자에 대한 책임을 보험자가 보상하는 새로운 형태의 보험이며, 자동차보험은 책임보험의 일종이지만 우리 생활과 밀접한 자동차의 증대에 따른 교통사고의 위험을 고려하여 특별히 별도의 장으로 규정한 것이다. 상법상의 보험 외에도 항공보험, 근로자재해보험, 원자력보험 등 다양한 손해보험의 종류가 있으며, 이에 대하여도 보험계약법의 통칙규정과 손해보험통칙규정이 적용되며, 개별적인 계약내용은 각종의 보험약관에 의하게 된다. 상법상 상해보험은 인보험의 하나로 규정되어 있지만 보험거래에서는 손해보험의 형식으로 취급되고 있다.

Ⅲ. 손해보험에서 논의되는 주제

손해보험에 대하여는 손해보험총론과 손해보험각론으로 나누어 설명한다. 손해보험총론에서는 주로 손해보험에만 특유한 문제, 즉 피보험이익, 보험가액(일부보험 · 초과보험 · 중복보험 포함), 보험사고, 보험목적의 양도, 보험자대위 및 손해보험계약의 변경 · 소멸 등에 대하여 살펴본다. 손해보험각론에서는 손해보험의 종류 중 상법이 규정한 화재보험, 운송보험, 해상보험, 책임보험, 자동차보험 등을 개별적으로 살펴본다.

〔2〕 피보험이익

목 차

Ⅰ. 피보험이익의 개념

1. 피보험이익의 의의

피보험이익(被保險利益, insurable interests)이란 손해보험에 있어서 보험의 목적에 대하여 피보험자가 가지는 적법한 경제적 이해관계 또는 피보험자가 보험계약에 의하여 보험의 목적과 관련하여 보험의 보호를 받을 수 있는 이익을 가지고 있을 때에 그가 가지는 경제적 이익을 의미한다.[2] 보험에서 "이익이 없으면 보험이 없다"라는 말과 같이, 상법은 손해보험계약에 피보험이익의 관념을 도입하여 이를 손해보험계약의 중심요소로 취급하여 사행성을 지닌 보험계약을 도박 등과 구별되게 하는 중요한 의미를 부여하고 있다.

상법은 피보험이익을 '보험계약의 목적'이라고 표현하고 금전으로 산정할 수 있는 이익으로 한정하고 있다(상 668). 상법의 규정에 의하면 피보험이익의 관념은 손해보험에 있어서도 금전으로 산정할 수 있는 이익을 가지는 물건보험(物件保險)에서만 인정되고 책임보험과 같은 재산보험(협의)에서는 인정되지 않는다고 볼 수 있다. 그러나 피보험이익은 보험계약에서 보험의 목적에 대하여 피보험자가 가지는 경제적 이해관계라는 점을 고려하여 볼 때, 책임보험과 같은 재산보험(협의)은 물론 생명보험과 같은 인보험에서도 인정할 필요가 있다고 본다.

2) 피보험이익의 개념에 대하여는 관계설과 이익설이 나누어져 있다. 관계설은 피보험이익은 보험사고가 발생하여 손해를 입게되는 경우에 피보험자와 그 목적과의 관계라 하고, 이익설은 피보험이익은 피보험자가 보험사고에 의하여 재산상의 손해가 발생할 수 있는 보험의 목적에 대하여 갖는 경제상의 이익이라고 한다. 양자의 견해는 결과적으로 차이가 없다고 본다(김성태, 전게서, 379면; 양승규, 전게서, 195면; 정찬형, 전게서, 600면; 최기원, 전게서, 281면 참조).

2. 보험의 목적과의 구별 및 수 개의 피보험이익

상법은 물건보험에서 피보험이익을 "보험계약의 목적"이라고 표현하고 있는데(상 668), 이는 보험계약의 대상인 재화를 의미하는 '보험의 목적'(상 666 i, 675 678, 679)과는 구별하여야 한다. 즉 보험의 목적은 보험계약의 객체인 재화를 의미하고, 피보험이익은 보험의 목적에 대하여 피보험자가 가지는 경제적 이익을 말한다. 그러므로 동일한 보험의 목적에 대하여 경제적 이해관계가 다른 수 개의 피보험이익이 있을 수 있고, 동일한 보험의 목적에 대한 보험계약도 피보험이익이 다르면 별개의 보험계약으로 보아야 한다. 예컨대 건물의 화재보험계약에서 임대인이 체결하는 화재보험계약과 임차인이 체결하는 화재보험계약에서 보험의 목적은 동일하지만 피보험이익은 임대인은 소유권자로서의 이익이고, 임차인은 화재라는 보험사고로 인하여 임대인에게 부담하여야 할 배상책임에 대하여 가지는 소극적 이익이다. 그러므로 1개의 건물인 보험의 목적에 대하여 피보험이익은 2개가 존재하게 된다.

Ⅱ. 피보험이익의 보험계약상의 지위

피보험이익의 보험계약상의 지위에 대하여는, 절대설과 상대설의 견해가 나누어져 있다. 절대설(絶對說)은 피보험이익은 손해보험계약의 불가결한 요소로서 계약의 성립요건이며 존속요건이라 하고, 피보험이익이 없으면 보험계약은 무효가 된다고 한다.[3)4)] 이에 대하여 상대설(相對說)은 피보험이익의 존재는 보험계약의 도박화를 방지하기 위하여 정책적으로 인정된 것으로, 그것이 선량한 사회질서에 어긋나지 않는 하나의 징표로서 기능을 가지는데 지나지 않는 것이라고 하고, 그 근거로 상법상 피보험이익의 전부 또는 일부가 흠결된 경우에도 그 보험계약의 효력을 인정하고 있는 것(상 644 단서)을 들고 있다.[5)] 피보험이익은 보험계약의 도박화를 방지할 수 있는 중요요소이므로 피보험이익이 존재하지 않으면 보험계약은 무효라고 보아야 할 것이다. 만약 누구든지 타인의 건물을 보험의 목적으로 하고 자신을 피보험자로 하여 화재보험계약을 체결할 수 있다면 도덕적 위험을 방지할 수 없을 것이다.

---

3) 양승규, 전게서, 196면; 이기수 외, 전게서, 128면; 정찬형, 전게서, 600면; 최기원, 전게서, 282면.
4) 영국해상보험법 제4조(도박계약의 무효) 1. 도박을 목적으로 하는 모든 해상보험계약은 무효이다. 2. 해상보험계약은 다음의 경우 도박계약으로 간주한다. ⓐ 피보험자가 본법이 정하는 바의 피보험이익을 가지지 아니하며 또 그러한 이익을 취득할 가능성 없이 계약이 체결된 경우 ⓑ 보험증권이 "이익유무불문" 또는 "증권 그 자체 이외의 이익에 대한 더 이상의 증거불요" 또는 "보험자는 구조물에 대한 권리가 없음" 또는 기타의 유사한 내용으로 작성된 경우. 다만 구조의 가능성이 없는 경우 보험계약은 보험자의 구조물에 대한 권리 없이 체결될 수 있다.
5) 김성태, 전게서, 384면.

Ⅲ. 피보험이익의 요건

1. 금전으로 산정 가능한 경제적인 이익

상법은 "금전으로 산정할 수 있는 이익에 대하여 보험계약의 목적으로 할 수 있다"(상 668)라고 하여 피보험이익은 경제적 가치를 가지는 것을 요한다. 상법의 규정으로 보아 피보험이익은 물건보험에 한정된다는 견해도 있으나, 책임보험과 같은 재산보험(협의)에서도 피보험자의 제3자에 대한 손해배상책임과 관련하여 경제적인 이해관계가 있으므로 경제적인 이익을 물건보험의 피보험이익으로 국한시킬 것은 아니다. 또한 인보험의 경우에도 보험계약의 목적은 기본적으로 경제적 대책을 목적으로 하므로 비록 보험의 목적은 신체, 생명이지만 궁극적으로는 경제적 이익과 관련될 수밖에 없다고 보아야 할 것이다. 그리고 피보험이익은 보험의 목적인 물건에 대한 소유권 등과 같은 법률상의 관계뿐만 아니라 화재보험에서 미등기건물에 대하여 소유자가 가지는 이익 또는 화재로 영업하지 못한 기간 동안에 얻으리라 예상되는 희망이익과 같은 사실상의 관계도 경제상의 이익이 있으면 피보험이익으로 될 수 있다.[6] 피보험이익은 보험자가 보험의 목적에 대하여 직접적으로 가지는 경제적 관계이어야 하며, 간접적인 것은 포함되지 않는다. 예컨대 학생은 학교의 재산에 대하여 간접적인 이해관계를 가질 뿐이므로 그에 대한 이익을 피보험이익으로 하여 보험계약을 체결할 수 없는 것이다. 또한 피보험이익은 경제적 이해관계이므로 도덕적 종교적인 가치 또는 감정적인 이익 같은 것을 피보험이익으로 하여 보험계약을 체결할 수는 없다. 이러한 가치나 이익은 사실상 손해의 산정이 불가능하고 남용될 우려도 있다.

2. 적법한 이익

피보험이익은 법이 보호할 만한 가치가 있는 이익 내지 이해관계로서 선량한 풍속 기타의 사회질서에 반하지 않는 적법한 것이어야 한다(민 103). 그러므로 판매가 금지된 화약 · 독약 · 음란문서 등의 판매에 의한 이익이나 도박 · 절도 등에 의하여 얻은 이익 등은 피보험이익이 될 수 없으며, 이를 피보험이익으로 한 보험계약은 당사자의 선의 · 악의를 불문하고 무효가 된다.

3. 확정가능성이 있는 이익

피보험이익은 보험계약체결 당시 확정된 것이나 적어도 보험사고가 발생한 때까지는 확정될 수 있는 것이어야 한다. 확정될 수 없는 이익은 손해를 산정할 수 없기 때문이다. 그러나

6) 양승규, 전게서, 198면; 이기수 외, 전게서, 129면; 정찬형, 전게서, 601면.

보험계약 성립시 피보험이익에 관한 모든 내용이 구체적으로 확정될 필요는 없고 보험사고가 발생한 경우에 그 내용을 확정할 수 있을 정도로 그 요소가 정하여져 있으면 된다. 그러므로 사고발생시 확정될 수 있는 총괄집합보험의 포괄적 객체(상 687), 운송물의 희망이익(상 698 ②), 적하의 희망이익(상 698) 등은 보험사고 발생시에 확정될 수 있으므로 보험보호의 대상이 될 수 있는 것이다.

Ⅳ. 피보험이익의 개념의 효용

1. 도박과의 구별 및 인위적인 위험의 방지

보험계약은 그 사행성으로 도박과 유사한 면이 있지만, 피보험이익이라는 관념에 의하여 도박과 구별된다. 즉 도박은 우연한 승패에다 재물을 걸어 그 득상을 결정하는 것으로 보호해야 할 금전적인 이익이 없지만, 피보험자는 재산적 손해가 발생할 경우에 그에 대한 금전적 이익을 가지고 있는 점에서 차이가 있다. 그리고 피보험자는 보험사고가 발생하면 피보험이익에 따라 손해액 이상의 보상을 받을 수 없을 뿐만 아니라(상 665) 보험자가 면책되는 경우도 있으므로(상 659) 피보험이익의 관념은 위험의 조장을 방지하여 인위적인 보험사고의 발생을 억제하는 기능을 하게 된다. 또한 피보험이익의 평가인 보험가액은 일부보험, 전부보험, 초과보험, 중복보험을 판정하는 기준이 된다.

2. 보험계약의 동일성 판단 기준

보험계약의 동일성을 판단하는 기준은 보험의 객체인 재화 즉 보험의 목적의 동일성이 아니고 그 피보험이익이다. 그러므로 보험기간, 보험의 목적, 보험사고가 동일하다고 하더라도 피보험이익이 다르면 그 보험계약은 별개의 것이 된다. 예컨대 동일한 보험의 목적, 보험기간이 동일하더라도 임대인과 임차인은 피보험이익이 다르기 때문에 각각 독립하여 별개의 보험계약을 체결할 수 있다.[7][8]

---

7) 대판 1997. 9. 5. 95다47398. (1) 「중복보험이라 함은 동일한 보험계약의 목적과 동일한 사고에 관하여 수개의 보험계약이 동시에 또는 순차로 체결되고 그 보험금액의 총액이 보험가액을 초과하는 경우를 말하므로 보험계약의 목적 즉 피보험이익이 다르면 중복보험으로 되지 않는다.」 (2) 「임가공업자가 소유자로부터 공급받은 원·부자재 및 이를 가공한 완제품에 대하여 동산종합보험을 체결한 경우, 그 보험계약은 임가공업자가 자신이 보관하고 있는 그 보험목적물의 멸실·훼손으로 인하여 손해가 생긴 때의 손해배상책임을 담보하는 소극적 이익을 피보험이익으로 한 책임보험의 성격을 가진 것으로 봄이 상당하므로, 소유자가 동일한 목적물에 대한 소유자의 이익을 부보하기 위하여 체결한 동산종합보험계약과는 피보험이익이 서로 달라 중복보험에 해당하지 않는다.」

8) 대판 1988. 2. 9. 86다카2933, 2934, 2935. 「손해보험계약은 피보험이익에 생긴 손해를 전보하는 것을 목적으로 하는 것이며 선박보험에 있어 피보험이익은 선박소유자의 이익 외에 담보권자의 이익, 선박임차인의

3. 보험자의 책임범위의 기준

보험자는 피보험자가 보험계약에서 가지는 피보험이익의 범위 안에서 손해보상의 책임을 지므로, 피보험이익은 바로 보험자의 책임범위를 결정하는 기준이 되어 보험자의 책임은 현존하는 피보험이익의 가액의 범위 내에서 결정된다. 이러한 원칙은 정액보험의 경우에는 적용되지 않는다.

사용이익도 포함되므로 선박임차인도 추가보험의 보험계약자 및 피보험자가 될 수 있다.」

〔3〕 보험가액과 보험금액

목 차

Ⅰ. 보험가액의 의의와 기능

보험가액(保險價額, insurable value)이란 피보험이익의 금전적 평가액을 말한다. 보험가액은 보험의 객체가 되는 물건에 대한 금전적 평가액이므로 이는 물가변동에 따라 수시로 변동할 수 있다. 손해보험 중 책임보험과 같은 재산보험에 있어서는 물건보험과 같은 구체적인 보험의 객체가 없기 때문에 계약의 내용에 따라 보험자가 보상할 최고한도는 약정되지만 보험가액이라는 관념은 없다. 손해보험에서 보험가액은 보험사고가 발생할 경우 손해산정의 기초가 되어 구체적인 보상액을 결정하는데 필요한 개념이며, 보험자가 보상할 손해액의 최고한도를 나타내어 보험의 도박화를 방지하는 기능을 한다.

Ⅱ. 보험가액의 결정

1. 상법의 규정

보험가액은 보험기간 중 물가변동에 따라 변동하는 것이므로 그 평가에 대하여 당사자 사이에 분쟁이 있을 수 있다. 이에 상법은 당사자간의 합의에 의한 기평가보험과 당사자간에 특별한 약정이 없는 미평가보험에 관하여 규정하고 있다.

2. 기평가보험

1) 기평가보험의 의의와 상법규정의 취지

기평가보험(既評價保險)이란 보험계약을 체결할 때 당사자 사이에 피보험이익의 가액에 대하여 합의가 이루어진 보험을 말하며, 합의된 보험가액을 협정보험가액(協定保險價額)이라 한다. 보험가액을 객관적 기준에 따라 결정한다고 하여도 보험사고 발생시 당사자 사이에 분쟁의 소지가 있으므로 상법은 보상액에 대한 분쟁을 방지하고 보험가액의 입증을 용이하도록 하고 피보험자에 대한 보상을 신속하게 할 수 있도록 하기 위하여 당사자 간의 합의에 따라 보험가액을 미리 정할 수 있는 기평가보험제도를 인정하고 있다(상 670).[9] 보험가액에 대한 당사자간의 합의는 명시적이어야 하며, 이를 보험증권에 기재하여야 한다(상 685, 690, 695). 보험가액이 기재되어 있는 보험증권을 기평가보험증권이라 하고, 기재되어 있지 않은 것을 미평가보험증권이라 한다. 기평가보험증권에 보험가액이 분명하게 기재되지 않은 경우라도 보험계약을 체결하게 된 제반 사정과 보험증권의 기재 내용 등을 통하여 당사자의 의사가 보험가액을 미리 합의하고 있는 것이라고 인정할 수 있으면 이는 기평가보험으로 인정될 수 있다.[10]

2) 기평가보험의 효과

당사자 간에 보험가액을 정한 때에는 그 가액은 사고발생시의 보험가액으로 정한 것으로 추정하여(상 670 본문) 보험자는 보험사고가 발생하면 그 약정한 보험가액에 따라 산정한 손해를 보상할 책임이 있다. 그러나 약정한 보험가액이 보험사고 발생시의 가액을 현저하게 초과할 때에는 사고발생시의 보험가액으로 한다(상 670 단서). '현저하게'란 거래의 통념에 따라 객관적으로 결정할 문제이고 현저한 초과에 대한 입증책임은 보험자에게 있다.[11] 보험금액이 보험가액을 현저하게 초과한 때에는 보험자 또는 보험계약자는 보험료와 보험금액의 감액을 청구할 수 있다. 그러나 보험료의 감액은 장래에 대하여서만 그 효력이 있다(상 669 ①). 현저한 초과가 사기에 의한 경우에는 그 계약 전체가 무효가 된다(상 669 ④ 단서).

9) 대판 1988. 2. 9. 86다카2933, 2934, 2935.「손해보험에 있어서 보험사고의 발생에 의하여 피보험자가 불이익을 받게 될 이해관계의 평가액인 보험가액은 보험목적의 객관적인 기준에 따라 평가되어야 하나, 보험사고가 발생한 후 그 평가를 둘러싸고 보험자와 피보험자 사이에 분쟁이 발생하는 것을 미리 예방하고 신속한 보상을 할 수 있도록 하기 위하여 상법 제670조에서 기평가보험에 있어 보험가액에 관한 규정을 두고 있는바, 이러한 기평가보험계약에 있어서도 당사자는 추가보험계약으로 평가액을 감액 또는 증액할 수 있다.」

10) 대판 2003. 4. 25. 2002 다 64520. (1)「기평가보험으로 인정되기 위한 당사자 사이의 보험가액에 대한 합의는, 명시적인 것이어야 하기는 하지만 반드시 보험증권에 협정보험가액 혹은 약정보험가액이라는 용어 등을 사용하여야만 하는 것은 아니고 당사자 사이에 보험계약을 체결하게 된 제반 사정과 보험증권의 기재내용 등을 통하여 당사자의 의사가 보험가액을 미리 합의하고 있는 것이라고 인정할 수 있으면 충분하다.」 (2)「공장화재보험계약에 관한 보험증권이나 보험청약서에 보험가입금액의 기재만 있고 보험가액의 기재나 보험가액에 해당하는 다른 유사한 기재가 없을 뿐만 아니라 협정보험가액 특별약관도 첨부되어 있지 않은 경우, 이를 보험가액을 협정한 기평가보험으로 보기 어렵다.」

11) 대판 1988. 2. 9. 86다카 2933, 2934, 2935.「상법 제669조 소정의 초과보험계약이라는 사유를 들어 보험가액의 제한 또는 보험계약의 무효를 주장하는 경우, 그 입증책임은 무효를 주장하는 보험자가 부담한다.」

3. 미평가보험

1) 미평가보험의 의의

미평가보험(未評價保險)이란 보험계약의 체결 당시 당사자 사이에 피보험이익의 가액에 대한 협의가 없는 보험을 말한다. 미평가보험에서는 보험가액에 대한 협의가 없어 평가의 기준이 무엇인가에 대한 문제가 발생하기 때문에 상법은 이에 관한 일반원칙을 규정하고, 보험의 종류에 따라 별도의 특칙을 두고 있다.

2) 보험가액산정의 일반원칙과 특칙

(1) 일반원칙: 보험계약 체결시에 당사자 간에 보험가액을 정하지 아니한 때에는 사고발생시의 가액을 보험가액으로 한다(상 671). 이는 손해보험에서 피보험자의 실제의 손해가 보상되어야 한다는 데 근거한 것이다.[12)]

(2) 특칙: 미평가보험에서 보험가액산정의 일반원칙에 의하면 보험가액 산정이 곤란한 경우가 있다. 즉 보험사고가 발생하여도 손해발생의 때와 곳을 결정하기 어려운 경우도 있고, 보험기간이 짧아 보험가액의 변동이 비교적 적은 경우도 있다. 이러한 경우 법은 평가가 쉬운 시점의 보험가액을 표준으로 하여 이를 전 보험기간을 통하는 보험가액으로 하도록 하는 특칙을 두고 있는데, 이를 보험가액불변경주의(保險價額不變更主義) 또는 법정보험가액(法定保險價額)라고 한다.[13)] 상법상의 특칙규정을 살펴보면, (가) 운송보험에서는 운송물을 발송한 때와 곳의 가액과 도착지까지의 운임 기타의 비용을 보험가액으로 한다(상 689 ①) 2). (나) 해상보험에서, 첫째, 선박보험에서는 보험자의 책임이 개시될 때의 선박가액을 보험가액으로 하고(상 696), 둘째, 적하보험에서는 선적한 때와 곳의 적하의 가액과 선적 및 보험에 관한 비용을 보험가액으로 하고(상 697), 셋째, 희망이익보험 즉 적하의 도착으로 인하여 얻을 이익 또는 보수의 보험에 있어서는 계약으로 보험가액을 정하지 아니한 때에는 보험금액을 보험가액으로 추정한다(상 698).

---

12) 대판 1991. 10. 25. 91다17429. 「보험가격은 보험목적물에 대한 피보험이익의 평가로서 보험사고 발생시 보험회사가 지급하여야 할 보험가액을 정한 기평가보험이 아닌 이상, 손해발생의 때와 장소의 객관적 가격에 의하여 산정되는 것이므로 보험계약 체결시 보험금액을 보험가액으로 할 것을 합의한 사실이 없으면 보험금액이 바로 보험가액이라고 인정되지 아니한다.」

13) 김성태, 전게서, 393면; 양승규, 전게서, 203면; 이기수 외, 전게서, 132면; 정찬형, 전게서, 605면; 최기원, 전게서, 288면.

Ⅲ. 보험금액과 보험가액의 관계

보험금액이란 보험자가 보험사고가 발생한 때에 지급하기로 한 최고한도를 말하며, 손해보상시 피보험자에게 지급되는 보험금과 구별하기 위하여 약정보험금액이라고도 한다. 보험자의 보상책임은 계약상의 최고한도와 법률상의 최고한도가 있는데, 계약상의 최고한도는 보험금액이고 법률상의 최고한도는 보험가액이다. 보험가액과 보험금액은 일반적으로 일치하지만 일치하지 않는 경우도 있는데, 이것이 이른바 일부보험, 초과보험, 중복보험의 문제이다.

〔4〕 초과보험

목 차

Ⅰ. 초과보험의 의의

초과보험(超過保險)이란 물건보험에서 보험금액이 보험가액을 현저하게 초과하는 보험을 말한다(상 669 ①). 초과보험은 손해보험 중 물건보험에서만 발생하고 책임보험이나 정액보험의 경우에는 원칙적으로 발생될 여지가 없다. 초과보험은 보험계약 체결 당시에 피보험이익을 과대하게 평가하여 발생할 수 있고 또한 경기의 변동이나 피보험이익의 가치가 하락한 경우에도 발생할 수 있다. 초과보험에 관한 규정을 두는 이유는, 초과보험을 인정하게 되면 보험사고의 발생으로 이득을 얻게 되어 보험을 투기의 목적으로 이용하거나 고의적인 보험사고를 일으킬 우려가 있기 때문에 이를 방지하고자 함에 있다. 상법은 초과보험을 사기적 초과보험과 단순 초과보험으로 구분하여 그 효력을 다르게 규정하고 있다.

Ⅱ. 초과보험의 요건

상법상 초과보험이 성립되려면, 보험금액이 보험가액을 현저하게 초과하여야 한다(상 669 ①). 현저하게 초과하였느냐의 여부는 거래의 관념에 따라 객관적으로 결정하여야 할 사실문제이다. 이 경우 보험가액의 산정기준은 보험계약 당시의 가액에 의한다. 그러나 경기의 변동으로 보험가액이 보험기간 중에 현저하게 감소한 때에는 그 때의 가액을 기준으로 하여야 한다(상 669 ② ③). 보험금액이 보험가액을 현저하게 초과하였다는 사실은 이를 주장하는 자가 입증하여야 한다.

Ⅲ. 초과보험의 효력

1. 입법주의

초과보험의 효력에 관하여는 두 가지의 입법주의가 있다. 하나는 주관주의입법으로 단순초과보험과 사기적 초과보험을 구분하여 단순초과보험의 경우에는 당사자에게 보험금액 또는 보험료의 감액청구권을 인정하고, 사기적 초과보험의 경우에는 보험계약 자체를 무효로 하는 입장이다. 독일, 프랑스, 스위스의 보험법과 우리나라 상법이 이에 속한다. 다른 하나는 객관주의입법으로 초과보험의 경우에 초과부분을 당연히 무효로 하는 입장으로 일본상법(제631조)이 이에 속한다.

2. 초과보험의 효력

1) 단순 초과보험의 효력

보험금액이 보험가액을 현저하게 초과한 때에 당사자가 선의인 경우에는 계약당사자인 보험자 또는 보험계약자는 보험료와 보험금액의 감액을 청구할 수 있고, 보험료의 감액은 장래에 대하여서만 효력이 있다(상 669 ①). 현저하게 초과하였다는 사실은 이를 주장하는 자가 입증하여야 하고, 현저한 초과임이 입증되면 상대방은 그 청구에 따라야 한다. 이 청구권은 일종의 형성권(形成權)에 속한다.

2) 사기적 초과보험의 효력

보험계약자의 사기로 인하여 초과보험계약이 체결된 때에는 보험계약 전부를 무효로 하며, 보험자는 그 사실을 안 때까지의 보험료를 청구할 수 있다(상 669 ④). 사기(詐欺)라 함은 보험계약을 체결할 때에 보험가액을 부당하게 평가하여 재산상의 이익을 얻을 목적으로 한 경우를 의미하며, 사기에 대한 입증책임은 보험자가 부담한다.[14] 사기에 의한 초과보험이 무효가 되는 것은 민법의 일반원칙(민 110)[15]에 대한 예외에 해당된다.[16]

---

14) 대판 1988. 2. 9. 86다카2933, 2934, 2935.

15) 민법 제110조(사기, 강박에 의한 의사표시) ① 사기나 강박에 의한 의사표시는 취소할 수 있다. ② 상대방 있는 의사표시에 관하여 제3자가 사기나 강박을 행한 경우에는 상대방이 그 사실을 알았거나 알 수 있었을 경우에 한하여 그 의사표시를 취소할 수 있다. ③ 전 2항의 의사표시의 취소는 선의의 제3자에게 대항하지 못한다.

16) 양승규, 전게서, 207면; 정찬형, 전게서, 607면.

〔5〕 일부보험

목 차

Ⅰ. 일부보험의 의의

일부보험(一部保險)이라 함은 보험가액의 일부를 보험에 붙인 물건보험 즉 보험금액이 보험가액에 미달하는 보험을 말한다. 이는 보험가액과 보험금액이 일치하는 전부보험(全部保險)에 대한 개념이며, 보험금액이 보험가액을 초과하는 보험을 초과보험이라 한다. 일부보험은 보험보장은 필요하지만 보험료가 과다한 경우에 보험료를 절약하기 위한 방법으로 이용되든가 보험계약성립 후 보험목적의 평가액이 물가의 상승으로 오르는 경우 또는 보험계약을 체결할 때 보험목적물을 저평가하여 자연적으로 발생하는 경우도 있다.

Ⅱ. 일부보험의 요건

일부보험은 보험가액의 일부를 보험에 붙여 보험금액이 보험가액보다 적어야 한다. 보험가액은 당사자의 약정에 의하여 결정하는 원칙이지만(상 670), 그에 대한 약정이 없으면 보험계약 당시의 가액을 기준으로 한다. 그러나 보험사고가 발생하여 손해액을 산정하는 과정에서 일부보험의 문제가 발생하면 사고발생시의 가액을 기준으로 평가하여야 한다(상 671, 676).

Ⅲ. 일부보험의 효력

1. 비례보상의 원칙

일부보험의 경우에 보험사고가 발생하면 보험자는 보험금액의 보험가액에 대한 비율에 따라 보상할 책임이 있다(상 674 본문). 이를 비례보상의 원칙(比例補償의 原則)이라 한다.

2. 부보되지 않은 부분에 대한 자기부담 특약의 효력

일부 견해는 일부보험의 경우에 보험계약자는 부보되지 않은 부분에 대하여 특별히 자기의 부담부분을 가지도록 합의한 계약상의 자기부담이 있을 경우엔 이 부분에 대하여는 다른 보험에 붙일 수 없다고 하는데[17], 이는 보험계약자를 불필요하게 구속하는 계약내용으로 상법 제663조에 반하여 효력이 없다고 본다.

Ⅳ. 제1차위험보험과 비율보험[18]

1. 제1차위험보험

일부보험의 경우에 당사자간의 특약으로 보험자는 보험금액의 범위 내에서 손해액의 전액을 지급할 것을 약정할 수 있는데(상 674), 이러한 일부보험을 제1차위험보험(第1次危險保險) 또는 실손해보상계약(實損害補償契約)이라 한다. 예컨대 보험가액 1억원 건물을 보험금액 5,000만원의 일부보험을 체결한 후 화재가 발생하여 건물의 70%가 소실되었을 경우에, 단순 일부보험의 비례부담의 원칙에 의하면, 보상액은 5,000만원 × 70/100 = 3천 5백만원이 되지만, 제1차위험보험의 경우에는 보험금액 5,000만원 범위에서 실손해(7,000만원) 전액을 보상하므로 5,000만원을 손해보상금으로 지급하게 된다.

2. 비율보험

비율보험(比率保險)이란 보험자의 손해보상의 한도를 보험가액의 일정한 비율로 약정하는 보험을 말한다. 보험가액의 일정비율이란 점에서 일부보험의 성질을 지니지만 비율보험은 비록 보험가액 전부를 보상하는 전부보험은 아니지만 보험가액의 일정한 비율 범위 내에서는 전부보상하는 전가보험(全價保險)이라는 점에서 일부보험과 다르다. 예컨대 보험가액이 1억원이고 80%의 비율보험계약이 체결된 경우에는 8,000만원까지 완전보상을 할 수 있다. 그러므로 보험가액 1억원의 건물에 화재가 발생하여 70%가 멸실하였다면, 보험자가 부담하는 보험금액의 최고액은 보험가액의 80%인 8,000만원이지만 보험목적이 70%멸실하여 멸실된 금액 7,000만원 전액을 보상액으로 지급하게 된다.

---

17) 양승규, 전게서, 215면.
18) 양승규, 전게서, 217면; 정찬형, 전게서, 611면 참조.

〔6〕 중복보험

목 차

Ⅰ. 중복보험의 개념

1. 중복보험의 의의와 규제의 취지

중복보험(重複保險)이란 동일한 보험계약의 목적과 동일한 보험사고에 관하여 보험기간이 중첩되는 보험계약을 수인의 보험자와 동시 또는 순차로 체결된 보험계약관계를 말한다. 중복보험의 개념과 관련하여 일부견해와 판례는 소위 초과중복보험만을 중복보험이라고 정의하고 있는데[19], 이는 중복보험이라는 용어의 올바른 해석이 아니라고 본다. 중복보험의 종류로는, 보험가액의 초과여부에 따라 초과중복보험과 비초과중복보험, 중복보험계약의 체결시점을 기준으로 동시중복보험과 이시중복보험으로 분류할 수 있다. 이러한 중복보험중 상법상의 규제대상인 것은 동시 · 이시중복여부를 불문하고 수 개의 보험계약에 의한 보험금액의 총액이 보험가액을 초과하는 초과중복보험 즉 협의의 중복보험이다.

상법이 초과중복보험만을 규제하는 이유는, 초과중복보험을 체결하는 것은 보험료를 낭비하여 비경제적일 뿐만 아니라 보험사고가 발생한 경우에 보험가액보다 많은 보상액을 받아 부당이득을 취할 목적으로 고의적인 보험사고가 발생할 가능성이 높기 때문에 사전에 이를 방지하고자 하는 데 있다.

19) 대판 2005. 4. 29, 2004다57687.「중복보험이라 함은 동일한 보험계약의 목적과 동일한 사고에 관하여 수개의 보험계약이 동시에 또는 순차로 체결되고 그 보험금액의 총액이 보험가액을 초과하는 경우를 말하므로 보험계약의 목적 즉 피보험이익이 다르면 중복보험으로 되지 않으며, 한편 수개의 보험계약의 보험계약자가 동일할 필요는 없으나 피보험자가 동일인일 것이 요구되고, 각 보험계약의 보험기간은 전부 공통될 필요는 없고 중복되는 기간에 한하여 중복보험으로 보면 된다.」

2. 중복보험의 효용

중복보험은 고가물에 대한 보험에서 하나의 보험자로서는 보상능력이 충분하지 못하다고 생각하여 여러 보험자와 보험계약을 체결할 필요가 있을 때, 최초의 보험계약을 체결할 당시에는 재정상태가 좋지 않아 일부 보험계약을 체결하였으나 그 후 경제사정이 좋아져 또 보험계약을 체결하고자 할 때, 그리고 보험계약을 보험계약자가 자기를 위한 보험계약을 체결하였는데 제3자가 그 보험계약자를 위한 이른바 타인을 위한 보험계약을 체결하고자 할 때 이용될 수 있다.

Ⅱ. 중복보험의 성립요건

1. 피보험이익과 보험사고의 동일

보험계약의 목적인 피보험이익과 보험사고가 동일하여야 한다.[20] 피보험이익이 동일하더라도 수 개의 보험계약 사이에 보험사고가 다르면 중복보험이 되지 않는다. 왜냐하면 보험사고가 다르면 보험금의 청구가 중복될 여지가 없기 때문이다. 다만 중복보험 상호간에 보험사고가 완전 동일하여야 하는 것은 아니고, 부분적으로 보험사고가 공통되는 경우에도 중복보험이 성립될 수 있다. 예컨대 하나의 물건에 대하여 화재보험계약과 동산종합보험계약을 체결한 경우에 동산종합보험의 보험사고의 하나인 화재는 화재보험계약의 화재와 부분적으로 공통될 수 있어 각각의 보험계약은 중복보험의 관계가 될 수 있다.[21]

2. 보험기간의 동일 또는 중복

보험기간이 동일 또는 중복되어야 한다. 부분적으로 중복하는 경우에는 그 중복기간 동안에만 중복보험이 된다.

3. 수인의 보험자와 수개의 보험계약 체결

수 개의 보험계약을 수인의 보험자와 체결하여야 한다. 수인의 보험자가 필요한가 여부에 대하여 1인의 보험자와 수 개의 보험계약을 체결하더라도 중복보험이 된다는 견해가 있다.[22] 생각건대 상법 제672조 제2항이 중복보험의 경우에 보험계약자는 각 보험자에 대하여 보험계약의 내용을 통지할 의무를 지도록 규정하고 있는 점, 상법 제673조가 제672조의 규정에 의한 수 개의 보험계약을 체결한 경우에 보험자 1인에 대한 권리의 포기는 다른 보험자의

---

20) 대판 1997. 9. 5, 95다 47398.
21) 양승규, 전게서, 209면.
22) 이기수 외, 전게서, 137면.

권리의무에 영향을 미치지 않는다고 한 점, 그리고 동일한 보험자가 동일한 보험의 목적물에 대하여 피보험이익 · 보험사고 · 보험기간이 동일한 경우에는 결국 동일한 보험목적물에 대한 초과보험이 된다는 점을 고려하면, 수인의 보험자와 수 개의 보험계약을 체결하여야 중복보험이 성립된다고 본다.

4. 피보험자의 동일성 여부

손해보험에서 피보험자가 동일하여야 하는 것이 문제된다. 피보험자가 동일하여야 한다는 견해[23]도 있지만, 피보험자의 동일성은 요건이 아니라고 본다. 왜냐하면 상법의 중복보험에 대한 규제는 1인의 피보험자가 받는 보험금액이 보험가액을 초과하느냐 여부보다 피보험자의 수에 관계없이 보험금총액이 보험가액을 초과하는 경우를 기준으로 하여 이를 악용하는 것을 방지하는데 목적이 있고, 또한 피보험자가 다르더라도 피보험이익, 보험사고, 보험기간이 동일한 중복보험의 경우에는 동일한 피보험이익에 대한 보험금액의 합계가 보험가액을 초과할 가능성도 있기 때문이다.

5. 보험금액 합계의 보험가액 초과 여부

수 개의 보험계약에 의한 보험금액의 합계가 보험가액을 초과하느냐 여부는 중복보험의 성립요건이 아니라고 본다. 단지 중복보험 중 초과중복보험만이 상법상의 규제 대상이 될 뿐이다.

Ⅲ. 중복보험의 효력

1. 보험자의 보상책임

1) 입법주의와 상법의 입장

중복보험에서는 수인의 보험자가 있어 피보험자가 각 보험자로부터 보상받게 되면 보험가액 이상으로 보상받아 이득을 취할 우려가 있기 때문에 수인의 보험자 사이에 어떠한 방법으로 보상하느냐가 문제가 된다. 이에 대하여는 우선책임주의, 비례보상주의, 연대책임주의 등의 입법주의가 있다. (1) 우선책임주의(優先責任主義)는 동시중복보험의 경우에는 각 보험자의 부담은 각 보험금액의 총 보험금액에 대한 비율에 따르고, 이시중복보험의 경우에는 먼저 보험계약을 체결한 보험자가 우선적으로 손해를 보상하고, 뒤에 체결한 보험자는 부족부분에

23) 김성태, 전게서, 397면; 강위두 · 임재호, 전게서, 596면.

대하여만 부담하기로 하는 방법이다. (2) 비례보상주의(比例補償主義)는 수인의 보험자는 동시·이시 중복보험을 묻지 않고 그 보험금액의 비율에 따라 피보험자에 대한 손해보상책임을 부담하는 방법이며, 스위스보험법과 프랑스보험법이 이에 속한다. (3) 연대책임주의(連帶責任主義)는 수인의 보험자는 각자의 보험금액의 한도에서 피보험자의 손해에 대하여 연대책임을 지고 보험자 중의 1인이 보험금 전액을 지급하면 모든 보험자에 대한 보험관계가 소멸하고 보험금을 지급한 보험자는 다른 보험자에 대하여 구상권을 가지는 방법으로, 영미의 보험법과 독일보험법이 이에 속한다. (4) 우리 상법은 중복보험의 경우 동시·이시를 구별하지 않고 수인의 보험자는 각자의 보험금액의 한도에서 각자의 보험금액의 비율에 따라 연대보상책임을 부담하도록 하는(상 672 ①) 연대비례보상주의(連帶比例補償主義)를 취하고 있다.

2) 보험자의 보상책임

(1) 보험계약자가 선의인 경우

보험계약자가 선의인 경우에는 동시·이시의 중복보험 여부를 묻지 않고 수인의 보험자는 각자의 보험금액의 한도에서 각자의 보험금액의 비율에 따라 연대하여 보상책임을 부담한다(상 672 ①). 이 규정은 강행규정이 아니므로 그 부담방식에 대하여는 다른 약정을 할 수 있다.[24)]

(2) 보험자 1인에 대한 권리의 포기

연대비례보상책임주의를 취하고 있으므로 피보험자가 일부 보험자와 공모하여 다른 보험자의 부담을 가중하게 하는 것을 방지하기 위하여 상법은 보험자 1인에 대한 권리의 포기는 다른 보험자의 권리·권리에 영향을 미치지 않는다(상 673)고 규정하여 피보험자와 일부 보험자의 공모를 방지하고 있다. 즉 중복보험에서 보험사고가 발생하여 보상액이 결정되면 각 보험자의 부담부분이 확정되므로 피보험자가 어느 보험자에 대한 권리를 포기하였을 때에는 그 부분에 대하여는 다른 보험자에게 주장할 수 없게 된다(민 419)[25)]. 이미 보상한

---

24) 대판 2002. 5. 17. 2000다30127. 「수 개의 손해보험계약이 동시 또는 순차로 체결된 경우에 그 보험금액의 총액이 보험가액을 초과한 때에는 상법 제672조 제1항의 규정에 따라 보험자는 각자의 보험금액의 한도에서 연대책임을 지고 이 경우 각 보험자의 보상책임은 각자의 보험금액의 비율에 따르는 것이 원칙이라 할 것이나, 이러한 상법의 규정은 강행규정이라고 해석되지 아니하므로, 각 보험계약의 당사자는 각개의 보험계약이나 약관을 통하여 중복보험에 있어서의 피보험자에 대한 보험자의 보상책임 방식이나 보험자들 사이의 책임 분담방식에 대하여 상법의 규정과 다른 내용으로 규정할 수 있다.」

25) 민법 제419조(면제의 절대적 효력) 어느 연대채무자에 대한 채무면제는 그 채무자의 부담부분에 한하여 다른 연대채무자의 이익을 위하여 효력이 있다.

민법 제425조(출재채무자의 구상권) ① 어느 연대채무자가 변제 기타 자기의 출재로 공동면책이 된

보험자는 피보험자에게 그 보험자의 부담부분에 대한 반환을 청구할 수 있다.

(3) 보험계약자의 사기로 인한 경우

초과중복보험이 보험계약자의 사기로 인한 경우에는 그 계약은 모두 무효이고, 보험계약자는 각 보험자가 그 사실을 안 때까지의 보험료를 지급하여야 한다(상 672 ③, 669 ④). 사기라 함은 보험계약자가 중복보험계약을 이용하여 위법한 재산상의 이익을 얻을 목적으로 다른 보험자와의 보험계약을 숨기고 각 보험계약을 체결하는 것을 말한다(민 110 참조). 초과중복보험과 사기에 대한 입증책임은 보험자가 부담한다.

2. 보험계약자의 통지의무

1) 통지의무의 내용과 성질

보험계약자가 중복보험을 체결할 경우에는 각 보험자에 대하여 각 보험계약의 내용을 통지하여야 한다(상 672 ②). 통지의 방법에는 제한이 없으므로 서면으로 하든 구두로 하든 상관없다. 통지의무는 보험금액의 합계액이 보험가액을 초과하지 않는 경우에도 부담한다. 이 통지의무는 실질적으로 고지의무의 일종으로 중복보험계약체결의 사실은 법정고지사항에 해당된다고 본다. 왜냐하면 동시중복보험의 경우에는 중복보험계약체결의 사실을 모든 보험자에게 계약 체결 전에 통지하여야 하고, 이시중복보험의 경우에는 뒤에 체결하는 보험자에 대하여는 보험계약 체결 전에 통지하여야 하고, 앞에 체결한 보험자에 대하여는 보험계약 체결 후에 통지하는 것이지만, 이는 절차상 불가피한 것으로 실질적으로는 중복보험계약 체결 전에 알려야 하는 사항에 해당되기 때문이다.[26]

2) 통지의무 위반의 효과

상법은 통지의무 위반의 효과에 대하여 규정하고 있지 않으나, 이를 고지의무의 일종으로 보아 상법 제651조에 의하여 보험자는 보험계약을 해지할 수 있다고 본다. 보험약관에서는 보험자의 해지권을 인정하는 것이 있다(화보약 10 ③, 11 ③). 보험계약자가 정당한 이유없이 통지의무를 위반한 경우에는 사기의 추정을 받아 계약이 무효로 될 수도 있다(상 672 ③, 669 ④).

때에는 다른 연대채무자의 부담부분에 대하여 구상권을 행사할 수 있다. ② 전항의 구상권은 면책된 날 이후의 법정이자 및 피할 수 없는 비용 기타 손해배상을 포함한다.

26) 이에 대한 자세한 설명은, 김헌무, "중복보험의 제문제", 「경영법률」 제17집 2호, 사단법인 한국경영법률학회, 2007, 249면 참조.

3. 보험금액과 보험료의 감액청구

보험계약자가 선의인 경우에 중복보험에 의하여 보험금액의 합계액이 보험가액을 현저하게 초과한 때에는 보험자 또는 보험계약자는 보험금액과 보험료의 감액을 청구할 수 있고, 보험료의 감액은 장래에 대해서만 그 효력이 있다(상 669 ① 참조).

Ⅳ. 중복보험과 초과전보조항

피보험자의 손해가 수개의 보험계약에 의하여 담보될 경우를 예상하여 보험약관에 "보험자는 다른 보험계약에 의하여 보상받을 수 있는 손해액을 초과하는 손해에 대해서만 보상한다"라는 취지의 조항을 둘 수 있는데, 이를 초과전보조항(超過塡補條項, excess coverage clause)이라 한다. 초과전보조항은 약관의 규제에 관한 법률에 위배되지 않고[27] 또한 중복보험에서 보험자간의 보상책임을 규정한 상법 제672조 제1항은 강행규정이라고 볼 수 없기 때문에 유효하다고 본다. 그러나 수 개의 보험계약에서 각 보험약관이 초과전보조항을 두어 서로 충돌하는 경우에는 이를 무시하고 각 보험을 중복보험으로 다루어 각 보험자는 보험금액의 비율에 따른 보상책임을 진다고 본다.[28]

---

27) 대판 2002. 5. 17. 2000다 30127. 「보험약관 중 초과전보조항의 취지는 피보험자가 입은 손해에 대하여 보상한도액을 상한으로 하여 보험금을 지급하되 다른 보험계약에 의하여 전보되는 금액을 공제한다는 것이어서 다른 보험자와 사이의 부담 부분의 조정에 관한 것일 뿐 피보험자의 보험이익을 감소시키는 것이 아니고 피보험자에게 다른 보험계약의 체결의무를 부과하는 것도 아니므로, 그 조항이 약관의규제에관한법률 제7조 제2호 소정의 '상당한 이유 없이 사업자(보험회사)의 손해배상 범위를 제한하거나 사업자가 부담하여야 할 위험을 고객에게 이전시키는 조항'에 해당되지 않는다.」

28) 양승규, 전계서, 215면.

〔7〕 보험자의 손해보상의무

목 차

Ⅰ. 손해보상의무의 의의

손해보험계약의 보험자는 보험사고로 인하여 생길 피보험자의 재산상의 손해를 보상할 책임이 있는데(상 65), 이를 보험자의 손해보상의무(損害補償義務)라 한다. 손해보험계약에서 보험자는 보험계약자로부터 보험료를 받고 위험을 인수한 대가로서 보험기간 중의 보험사고에 의하여 생긴 피보험자의 손해를 보상하여 줄 의무가 있으며, 이는 보험자의 보험계약상의 주된 의무이다.

Ⅱ. 손해보상책임의 요건

1. 보험기간 중의 보험사고의 발생

보험사고가 보험자가 보상책임을 부담하는 보험기간 중에 발생하여야 한다. 보험자의 보험책임은 다른 약정이 없는 한 최초의 보험료를 받은 때부터 시작된다(상 656). 보험사고가 보험기간 중에 발생하였으면 그 손해가 보험기간 종료 후에 확정되어도 무방하다.

2. 보험목적에 관한 손해의 발생

피보험자가 보험사고로 인하여 보험목적에 관한 재산상의 손해를 입어야 한다. 손해라 함은 보험사고로 인하여 피보험이익의 전부 또는 일부가 멸실하거나 멸손된 것, 즉 보험의 목적에 발생된 경제적 불이익을 말한다. 그러나 재산상의 손해가 아닌 정신적인 손해, 재산상의 손해라 하더라도 보험자의 면책사유와 소손해면책조항(小損害免責條項)[29] 등 자기부담금에 해당되는 손해, 보험사고로 인하여 상실된 피보험자가 얻을 이익이나 보수(상 667)는 보험계약상 다른 약정이 없으면 보험자가 보상하지 않는다.

3. 보험사고와 손해와의 상당인과관계

손해보험계약에서 보험자는 보험계약에서 정한 보험사고와 상당한 인과관계가 있는 재산상의 손해만을 보상할 책임이 있다. 손해가 보험사고와 상당한 인과관계가 있는가 여부는 구체적인 사정에 따라 결정할 사실문제이다. 예컨대 화재사고가 발생하여 화재보험의 목적을 다른 안전한 곳으로 옮겨 놓았는데 이것이 분실되어 발생한 손해는 화재와 상당한 인과관계에 있는 것은 아니다.[30] 그러나 화재의 진압을 위하여 뿌려진 물에 의하여 보험의 목적에 생긴 손해는 화재와 상당한 인과관계가 있다(화보약 6 ① ii).

Ⅲ. 보험자의 면책사유

손해보험계약에서 보험자의 면책사유는 보험계약자 또는 피보험자의 고의나 중대한 과실로 생긴 보험사고(상 659)와 전쟁 등을 원인으로 생긴 손해(상 660)와 같은 일반적인 법정면책사유 외에 손해보험에 특유한 면책사유로 보험의 목적의 성질, 하자 또는 자연소모로 인한 손해(상 678)가 있다. 이는 보험의 목적에서 필연적인 현상으로 생겨나는 것으로 발생의 불확정성을 요하는 보험사고로 볼 수 없는 것이며, 이 면책사유는 물건보험에만 적용되고 책임보험에는 해당이 없다. 그 외 개별보험의 특수성을 고려한 개별적인 면책사유가 있다.[31]

---

29) 소손해면책조항: 소손해면책조항이란 손해액이 극히 소액인 경우에는 보험자가 보상하지 않는다는 것이다. 손해액이 극히 작으면 이를 보상하기 위한 절차비용이 오히려 많이 들어 실익이 없기 때문이다. 이 제도의 운영하는 방식에는 크게 공제식과 종합식이 있다. 공제식은 손해액 중 일정액을 피보험자가 부담하는 방식이고, 종합식은 손해액이 일정액 이하인 경우에는 보험자가 보상하지 않는 방식이다. 양자 모두 자기부담금제도의 일종이지만 현재 시행되고 있는 개인용자동차보험의 음주운전과 무면허운전에 적용되는 자기부담금제도는 위 두 가지 방식과는 다른 형식을 취하고 있다. 즉 손해액에 상관없이 피보험자의 음주운전 또는 무면허운전으로 인하여 보험사고가 발생한 경우에는 1사고당 대인배상은 200만원, 대물배상은 50만원을 사고부담금으로 피보험자가 부담하도록 하고 이를 지체없이 보험회사에 납부하도록 규정하고 있다(자보약 14 ②).

30) 대판 1999. 10. 26. 99다37603. 「보험자가 벼락 등의 사고로 특정 농장 내에 있는 돼지에 대하여 생긴 보험계약자의 손해를 보상하기로 하는 손해보험계약을 체결한 경우, 농장 주변에서 발생한 벼락으로 인하여 그 농장의 돈사용 차단기가 작동하여 전기공급이 중단되고 그로 인하여 돈사용 흡배기장치가 정지하여 돼지들이 질식사하였다면, 위 벼락사고는 보험계약의 보험사고에 해당하고 위 벼락과 돼지들의 질식사 사이에는 상당인과관계가 인정된다.」

31) 상법 제692조(운송보조자의 고의 · 중대한 과실); 상법 제701조(항해의 변경); 상법 제703조(선박의 변경); 상법 제706조(감항능력 흠결) 등.

Ⅳ. 손해의 보상

1. 손해산정의 기준

손해보험은 인보험의 경우와 달리 피보험자의 실손해를 보상하여야 하므로 정확한 손해의 산정이 필요하다. 보험자가 보상할 손해액은 '그 손해가 발생한 때와 곳의 가액에 의하여 산정(상 676 ①)한다.[32] 그러나 예외적으로 ① 기평가보험(상 670)의 경우는 협정보험가액이 그 사고발생시의 가액을 현저히 초과하지 않는 한 협정보험가액을 기초로 손해액을 산정하고, ② 보험가액불변경주의(689, 696, 697, 698)가 인정되는 경우에는 법정가액에 의하고, ③ 신가보험(新價保險)의 경우에는 목적물의 제조가액으로 손해액을 산정할 수 있는데(상 676 ① 단서), 이는 기계보험이나 자동차보험 등에서 이용된다. 실무에서는 손해액의 조사 · 결정을 위하여 전문적인 손해사정사제도(損害査定士制度)를 두고 있다(보업 185 이하)

2. 손해보상의 방법 및 이행장소

손해보상의 방법에는 특별한 제한은 없으나, 일반적으로 금전으로 보상하고, 예외적으로 약관의 정함에 따라 현물보상(現物補償)[33]을 할 수 있다. 손해의 산정은 보험자가 하지만, 보험업법은 손해사정사 또는 손해사정을 업으로 하는 자를 선임하여 업무를 위탁할 것을 요구하고 있다(보업 185, 188 참조). 손해보상의 장소에 대하여 보험약관에 정함이 없는 경우에는 채무이행의 일반원칙에 따라 채권자인 피보험자의 주소 또는 영업소에서 하여야 한다(민 467). 실무상으로는 당사자의 편의를 고려하여 보험자의 영업소에서 지급하는 것이 일반적이다(상 676 ① 단서).

3. 손배보상의 범위

1) 피보험자의 재산상의 손해의 보상은 보험계약에서 약정한 보험금액의 한도에서 피보험자가 보험사고로 입은 실손해를 보상한다. 예외적으로 신가보험에서는 손해를 입은 물건의 신품가액을 보상한다(상 676 ① 단서).

2) 손해액의 산정에서 원칙상 피보험이익에 발생한 적극적인 손해만을 보상하고 소극적 손해는 제외된다(상 667).

3) 손해액 산정의 비용은 보험자가 부담한다(상 676 ②). 손해방지비용과 보상액이 보험금액을 초과한 경우라도 이를 보상하여야 한다(상 680 ① 단서).

---

32) 대판 2005. 12. 8, 2003다 40729.

33) 화재보험 보통약관 제20조(현물보상): 회사는 손해의 일부 또는 전부에 대하여 재건축, 수리 또는 현물의 보상으로써 보험금의 지급에 대신할 수 있습니다.

4) 물건보험에서 보험자가 보상할 손해액은 보험가액과 보험금액에 의하여 결정된다. 전부보험의 경우에 전손인 때에는 보험자는 약정한 보험금액 전액을 보상하여야 한다. 단 협정보험가액이 사고발생시의 가액을 현저하게 초과할 때에는 보험자는 사고발생시의 보험의 목적의 가액을 입증하여 그 보상액의 감액을 청구할 수 있다(상 670). 보험금액이 보험가액을 현저하게 초과하는 초과보험의 경우에는 보험가액을 한도로 손해액의 전액을 보상한다(상 669). 중복보험의 경우에는 각 보험자는 보험금액의 비율에 따라 그 손해액을 보상하고, 그 보험금액의 총액이 보험가액을 초과한 때에는 보험자는 각자의 보험금액의 한도에서 연대책임을 진다(상 672 ①). 일부보험의 경우에는 보험자는 보험금액의 보험가액에 대한 비율에 따라 보상할 책임을 진다. 다만 제1차 위험보험의 경우에는 보험금액을 한도로 피보험자의 모든 손해를 보상할 책임을 진다(상 674).

4. 보험금의 지급기간 및 소멸시효

보험자는 보험사고의 발생통지를 받은 후 지체없이 손해액을 확정하여 지급할 보험금액이 정해진 날로부터 10일 안에 보험금액을 피보험자에게 지급하여야 한다(상 658). 실제 거래에서는 보험금청구서류를 접수한 날로부터 20일 이내에 보험금을 지급함을 원칙으로 하고, 보험사고의 조사 등으로 20일이 초과할 경우에는 피보험자의 청구에 따라 추정보험금의 50% 해당액을 가지급보험금으로 지급하도록 하는 경우도 있다(화보약 19 ① ③). 보험자의 피보험자에 대한 손해보상금지급의무는 2년의 시효에 의하여 소멸한다(상 662). 단기소멸시효기간으로 정한 이유는 보험금지급의 신속한 결제를 통하여 보험사업의 원활한 운영을 도모하기 위함이다. 소멸시효의 기산점에 대하여 판례[34]와 일부 견해[35]는 보험사고가 발생한 때라고 하지만, 원칙적으로 보험금의 산정이 확정된 때부터라고 보아야 한다. 왜냐하면 보험금이 산정되어야 비로소 보험자는 보험금지급의무를 이행할 수 있기 때문이다.

5. 보험약관상의 보험금청구권 상실조항의 효력

보험약관은 보험자의 면책사유, 해지사유 외에 보험계약자 또는 피보험자가 손해의 통지

---

34) 대판 1998. 5. 12, 97다54222. 「상법 제662조는 보험금액의 청구권은 2년간 행사하지 아니하면 소멸시효가 완성한다는 취지를 규정하고 있을 뿐 보험금액청구권의 소멸시효 기산점에 관하여는 아무 것도 규정하지 않고 있으므로, "소멸시효는 권리를 행사할 수 있는 때로부터 진행한다."고 규정한 민법 제166조 제1항에 따를 수밖에 없는바, 보험금액청구권은 보험사고가 발생하기 전에는 추상적인 권리에 지나지 아니할 뿐 보험사고의 발생으로 인하여 구체적인 권리로 확정되어 그 때부터 그 권리를 행사할 수 있게 되는 것이므로, 특별한 사정이 없는 한 원칙적으로 보험금액청구권의 소멸시효는 보험사고가 발생한 때로부터 진행한다고 해석함이 상당하다.」

35) 최기원, 전게서, 304면.

또는 보험금청구에 관한 서류에 고의로 사실과 다른 것을 기재하였거나 그 서류 또는 증거를 위조 또는 변조한 경우에는 피보험자는 손해에 대한 보험금청구권을 상실한다(화보약 21 ⅰ, ⅱ)는 등의 보험금청구권 상실조항(喪失條項)을 두는 경우가 있는데, 이는 보험계약의 선의성으로 보아 유효하다고 본다.[36)]

6. 보험금청구권과 물상대위

채무자가 소유한 보험목적에 질권 또는 저당권이 설정되어 있고, 채무자가 자기를 위한 손해보험계약을 체결한 경우에 보험사고로 그 보험목적이 멸실 · 훼손된 때에 채권자인 질권자 또는 저당권자는 채무자인 피보험자가 받을 보험금에 물상대위권(物上代位權)[37)]을 행사할 수 있느냐가 문제되는데, 이에 대하여는 상법상 명문 규정이 없어 견해가 나누어져 있다. 담보물권은 담보물의 실체를 목적으로 하는 것이 아니고 주로 담보물의 교환가치를 취득하는 것을 목적으로 하는 권리이므로 보험금청구권에 대하여 물상대위를 할 수 있다고 본다.[38)] 담보물권자가 물상대위권을 행사하는 경우에 보험자는 피보험자에 대한 항변사유로 담보권자에게 대항할 수 있다. 담보물권자가 보험금에 물상대위권을 행사하려면 보험자가 피보험자에게 보험금을 지급하기 전에 압류하여야 한다(민 342 후단).[39)40)]

---

36) 대판 2003. 5. 30. 2003다15556. 「보험약관 제30조에 정해진 보험금청구권의 상실사유는 보험계약에 있어서 신의성실의 원칙에 반하는 사기적 보험금청구행위를 허용할 수 없다는 취지에서 규정된 것으로서 보험계약 당사자의 윤리성이나 선의성을 요구하는 보험계약의 특징 및 상법에 보험의 투기화, 도박화를 막고 피보험자에게 실제의 피해 이상의 부당한 이득을 취하지 못하도록 하기 위하여 고의로 인한 보험사고의 경우에는 보험자의 면책을 인정하고(상법 제659조), 사기초과보험의 경우 그 계약 자체를 무효로 규정하고 있는 점(상법 제669조 제4항) 등에 비추어 볼 때 이는 거래상 일반인들이 보험자의 설명 없이도 당연히 예상할 수 있던 사항에 해당하여 설명의무의 대상이 아니다.」

37) 물상대위: 물상대위란 담보물권자(채권자)가 담보물의 멸실, 훼손 또는 공용징수로 인하여 담보물권설정자(채무자)가 받은 금전 기타 물건에 대하여도 그 권리를 행사하는 것을 말한다(민 342, 355, 370).
민법 제342조(물상대위) 질권은 질물의 멸실, 훼손 또는 공용징수로 인하여 질권설정자가 받을 금전 기타 물건에 대하여도 이를 행사할 수 있다. 이 경우에는 그 지급 또는 인도전에 압류하여야 한다. 이 규정은 권리질권(민 355)과 저당권(민 370)에 준용하도록 되어 있다.

38) 김성태, 전게서, 427면; 양승규, 전게서, 229면; 정찬형, 전게서, 616면.

39) 양승규, 전게서, 229면. 판례는 다른 제3채권자가 이미 압류한 경우에도 물상대위를 할 수 있다고 한다(대판 1998. 9. 22, 98다12812)

40) 자동차손해배상보장법(제32조)과 산업재해보상보험법(제55조 2항)에 의한 보험금청구권은 압류가 금지되어 있다.

〔8〕 보험계약자와 피보험자의 손해의 방지 · 경감의무

목 차

Ⅰ. 손해의 방지 · 경감의무의 의의와 법적성질

손해방지 · 경감의무(損害防止 · 輕減義務)란 손해보험계약에서 보험사고가 발생하였을 때에 보험계약자와 피보험자가 보험사고로 인하여 발생한 손해의 방지와 경감을 위하여 노력하여야 할 의무를 말한다(상 680 ① 본문). 이 의무는 보험계약의 사행성에 기초하여 보험계약자 등의 보험자에 대한 신의성실의 요구 및 보험단체의 이익과 국민경제적으로도 유익하다는 공익성에 그 근거가 있다. 이 의무는 비록 그 이행을 강제할 수 없더라도 그 의무를 위반한 경우에 보험자가 손해의 배상을 청구하거나 손해보상액에서 공제할 수 있으므로 단순한 계약상의 의무가 아니라 특수한 법정의무라고 보아야 한다.[41] 상법은 이 의무를 손해보험에서만 규정하고 있지만 인보험 중 상해보험에서도 이 의무를 인정할 필요가 있다.

Ⅱ. 손해의 방지 · 경감의 의무자

이 의무를 부담하는 자는 보험계약자와 피보험자(상 680) 및 그 대리인이다. 또한 이들을 위하여 포괄적 대리권이 있는 지배인(상 11)이나 선장(상 773)도 이 의무를 부담한다고 본다. 타인을 위한 보험계약에서 보험계약자가 이 의무를 부담하느냐 하는 것이 문제되는데, 상법 제680조의 내용으로 보아 보험계약자에게도 이 의무가 있다고 본다.

Ⅲ. 손해의 방지 · 경감의무의 내용

1. 의무의 발생시기와 존속기간

상법규정에는 이 의무의 이행시기에 대하여는 규정된 바가 없다. 약관상으로는 그 시기를

41) 김성태, 전게서, 430면; 양승규, 전게서, 231면; 정찬형, 전게서, 617면; 최기원, 전게서. 306면.

규정한 경우가 있는데, 주로 보험사고가 발생한 때(화보약 16) 또는 보험사고가 생긴 것을 안 때(자보약 16 ③)라고 하고 있음을 고려하여 볼 때, 보험사고가 발생한 때부터 이 의무를 진다고 보며, 책임보험에서는 피보험자에게 손해배상을 청구할 수 있는 사고가 발생한 때부터 이 의무를 부담한다고 본다. 그러므로 보험사고가 발생할 위험이 있을 때 그 사고의 발생을 방지하는 것은 이 의무의 내용이라고 할 수 없다.42)

2. 의무의 범위

보험사고가 발생한 때에 의무자가 손해의 발생과 손해의 확대를 방지하기 위한 노력을 하여야 한다. 그 손해는 직접적인 것이든 간접적인 것이든 모두 대상이 된다. 손해방지 및 경감을 위한 노력과 방법에 대하여는 특별한 기준이 없지만, 의무자가 신의성실의 원칙에 따라 자기의 이익을 지키기 위한 수준의 주의와 방법으로 노력하면 될 것이고,43) 손해방지 및 경감의 효과가 반드시 있어야 하는 것은 아니다. 보험자가 보험사고의 통지를 받고 손해의 방지 및 경감에 관한 지시를 한 경우에는 보험계약자나 피보험자는 그 지시에 따를 의무가 있다 할 것이다.44)

Ⅳ. 손해의 방지 · 경감의무 위반의 효과

손해의 방지 · 경감의무 위반의 효과에 대하여는 상법상 규정된 바는 없지만 보험계약자나 피보험자가 의무를 위반한 때에는 보험자는 지급할 보험금에서 의무위반과 상당인과관계가 있는 손해에 대하여는 손해배상을 청구하거나 지급할 손해보상액에서 그 손해를 상계하여 지급할 수 있다고 하는 데에는 이론이 없다. 그러나 의무자의 귀책사유에 대하여는 중과실위반설과 과실위반설로 나누어져 있는데, 중과실위반설이 타당하고 본다(화보약 16 참조). 왜냐하면 이 의무는 원칙적으로 보험계약의 선의성과 공익성에 기초하여 인정된 의무이기 때문에 단순한 과실의 경우까지 의무위반의 책임을 묻는다면 보험계약자나 피보험자에게 가혹하고, 또한 보험자의 면책사유를 보험계약자나 피보험자의 고의 또는 중대한 과실로 규정한 점을 볼 때 중과실위반설을 취하는 것이 형평에도 부합되기 때문이다. 보험계약자 등의 고의 또는 중대한 과실에 대하여는 보험자가 입증하여야 할 것이다.

---

42) 김성태, 전게서, 430면; 손주찬, 전게서, 585면; 양승규, 전게서, 232면.

43) 민법 제695조(무상수취인의 주의의무) 보수없이 임치를 받은 자는 임치물을 자기재산과 동일한 주의로 보관하여야 한다.

44) 양승규, 전게서, 233면.

V. 손해의 방지 · 경감비용의 부담

보험자는 손해보험계약에 의하여 보험자가 담보하는 위험으로 인한 손해를 방지 하거나 경감시키기 위하여 필요 또는 유익하였던 비용을 부담하여야 하며, 그 비용과 보상액이 보험금액을 초과한 경우라도 보험자가 부담한다(상 680 ① 단서).[45] 따라서 보험자가 담보하지 않는 위험으로 보험의 목적에 생길 손해의 방지 또는 경감을 위한 비용은 이에 포함되지 아니한다. 그러나 판례는 책임보험계약에서 피보험자의 책임여부가 판명되지 아니한 상태에서 피보험자가 손해확대방지를 위한 비용을 지급하였다면, 보험자는 이러한 비용도 부담하여야 한다고 한다.[46] 일부보험의 경우에 그 비용은 보험금액의 보험가액에 대한 비율에 따라 부담하고 나머지 부분은 보험계약자 등이 부담하고, 그 비용의 비율과 보상액의 비율의 합이 일부보험의 보험금액을 초과할 때에도 보험자가 부담하여야 한다(상 674). 약관상 손해방지 · 경감의 비용을 보험자가 부담하지 않는다든가 또는 보험금액의 한도 내에서만 부담한다는 조항이 있다면 이는 상법 제680조와 상법 제663조에 위배되어 무효라고 보아야 한다. 손해방지 · 경감비용은 피보험자가 지출한 방어비용과는 다르다(상 720 ①).[47]

---

45) 김성태, 전게서, 432면; 양승규, 전게서, 234면; 대판 1995. 12. 8, 94다27076.「상법 제680조가 규정한 손해방지 비용이라 함은 보험자가 담보하고 있는 보험사고가 발생한 경우에 보험사고로 인한 손해의 발생을 방지하거나 손해의 확대를 방지함은 물론 손해를 경감할 목적으로 행하는 행위에 필요하거나 유익하였던 비용을 말하는 것으로, 위 제680조는 손해방지 의무자인 보험계약자 또는 피보험자가 손해방지 및 그 경감을 위하여 지출한 필요하고 유익한 비용은 보험금액을 초과한 경우라도 보험자가 이를 부담하도록 규정하고 있다.」

46) 대판 2003. 6. 27, 2003다6958; 대판 1994. 9. 9. 94다16663.「보험사고 발생시 피보험자의 법률상 책임 여부가 판명되지 아니한 상태에서 피보험자가 손해확대방지를 위한 긴급한 행위를 함으로써 발생한 필요 유익한 비용을 보험자가 부담하여야 하는지 여부에 대하여,「손해보험에서 피보험자가 손해의 확대를 방지하기 위하여 지출한 필요 유익한 비용을 보험자가 부담하게 되어 있는 경우 이는 원칙적으로 보험사고의 발생을 전제로 하는 것이므로 보험자가 보상책임을 지지 아니하는 사고에 대하여는 손해방지의무가 없고 따라서 이로 인한 보험자의 비용부담 등의 문제도 발생할 수 없는 것이 원칙이지만, 다만 사고발생시 피보험자의 법률상 책임 여부가 판명되지 아니한 상태에서 피보험자가 손해확대방지를 위한 긴급한 행위를 하였다면 이로 인하여 발생한 필요 유익한 비용도 손해확대방지를 위한 비용으로서 보험자가 부담하는 것으로 해석하여야 한다.」

47) 대판 2006. 6. 30, 2005다21531.「상법 제680조 제1항에 규정된 '손해방지비용'은 보험자가 담보하고 있는 보험사고가 발생한 경우에 보험사고로 인한 손해의 발생을 방지하거나 손해의 확대를 방지함은 물론 손해를 경감할 목적으로 행하는 행위에 필요하거나 유익하였던 비용을 말하는 것이고, 같은 법 제720조 제1항에 규정된 '방어비용'은 피해자가 보험사고로 인적 · 물적 손해를 입고 피보험자를 상대로 손해배상청구를 한 경우에 그 방어를 위하여 지출한 재판상 또는 재판 외의 필요비용을 말하는 것으로서, 위 두 비용은 서로 구별되는 것이므로, 보험계약에 적용되는 보통약관에 손해방지비용과 관련한 별도의 규정을 두고 있다고 하더라도, 그 규정이 당연히 방어비용에 대하여도 적용된다고 할 수는 없다.」

〔9〕 보험자대위

목 차

Ⅰ. 보험자대위의 의의와 법적성질

보험자대위(保險者代位; subrogation)란 보험자가 보험사고로 인한 손해를 피보험자에게 보상하여 주고, 그 피보험자 또는 보험계약자가 보험의 목적이나 제3자에 대하여 가지는 권리를 법률상 당연히 취득하는 것을 말한다(상 681, 682). 보험자대위를 인정하는 근거는, 이중이득의 금지라는 손해보험의 손해보상계약성과 불법행위자인 제3자가 면책되어서는 안 된다는 정책적인 이유에 있다. 즉 손해보상을 받은 피보험자가 잔존물 혹은 불법행위자인 제3자로부터 다시 전보를 받게 되면 피보험자는 이중이득을 취하는 것이 되어 이는 손해보험의 손해보상성에 어긋나며, 또한 피보험자가 보험보상을 받았다는 이유로 불법행위자인 제3자가 면책된다는 것은 형평의 관념에 반하는 것이다. 보험자대위의 법적성질은, 보험자가 보험금을 지급함으로서 법률상 당연히 발생하고 당사자의 의사표시에 의하여 이루어지는 것이 아니므로 이른바 민법상의 손해배상자의 대위(민 399)[48]와 같은 성질이라고 보는 것에 이론이 거의 없다.

상법상의 보험자대위는 보험의 목적에 대한 것과 제3자에 대한 것의 두 종류가 있는데, 전자를 보험의 목적에 대한 보험자대위 또는 잔존물대위라 하고, 후자를 제3자에 대한 보험자대위 또는 청구권대위라고 한다. 보험자대위는 원칙적으로 손해보험의 경우에 인정되는 것으로 인보험에서는 이를 금지하는 것이 원칙(상 729)이지만, 상해보험의 경우에 다른 약정 즉 보험자대위에 관한 약정이 있는 때에는 보험자는 피보험자의 권리를 해하지 않는 범위에서 그 권리를 대위행사할 수 있도록 하고 있다(상 729 단서; 국건보 53).[49]

48) 민법 제399조(손해배상자의 대위) 채권자가 그 채권의 목적인 물건 또는 권리의 가액 전부를 손해배상으로 받은 때에는 채무자는 그 물건 또는 권리에 관하여 당연히 채권자를 대위한다.

Ⅱ. 보험의 목적에 대한 보험자대위(잔존물대위)

1. 의의와 보험위부와의 차이

보험의 목적에 대한 보험자대위란 물건보험에서 보험의 목적의 전부가 멸실한 경우에 보험금액의 전부를 지급한 보험자는 그 목적에 대한 피보험자의 권리를 취득함을 말하며, 이를 잔존물대위(殘存物代位)라고도 한다(상 681 본문). 잔존물이란 예컨대 화재보험에서 불에 타고 남은 잔해, 해상보험에서 침몰선의 잔여물 등을 말한다. 잔존물대위는 주로 해상보험에서 그 필요성이 인정되고 있는데, 해상보험상의 보험위부(保險委付)와는 유사하지만 다음과 같은 차이가 있다. 첫째, 제도의 취지 면에서, 전자는 피보험자의 이중이득을 방지함에 목적이 있으나, 후자는 손해사정에 따르는 시간과 비용을 절약하고자 함에 목적이 있다. 둘째, 대상이 되는 보험의 종류 면에서, 전자는 성질상 물건보험에서 인정되는 것으로 물건보험인 이상 화재보험, 운송보험, 해상보험 등 보험의 종류를 불문하지만, 후자는 해상보험에서만 인정된다. 셋째, 성립요건 면에서, 전자는 보험의 목적에 현실전손이 있는 경우에 피보험자의 손해를 보상하여 준 보험자에게 잔존물에 대한 권리를 이전시키는 제도이고, 후자는 보험의 목적이 전부 멸실한 것과 같은 추정전손이 있는 경우에 보험의 목적에 대한 권리를 보험자에게 이전시키고 보험금을 청구하는 제도이다. 넷째, 보험자의 권리취득의 방식 면에서, 전자는 법률상 당연히 권리의 이전이 이루어지지만, 후자의 경우에는 피보험자의 특별한 의사표시의 효과로서 목적물에 대한 권리가 이전된다. 다섯째, 보험자가 취득하는 권리의 범위 면에서, 전자는 보험자가 피보험자에게 지급한 보험금액 이상으로 권리를 대위할 수 없지만, 후자의 경우에는 위부목적물의 가액이 보험자가 지급한 보험금액을 초과하더라도 보험자는 보험목적물 전부에 대한 권리를 취득한다.

2. 잔존물대위의 요건

1) 보험목적의 전부멸실

보험사고로 보험의 목적의 전부가 멸실, 즉 전손(全損)이 생겨야 한다. 전손이란 보험의 목적의 경제적 가치가 전부 상실된 경우를 의미하는데, 그 경제적 가치가 반드시 전혀 없어야 된다는 의미는 아니다. 비록 잔존물이 있더라도 그 자체로 경제적 가치가 없으면 전손으로

49) 국민건강보험법 제53조(구상권) ① 공단은 제3자의 행위로 인한 보험급여사유가 발생하여 가입자에게 보험급여를 한 때에는 그 급여에 소요된 비용의 한도 내에서 그 제3자에 대한 손해배상청구의 권리를 얻는다. ② 제1항의 경우에 있어 보험급여를 받은 자가 제3자로부터 이미 손해배상을 받은 때에는 공단은 그 배상액의 한도 내에서 보험급여를 하지 아니한다.

보아야 한다. 그러므로 일부만이 멸실한 분손의 경우에는 감가액과 수선비 등으로 손해액이 산정되므로 보험자대위는 인정되지 않는다. 보험실무상으로는 일정비율 이상의 손해를 넘으면 전손으로 처리하는 것이 일반적이다(상 778 ① ii 참조).

2) 보험금 및 기타 비용의 전부지급

보험자가 보험금액의 전부를 피보험자에게 지급하여야 한다. 보험금액의 전부의 지급이란 보험의 목적에 입은 손해뿐만 아니라 보험자가 부담하는 손해방지비용(상 680)이나 기타의 비용(상 676 ②)까지 지급한 것을 의미한다.

3. 잔존물대위의 효과

1) 잔존물에 대한 권리의 당연한 이전

보험의 목적의 전부가 멸실한 경우에 보험자는 보험금액의 전부를 지급한 때로부터 보험의 목적에 대한 피보험자의 권리를 취득한다(상 681 본문). 권리의 이전은 법률의 규정에 의하여 당연히 이전되고 물권변동의 절차(민 186, 188)[50]나 특별한 의사표시를 요하지 않는다. 보험자가 취득하는 권리는 피보험자가 보험의 목적에 대하여 가지는 피보험이익에 관한 모든 권리이다. 보험의 목적에 대한 피보험자의 권리란 예컨대 화재보험의 경우에 화재 후에 남아 있는 잔여물인 철재나 석재 등의 소유권을, 해상보험에서 침몰선의 잔여물 등에 대한 소유권 등을 말한다. 보험의 목적에 대한 권리가 보험자에게 이전된 때에는 피보험자는 보험자가 그 권리를 행사할 수 있도록 신의측상 협조의무가 있다(화보약 23).

2) 일부보험의 경우

보험자대위는 일부보험의 경우에도 인정되는데, 이 경우에 보험자는 보험금액의 보험가액에 대한 비율에 따라서 목적물에 대한 권리를 취득한다(상 681 단서). 그 결과 보험자와 피보험자는 그 목적물을 지분에 따라 공유하게 된다. 예컨대 보험가액 1억원의 건물을 6천만원의 보험금액으로 화재보험계약을 체결한 경우에 건물이 전소한 때에는 피보험자는 4천만원에 대하여는 자가보험자가 되어 잔존물에 대하여 5분의 2의 권리를 가지고, 보험자는 5분의 3에 대한 권리만을 취득하게 된다.

---

50) 민법 제186조(부동산물권변동의 효력) 부동산에 관한 법률행위로 인한 물권의 득실변경은 등기하여야 그 효력이 생긴다.

민법 제188조(동산물권양도의 효력, 간이인도) ① 동산에 관한 물권의 양도는 그 동산을 인도하여야 효력이 생긴다. ② 양수인이 이미 그 동산을 점유한 때에는 당사자의 의사표시만으로 그 효력이 생긴다.

3) 특약에 의한 대위권의 포기

보험금의 지급으로 목적물에 대한 권리가 당연히 보험자에게 이전되지만, 보험자대위는 보험자의 이익을 도모하기 위한 것이므로 보험자는 이를 특약으로 포기할 수 있다는 점에 대하여 이론이 없다. 예컨대 선박이 침몰한 경우에 보험자는 소유권자가 되어 침몰선과 잔존물을 제거해야 할 공법상의 의무[51]를 부담하게 되는 것처럼 보험자가 대위권의 행사로 불이익을 받게 될 경우에 보험자는 그 대위권을 포기하고 보험의 목적에 따른 공법상 또는 사법상의 부담을 피보험자에게 귀속시킬 수 있다는 것이다.[52] 보험자는 대위권을 포기할 수 있지만 그 포기는 보험금지급 이후에는 할 수 없다고 할 것이다.[53]

Ⅲ. 제3자에 대한 보험자대위(청구권대위)

1. 의의

청구권대위란 피보험자의 손해가 제3자의 행위로 인하여 생긴 경우에 보험금액을 지급한 보험자는 그 지급한 금액의 한도에서 그 제3자에 대한 보험계약자 또는 피보험자의 권리를 취득하는 것을 말한다(상 682). 예컨대 임차인의 귀책사유로 임대목적물이 소실된 경우에 피보험자인 임대인에게 보상하여 준 보험자는 임차인에 대한 피보험자의 손해배상청구권을 대위하여 행사할 수 있음을 말한다.

2. 청구권대위의 요건

1) 제3자에 의한 보험사고의 발생

(1) 제3자의 행위의 의미: 제3자의 행위란 제3자가 보험의 목적 즉 피보험이익에 대하여 손해를 일으키는 행위를 말한다. 제3자의 행위에는 불법행위나 채무불이행은 물론 선장의 공동해손처분(상 832)과 같은 적법행위도 포함된다.

(2) 제3자의 범위: 제3자란 보험사고를 발생시켜 피보험자에게 손해배상의무를 부담하는

51) 개항질서법 제26조(장해물등의 제거) ① 지방해양항만청장은 개항의 항계안 또는 항계의 부근에서 선박의 항행을 방해하거나 항행에 위험을 미칠 우려가 있는 표류물 · 침몰물 등의 물건을 발견한 때에는 그 물건의 소유자 또는 점유자에 대하여 그 제거를 명할 수 있다. ② 지방해양항만청장은 제1항의 규정에 의한 명령을 이행하지 아니하거나 그 물건의 소유자 또는 점유자를 알 수 없는 경우에는 대통령령이 정하는 바에 의하여 그 물건을 제거할 수 있다. 이 경우 제거에 쓰여진 비용은 그 물건의 소유자 또는 점유자의 부담으로 하되, 당해물건의 소유자 또는 점유자를 알 수 없는 경우에는 대통령령이 정하는 바에 의하여 당해물건을 처분하여 그 비용에 충당한다.

52) 화재보험 보통약관 제24조, 선박보험 보통약관 제21조 참조.

53) 김성태, 전게서, 445면.

자로서 보험계약자 또는 피보험자 이외의 사람을 의미한다. 제3자에는 사인은 물론 국가나 공공단체도 포함되고, 손해를 일으킨 자와 채무를 부담하는 자가 반드시 같은 사람이어야 하는 것은 아니다(상 833 참조). 제3자의 범위는 보험의 종류에 따라 다르다. 예컨대, 자동차차량보험에서 차주의 피용운전자는 제3자이지만 자동차책임보험에서는 차주의 피용운전자는 피보험자(승낙피보험자)가 되고,[54] 화재보험에서 건물의 임차인은 제3자에 해당된다. 타인을 위한 보험계약에서 보험계약자가 제3자에 포함되는가에 대하여 견해가 대립되고 있으나, 판례는 이를 긍정하고,[55] 보험계약자 또는 피보험자와 공동생활을 하는 가족 또는 사용인 등이 제3자에 포함되는가에 대하여, 판례는 이를 부정한다.[56]

2) 보험자의 보험금의 지급

보험자가 보험금을 지급하거나 보험금과 동일시 할 수 있는 보험급부[57]를 하여야 한다. 보험자가 피보험자의 청구권을 대위행사할 수 있는 시기는 보험금액을 지급한 때이다. 보험금의 일부를 지급한 경우에는 피보험자의 권리를 해하지 아니하는 범위 내에서 대위권을 행사할 수 있다(상 682조 단서). 이 점은 보험금 전액을 지급하여야 하는 잔존물대위와 다르다.

3) 피보험자의 제3자에 대한 권리의 존재

보험자의 대위권은 피보험자의 권리에 근거하는 것이기 때문에 보험자가 피보험자의 청구권

54) 대판 2001. 6. 1, 2000다 33089; 대판 1991. 11. 26. 90다10063.「자동차종합보험의 보통약관에서 보험증권에 기재된 피보험자 이외에 그 "피보험자를 위하여 자동차를 운전 중인 자"도 위의 피보험자의 개념에 포함시키고 있으므로 자동차종합보험에 가입한 차주의 피용운전사는 "피보험자"일 뿐, 상법 제682조에서 말하는 "제3자"에 포함되는 자가 아니다.」

55) 대판 1990. 2. 9. 89다카21965.「타인을 위한 손해보험계약은 타인의 이익을 위한 계약으로서 그 타인(피보험계약자)의 이익이 보험의 목적이 되는 것이지 여기에 당연히(특약없이) 보험계약자의 보험이익이 포함되거나 예정되어 있는 것은 아니라 할 것이므로 피보험이익의 주체가 아닌 보험계약자는 비록 보험자와의 사이에서는 계약당사자이고 약정된 보험료를 지급할 의무자이지만 그 지위의 성격과 보험자대위규정의 취지에 비추어 보면 보험자대위에 있어서 보험계약자와 보험계약자 아닌 제3자와를 구별하여 취급하여야 할 법률상의 이유는 없는 것이며 따라서 타인을 위한 손해보험계약자가 당연히 제3자의 범주에서 제외되는 것은 아니다.」

56) 대판 2002. 9. 6, 2002다 32547; 대판 2000. 6. 23. 2000다9116.「피보험자의 동거친족에 대하여 피보험자가 배상청구권을 취득한 경우, 통상은 피보험자는 그 청구권을 포기하거나 용서의 의사로 권리를 행사하지 않은 상태로 방치할 것으로 예상되는바, 이러한 경우 피보험자에 의하여 행사되지 않는 권리를 보험자가 대위 취득하여 행사하는 것을 허용한다면 사실상 피보험자는 보험금을 지급받지 못한 것과 동일한 결과가 초래되어 보험제도의 효용이 현저히 해하여진다 할 것이다.」

57) 대판 1994. 12. 9. 94다46046.「의료보험상의 요양급여는 원칙적으로 보험자 또는 보험자 단체가 지정한 요양취급기관에 의하여 질병 또는 부상이 치유되기까지 요양케하는 현물급여의 형태로 이루어진다고 보아야 할 것이고, 따라서 피보험자가 요양취급기관에서 치료를 받았을 때 현실적으로 보험급여가 이루어지므로 의료보험조합은 그 보험급여의 한도 내에서 제3자에 대한 구상권을 취득한다고 보아야 한다.」

을 대위행사하려면 제3자에 대한 피보험자의 권리가 존재하여야 한다.[58] 청구권의 원인은 불법행위로 인한 손해배상청구권은 물론, 채무불이행에 의한 손해배상청구권과 공동해손처분과 같은 적법행위에 의한 청구권도 포함된다. 만약 보험사고가 제3자의 행위로 인하여 발생하였으나 피보험자가 보험금을 받기 전에 피보험자 등이 제3자에 대한 권리를 행사하거나 처분한 경우에는 피보험자는 그 부분에 대하여는 보험금청구권을 상실하여 보험자의 대위권이 발생하지 않는다. 문제가 되는 것은 타인을 위한 보험계약에서 보험계약자가 제3자에 대하여 가지는 권리를 보험자가 대위행사할 수 있느냐 하는 것이다. 상법 제682조는 "... 그 제3자에 대한 보험계약자 또는 피보험자의 권리를 취득한다"라고 하여 이를 긍정하고 있다.

3. 청구권대위의 효과

1) 보험자의 당연한 권리취득

제3자의 책임있는 사유로 보험사고가 발생한 때에 보험자가 보험금을 지급하면 보험계약자 또는 피보험자가 가지는 제3자에 대한 권리는 당연히 보험자에게 이전한다(상 682). 보험자가 보상책임을 질 필요가 없는데도 보험금을 지급한 때에는 대위권은 인정되지 않는다. 제3자는 피보험자에 대한 항변으로써 보험자에게 대항할 수 있고, 그 채권의 소멸시효기간도 그 권리의 이전과 함께 새로이 시작되는 것이 아니라 종전대로 진행한다.[59]

2) 대위권행사의 범위와 피보험자의 협조의무

대위권은 피보험자의 권리에 근거한 것이므로 보험자는 피보험자가 제3자에 대하여 가지는 권리보다 더 많은 권리를 가질 수 없다. 그러므로 제3자가 피보험자에 대하여 과실상계(민 396, 763)[60]를 주장할 수 있다면 보험자에 대하여도 이를 주장할 수 있다. 그리고 보험자가 대위권을 행사하여 지급한 보험금액 이상으로 배상을 받은 경우에는 보험금액을 공제한 나머지 부분에 대하여는 피보험자에게 돌려주어야 한다(화보약 23 ①). 보험자가 대위권을 행사할 경우에는 피보험자 또는 보험계약자는 보험자가 그 권리를 행사할 수 있도록 협조할 의무가 있다.

---

58) 대판 2005. 9. 15, 2005다 10531.

59) 서울고판 1976. 2. 25, 75나1274. 「보험금을 지급한 보험자가 피보험자의 제3자에 대한 권리를 취득한 경우에도 피보험자가 제3자에 대하여 가지고 있는 손해배상청구권을 기준으로 소멸시효의 기산일 및 기간을 정하여야 할 것이다.」

60) 민법 제396조(과실상계) 채무불이행에 관하여 채권자에게 과실이 있는 때에는 법원은 손해배상의 책임 및 그 금액을 정함에 이를 참작하여야 한다.

3) 피보험자에 대한 제3자의 손해배상의 효력

피보험자가 보험금을 받은 후에 제3자가 피보험자에게 손해배상을 한 경우에는 보험자가 그에 대한 이익을 받지 않는 한 권한 없는 자에 대한 변제로서 무효라고 보아야 한다(민 472).[61] 그러나 제3자가 선의이며 과실 없이 피보험자에게 손해배상을 한 경우에는 민법상의 채권의 준점유자에 대한 변제 규정(민 470)[62]을 유추적용하여 이를 유효하다고 본다. 피보험자가 보험자의 대위권을 침해한 경우에는 불법행위에 의한 손해배상책임을 부담하여야 하고, 피보험자가 제3자로부터 손해배상을 받은 때에는 부당이득으로 보험자에게 반환하여야 한다.[63]

4) 대위권행사의 제한

(1) 보험금의 일부를 지급한 경우: 보험자가 보상할 보험금액의 일부를 지급한 때에는 피보험자의 권리를 해하지 않는 범위 내에서만 그 권리를 행사할 수 있다(상 682 단서).[64] 이 규정의 내용으로 보아 피보험자와 보험자가 함께 제3자에 대한 채권을 행사할 경우에는 피보험자의 권리를 우선적으로 고려하여야 할 것이다.

(2) 일부보험의 경우: 일부보험의 경우에 보험자의 책임은 원칙상 보험금액의 보험가액에 대한 비율에 따라 보상하게 된다(상 674 본문). 그러므로 일부보험의 경우에 제3자에 의한 보험사고가 발생하면 보험자가 지급한 보험금의 범위 내에서 그 권리가 보험자에게 이전되어 보험자와 피보험자는 지분적공유관계에서 손해배상청구권을 행사하게 된다. 문제가 되는 것은, 제3자의 배상자력이 부족한 경우에 보험자와 피보험자 사이에 그것을 어떻게 분배할 것인가이다. 이에 대하여는 보험자우선설(절대설), 비율분배설(상대설), 피보험자우선설(차액설)의 견해가 나누어져 있다. 예컨대 보험가액이 1억원인 건물을 7000만원의 보험금액으로 화재보험계약을 체결하였는데, 이 건물이 제3자인 C의 방화로 5000만원의 손해가 발생하였다. 이 사고로 보험자는 일부보험의 비례보상의 원칙에 따라 3500만원(5000만원×7/10)을 피보험자에게 지급하였다. 그런데 C의 자력은 3000만원이라고 한다. 이 경우에 보험자가 방화자 C에 대하여 대위청구할 수 있는 금액은 얼마인가? 이에 대하여는 보험자우선설(절대설), 비율분배설(상대설), 피보험자우선설(차액설)의 견해가 나누어져 있다. 보험자우선설(절대

61) 민법 제472조(권한없는 자에 대한 변제) 전 2조의 경우 외에 변제받을 권한없는 자에 대한 변제는 채권자가 이익을 받은 한도에서 효력이 있다.

62) 민법 제470조(채권의 준점유자에 대한 변제) 채권의 준점유자에 대한 변제는 변제자가 선의이며 과실없는 때에 한하여 효력이 있다.

63) 대판 1999. 4. 7, 98다 61593.

64) 대판 1988. 4. 27, 87다카 1012.

설)은 보험자는 보험금액의 지급한도에서 우선적으로 배정을 받고 나머지가 있을 때에만 피보험자가 C에게 청구할 수 있는 방법이다. 이에 의하면 보험자는 지급한 보험금 3500만원 한도 내에서 C로부터 3000만원을 우선 지급받게 되고, 피보험자는 C로부터 아무런 보상을 받을 수 없게 된다. 비례분배설(상대설)은 보험자와 피보험자가 보험자가 지급한 손해보상액과 피보험자가 보상받지 못한 금액(손해액에서 손해보상액을 뺀 금액)의 비율에 따라 분배하는 방법이다. 이에 의하면 피보험자는 보험자로부터 일부보험에 의한 손해보상 3500만원을 받고, 손해액의 나머지인 1500만원에 대하여는 C에게 손해배상을 청구하게 되고, 보험자는 3500만원 지급하였으므로 C에게 3500만원의 청구권대위를 할 수 있다. 따라서 C의 재산 3000만원에 대하여 피보험자와 보험자는 1500만원: 3500만원의 비율 즉 3:7의 비율로 손해배상을 청구하게 된다. 그 결과 피보험자는 900만원, 보험자는 2100만원을 받게 되어 피보험자는 총 4400만원의 보상을 받게 된다. 피보험자우선설(차액설)은 피보험자의 손해액을 먼저 충당한 나머지에 대해서만 보험자가 청구권을 행사할 수 방법이다. 이에 의하면 피보험자의 손해액 중 보상받지 못한 1500만원을 피보험자가 우선 받고, 보험계약자는 C의 나머지 재산인 1500만원을 받을 수밖에 없게 된다. 생각건대 보험자는 보험료의 대가로서 보험금액을 지급하는 것이며 또한 보험제도의 취지로 볼 때 보험자는 자기의 보상의무를 전액 이행하는 것이 원칙이고 대위권은 예외적인 것이라고 보아야 하므로 특별한 약정이 없는 한 피보험자우선설이 바람직하다고 본다.[65]

Ⅳ. 재보험자의 대위

재보험계약(再保險契約)의 경우에는 원수보험자(元受保險者)가 피보험자에게 보험금을 지급하여 제3자에 대한 권리를 대위취득하면, 재보험자는 원수보험자에게 재보험금을 지급한 한도 내에서 그 대위권은 다시 재보험자에게 이전한다. 그러나 재보험자가 대위권을 행사하는 것은 사실상 곤란하므로, 보험실무상으로는 원수보험자가 자기의 명의로 재보험자의 수탁자로서의 지위에서 행사하여 제3자로부터 손해배상금을 지급받은 다음, 이를 재보험자에게 교부하는 방법이 상관습으로 인정되어 있다.[66]

---

65) 김성태, 전게서, 481면; 양승규, 전게서, 257면; 정찬형, 전게서, 632면; 최기원, 전게서, 338면.

66) 서울민사지판 1981. 12. 16. 80가합5524. 「재보험자의 대위의 경우에는 보험자대위에 의한 권리의 귀속과 권리의 행사를 분리하여 재보험자는 스스로 이를 행사하지 않고 원수보험자가 자기명의로 재보험자의 수탁자로서의 지위에서 제3자에 대한 권리를 행사하여 회수한 금액을 재보험자에게 교부하는 상관습이 있는 바, 원수보험자는 재보험자가 취득한 지분에 관하여서도 그 수탁자의 지위에서 권리를 행사할 수 있다.」

〔10〕 보험목적의 양도

목 차

Ⅰ. 보험목적의 양도의 의의와 취지

1. 보험목적의 양도의 의의

보험목적의 양도란 피보험자가 보험계약의 대상으로 되어 있는 목적물을 매매 또는 증여 등의 의사표시에 의하여 타인에게 양도하는 것을 말한다. 따라서 피보험자의 사망이나 회사의 합병 등에 의하여 보험목적물에 대한 보험계약상의 권리와 의무가 포괄승계[67]되는 경우는 보험목적의 양도가 아니며, 또한 보험목적의 양도는 단순한 보험금채권의 양도와는 차이가 있다.[68]

2. 보험목적의 양도의 인정 취지

인보험에서는 보험의 대상이 되는 객체가 사람의 생명 또는 신체이므로 보험의 목적의

67) 포괄승계(包括承繼)와 특정승계(特定承繼): 포괄승계(또는 일반승계)는 상속, 포괄유증, 회사의 합병 등과 같이 단일원인에 의하여 전주의 모든 권리의무를 전체로서 일괄하여 승계하는 것을 말하고, 특정승계는 매매 등과 같이 개개의 권리의무를 개개의 원인에 의하여 승계하는 것을 말한다. 포괄승계에 있어서 포괄승계인은 법률상 거의 전주의 동일한 지위를 갖게 된다.

68) 손해보험계약의 소멸 · 변경사유로는 보험계약 일반의 변경 · 종료사유, 손해보험계약 일반의 변경 · 소멸사유와 각 종 손해보험계약의 특수 변경 · 소멸사유가 있는데, 손해보험계약 일반의 변경 · 소멸사유로는 피보험이익의 소멸과 보험목적의 양도가 있다. 여기서는 보험목적의 양도에 대하여만 설명하고 피보험이익의 소멸에 대한 별도의 설명을 생략한다. 피보험이익의 소멸이란 보험계약을 체결할 때 피보험자가 보험에 붙인 이익을 완전히 잃게 되는 경우를 말한다. 예컨대 건물의 화재보험에서 건물이 철거되어 없어지는 경우와 같은 것을 말한다. 피보험이익이 소멸되면 보험기간의 전 · 후를 불문하고 보험계약도 효력을 잃게 된다.

양도란 있을 수 없다. 그러나 손해보험 특히 물건보험에서 피보험이익은 보험의 목적이라는 물적요소와 피보험자라는 인적요소가 결부되어 있어 물적요소인 보험목적만을 분리하여 양도할 수 있는가 하는 것이 문제될 수 있는데, 상법은 "피보험자가 보험의 목적을 양도한 때에는 양수인은 보험계약상의 권리와 의무를 승계한 것으로 추정한다"(상 679)라고 규정하여 보험목적만의 양도를 인정하고 있다. 이를 인정하는 취지는, 보험계약과 분리된 보험목적의 양도만 인정된다면 양도인이 지급한 보험료는 의미없이 낭비되고, 양수인이 양도받은 목적물은 일시적으로 무보험상태에 놓이게 되므로, 이러한 불이익을 피하기 위하여 보험계약관계를 소멸시키지 않고 양수인의 승계를 인정하는 것이 양수인의 위험보호와 보험경제적인 측면에서 필요하다는 점에 있다.

Ⅱ. 권리 · 의무의 승계추정의 요건

1. 양도 당시 유효한 보험관계의 존속

피보험자가 보험목적을 양도할 때에 양도인과 보험자 사이의 보험계약관계가 유효하게 존속하고 있어야 한다. 양도인이 보험목적을 양도하였으나 그 보험계약에 무효 또는 해지사유가 있는 경우에는 보험자는 양수인에 대항할 수 있다.

2. 보험목적의 제한

보험의 목적은 동산 · 부동산 등의 물건이어야 한다. 그러므로 예컨대 의사나 변호사 등에 관한 직업책임보험과 같은 경우에는 그 지위의 양도가 인정되지 않기 때문에 보험목적의 양도문제가 발생하지 않는다. 그러나 책임보험이 영업이나 물건과 관련된 경우에는 그 영업이나 물건을 양도하면 보험목적의 양도에 관한 규정을 유추적용할 수 있을 것이다.[69] 상법은 선박보험과 자동차보험에서 선박과 자동차의 양도는 인정하되 특별요건을 필요로 한다. 즉 선박보험에서 선박의 양도는 보험자의 동의가 없으면 보험계약이 종료되고(상 703의2), 자동차보험에서 자동차의 양도는 보험자의 승낙을 받은 경우에 한하여 보험계약상의 권리와 의무를 승계하도록 하고 있으므로(상 726의4) 선박과 자동차의 양도의 경우는 상법 제679조가 적용되지 않는다. 그리고 보험목적인 물건은 특정되고 개별화되어야 한다. 따라서 집합된 물건을 일괄하여 보험의 목적으로 하는 집합보험(상 686, 687)에서 그 물건의 일부만을 별도로 양도한 경우에는 상법 제679조의 보호를 받을 수 없다.

69) 손주찬, 전게서, 604면; 양승규, 전게서, 264면; 정찬형, 전게서, 636면; 최기원, 전게서, 342면.

3. 보험목적의 물권적 이전

보험목적의 양도는 당사자의 의사표시에 의한 것으로서 유상이든 무상이든 상관없으나, 단순한 채권적 양도계약만으로는 부족하고 소유권이 물권변동에 따라 특정승계의 방법으로 피보험자로부터 제3자에게 이전되어야 한다. 상법 제679조의 양도란 당사자의 의사표시에 의한 임의양도를 의미하지만, 강제집행(强制執行)으로 경락인에게 보험의 목적이 귀속된 경우에도 동조를 유추적용 하여야 할 것이다.[70]

Ⅲ. 보험목적의 양도의 효과

1. 보험계약상의 권리와 의무의 승계 추정

피보험자가 보험의 목적을 양도한 경우에는 보험계약상의 권리와 의무가 양수인에게 승계된 것으로 추정된다(상 679). 따라서 반대의 입증이 없는 한 양수인이 피보험자의 지위를 승계하게 된다.[71] 상호보험의 경우에는 보험의 목적을 양도하였을 때 양수인이 회사의 승인을 얻지 아니하면 양도인의 권리를 승계할 수 없다(보업 57). 자기를 위한 보험과 타인을 위한 보험에서 보험목적이 양도되었을 때 보험계약자의 지위도 이전되는가 하는 것이 문제된다. 자기를 위한 보험에서 보험의 목적이 양도되면 다른 약정이 없는 한 보험계약자의 지위도 양수인에게 승계된다고 보아야 한다. 따라서 양수인이 보험계약자의 지위를 승계하여 보험계약자로서의 권리를 갖게 되고 의무를 부담하게 된다. 다만 보험의 목적을 양도할 당시의 보험료기간에 속하는 보험료는 상법 제57조[72]를 유추적용하여 양도인과 양수인이 연대하여 지급의무를 진다고 보아야 할 것이다.[73] 그러나 타인을 위한 보험의 경우에 보험의 목적이 양도되면 그 양도로 피보험자의 지위만 양수인에게 이전되고 보험계약자의 지위는 그대로 유지된다. 따라서 보험계약자는 계속하여 보험료지급의무를 부담하게 된다(상 639 ①).

---

70) 김성태, 전게서, 492면; 양승규, 전게서, 264면; 정찬형, 전게서, 636면; 최기원, 전게서, 344면.

71) 대판 1997. 11. 11. 97다35375.「상법 제679조에서 피보험자가 보험의 목적을 양도한 때에는 보험계약으로 인하여 생긴 권리를 동시에 양도한 것으로 추정한다고 규정하는 취지는 보험의 목적이 양도된 경우 양수인의 양도인에 대한 관계에서 보험계약상의 권리도 함께 양도된 것으로 당사자의 통상의 의사를 추정하고 이것을 사회경제적 관점에서 긍정한 것이라고 할 것인바, 위 추정은 보험목적의 양수인에게 보험승계의 의사가 없다는 것이 증명된 경우에는 번복된다고 할 것이다.」

72) 상법 제57조(다수채무자간 또는 채무자와 보증인의 연대) ① 수인이 그 1인 또는 전원에게 상행위가 되는 행위로 인하여 채무를 부담한 때에는 연대하여 변제할 책임이 있다. ② 보증인이 있는 경우에 그 보증이 상행위이거나 주채무가 상행위로 인한 것인 때에는 주채무자와 보증인은 연대하여 변제할 책임이 있다.

73) 김성태, 전게서, 496면; 양승규, 전게서, 266면; 정찬형, 전게서, 636면.

2. 보험자에 대한 통지의무

보험의 목적을 양도한 경우에 양도인 또는 양수인은 보험자에 대하여 지체없이 그 사실을 통지하여야 한다(상 679 ②). 그 취지는 보험목적의 양도에 따라 보험자가 피보험자의 변경 등 보험관계의 변동을 정확히 알 수 있게 함에 있다. 보험증권이 지시식으로 발행되어 유가증권성이 인정되는 경우에는 보험자에 대한 양도의 통지는 필요하지 아니하고, 보험증권에 배서만 있으면 된다고 하는 견해[74]가 있는데, 통지의무는 보험자를 위한 것이므로 실제의 통지가 있어야 한다고 본다. 통지의 방법에는 특별한 제한이 없으나 실무상으로는 서면으로 통지하고 보험증권에 확인받을 것을 요구하는 경우도 있다(화보약 10 ①ⅱ, ②). 통지의무는 단순한 대항요건(민 450)[75]이 아니라 보험법상 규정된 간접의무라고 본다.[76] 상법은 통지의무를 게을리 한 때의 효과에 대하여는 규정하고 있지 않다. 판례는 보험목적이 양도되었으나 위험의 변경·증가없이 보험료율의 결정요소가 동일한 경우에는 통지의무의 위반을 이유로 한 보험자의 계약해지를 인정하지 않는다.[77]

3. 보험목적의 양도에 따른 위험의 변경·증가

보험의 목적의 양도에 따라 위험의 현저한 변경 또는 증가가 있을 경우에는 보험자는 보험료의 증액을 청구하거나 보험계약을 해지할 수 있다고 볼 수 있다(상 652 참조). 실무상으로는 위험이 감소된 경우에는 그 차액보험료를 돌려주고 위험이 증가한 경우에는 통지를 받은 날부터 1월 이내에 보험료의 증액을 요구하거나 계약을 해지할 수 있는 경우도 있다(화보약 10 ②).

4. 보험자 그 밖의 제3자에 대한 관계

보험의 목적이 양도된 경우에 보험자 기타 제3자에 대한 관계에서 대항요건을 갖추어야

---

74) 양승규, 전게서, 266면.

75) 민법 제450조(지명채권양도의 대항요건) ① 지명채권의 양도는 양도인이 채무자에게 통지하거나 채무자가 승낙하지 아니하면 채무자 기타 제3자에게 대항하지 못한다. ② 전항의 통지나 승낙은 확정일자 있는 증서에 의하지 아니하면 채무자 이외의 제3자에게 대항하지 못한다.

76) 김성태, 전게서, 501면.

77) 대판 1996. 7. 26. 95다52025. 「보험목적물의 양도를 보험계약자의 통지의무 사유로 들고 있는 화재보험보통약관 제9조와 '현저한 위험의 변경 또는 증가와 관련된 제9조에 정한 계약 후 알릴 의무를 이행하지 아니하였을 때'를 보험계약의 해지사유로 들고 있는 같은 약관 제11조 제2항의 규정을 종합하여 보면, 화재보험의 목적물이 양도된 경우 그 양도로 인하여 현저한 위험의 변경 또는 증가가 있고 동시에 보험계약자 또는 피보험자가 양도의 통지를 하지 않는 경우에는 보험자는 통지의무 위반을 이유로 당해 보험계약을 해지할 수 있으나, 보험목적의 양도로 인하여 현저한 위험의 변경 또는 증가가 없는 경우에는 양도의 통지를 하지 않더라도 통지의무 위반을 이유로 당해 보험계약을 해지할 수 없다고 봄이 상당하다.」

하느냐가 문제된다. 상법상의 권리 · 의무의 승계추정은 양도인과 양수인 사이에서만 추정의 효과가 있는 것이 아니고 보험자 기타 제3자에 대하여도 그 효력이 미친다고 보아야 하므로 보험목적을 양도할 때 별도의 대항요건을 갖출 필요는 없다고 본다. 판례도 같은 견해를 취하고 있다.[78]

78) 대판 1996. 7. 26. 95다52505.

제2절 손해보험 각론

〔1〕 화재보험

목 차

Ⅰ. 화재보험계약의 의의

화재보험계약이란 화재로 인하여 발생한 손해를 보상할 목적으로 하는 손해보험계약이다(상 683). 화재보험은 화재로 인한 피보험자의 손해를 보상하여 경제적 안정을 도모할 뿐만 아니라 화재에 대한 경각심을 고취시고, 소방 및 내화 방법의 발전을 촉진시켜 국가와 국민의 재산을 화재로부터 보호하는 기능을 한다. 화재보험계약을 체결하는 것은 임의적인 것이 원칙이지만, 화재로 인한 피해의 중대성을 고려하여 법률로 화재보험가입을 강제하는 경우도 있다. 즉 국유건물 · 교육시설 · 백화점 · 의료시설 · 흥행장 · 숙박업소 · 공장 · 공동주택 등 특수한 건물에 대하여는 「화재로 인한 재해보상과 보험가입에 관한 법률」 제5조에 따라 신체손해배상특약부화재보험의 가입을 강제하고 있다.[1)]

Ⅱ. 보험의 목적

화재보험의 목적은 화재(火災)라는 보험사고에 의하여 멸실 · 훼손될 수 있는 것이므로 동산 · 부동산 등의 유체물로서(상 685 참조) 개별적인 물건을 대상으로 하는 것이 원칙으로 하며, 일반적으로 보험약관에 보험의 목적이 구체적으로 명시되어 있다(화보약 5). 그러나

1) 구 화물유통촉진법 제45조는 「창고업자가 창고증권을 발행하고자 하는 경우에는 임치물에 대한 화재 · 도난으로 입은 임치인의 재산상 피해를 보상하기 위하여 보험에 가입하여야 한다.」고 하여 보험가입을 강제하였으나, 동법이 '물류정책기본법'으로 전면 개편되면서 동 조항이 삭제되었다.

가정의 여러 가지 물건이나 점포 내의 여러 종류의 상품 등과 같이 개별적인 물건 하나하나를 보험에 붙이는 것이 불편하고 적절하지 못한 경우를 예상하여 예외적으로 집합된 물건을 일괄하여 보험의 목적으로 할 수 있도록 하고 있다. 집합보험은 특정집합보험(특정보험이라고도 함)과 총괄집합보험(총괄보험이라고도 함)의 두 종류로 분류할 수 있다. 특정집합보험은 가정의 여러 가지 물건과 같이 보험의 목적이 특정되어 있는 것을 말한다. 상법 제686조는 "집합된 물건을 일괄하여 보험의 목적으로 한 때에는 피보험자의 가족과 사용인의 물건도 보험의 목적에 포함된 것으로 본다. 이 경우에는 그 보험은 그 가족 또는 사용인을 위하여서도 체결한 것으로 본다"하여 특정집합보험을 인정하고 아울러 가족 또는 사용인을 위한 타인을 위한 보험계약의 성립을 인정하고 있다. 총괄집합보험은 점포의 상품이나 창고에 보관되어 있는 물건과 같이 보험의 목적이 특정되어 있지 않고 수시로 교체될 수 있는 것을 예정한 보험을 말한다. 상법 제687조는 "집합된 물건을 일괄하여 보험의 목적으로 한 때에는 그 목적에 속한 물건이 보험기간 중에 수시로 교체된 경우에도 보험사고의 발생시에 현존한 물건은 보험의 목적에 포함된 것으로 한다"라고 하여 총괄집합보험을 인정하고 보험의 목적의 범위에 대하여 규정하고 있다.

Ⅲ. 보험사고

화재보험에서 보험사고인 화재(火災)의 의미에 대하여는 상법상 규정된 바가 없다. 다수 견해에 의하면 화재란 '통상의 용법에 의하지 아니한 화력으로 독립한 연소력을 가진 현실적인 연소작용으로 인한 재해'라고 한다.[2] 그러므로 발화되지 않은 열의 작용이나 백열물질(白熱物質)[3]의 접촉으로 인한 물건의 훼손, 보험의 목적인 물건을 착오로 불태운 경우, 난로의 복사열로 가구가 눌었거나 담뱃불똥이 떨어져 생긴 흠 등은 화재로 인한 것으로 보지 않는다. 그러나 건물에 불이 나서 집안 물건이 연기에 그을은 것은 화재에 의한 것으로 볼 수 있다.

Ⅳ. 화재보험증권

보험자는 화재보험계약이 성립된 때에는 지체없이 화재보험증권을 작성하여 보험계약자에게 교부하여야 한다(상 640). 화재보험증권에는 보험증권의 일반 기재사항(상 666) 외에 ⅰ) 건물을 보험의 목적으로 한 때에는 그 소재지, 구조와 용도 ⅱ) 동산을 보험의 목적으로

2) 김성태, 전게서, 512면; 손주찬, 전게서, 603면; 양승규, 전게서, 271면; 정찬형, 전게서, 641면; 최기원, 전게서, 356면.
3) 백열: 물체에서 흰빛이 나도록 몹시 높은 온도에서 가열하는 일을 말한다.

한 때에는 그 존치한 장소의 상태와 용도 iii) 보험가액을 정한 때에는 그 가액을 기재하여야 한다. 약관상으로는 동산의 경우에는 보험증권에 기재되지 않으면 보험의 목적이 되지 않고, 건물의 경우에는 그 부속물이나 부착물, 부속설비는 특별히 보험증권에 기재하지 않더라도 보험목적의 범위에 포함되는 것으로 한다(화보약 5).

V. 화재보험자의 손해보상책임

1. 위험보편의 원칙

화재보험자는 화재로 인하여 보험목적에 생긴 손해가 발생한 때에는 그 화재의 원인이 무엇이냐에 관계없이 화재로 인한 모든 손해를 보상할 책임이 있는데, 이를 '위험보편(危險普遍)의 원칙(原則)'이라 한다. 상법 제683조는 "화재로 인하여 생긴 손해"라 하여 화재의 원인을 묻지 않으므로 이 원칙을 인정하고 있다.[4] 이 원칙은 법률이나 보험약관상 보험자의 면책사유가 많으면 큰 의미가 없게 된다.

2. 화재보험자의 손해보상의 범위

1) 화재와 상당인과관계에 있는 모든 손해

화재보험자는 화재와 상당한 인과관계에 있는 모든 손해를 보상할 책임이 있다(상 683). 예컨대 화재가 발생하여 진화과정에서 소방수로 인하여 이웃집에 준 피해는 화재와 상당한 인과관계가 있는 손해로써 보상하여야 하고, 화재로 인한 건물수리시에 지출한 철거비와 폐기물처리비는 화재와 상당인과관계가 있는 건물수리비에 포함된다.[5] 그러나 화재가 발생한 경우에 분실 또는 도난으로 인한 손해는 화재와 상당인과관계가 없는 손해이다(화보약 7 ③).

2) 소방 등의 조치로 인한 손해

상법은 보험자는 화재의 소방 또는 손해의 감소에 필요한 조치로 인한 손해도 보상할 책임이 있다고 한다(상 684). 이는 화재가 발생하였을 때 당연히 생길 수 있는 조치로 화재와 상당인과관계가 있는 손해라고 할 수 있다. 그러므로 소방 등의 조치에 필요 또는 유익하였던 비용과 보상액이 보험금액을 초과한 경우라도 보험자는 이를 부담하여야 한다(상 680).

---

4) 김성태, 전게서, 513면; 손주찬, 전게서, 605면; 양승규, 전게서, 274면; 정찬형, 전게서, 642면; 최기원, 전게서, 363면.
5) 대판 2003. 4. 25, 2002다 64520.

3. 화재보험자의 면책사유

화재보험자의 면책사유에는 법정면책사유와 약관면책사유가 있다.

1) 법정면책사유로는, 보험계약자 또는 피보험자의 고의 또는 중대한 과실(상 659), 전쟁 기타의 변란(상 660)의 일반적인 면책사유 외에 화재보험에 특유한 면책사유로 보험목적의 성질, 흠으로 생긴 자연발화(상 678)가 있다.

2) 화재보험보통약관에서 열거하고 있는 면책사유는 다음과 같다(화보약 7). ① 보험계약자, 피보험자 또는 이들의 법정대리인의 고의 또는 중대한 과실로 생긴 손해 ② 피보험자에게 보험금을 받도록 하기 위하여 피보험자와 세대를 같이 하는 친족 또는 고용인이 고의로 일으킨 손해. 고용인은 반드시 피보험자와 세대를 같이 하는 사람에 한하지 않고 상업사용인(상 10 이하)과 같이 피보험자의 일을 돕는 사람은 모두 포함된다고 본다.(이 조항의 효력을 판례[6]는 제한적으로 인정하고 있다). ③ 화재가 났을 때 도난 또는 분실로 생긴 손해 ④ 보험의 목적이 발효, 자연발열, 또는 자연발화로 생긴 손해 ⑤ 파열 또는 폭발로 생긴 손해 ⑥ 전기적 사고로 인한 손해(그러나 그 결과로 인한 화재손해는 보상한다) ⑦ 지진, 분화 또는 전쟁으로 생긴 손해 ⑧ 핵연료물질 또는 핵연료물질에 의하여 오염된 물질, 방사성 폭발성 그 밖의 유해한 특성에 의한 사고로 생긴 손해 ⑨ 핵연료물질 이외의 방사선조사 또는 방사선오염으로 인한 손해 ⑩ 건물이 점유되고 있지 않을 때 생긴 손해.

---

6) 대판 1984. 1. 17. 83다카1940. (1) 「보험계약의 보통약관 중 "피보험자에게 보험금을 받도록 하기 위하여 피보험자와 세대를 같이 하는 친족 또는 고용인이 고의로 사고를 일으킨 손해에 대해서는 보험자가 보상하지 아니 한다" 는 내용의 면책조항은 그것이 제3자가 일으킨 보험사고에 피보험자의 고의 또는 중대한 과실이 개재되지 않은 경우에도 면책하고자 한 취지라면 상법 제659조, 제663조에 저촉되어 무효라고 볼 수밖에 없으나, 동 조항은 피보험자와 밀접한 생활관계를 가진 친족이나 고용인이 피보험자를 위하여 보험사고를 일으킨 때에는 피보험자가 이를 교사 또는 공모하거나 감독상 과실이 큰 경우가 허다하므로 일단 그 보험사고 발생에 피보험자의 고의 또는 중대한 과실이 개재된 것으로 추정하여 보험자를 면책하고자 한 취지에 불과하다고 해석함이 타당하며, 이러한 추정규정으로 보는 이상 피보험자가 보험사고의 발생에 자신의 고의 또는 중대한 과실이 개재되지 아니하였음을 입증하여 위 추정을 번복할 때에는 위 면책조항의 적용은 당연히 배제될 것이므로 위 면책조항은 상법 제663조의 강행규정에 저촉된다고 볼 수 없다.」 (2) 「위 면책조항을 추정규정이라고 본 이상, 그에 열거된 친족 또는 고용인이라 함은 그들의 행위가 피보험자의 고의 또는 중대한 과실에 기인한 것이라고 추정케 할 만큼 피보험자와 밀접한 생활관계를 가진 자에 국한된다고 보아야 하므로 고용인도 세대를 같이 하는 자임을 요한다고 해석함이 타당하다.」

〔2〕 운송보험

목 차

Ⅰ. 운송보험계약의 의의

운송보험계약(運送保險契約, contract of transport insurance)이란 육상운송의 목적인 운송물의 운송에 관한 사고로 인하여 발생한 손해의 보상을 목적으로 하는 손해보험계약이다(상 688). 운송보험은 광의로는 해상운송과 항공운송도 포함하지만, 상법상 운송이라 할 때는 육상 또는 호수, 항만에서의 운송을 의미하고 해상운송과 항공운송을 제외하고 있는데(상 125)[7], 운송보험약관상으로는 육상과 호천만을 포함하고(운보약 2 ①), 항만사고는 해상보험에서 담보하고 있다. 해상운송보험은 상법의 해상보험(상 693)에서 규정하고 있지만, 항공보험에 대하여는 상법상 규정이 없고 항공운송보험약관에 따르는 것이 일반적이다.

Ⅱ. 운송보험계약의 요소

1. 보험의 목적

운송보험의 목적은 운송물이다. 다만 운송물의 도착으로 인하여 얻을 이익인 희망이익(希望利益)은 특약이 있는 경우에만 보험가액에 포함시킬 수 있다(상 689 ②). 운송 중에 발생한 사고라도 여객의 생명과 신체에 생긴 사고는 운송보험의 대상이 아니고 인보험이나 책임보험에 속하고, 운송에 이용되는 자동차나 기차는 운송보험의 목적이 아니고 차량보험의 목적이 된다.

7) 상법 제125조(의의) 육상 또는 호천, 항만에서 물건 또는 여객의 운송을 영업으로 하는 자를 운송인이라 한다.

2. 보험사고

운송보험의 보험사고는 육상운송 중에 생길 수 있는 모든 사고로서 운송수단의 충돌 · 탈선 · 전복 등의 운송에 특유한 위험은 물론 적재 · 하역작업 중의 위험과 도난 · 화재 등의 위험을 포함한다. 보험사고의 구체적 내용은 약관에서 정하고 있다(운보약 2).

3. 피보험이익

운송보험에서 피포험이익은 운송물에 대하여 피보험자가 가지는 이해관계로 여러 가지의 형태를 취할 수 있다. 즉 운송물에 대한 소유권자의 이익은 물론 운송물의 도착에 의하여 얻게 될 희망이익(상 689)이나 운송인이 운송 중의 사고로 운임을 받지 못하게 되는 경우의 운임손해 등도 운송보험의 피보험이익이 될 수 있다.

4. 보험가액

운송보험에서 보험가액에 대한 약정이 있는 경우에는 그에 따르지만, 다른 약정이 없는 경우에는 운송물을 발송한 때와 곳의 가액과 도착지까지의 운임 기타의 비용을 보험가액으로 한다(상 689 ①). 운송물의 운송기간은 대체로 단기이고, 사고의 발생한 때와 곳을 확정하기 곤란하기 때문에 보험가액불변경주의에 따라 보험가액이 결정되며, 보험기간 중의 가액변동은 고려되지 않는다. 희망이익은 다른 약정이 있을 경우에 보험가액에 산입할 수 있다(상 689 ②).

5. 보험기간

운송보험자는 다른 약정이 없으면 운송물을 수령한 때로부터 수하인에게 인도할 때까지를 보험기간으로 하여 보상책임을 부담한다(상 688). 운송물을 운송인이 수령한 후 운송보험계약이 체결되는 경우에 보험자의 책임이 운송인이 운송물을 수령한 때로 소급하느냐가 문제인데, 당사자 간에 소급특약(상 643)이 없으면 보험계약 성립 후 보험료를 받은 때로부터 보험기간이 개시된다고 본다(상 699 ③, 운보약 4 참조).

Ⅲ. 운송보험증권

운송보험증권에는 보험증권 일반의 기재사항(상 666) 외에 다음의 사항을 기재하여야 한다(상 690). ⅰ) 운송의 노순(路順)과 방법 ⅱ) 운송인의 주소와 성명 또는 상호 ⅲ) 운송물의 수령과 인도의 장소 ⅳ) 운송기간을 정한 때에는 그 기간 ⅴ) 보험가액을 정한 때에는 그 가액.

Ⅳ. 운송보험자의 손해보상책임

1. 운송보험자의 손해보상

운송보험자는 다른 약정이 없으면 운송인이 운송물을 수령한 때로부터 수하인에게 인도할 때까지 생긴 손해를 피보험자에게 보상할 책임이 있다(상 688, 689). 그러나 보험사고로 인하여 지급을 요하지 아니하는 운임 그 밖의 비용은 보험가액에서 공제하여야 한다(상 137 ③ 참조).

2. 운송보험자의 면책사유

운송보험자는 피보험자 등의 고의 또는 중대한 과실(상 659), 전쟁 등의 위험(상 660), 보험의 목적의 성질 등으로 인한 손해(상 678) 등의 일반 법정면책사유 이외에 보험사고가 송하인 또는 수하인의 고의 또는 중대한 과실로 인하여 발생한 때에는 이로 인하여 생긴 손해를 보상할 책임이 없다(상 692). 그 외 운송보험약관상의 면책사유가 있다(운보약 5).

Ⅴ. 운송의 중지·변경과 보험계약의 효력

운송보험계약은 다른 약정이 없으면 운송의 필요에 의하여 일시 운송을 중지하거나 노순 또는 방법을 변경한 경우에도 그 효력을 잃지 않는다(상 691). 이는 운송물의 운송에서 불가피한 사정으로 운송을 중지하거나 노순 또는 방법을 변경할 수도 있음을 고려한 것이다. 그러나 운송의 중지나 변경이 보험계약자나 피보험자의 고의 또는 중대한 과실로 야기되어 위험이 현저히 변경되거나 증가되는 되는 경우에는 보험자는 보험료의 증액을 청구하거나 보험계약을 해지할 수 있다고 본다(상 653).[8]

---

8) 양승규, 전게서, 288면; 이기수 외, 전게서, 182면; 정찬형, 전게서, 649면.

〔3〕 해상보험의 의의와 종류

목 차

Ⅰ. 해상보험의 의의와 법적체계

1. 해상보험계약의 의의와 특성

해상보험계약(海上保險契約, contract of marine insurance)이란 해상사업(海上事業)에 관한 사고로 인하여 생길 손해를 보상할 것을 목적으로 하는 손해보험이다(상 693). 구상법에서는 '항해'에 관한 사고를 대상으로 하였으나 상법을 제정하면서 해상사업에 부속하는 육상위험까지 담보할 수 있도록 '해상사업'에 관한 사고라 하였다. 해상보험은 기본적으로 운송보험의 일종이지만 항해 등 해상에서 발생하는 위험은 육상위험과는 다른 특수한 성질을 지니고 있다. 해상보험은 무역업자나 해운업자가 이용하는 기업보험으로 가계보험과는 달리 보험업자와 대등한 지위에서 계약을 체결할 수 있는 것으로 보아 어느 정도 사적자치의 원칙이 적용된다(상 663 단서).

2. 해상보험의 기능과 법적체계

1) 해상보험의 기능

해상기업은 예측할 수 없는 해상위험에 직면되어 있으므로 해상보험은 해상위험을 담보하여 해상기업을 안전하게 경영할 수 있는 기능을 하고, 국제무역거래에서 거래대금의 결제와 관련하여 매수인의 거래은행이 발행하는 상업신용장(商業信用狀)에는 그 조건의 하나로 해상보험증권을 첨부할 것을 요구하고 있으므로 해상보험은 무역금융의 편의수단으로 이용되기도 한다.

2) 해상보험의 법적체계

구상법에서는 해상보험이 해상사업과 밀접한 관련이 있다고 생각하여 해상보험을 해상법(海商法) 편에 규정하였으나, 현행상법은 해상보험을 일반보험법의 체계에 포함시켜 손해보험의 하나로 규정하고 있다. 상법은 해상보험의 특수성을 감안하여 비교적 상세한 규정을 두고 있지만, 이것만으로는 불충분하여 이를 보완하는 해상보험약관이 발달되어 있다. 특히 해상보험은 해운업자나 무역업자가 이용하는 국제적 성질이 농후하여 우리나라는 물론 세계의 상당수의 국가가 해상보험의 선진국가인 영국의 약관을 이용하고 있다.[9] 우리나라 해상보험약관 중에는 "이 보험은 영국의 법률 및 관례에 준거합니다"라는 준거법조항을 두는 경우가 있는데, 판례는 그 효력을 인정하고 있다.[10]

---

9) 영국의 Lloyd's와 SG보험증권(구종순, 전게서, 68~72면, 232~234면 참조)

(1) Lloyd's(로이즈보험 인수업자조합, Corporation of Lloyd's): 영국 런던에 있는 해상보험 개인업자들의 집단으로서 로이즈위원회(Committee of Lloyd's)와 로이즈평의회(Council of Lloyd's)가 이것의 중추조직이다. 17세기 중엽에 Edward Lloyd가 런던에서 경영하던 커피숍에 해사관계 사람들이 모여서 이른바 로이즈식 보험을 인수하던 일에서 시작되어 1871년의 로이즈법(Lloyd's Act)에 의하여 법인화되었는데 정식명칭은 The Corporation of Lloyd's이다.

(2) Lloyd's SG Policy: Lloyd's SG Policy는 해상보험증권의 전형으로 각국의 양식에 도입되었는데, 이는 그 이전부터 사용되어온 SG보험증권을 토대로 작성된 것이어서 보험증권의 단어나 문장이 고어체로 된 부분이 많았다. 이 보험증권은 주로 개인보험업자들이 사용하여 왔고, 회사형태의 보험업자들은 런던보험자협회(Insitute of London Underwriter, ILU)가 새로이 제정한 협회적하보험약관(The Institute Cargo Clause, 1982)과 협회기간선박보험약관(The institute Time Clause-Hulls, 1983)을 사용하고 있으며, 그 내용은 실질적으로 Lloyd's SG보험증권과 동일하다.

(3) SG의 의미: 로이즈위원회는 로이즈의 표준양식 보험증권(Standard SG Policy Form Hull and Cargo)을 제정하여 1779년부터 로이즈보험시장에서 공식적으로 채택하였다. SG라 함은 보험목적물인 선박(ship)과 화물(goods)의 첫 글자로 추정되고 있는데, 부보된 금액(sum insured)의 라틴 어인 Somme grande, 보증된 담보물(security guranteed), 영국의 화폐단위인 'Sterling Gold'의 첫 글자로 추측하는 견해도 있다.

10) 대판 2005. 11. 25, 2002다 59528, 59535; 대판 1991. 5. 14. 90다카25314. 「보험증권 아래에서 야기되는 일체의 책임문제는 외국의 법률 및 관습에 의하여야 한다는 외국법 준거약관은 동 약관에 의하여 외국법이 적용되는 결과 우리 상법 보험편의 통칙의 규정보다 보험계약자에게 불리하게 된다고 하여 상법 제663조에 따라 곧 무효로 되는 것이 아니고 동 약관이 보험자의 면책을 기도하여 본래 적용되어야 할 공서법의 적용을 면하는 것을 목적으로 하거나 합리적인 범위를 초과하여 보험계약자에게 불리하게 된다고 판단되는 것에 한하여 무효로 된다고 할 것인데, 해상보험증권 아래에서 야기되는 일체의 책임문제는 영국의 법률 및 관습에 의하여야 한다는 영국법 준거약관은 오랜 기간 동안에 걸쳐 해상보험업계의 중심이 되어 온 영국의 법률과 관습에 따라 당사자 간의 거래관계를 명확하게 하려는 것으로서 우리나라의 공익규정 또는 공서양속에 반하는 것이라거나 보험계약자의 이익을 부당하게 침해하는 것이라고 볼 수 없으므로 유효하다.」

Ⅱ. 해상보험의 종류

1. 피보험이익에 따른 분류

(1) 선박보험(船舶保險): 선박 자체를 보험의 목적으로 하는 해상보험이다. 선박보험에서는 특약이 없는 한 선박 자체 이외에 선박의 속구, 연료, 양식, 기타 항해에 필요한 모든 물건은 보험의 목적에 포함된다(상 696 ②).

(2) 적하보험(積荷保險): 해상운송의 대상인 적하(積荷)를 보험의 목적으로 하는 해상보험이다. 적하란 해상으로 운송되어야 하는 모든 유체물을 말한다. 따라서 운송 이외의 목적을 위한 물건, 예컨대 연료, 식료품, 선원 및 여객의 수화물 등은 적하라고 할 수 없다. 그러나 여객의 탁송수화물이나 어선의 어획물은 적하에 포함된다. 적하보험의 보험가액에는 적하의 가액과 선적 및 보험에 관한 비용도 포함된다(상 697).

(3) 운임보험(運賃保險): 해상운송인이 받을 수 없는 해상운송운임을 피보험이익으로 한 보험이다. 운임이란 개품운송계약이나 용선계약 또는 여객운송계약 등에 의한 운임을 포함한다(상 706, 812, 134).

(4) 희망이익보험(希望利益保險): 적하의 도착에 의하여 얻을 이익의 주체로서 갖는 피보험이익에 관한 보험이다(상 698). 희망이익보험계약에서 보험가액을 약정하지 아니한 때에는 보험금액을 보험가액으로 추정한다(상 698).

(5) 선비보험(船費保險): 선박의 의장(艤裝) 기타 선박의 운항에 요하는 제비용의 부담자로서의 피보험이익에 관한 보험이다.

(6) 선박불가동손실보험(船舶不稼動損失保險): 선박이 해난사고로 가동할 수 없는 경우에 선주 등이 선박이 가동하지 못하는 동안에 선박으로 인하여 지급하여야 할 선박경상비, 상실한 운임, 용선료 등의 손실을 담보하는 보험이다.

2. 보험기간에 따른 분류

(1) 항해보험(航海保險): 보험기간이 일정한 항해를 기준으로 정하여지는 보험을 말한다. 보험기간은 하물(荷物) 또는 저하(底荷)의 선적에 착수한 때에 개시(상 699 ①)하고, 하물 또는 저하의 선적에 착수한 후에 계약이 체결된 경우에는 보험기간은 계약성립시에 개시한다(상 699 ③). 보험기간은 항해단위로 선박을 보험에 붙인 경우에는 도착항에서 하물 또는 저하를 양륙한 때 종료한다(상 700 본문). 그러나 불가항력으로 인하지 아니하고 양륙이 지연된 때에는 그 양륙이 보통 종료될 때에 종료된 것으로 한다(상 700 단서).

(2) 정시보험(定時保險): 일정한 기간을 기준으로 보험기간이 정하여지는 보험을 말하며

기간보험(期間保險)이라고도 한다. 예컨대 보험기간을 2008년 3월 1일부터 2008년 5월 31일까지 또는 2008년 3월 1일부터 3개월 등과 같이 일정한 기간으로 하는 보험을 말한다.

(3) 혼합보험: 항해와 기간을 혼합하여 보험기간을 정하는 보험으로 주로 선박보험에서 이용된다.

3. 계약내용의 확정 여부에 따른 분류

보험계약을 체결할 때 보험계약의 내용이 확정되는 것(확정보험)이 일반적이지만 그 내용의 일부 또는 전부가 확정되지 않은 경우가 있는데, 이를 예정보험이라 한다. 우리 상법은 선박미확정의 적하보험에 대해서만 예정보험에 관한 규정을 두고 있다(상 704).

〔4〕 해상보험계약의 요소

목 차

Ⅰ. 해상보험계약의 특성

해상보험계약은 '해상사업'에 관한 사고로 인하여 생길 손해를 보상할 것을 목적으로 하는 손해보험(상 693)으로 보험사고가 해상에서 발생하고, 보험의 목적이 선박 또는 적하이고, 장기간의 운송기간이 요한다는 점 등에서 일반 육상운송보험과 다른 특성을 가지고 있다.

Ⅱ. 보험의 목적

해상보험의 목적은 해상사업상의 사고로 발생되는 손해를 입게될 모든 재산으로서 그 주요대상은 선박과 운송물(積荷 또는 荷物이라고도 함)이다. 육상운송보험의 목적은 운송물에 한정되지만, 해상보험에서는 운송물은 물론 운송용구인 선박도 보험의 목적으로 하고 있다. 상법의 해상편의 적용을 받는 선박은 '상해위 기타 영리를 목적으로 항해에 사용하는 선박'으로(상 740), 단정(短艇) 또는 노도(櫓櫂)로 운전하는 선박은 제외되지만(상 741), 상선(商船, 740)은 물론 공선(公船), 사선(私船)을 포함하여 사회통념상 선박으로 인정되는 것이면 되고, 건조 중인 선박(상 874)도 포함된다.[11] 그 외 희망이익(상 698), 운임(상 706 ⅰ), 선비도 보험의 목적이 된다. 그러나 항해와 관련하여 발생하는 인적손해는 인보험(생명보험 또는 상해보험)에 속하는 것으로 여객은 해상보험의 목적이 되지 않는다.

11) 최기원, 전게서, 385면.

Ⅲ. 보험사고

상법은 해상보험의 보험사고를 "해상사업에 관한 사고"라고 하여 포괄책임주의 입장에서 규정하고 있다(상 693). 해상사업이란 바다를 통하여 선박으로 이루어지는 사업을 말한다. 해상사업에 관한 사고란 선박의 침몰, 좌초, 충돌 등 해상고유의 사고뿐만 아니라 화재, 폭발, 해적, 도난, 선원의 불법행위 등도 포함되며, 그 외 해상사업에 부수하는 육상이나 내수항행에 관한 사고도 포함된다.12)

Ⅳ. 보험가액

1. 선박의 보험가액

일반적으로 선박보험에서는 선박의 보험가액을 약정하지만, 약정이 없는 경우에는 보험가액 불경주의 입장에서 보험자의 책임이 개시될 때의 가액을 보험가액으로 한다(상 696). 만약 공해상에서 항해 중에 보험계약을 체결하면 선박가액을 평가할 수 있는 장소를 확정할 수 없으므로 보험자의 책임이 개시될 때의 장소로 할 수 없다. 이와 같은 경우에 다른 약정이 없으면 영업용고정자산평가의 원칙(상 31 ii 참조)에 의하여야 한다는 견해가 있다.13)

2. 적하의 보험가액

적하보험의 보험가액은 적하를 선적한 때와 곳의 적하의 가액과 선적 및 보험에 관한 비용의 합계액으로 한다(상 697). 선적에 관한 비용이란 하물을 배에 싣는 비용과 이에 부수되는 포장비, 통관수수료, 관세 등을 포함한 비용을 말한다. 적하보험의 보험가액에는 육상운송보험과는 달리 운임을 포함시키지 않고 있다(상 689 ①).

3. 운임의 보험가액

상법은 해상운임보험의 보험가액에 대하여는 규정한 바가 없지만, 이는 피보험자가 해상운송에 의하여 받게 될 운임의 총액과 보험에 관한 비용을 합계한 금액이라고 볼 수 있다.14)

---

12) 김성태, 전게서, 555면; 양승규, 전게서, 298면; 정찬형, 전게서, 654면; 최기원, 전게서, 380면. 적하보험약관에서는 창고간약관(from warehouse to warehouse clause)을 포함하여 선적지의 창고로부터 도착지에서 수하인에게 운송할 때까지의 육상위험도 담보하고 있다(협회적하보험약관 제1조).

13) 양승규, 전게서, 301면.

14) 양승규, 전게서, 302면; 이기수, 전게서, 194면.

4. 희망이익의 보험가액

희망이익이란 적하가 목적지에 무사히 도착하면 수하인이 얻으리라고 기대되는 이익 또는 보수를 말한다. 희망이익보험의 경우에는 특약이 없는 한 보험금액을 보험가액으로 추정한다(상 698).

V. 해상보험증권

해상보험증권은 해상보험계약의 요소는 아니지만 보험계약과 관련된 사항이므로 여기서 언급한다. 해상보험증권에는 보험증권 일반에 관한 기재사항(상 666) 이외에 i) 선박을 보험에 붙인 경우에는 그 선박의 명칭, 국적과 종류 및 항행의 범위 ii) 적하를 보험에 붙인 경우에는 선박의 명칭, 국적과 종류, 선적항, 양륙항 및 출하지와 도착지를 정한 때에는 그 지명 iii) 보험가액을 정한 때에는 그 가액을 기재하여야 한다(상 695).

〔5〕 해상보험자의 손해보상책임

목 차

Ⅰ. 서 설

해상보험에서는 해상사업의 특수성에 따라 보험사고와 손해의 형태가 다양하고 그 범위가 광범하여 손해의 산정이 어려운 경우가 많다. 해상보험의 이러한 특수성을 고려하여 상법과 해상보험약관은 해상보험자가 보상해야 할 손해의 범위와 해상보험자의 면책사유를 자세하게 규정하고 있다.

Ⅱ. 보상해야 할 손해

1. 공동해손으로 인한 손해

공동해손(共同海損)이라 함은 선박과 적하의 공동위험을 면하기 위한 선장의 선박이나 적하에 대한 처분으로 인하여 생긴 손해와 비용 또는 이와 같은 손해와 비용을 공동위험에 처해 있던 이해관계인 사이에서 분담하는 제도를 말한다(상 832). 공동해손의 경우 선장의 공동해손처분행위(상 832)로 피보험자는 공동해손분담의무를 부담하게 되는데, 보험자는 피보험자가 지급할 공동해손의 분담액(상 833)[15]을 보상할 책임이 있다(상 694). 이 보험은 책임보험의 일종이다. 해상보험에서 다른 약정이 없으면 선박의 보험가액은 보험자의 책임이 개시될 때(상 696), 적하의 보험가액은 선적한 때와 곳의 가액(상 697)으로 하나, 공동해손분담액

15) 공동해손; 공동해손이란 선장이 선박과 적하의 공동위험을 면하기 위하여 선박이나 적하에 대한 처분으로 인하여 생긴 손해와 비용 또는 이와 같은 손해와 비용을 이해관계인에게 분담시키려는 제도(상 832)를 말하며, 그 분담액을 공동해손분담액이라 한다.

의 산정의 경우에는 선박가액은 도달한 때와 곳의 가액으로, 적하의 가액은 양륙한 때와 곳의 가액으로 한다(상 834). 공동해손분담액은 선박 또는 적하의 현존하는 가액을 한도로 하므로(상 835), 보험자는 공동해손분담액이 보험금액을 초과한 때에는 그 초과액에 대한 분담액은 보상하지 아니한다(상 694 단서). 공동해손분담에 의한 손해액을 보상한 보험자는 피보험자가 이해관계인에 대하여 갖는 공동해손분담청구권을 대위취득한다(상 682).

2. 선박충돌로 인한 손해

선박의 충돌(상 843 참조)에 의하여 피보험선박에 발생한 손해는 선박보험자가 보상할 책임이 있다. 문제가 되는 것은 선박충돌로 인하여 상대 선박에 발생한 손해에 대한 배상책임은 누가 부담하느냐이다. 상법에는 이에 관한 규정이 없는데, 특약이 없는 한 보험자는 그에 대한 책임을 부담하지 않는다고 본다. 그러나 실무상으로는 충돌약관(衝突約款)을 두어 피보험자의 선박충돌로 인한 손해배상책임을 담보하고 있는 것이 일반적이다.

3. 해양사고구조료

해양사고구조료(海洋事故救助料)란 제3자가 구조의 의무없이 위난에 처한 선박 또는 적하를 구조하고 구조된 선박 또는 적하의 이해관계인에게 청구하는 보수를 말한다(상 849). 보험자는 피보험자가 보험사고로 인하여 발생하는 손해를 방지하기 위하여 지급할 구조료를 보상할 책임이 있다(상 694의2 본문). 구조료는 손해방지비용과 달라서 원칙적으로 피보험자가 부담해야 하지만, 이는 해상사업에 특유한 비용손해이기 때문에 해상보험자가 이를 부담하는 것으로 하였다. 그러나 구조료분담가액이 보험가액을 초과한 때에는 그 초과액에 대한 분담액은 보상하지 아니한다(상 694의2 단서).

4. 특별비용

보험자는 보험목적의 안전이나 보존을 위하여 지급할 특별비용을 보험금액의 한도 내에서 보상할 책임이 있다(상 694의3). 특별비용이란 사고로 파손된 선박을 수선할 수 있는 항구로 예인하거나 선박이 항해불능의 경우 적하를 목적지까지 수송하는데 드는 경비와 같이 통상 항해에 필요한 비용과 다른 특별한 목적을 위하여 필요한 경비를 말하며, 이는 공동해손비용이나 해양사고구조료와는 다른 것이다. 특별비용은 일반 손해보험에서의 손해방지 · 경감비용(상 680)과 같은 성질을 지니므로 보험자가 부담하는 것이 당연하다.

Ⅲ. 해상보험자의 손해보상의 범위

1. 전손의 경우

보험사고로 피보험이익의 전부가 손해를 입은 경우에는 보험가액(상 670, 696, 697 참조)의 전액이 손해액이고, 보험자는 보험금액의 범위 내에서 그 손해를 보상하여야 한다. 상법은 선박의 존부가 2월간 분명하지 아니한 때에는 그 선박의 행방이 불명한 것으로 보고, 이 경우에는 전손으로 추정한다(상 711).

2. 분손의 경우

1) 선박의 분손

선박의 일부가 훼손되어 그 '훼손된 부분의 전부'를 수선한 경우에는 보험자는 수선에 따른 비용을 1회의 사고에 대하여 보험금액을 한도로 보상할 책임이 있다(상 702의 2 ①). 선박의 일부가 훼손되어 그 '훼손된 부분의 일부'를 수선한 경우에는 보험자는 수선에 따른 비용과 수선을 하지 아니함으로써 생긴 감가액을 보상할 책임이 있다(동조 ②). 그리고 선박의 일부가 훼손되었으나 이를 수선하지 아니한 경우에는 보험자는 그로 인한 감가액을 보상할 책임이 있다(동조 ③). 선박의 분손은 보험기간 중에 수차에 걸쳐 발생할 수 있는데, 분손의 사고로 보상을 하여도 보상액만큼 보험금액이 감소되는 것이 아니라 약정 보험금액이 계속 유지되어 매 사고마다 보험금액의 한도까지 보상책임을 부담하게 된다고 본다.[16][17]

2) 적하의 분손

보험사고로 적하가 훼손되어 양륙항에 도착한 때에는 보험자는 그 훼손된 상태의 가액과 훼손되지 아니한 가액과의 비율에 따라 보험가액의 일부에 대한 손해를 보상해야 한다(상 708).[18] 양륙항에서의 손해가 실손해라고 할 수 있고 그 산정도 양륙항에서 하는 것이 용이하기 때문이다. 상법은 적하의 훼손에 대해서만 규정하고 있지만, 적하의 일부 멸실의 경우도 동일하게 취급하여야 할 것이다.

---

16) 선박보험 보통약관 제16조(보상책임의 기준)는 "회사의 책임은 한 번의 사고마다 각각 별개로 결정합니다"라고 한다.

17) 양승규, 전게서, 312면; 정찬형, 전게서, 661면.

18) 예컨대 적하의 정상가격이 500만원이고 양륙지에서 훼손된 가격이 300만원이면 감가율은 40%가 된다. 이에 대한 보상액은, 전부보험의 경우에는 보상액이 200만원(500만원×40%), 보험금액이 300만원인 일부보험의 경우에는 보상액은 120만원(500만원×40%×300만원/500만원)이다.

3) 적하의 매각으로 인한 손해

항해 도중에 불가항력(不可抗力)[19]으로 적하를 매각한 때에는 보험자는 그 대금에서 운임 기타 필요한 비용을 공제한 금액과 보험가액과의 차액을 보상하여야 한다(상 709 ①).[20] 이는 불가항력적인 상황에서는 적하를 통상가액보다 저렴하게 처분할 수밖에 없는 점을 감안하여 그 매각가액을 훼손손해에 준하여 취급한 것이다. 이 경우에 매수인이 대금을 지급하지 아니하면 보험자는 그 금액을 지급하여야 하며, 대금을 지급하면 보험자는 피보험자의 매수인에 대한 권리를 대위취득한다(상 709 ②).

4) 운임의 분손

상법상 직접 규정은 없지만, 운임보험에서 운임의 보험가액은 운임의 총액이므로 운임의 분손(상 812, 134 ①, 807 ②, 808 ②)이 발생한 경우에는 보험자는 운송인인 피보험자가 잃은 운임의 운임총액에 대한 비율에 의하여 보상하게 된다.

3. 약관상의 보상범위

1) 전손만의 보상: 전손 또는 추정전손의 경우에만 보험자가 책임을 부담하고 공동해손 · 단독해손 · 구조료 등 기타 전손 이외의 모든 손해와 비용에 대하여는 책임을 지지 않는 방식이다. 이 약관을 T. L. O(total loss only)약관이라 하다. 이 방식은 주로 선박보험에서 이용되는데, 손해사정비용 등이 소요되지 않아 보험료가 저렴하다.

2) 단독해손불담보: 보험자가 전손 이외에는 공동해손에 대하여만 보상책임을 지고, 선박 또는 적하의 한 편에만 생긴 손해 즉 단독해손은 책임을 지지 않는 방식이다. 이 약관을 F. P. A(free from particular average)약관이라 한다.

3) 분손담보: 이것은 전손뿐만 아니라 공동해손이든 단독해손이든 모든 분손에 대하여 보험자가 보상책임을 지는 방식이다. 이는 주로 적하보험에서만 사용되는데, 영국의 WA(with average)약관이 이에 속한다.

---

19) 불가항력(act of god): 외부로부터 발생한 일로서 보통 필요하다고 인정되는 수단을 다하여서도 피할 수 없었던 것을 말한다. 주로 사법상의 책임 또는 채무 그 밖의 불이익을 면하게 하는 표준으로 쓰이는 관념이다(상 152, 709; 민 308, 336; 어음법 54; 수표법 47).

20) 예컨대 보험가액이 500만원이고 매각대금이 300만원이고, 운임 기타 필요비용이 100만원인 경우에 보험자의 보상액은, 전부보험의 경우에는 보상액은 300만원[500만원-(300만원-100만원)]이고, 보험금액이 300만원인 일부보험의 경우에는 보상액이 180만원(300만원×300만원/500만원)이다.

Ⅳ. 해상보험자의 면책사유

1. 해상보험자의 면책사유 일반

해상보험자는 보험법 통칙상의 법정면책사유(상 659, 660), 손해보험법 통칙상의 보험목적의 성질 · 하자 등으로 인한 손해에 대한 면책(상 678), 그리고 해상보험상의 항해변경(상 701), 이로(상 701의2), 발항 또는 항해지연(상 702), 선박변경(상 703) 등의 사유로 면책되지만, 그 외 다음과 같은 특유한 면책사유가 있다.

2. 법정면책사유

1) 항해에 필요한 준비 등의 미비로 인한 손해

선박보험 또는 운임보험의 경우에 발항 당시 안전하게 항해를 하기에 필요한 준비를 하지 아니하거나 필요한 서류를 비치하지 아니함으로 인하여 생긴 손해는 보험자가 보상할 책임이 없다(상 706 i).[21] 선박의 안전한 항해의 기본요건은 선박의 감항능력(堪航能力, 상 787)[22]이므로, 발항 당시에 감항능력을 갖추지 아니하였으면 항해 중에 보험사고가 발생할 가능성이 높기 때문에 이를 보험자의 면책사유로 한 것이다.[23]

2) 용선자 · 송하인 · 수하인의 고의 또는 중대한 과실로 인한 손해

적하를 보험에 붙인 경우에는 용선자, 송하인 또는 수하인의 고의 또는 중대한 과실로 인한 손해는 보험자가 보상하지 않는다(상 706 ii). 이들이 보험계약자 또는 피보험자인 경우에는 상법 제659조에 의하여 보험자는 당연히 면책된다. 그러나 이들이 보험계약자 또는 피보험자가 아니더라도 이들은 피보험자에 갈음하여 보험의 목적을 관리하는 지위에 있는 자이므로 이를 보험자의 면책사유로 규정한 것이다(상 692 참조).

3) 선박 · 적하에 관한 항해 중의 통상비용

도선료, 입항료, 등대료, 검역료 기타 선박 또는 적하에 관한 항해중의 통상비용은 보험자가 부담하지 않는다(상 706 iii). 이러한 비용은 보험사고로 인한 손해라고 할 수 없고 일반적으로

---

21) 대판 1995. 9. 29, 93다53078.

22) 감항능력(seaworthiness); 감항능력이란 선박이 보통의 위험을 무릅쓰고 안전하게 항해할 수 있는 능력을 말한다. 특별한 물건을 운송할 때에는 그에 필요한 시설과 장비도 갖추어야 한다. 그러므로 감항능력에는 선박자체의 구조 · 성능 · 설비, 선원의 승선 등 항해에 필요한 준비도 포함된다.

23) 대판 2001. 5. 15, 99다26221.

운임에 포함되어 있다.

3. 보험약관상의 면책사유

해상보험에서도 보험자의 법정면책 사유 외에 보험약관에 보험자의 면책사유를 규정하는 것이 일반적이며, 그 내용은 선박 또는 적하에 대한 보험약관의 내용에 따라 다르다. 해상보험약관에 대하여는 원칙적으로 상법 제663조의 보험계약자 등의 불이익변경금지 규정이 적용되지 않는다(상 663 단서).

〔6〕 보험위부

목 차

Ⅰ. 보험위부의 개념

보험위부(保險委付)란 해상보험에서 보험목적이 전손과 동일시 되는 경우, 또는 전부 멸실하였으나 그 증명 또는 계산이 곤란한 때에 피보험자가 그 보험의 목적에 대한 모든 권리를 보험자에게 이전시키고 보험자에 대하여 보험금액의 전부를 청구할 수 있는 제도를 말한다. 보험위부는 단독행위로서 피보험자의 일방적 의사표시에 의하여 효력이 발생하는 형성권(形成權)이다.[24] 보험위부는 해상보험상의 특유한 제도로 해상위험의 특수성으로 인하여 그 손해의 입증이 곤란한 경우에 피보험자에게 보험금을 지급하게 함으로써 피보험자의 보험보호를 도모하고 불필요한 분쟁을 방지하여 당사자 사이의 보험계약관계를 신속하고 간명하게 정리하기 위한 제도이다.

Ⅱ. 보험위부의 원인

1. 선박 · 적하의 점유를 상실한 경우

피보험자가 보험사고로 인하여 자기의 선박 또는 적하의 점유를 상실하여 이를 회복할 가능성이 없거나 회복하기 위한 비용이 회복하였을 때의 가액을 초과하리라고 예상될 경우에는 위부할 수 있다(상 710 ⅰ). 피보험자의 점유의 상실의 원인은 제한되어 있지 않고 포획이나 압수 등도 포함된다. 그러나 선박의 행방불명은 전손으로 추정되어(상 711) 보험금의 청구를 인정하고 있으므로 보험위부의 원인이 되지 않는다.

24) 김성태, 전게서, 572면; 양승규, 전게서, 335면; 정찬형, 전게서, 666면; 최기원, 전게서, 417면.

2. 선박의 수선비가 과다한 경우

선박이 보험사고로 인하여 심하게 훼손되어 이를 수선하기 위한 비용이 수선하였을 때의 가액을 초과하리라고 예상되는 경우에 위부할 수 있다(상 710 ii). 그러므로 수선이 불능한 경우에는 위부할 수 있지만, 수선비용이 선박가액보다 적은 경우에는 위부할 수 없게 된다.[25)] 선박이 수선불능인 경우에는 원칙적으로 적하도 위부할 수 있는데, 선장이 지체 없이 다른 선박으로 적하의 운송을 계속한 때에는 피보험자는 그 적하를 위부할 수 없다(상 712).

3. 적하의 수선비용 · 운송비용이 과다한 경우

적하가 보험사고로 인하여 심하게 훼손되어서 이를 수선하기 위한 비용과 그 적하를 목적지까지 운송하기 위한 비용과의 합계액이 도착하는 때의 적하의 가액을 초과하리라고 예상될 경우에는 위부할 수 있다(상 710 iii).

Ⅲ. 보험위부의 요건

1. 피보험자의 위부의 통지

피보험자가 위부를 하고자 할 때에는 상당한 기간 내에 보험자에 대하여 그 통지를 발송하여야 한다(상 713). 위부의 통지는 피보험자 또는 그의 대리인이 할 수 있으며, 통지의 방법에는 제한이 없다. 상당한 기간이란 구체적 사정에 따라 다를 수 있지만, 피보험자가 위부의 원인을 증명하고 위부권을 행사할 수 있는 합리적 기간이라고 할 수 있다.[26)] 이를 게을리 하면 피보험자는 위부권을 상실하고, 통상의 방법에 따라 손해보상을 청구할 수 있을 뿐이다.

2. 보험위부의 무조건성

위부는 무조건이어야 한다(상 714 ①). 그러므로 위부에 조건이나 기한을 붙일 수 없다. 왜냐하면 위부제도의 목적은 당사자 사이의 보험관계를 신속하고 간명하게 종료시키려는 것이기 때문이다.

3. 보험위부의 불가분성

위부는 보험의 목적의 전부에 대하여 하여야 한다. 따라서 보험목적의 일부에 대하여서만

---

25) 서울고판 1976. 1. 12, 74나1939.「선박이 좌초되어 구조되지 못하고 선원이 이선한 경우에 그 좌초의 사실만으로 그 선박의 현실전손이 발생하였다고는 볼 수 없고, 다만 선박이 좌초로 입은 손상으로 말미암아 이를 구조하여 수선하였더라도 그 비용이 보험금액 또는 보험가액을 초과하는 등의 사정이 인정될 경우에는 그 선박에 대한 위부절차를 취하고 추정전손을 구할 수 있다 할 것이다.」

26) 양승규, 전게서, 339면; 이기수 외, 전게서, 210면; 정찬형, 전게서, 668면.

위부하고 나머지 부분에 대하여는 보상을 청구할 수 없다. 그러나 위부의 원인이 그 일부에 대하여 생긴 때에는 그 부분에 대하여서만 위부할 수 있다(상 714 ②). 일부보험의 경우의 보험위부는 보험금액의 보험가액에 대한 비율에 따라서만 할 수 있으며(상 714 ③), 이 경우에는 피보험자와 보험자는 보험의 목적을 공유하게 된다.

4. 다른 보험계약 등에 관한 통지

피보험자가 위부를 함에 있어서는 보험자에 대하여 보험의 목적에 관한 다른 보험계약과 그 부담에 속한 채무의 유무와 그 종류 및 내용을 통지하여야 한다(상 715 ①). 이는 보험의 목적에 대한 중복보험, 담보권 등의 이해관계를 알려서 보험자가 이에 대비할 수 있도록 하기 위함이다. 이에 보험자는 이 통지를 받을 때까지 보험금액의 지급을 거부할 수 있고(동조 ②), 보험금액의 지급에 관한 기간의 약정이 있는 때에는 그 기간은 이 통지를 받은 날로부터 기산한다(동조 ③).

5. 위부에 대한 보험자의 승인

보험자가 위부를 승인한 후에는 그 위부에 대하여 이의를 하지 못하고(상 716), 보험자가 위부를 승인하지 아니한 때에는 피보험자는 위부의 원인을 증명하지 아니하면 보험금액의 지급을 청구하지 못한다(상 717). 이 규정으로 보아 위부에 대한 보험자의 승인이 위부의 성립요건으로 오해될 소지가 있다. 피보험자의 위부권은 단독행위로써 피보험자의 일방적인 의사표시에 의하여 그 효력이 발생하므로, 보험자의 위부의 승인은 보험위부의 성립요건이 아니고, 단지 위부의 원인에 대한 증명을 더 요구하지 않는다는 의미에 지나지 않는다고 보아야 한다.[27]

Ⅳ. 보험위부의 효과

1. 피보험자의 보험금액 청구권과 의무

피보험자가 보험의 목적을 위부한 때에는 보험금액의 전부를 청구할 수 있다(상 710). 위부의 원인이 보험의 목적의 일부에 대하여 생긴 경우에 이를 위부한 때에는 그 부분에 대한 보험금의 전액을 청구할 수 있다(상 714 ② 단서). 일부보험의 경우에는 비례보상의 원칙에 따라 보험금을 청구할 수 있다(상 714 ③). 피보험자가 위부를 한 때에는 보험금의 수령여부를

27) 김성태, 전게서, 578면; 양승규, 전게서, 342면; 이기수 외, 전게서, 212면; 정찬형, 전게서, 669면; 최기원, 전게서, 427면.

불문하고 보험의 목적에 관한 모든 서류를 보험자에게 교부하여야 한다(상 718 ②). 이는 보험의 목적에 대한 보험자의 권리행사를 용이하게 위한 피보험자의 법정협조의무이다.

2. 보험자의 권리취득과 보험목적물에 대한 부담

1) 보험자의 권리취득

피보험자가 보험의 목적을 위부하면 보험자는 피보험자가 보험목적에 대하여 가지고 있는 모든 권리를 취득한다(상 718 ①). 모든 권리란 보험목적의 현존물 뿐만 아니라 위부의 원인이 제3자로 인하여 생긴 경우에 피보험자가 제3자에 대하여 갖는 손해배상청구권 등도 이에 포함되는 것을 의미한다. 권리의 취득시기는 피보험자의 위부의 의사표시가 보험자에게 도달한 때이다(민 111).

2) 보험목적물에 대한 부담과 취득권리의 포기

보험자는 보험목적에 대한 권리의 취득과 동시에 그 목적에 대한 공법상 또는 사법상의 의무도 부담하게 된다. 그 결과 파손된 선박을 제거해야 하는 등의 공법상의 의무가 부여되는 경우도 있는데(개항질서법 26 참조), 이와 같은 경우에 보험자는 보험목적물에 대한 소유권을 포기하여 파손된 선박을 제거할 의무를 면할 수 있느냐 하는 것이 문제된다. 이와 같은 경우에 보험자는 보험금을 지급하고 또 다른 의무를 이행하는 부담을 갖게 되므로, 보험자는 보험의 목적에 대한 권리를 포기하고 그에 따른 의무를 면할 수 있다고 본다(선보약 21).[28] 왜냐하면 보험위부에 관한 상법의 규정은 강행규정이 아니어서 당사자 사이에 다른 약정을 할 수 있기 때문이다(상 663 단서 참조). 보험자가 보험목적에 대한 권리를 포기하려면 위부의 성립과 동시에 해야 한다.[29]

---

28) 김성태, 전게서, 574면; 양승규, 전게서, 346면; 이기수 외, 전게서, 214면; 정찬형, 전게서, 670면; 최기원, 전게서, 425면

29) 양승규, 전게서, 346면; 이기수 외, 전게서, 214면.

〔7〕 해상보험계약에서의 위험의 변경

목 차

Ⅰ. 서 언

보험기간 중에 보험계약자, 피보험자 또는 보험수익자의 고의 또는 중대한 과실로 인하여 사고발생의 위험이 현저하게 변경 또는 증가된 때에는 보험자는 보험료의 증액이나 보험계약을 해지할 수 있는 것이 보험법상의 일반원칙이다(상 653). 그러나 상법은 해상보험에서는 해상위험의 특수성을 고려하여 항해의 변경과 선박의 변경과 같이 위험의 내용이 변경되는 경우와 발항이나 항해의 지연과 이로와 같이 위험의 현저한 변경 또는 증가가 예상되는 경우에는 그 효력을 다르게 취급하고 있다.

Ⅱ. 항해의 변경과 지연

1. 발항항 · 도착항의 변경

선박이 보험계약에서 약정한 발항이 아닌 다른 항에서 출항한 때 또는 도착항이 아닌 다른 항을 향하여 출항한 때에는 보험자는 책임을 지지 아니 한다(상 701 ① ②).

2. 보험자의 책임 개시 후의 도착항 변경

보험자의 책임이 개시된 후에 보험계약에서 정하여진 도착항이 변경된 경우에는 보험자는 그 항해의 변경이 결정된 때로부터 책임을 지지 아니한다(상 701 ③).

3. 항로의 이탈(이로)

선박이 정당한 사유없이 보험계약에서 정하여진 항로를 이탈한 경우에는 보험자는 그때부터 책임을 지지 아니 한다. 일단 항로를 이탈하면 손해발생 전에 원항로로 돌아온 경우에도 보험자는 책임을 지지 아니 한다(상 701의2).

4. 발항 또는 항해의 지연

피보험자가 정당한 사유없이 발항 또는 항해를 지연한 때에는 보험자는 발항 또는 항해를 지체한 이후의 사고에 대하여 책임을 지지 아니 한다(상 702).

Ⅲ. 선박의 변경

1. 적하보험의 경우

적하보험에서 적하를 운송할 선박의 구조나 성능은 적하의 위험에 미치는 영향이 크기 때문에, 적하보험에서 보험계약자 또는 피보험자의 책임있는 사유로 인하여 선박을 변경한 때에는 그 변경 후의 사고에 대하여 보험자는 책임을 지지 아니 한다(상 703)[30].

2. 선박보험의 경우

선박보험에서 보험자의 동의없이 i) 선박을 양도한 때, ii) 선박의 선급을 변경한 때, iii) 선박을 새로운 관리로 옮긴 때에는 보험계약은 종료한다(상 703의2). 선박보험에서 선박양도의 경우에 보험자의 사전 동의를 받도록 한 것은 보험목적의 양도에 관한 상법 제679조에 대한 특칙이다.

Ⅳ. 선장의 변경에 관한 문제

선장은 운항관리에 책임이 있는 자로서 광범한 권한을 가지고 있지만, 일정한 면허를 가진 자에 한하므로 선장의 개성은 중요하지 않다. 이러한 점을 감안하여 1991년 개정상법은 '선장의 성명'을 해상보험증권의 기재사항에서 삭제하고 선장에 관한 상법 제705조도 삭제하였다. 즉 선장의 변경은 해상보험계약의 효력에 영향을 미치지 않는다.

---

30) 대판 1966. 1. 25, 64다53 참조.

〔8〕 예정보험

목 차

Ⅰ. 예정보험의 의의와 효용

1. 예정보험의 의의와 성질

예정보험(豫定保險, floating insurance)이란 보험계약 내용의 일부(보험목적, 보험금액, 적하의 종류, 선박 등)가 보험계약 체결 당시에 확정되어 있지 않은 보험을 말한다. 예정보험에서도 보험계약은 이미 성립한 것으로서 보험계약자가 미확정된 부분이 확정된 때에 이를 보험자에게 통지하여야 하며, 이에 의하여 보험계약의 내용이 확정된다. 예정보험은 단순한 보험계약의 예약이 아니고[31] 독립된 보험계약이며, 보험계약의 성립시부터 이미 보험계약의 내용이 확정된 확정보험(確定保險)과도 구별된다.

2. 예정보험의 효용

예정보험은 보험계약을 신속하게 체결하고자 할 때 이용된다. 예컨대 생산자가 장래 계속하여 상품을 생산할 경우에 그 물건의 운송에 대하여 포괄적으로 예정보험계약을 체결하고 생산품이 확정되면 이를 통지하여 신속하게 보험계약을 확정할 수 있는 것이다. 예정보험은 주로 해상적하보험, 희망이익보험, 운송보험, 재보험 등에서 이용되고 있다.[32] 상법은 예정보험 일반에 관한 규정은 두지 않고 종래부터 많이 이용되어 온 선박미확정의 적하보험에 대해서만 예정보험의 규정을 두고 있다(상 704).

Ⅱ. 선박미확정의 적하예정보험

1. 선박미확정의 예정보험의 의의

선박미확정의 예정보험은 보험계약 체결 당시에 하물을 적재할 선박이 확정되지 아니한

31) 대판 2002. 11. 8, 2000다 19281; 대판 2000. 11. 14, 99다 52336.
32) 김성태, 전게서, 559면; 양승규, 전게서, 295면; 정찬형, 전게서, 671면; 최기원, 전게서, 413면.

보험을 말한다(상 704 ①). 이는 하물을 적재할 선박을 확정하지 아니하고 적재할 하물에 대한 보험보장을 위한 해상보험계약으로 하물을 적재할 선박을 특정하지 않은 점을 제외하고는 일반 적하보험과 같다.

2. 선박확정의 통지의무

1) 통지의무의 내용

보험계약의 체결 당시에 하물을 적재할 선박을 지정하지 아니한 경우에 보험계약자 또는 피보험자가 그 하물이 선적되었음을 안 때에는 지체없이 보험자에 대하여 그 선박의 명칭, 국적과 하물의 종류, 수량과 가액의 통지를 발송하여야 한다(상 704 ①). 판례는 통지사항과 관련하여, 선박이 표준규격에 미달하거나 선박의 종류가 다른 경우에는 그 사실을 통지하고 보험자와 협의할 의무가 있다고 한다.[33)][34)]

2) 통지의무의 성질과 통지의 방법

통지의무의 성질은 통지의무를 해태하면 계약해지의 불이익을 받게 된다는 점에서 간접의무라고 본다.[35)] 통지의 방법에는 제한이 없고, 통지를 발송한 사실에 대한 입증책임은 보험계약자 또는 피보험자가 부담하여야 할 것이다.

3) 통지의무 해태의 효과

보험계약자 또는 피보험자가 통지의무를 해태한 때에는 보험자는 그 사실을 안 날로부터 1월내에 계약을 해지할 수 있다(상 704 ②).

---

33) 대판 2001. 7. 27, 99다55533. 「영국 구 협회적하약관(분손부담보)에 따른 선박미확정의 해상적하보험계약을 체결하면서 협회선급약관을 둔 경우에 보험계약의 최대 선의성이나 위 협회 약관들의 규정 내용에 비추어 볼 때, 보험계약자는 원칙적으로 운송선박이 확정되거나 최소한 선적이 완료되어 협회선급약관상의 표준규격 선박 요건을 갖추지 못하게 된 사실을 알게 되었을 때에는 보험자인 원고에게 지체 없이 담보위반의 사실을 통지하고 보험료 등에 관하여 협의하여야 하며, 보험계약자가 계속담보를 받는 사유의 발생을 알았음에도 보험자에게 지체없이 이를 통지하지 아니한 경우에는 더 이상 계속담보조항에 따른 보험계약의 효력을 주장할 수 없다.」

34) 대판 1966. 1. 25, 64다53. 「선박미확정의 적하해상보험계약에 있어서 철선에 실을 것을 전제로 하여 이를 기준으로 한 보험료율에 의하여 보험료를 지급한 경우에 그 화물을 목선에 적재할 때에는 선적 전에 보험자에게 통지하고 목선에 해당되는 추가보험료를 지급하여야만 그 보험계약이 유효하게 존손되는 것이다.」

35) 김성태, 전게서, 559면; 양승규, 전게서, 296면; 정찬형, 전게서, 672면; 최기원, 전게서, 414면.

〔9〕 책임보험

목 차

Ⅰ. 책임보험의 의의와 성질

1. 책임보험의 의의

책임보험(責任보험; liability insurance)은 피보험자가 보험기간 중의 사고로 인하여 제3자에게 손해배상책임을 질 경우에 보험자가 그 손해를 보상할 것을 목적으로 하는 손해보험이다(상 719). 책임보험은 피보험자가 보험사고로 직접 입은 재산상의 손해를 보험자가 보상하는 것이 아니고, 피보험자가 보험사고로 인하여 제3자에게 재산상의 출연을 하게 됨으로써 입게 되는 손해 이른바 간접손해를 보험자가 보상할 것을 목적으로 한다는 점에서 다른 손해보험과는 다른 특수한 지위를 갖는 손해보험이다. 책임보험은 자본주의경제의 발전의 결과 산업재해, 교통사고 등의 사회적 위험이 증가함에 따라 제기되는 각종의 배상책임분야에서 배상책임이행의 확보수단으로 이용되고 있는 보험제도로 불법행위법의 변천과 밀접한 관련을 가지고 있다. [36]

2. 책임보험의 성질

책임보험은 손해보험성, 재산보험성, 소극보험성의 성질을 지니고 있다. 첫째, 책임보험은

36) 양승규, 전게서, 349면.

피보험자가 행한 제3자에 대한 손해를 보상하여 주는 손해보험이다. 비록 사람의 생명이나 신체와 관련된 책임보험이라도 이는 인보험이 아니라 손해보험에 속한다. 둘째, 책임보험은 물건보험이 아니고 제3자에 대한 손해를 책임질 피보험자의 책임재산 전체에 대한 배상책임위험에 대비하는 재산보험(협의)이다. 셋째, 책임보험은 피보험자의 특정재산에 대한 손해를 보상하는 적극보험이 아니라 피보험자가 제3자에 대하여 배상책임을 부담함으로써 발생하게 되는 피보험자의 재산상의 출연을 담보하는 소극보험이다.

Ⅱ. 책임보험의 효용

1. 피보험자(가해자)의 보호

피보험자의 행위로 제3자에게 손해를 가한 경우에는 피보험자는 자신의 재산으로 손해배상을 하게 되어 피보험자의 경제적 사회적 생활이 어렵게 될 수 있고, 특히 기업의 경우에는 산업재해, 제조물책임 등의 대규모 사고로 기업의 존폐위기 뿐만 아니라 대량해고 등의 사회적 문제도 발생하게 된다. 이에 개인이나 기업이 책임보험에 가입하면 소액의 보험료로 보험보장을 받아 합리적인 생활이나 기업운영이 가능하게 되므로, 책임보험은 가해자인 피보험자의 보호기능을 하게 된다.

2. 피해자의 보호

피보험자의 행위로 제3자에게 손해가 생긴 경우에 가해자가 배상자력이 없다면 피해자는 보호받을 수 없다. 이에 책임보험은 가해자인 피보험자의 책임을 담보하여 피해자를 보호하는 기능을 하게 된다.

3. 사회적 안정기능

책임보험에 의하여 가해자와 피해자가 모두 보호를 받게 되므로 책임보험은 사회나 국가의 안정을 도모하여 주는 하나의 수단이 된다.

Ⅲ. 책임보험의 종류

1. 보험가입의 강제성 여부에 따른 분류

보험가입의 강제성 여부에 따라 강제책임보험과 임의책임보험으로 분류된다. 전자는 일반적으로 피해자의 보호라는 차원에서 보험가입이 강제되는 것으로 「자동차손해배상보장법」에 의한 자동차손해배상책임보험, 산업재해보상보험, 「화재로 인한 재해보상과 보험가입에 관한 법률」에 의한 신체손해배상특약부화재보험 등이 이에 속한다. 후자는 보험가입이 당사자의 임의에 의한 것으로 법률상 가입이 강제되지 않은 책임보험이 이에 해당된다.

2. 배상책임의 객체에 따른 분류

배상책임의 객체에 따라 대인배상책임보험과 대물배상책임보험으로 분류된다. 전자는 제3자의 인적손해에 대한 책임보험으로 근로자재해보상책임보험, 자동차대인배상책임보험 등은 이에 속하고, 후자는 타인의 재산상의 손해에 대한 책임보험으로 자동차대물배상책임보험 등은 이에 속한다.

3. 보상책임의 한도 유무에 따른 분류

보험자의 보상한도의 유무에 따라 유한배상책임보험과 무한배상책임보험으로 분류된다. 전자는 보험금액의 한도 내에서 제3자에 대한 배상책임을 부담하는 것으로 대부분의 책임보험이 이에 해당된다. 후자는 제3자가 입은 모든 손해를 보상하는 책임보험으로 우리나라 자동차종합보험에서 무한대인배상책임보험이 이에 속한다.

4. 피보험자의 지위에 따른 분류

책임보험은 피보험자의 지위에 따라 영업책임보험, 전문직업인책임보험, 개인책임보험 등으로 분류할 수 있다. 영업책임보험은 피보험자의 영업으로 인한 책임보험으로 영업용자동차책임보험, 제조물배상책임보험 등이 이에 속한다. 전문직업인책임보험은 피보험자의 전문직업으로 인한 책임보험으로 공인중개사책임보험, 의사책임보험, 공인회계사책임보, 임원배상책임보험 등이 이에 속한다. 개인배상책임보험은 일반 개인인 피보험자의 제3자에 대한 행위로 인한 책임보험으로 신체손해배상특약부화재보험, 자가용운전자의 운전자책임보험 등이 이에 속한다.

5. 상법상의 분류

상법은 책임보험에 관한 특별한 분류기준을 두지 않고 자동차책임보험(상 726의2~726의4), 영업책임보험(상 721), 보관자의 책임보험(상 725) 외에 성질상 책임보험으로 분류되는 재보험(상 661, 726)에 관한 약간의 규정을 두고 있을 뿐이다.

Ⅳ. 책임보험계약의 요소

1. 보험의 목적

책임보험의 목적은 일반적인 손해보험의 목적이 특정한 물건인 것과는 달리 '피보험자의 전재산'이라고 보는 것이 다수설이다.[37] 이러한 입장에서 상법은 피보험자가 제3자의 청구를 방어하기 위하여 지출한 재판상 또는 재판 외의 필요비용은 피보험자가 배상책임을 지지 않는 경우에도 보험의 목적에 포함되는 것으로 하여 이의 선급 청구를 인정하고(상 720 ①), 영업책임보험에서 피보험자의 대리인 또는 사업감독자의 제3자에 대한 책임도 보험의 목적에 포함하고 있다(상 721).

2. 피보험이익과 보험가액

1) 피보험이익 관념의 인정 여부

책임보험에서 피보험이익의 관념을 인정할 수 있는가에 대하여 종래에는 이를 부정하는 견해가 있었지만 지금은 이를 부정하는 견해가 없다. 즉 긍정설은 책임보험을 재산보험으로 보아 책임보험계약에서의 피보험이익은 피보험자가 제3자에 대한 재산적 급여를 해야 하는 책임을 지는 사실이 발생하지 않는 것에 대하여 가지는 경제적 이익 이라고 하여 책임보험에서 피보험이익의 관념을 긍정한다.[38] 피보험이익을 금전으로 산출할 수 있는 이익이라고 엄격하게 해석할 때엔 책임보험은 특정한 물건을 대상으로 하지 아니하므로 피보험이익의 관념을 인정하기 어렵다. 그러나 피보험이익을 보험의 목적에 대하여 피보험자가 가지는 경제적 이익이라고 풀이할 때에는 책임보험에서도 피보험자의 재산이 책임보험에 의하여 보호받을 수 있는 경제적 관계가 있으므로 책임보험에서도 피보험이익의 관념을 인정할 수 있다.

2) 보험가액의 개념의 부존재

책임보험에서 피보험이익의 관념을 인정한다고 하여도 '보험가액'의 개념은 성질상 존재할 수 없어 원칙적으로 초과보험, 일부보험의 문제는 발생하지 않는다. 그러나 중복보험의 문제는 발생할 수 있다. 왜냐하면 중복보험의 개념을 광의로 볼 때에는 보험금액의 합계가 보험가액을 초과하느냐 여부에 관계없이 중복보험이 성립할 수 있기 때문이다. 상법은 이를 전제로

---

37) 김성태, 전게서, 587면; 양승규, 전게서, 355면; 이기수 외, 전게서, 220면; 정찬현, 전게서, 676면; 최기원, 전게서, 431면.

38) 김성태, 전게서, 588면; 손주찬, 전게서, 632면; 양승규, 전게서, 356면; 이기수 외, 전게서, 220면; 정찬형, 전게서, 676면; 최기원, 전게서, 432면;

수개의 책임보험에는 중복보험 규정(상 725의2)을 준용하고 있다. 초과중복보험만 중복보험으로 보는 견해는 중복보험 규정의 책임보험에의 준용을 예외로 보게 된다.

3. 보험사고

소극보험인 책임보험의 경우에는 화재보험 등과 같은 적극보험과는 달리 피해자에 대한 피보험자의 책임이 확정되어야만 보험자의 보상책임이 발생하기 때문에 책임보험의 보험사고를 어떠한 사실로 보아야 하며 그리고 언제 보험사고가 발생한 것으로 보느냐가 문제된다. 이에 대하여 손해사고설, 손해배상청구권설, 책임부담설, 채무확정설, 배상의무이행설 등의 견해가 나누어져 있다.[39] 손해사고설(損害事故說)은 피해자인 제3자에게 손해가 생기는 사고를 보험사고라 한다. 손해배상청구설(損害賠償請求說)은 피보험자가 피해를 입은 제3자로부터 손해배상청구를 받은 것을 보험사고라 한다. 책임부담설(責任負擔說)은 피보험자가 제3자에 대하여 법률상의 배상책임을 부담하게 되는 것을 보험사고라 한다. 채무확정설(債務確定說)은 피보험자가 제3자에 대하여 부담할 손해배상채무가 확정된 것을 보험사고로 본다. 배상의무이행설(賠償義務履行說)은 피보험자가 피해자에게 배상의무를 이행한 것을 보험사고로 본다. 생각건대 책임보험은 피보험자가 제3자에 대하여 부담하는 배상책임을 보험자가 보상하는 것이므로 책임보험의 보험사고는 피해자인 제3자에게 손해가 생기는 사고로 보아야 하므로 손해사고설이 타당하다고 본다.[40]

4. 피보험자의 제3자에 대한 배상책임

책임보험의 중요요소가 되는 것은 피보험자의 제3자에 대한 손해배상책임이다. 손해배상책임은 법률상의 책임은 물론 계약에 의한 책임이든, 불법행위 또는 채무불이행으로 인한 책임이든 상관없다. 이 책임은 일반적으로 피보험자의 민사책임이 그 대상이 되지만, 형사책임으로 인한 손해를 포함하는 경우도 있다.[41] 제3자란 피보험자 이외의 자를 말하며, 피보험자의 동거가족은 제3자에 포함되지 않는다. 타인을 위한 보험에서는 보험계약자도 제3자에 포함된다.

---

39) 양승규, 전게서, 357면 이하; 최기원, 전게서, 433면 이하 참조.
40) 김성태, 전게서, 592면; 양승규, 전게서, 360면;이기수, 전게설, 222면; 정찬형, 전게서, 678면.
41) 개인용자동차보험 법률비용지원금 특별약관 제3조 제1항 제4호(벌금) "대한민국 법원의 확정판결에 의해 피보험자가 부담하는 벌금을 2천만원 한도로 지급합니다"

Ⅴ. 책임보험계약의 효과

1. 보험자의 손해보상의무와 방어의무

1) 손해보상의무와 보상책임의 범위

책임보험계약의 보험자는 피보험자가 보험기간 중의 보험사고로 인하여 제3자에게 배상할 책임을 진 경우에 이를 보상할 책임이 있다. 보험자의 보상책임의 범위는 유한책임보험과 무한책임보험에 따라 차이가 있다. 상법상의 보험자의 보상책임의 범위를 살펴보면 다음과 같다. (1) 보험자는 변제, 승인, 화해 또는 재판으로 인하여 확정된 피보험자의 제3자에 대한 채무(상 723 ①, ③)[42]를 보상할 책임이 있다. (2) 피보험자가 담보의 제공 또는 공탁으로 재판의 집행을 면할 수 있는 때에는 보험자에 대하여 보험금액의 한도 내에서 그 담보의 제공 또는 공탁을 청구할 수 있다(상 720 ②). (3) 피보험자가 피해자의 청구를 방어하기 위하여 지출한 재판상 또는 재판외의 필요비용은 보험의 목적에 포함된 것으로 보고, 피보험자는 보험자에 대하여 그 비용의 선급을 청구할 수 있다(상 720 ①).[43] 이 방어비용은 일반 손해보험계약에서의 손해방지 · 경감비용(상 680 ① 단서)과 같은 것이다.[44] (4) 영업책임보험의 경우에는 피보험자의 대리인 또는 사업감독자의 피해자에 대한 책임도 보험의 목적에 포함된 것으로 본다(상 721).

2) 보험금의 지급시기

보험자가 지급할 보험금은 특약이 없으면 피보험자로부터 채무확정의 통지를 받은 날로부터 10일 이내에 지급하여야 한다(상 723 ②). 그러나 보험자는 피보험자가 책임을 질 사고로 인하여 생긴 손해에 대하여 제3자가 그 배상을 받기 전에는 보험금액의 전부 또는 일부를 피보험자에게 지급하지 못한다(상 724 ①).

---

42) 대판 2000. 10. 13, 2000다2542.

43) 대판 2002. 6. 28, 2002다22106.

44) 대판 1995. 12. 8, 94다27076. 「상법 제720조 제1항에서 규정한 '방어비용'은 피해자가 보험사고로 인적, 물적 손해를 입고 피보험자를 상대로 손해배상 청구를 한 경우에 그 방어를 위하여 지출한 재판상 또는 재판 외의 필요비용을 말하는 것이므로, 피해자로부터 아직 손해배상 청구가 없는 경우 방어비용이 인정될 여지가 없지만, 피해자가 반드시 재판상 청구한 경우에 한하여 방어비용이 인정된다고 볼 것은 아니다. 그러나 피해자가 피보험자에게 재판상 청구는 물론 재판 외의 청구조차 하지 않은 이상, 제3자를 상대로 제소하였다 하여 그 소송의 변호사 비용이 상법 제720조 소정의 방어비용에 포함된다고 볼 수 없다.」

3) 방어의무의 문제

책임보험계약에서는 보험자의 제3자에 대한 보상책임으로 인하여 피보험자와 제3자의 분쟁에 보험자가 직접이든 간접이든 관여할 필요가 있으므로, 제3자가 피보험자를 상대로 소송을 제기할 경우에 보험자가 이를 방어할 의무가 있느냐가 문제된다. 상법상으로는 이에 관한 규정은 없으나 약관에서는 소송대행의 특약 등의 조항을 두어 보험자의 방어의무를 규정하기도 한다(자보약 9 ②). 이 의무는 약관상의 규정으로 보아 보험자의 의사에 따른 임의적 의무이기 때문에 보험자가 악의적으로 이 의무를 이행하지 않을 때에만 그 의무위반을 이유로 손해배상을 청구할 수 있다고 본다.

4) 보험자의 면책사유

상법상 책임보험에 특유한 보험자의 면책사유가 없으므로 책임보험의 보험자는 상법 보험편의 통칙규정(상 659 ①, 660)과 손해보험 통칙 규정(상 678)에 정한 면책사유 외에 보험약관상의 면책사유에 따라 면책될 수 있다. 책임보험약관상의 보험자의 면책사유 중에는 보험계약자 또는 피보험자의 고의만을 면책사유로 하고 중대한 과실을 면책사유로 하지 않는 경우가 있다.[45] 이는 피보험자는 물론 피해자를 보호하기 위한 것으로 피보험자의 중대한 과실을 면책사유로 인정하면 책임보험의 효용이 거의 없다는 점을 고려한 것이다.

2. 피보험자의 의무

피보험자는 손해보험 일반의 보험료지급의무, 손해방지의무 등을 부담하는 것은 물론이다. 여기서는 책임보험에서 특히 문제되는 피보험자의 의무만을 설명한다.

1) 통지의무

피보험자는 일반손해보험상의 보험사고통지의무(상 657) 외에 책임보험의 특성에서 요구되는 배상청구통지의무(賠償請求通知義務)와 채무확정통지의무(債務確定通知義務)를 부담한다. 첫째, 피보험자가 제3자로부터 배상의 청구를 받은 때에는 지체없이 보험자에게 그 통지를 발송하여야 한다(상 722). 이 배상청구통지의무를 상법은 피보험자의 사고통지의무(事故通知義務)라고 표현하고 있다. 배상의 청구는 재판상이든 재판외이든 가리지 않으며, 통지의 방법은 서면이든 구두이든 상관없다. 이 통지에 의하여 보험자는 소송에 대한 필요한 준비를 할 수 있게 된다.[46] 피보험자가 이를 게을리 한 때에는 이로 인해 증가된 것을 손해배상액을

45) 영업배상책임보험 학교경영자 특별약관 제2조 제1호, 창고업자특별약관 제2조 제1호, 사용자배상책임담보 특별약관 제2조 제2호.

보험금에서 공제할 수는 없고, 피해자에게 보험금을 지급한 후 이를 구상할 수 있다고 본다.[47] 둘째, 피보험자가 제3자에 대하여 변제, 승인, 화해 또는 재판으로 인하여 채무가 확정된 때에는 지체 없이 보험자에게 그 통지를 발송하여야 한다(상 723 ①). 이 의무는 보험자의 보험금지급시기를 정하는 기준이 되지만(상 723 ②) 피보험자가 이를 게을리 하였다 하여 특별히 보험자에게 불이익이 되는 바가 없다고 본다. 이 통지를 통하여 보험자는 보험금지급의무의 유무와 범위를 알 수 있고 이를 준비할 수 있는 것이다.

2) 보험자에 대한 협의의무와 협조의무

(1) 협의의무: 피보험자는 제3자에 대한 변제 · 승인 · 화해 등으로 채무를 확정함에 있어서는 보험자와 사전에 협의하여야 할 의무가 있다 할 것이다. 책임보험에서는 피보험자의 보험사고로 보험자가 제3자에게 손해보상을 하는 것이므로, 협의의무는 명문규정이 없어도 신의측상 당연히 인정된다고 본다. 피보험자가 이 의무를 위반하여 보험자의 책임이 부당하게 가중되면 보험자는 손해배상을 청구할 수 있을 것이다. 그러나 그 위반이 거래의 관념상 현저하게 부당한 것이 아니면 보험금의 지급을 거절할 수는 없다고 본다(상 723 ③ 참조).[48] 이런 점에서 보아 협의의무는 고지의무, 통지의무 등과 같은 간접의무라고 할 수 있다.[49]

(2) 협조의무: 보험자가 제3자로부터 직접 보상청구를 받은 때에는 피보험자는 보험자의 요구에 따라 필요한 서류 · 증거의 제출, 증언 또는 증인의 출석에 협조하여야 한다(상 724 ④)라고 하여 피보험자의 협조의무를 규정하고 있다. 협조의무는 비록 법상 명문화되어 있지만, 이 의무는 책임보험의 본질로 보아 신의측상 당연히 인정되는 의무라고 본다. 이 의무의 위반에 대하여는 협의의무 위반의 경우와 동일한 논리가 적용된다 할 것이다.[50]

---

46) 대판 1994. 11. 24. 94다2145. 「책임보험약관상 소송통지의무의 취지는, 소송을 제기당한 피보험자가 소송에 적절히 대응하지 않아 부적정한 손해배상액을 명하는 판결을 받은 후 그 판결금액을 보험회사에 청구할 수 있다고 한다면 이는 실손해를 전보한다는 자동차보험의 본래 취지에 반하고 보험회사로 하여금 부당한 불이익을 입게 하는 것이므로 그와 같은 폐해를 피하고 후일의 분쟁을 방지하기 위하여 소송이 제기된 때에는 그 소송에서 적정한 배상액이 정해지도록 보험회사에게 직접, 간접으로 소송에 관여할 기회를 주기 위한 것이다.」

47) 양승규, 전게서, 371면.

48) 대판 1994. 4. 12, 93다11807; 대판 1992. 11. 24, 92다28631. 「자동차책임보험의 피보험자가 판결에 의하지 아니하고 피해자와 서면에 의한 합의로 배상액이 결정된 경우에는 보험자는 그 보험약관에서 정한 보험금지급기준에 의하여 산출된 금액의 한도내에서 보험금을 지급할 의무가 있다.」

49) 김성태, 전게서, 606면; 양승규, 전게서, 373면; 이기수 외, 전게서,225면; 정찬형, 전게서, 683면.

50) 김성태, 전게서, 607면.

3. 제3자와 보험자의 관계

1) 제3자 보호의 필요

계약법의 일반원칙에 의하면 피해자는 보험자에 대하여 직접 권리와 의무를 갖지 못한다. 이 원칙에 따르면 피해자를 충분히 보호할 수 없게 되어, 상법은 "보험자는 피보험자가 책임을 질 사고로 인하여 생긴 손해에 대하여 제3자가 그 배상을 받기 전에는 보험금액의 전부 또는 일부를 피보험자에게 지급하지 못한다(상 724 ①)"라고 하고 더 나아가 "제3자는 피보험자가 책임을 질 사고로 입은 손해에 대하여 보험금액의 한도 내에서 보험자에게 직접 보상을 청구할 수 있다(동조 ②)라고 하여 피해자의 보험금직접청구권을 인정하고 있다. 상법 제724조 이외에도 물건보관자의 책임보험(상 725)과 산업재해보상보험법(제12조), 원자력손해배상법(제8조), 자동차손해배상보장법(제9조) 등의 강제보험에서도 피해자의 보험금직접청구권을 규정하고 있다.

2) 제3자의 보험금 직접청구권

(1) 보험금 직접청구권의 의의와 성질: 보험금직접청구권이란 책임보험에서 피해자가 보험자에게 직접 손해의 전보를 청구할 수 있는 권리를 말한다. 직접청구권의 법적성질에 대하여 손해배상청구권설과 보험금청구권설이 나누어져 있는데, 직접청구권은 계약법의 일반원칙에 대한 예외로서 피해자의 보호를 위하여 법률에 의하여 특별히 인정된 보험금청구권이라고 보아야 할 것이다.[51] 일부견해[52]와 판례[53]는 이를 손해배상청구권으로 보고 있는데, 이 견해는 책임보험의 손해보상법리에 어긋난다고 본다. 피해자의 보험금직접청구권을 규정한 상법 제724조 제2항 본문은 그 대상이 피해자인 제3자이기 때문에 상법 제663조의 불이익변경금지의 원칙과는 직접적인 관련이 없지만, 규정의 성질로 보아 당사자 간의 특약으로 이를 제한할 수 없는 강행규정으로 보아야 한다.[54]

---

51) 양승규, 전게서, 377면;

52) 김성태, 전게서, 622.면; 정찬형, 전게서, 687면.

53) 대판 2005. 10. 7, 2003다6774; 대판 2000. 12. 8. 99다37856. 「책임보험에 있어 상법 제724조 제2항의 규정에 의하여 인정되는 피해자의 보험금직접청구권의 법적성질은 보험자가 피보험자의 피해자에 대한 손해배상채무를 병존적으로 인수한 것으로서 피해자가 보험자에 대하여 가지는 손해배상청구권인 점에 비추어, 보험자가 피보험자에게 보험금을 지불하지 아니하고 직접 피해자에게 그 손해를 보상하였다면 이는 위와 같이 보험자가 병존적으로 인수하여 부담하는 피해자에 대한 자신의 손해배상채무를 변제할 의사로 한 것이라고 보아야 할 것이지, 타인의 채무인 피보험자의 피해자에 대한 손해배상채무를 변제할 의사로 한 것이라고 볼 것은 아니다.」

54) 김성태, 전게서, 619면.

(2) 보험금직접청구권의 근거: 피해자의 보험금직접청구권의 근거가 무엇이냐에 대하여 책임보험본질설, 법정효과설, 계약당사자의 의사표시효과설 등의 견해가 나누어져 있다.[55] 계약법의 일반원칙에 따르면 계약당사자 외의 피해자인 제3자는 보험자에 대하여 직접 권리와 의무를 부담하지 않는 것이므로 이를 책임보험의 본질이나 당사자의 의사표시효과에서 그 근거를 찾는 것은 법리상 타당하지 않다. 그러므로 피해자의 보험금직접청구권은 피해자의 보호를 위하여 법이 특별히 인정한 것이라고 본다(법정효과설).[56]

(3) 보험금 직접청구권의 행사

피해자인 제3자는 보험기간 중 피보험자가 책임질 사고로 인하여 생긴 손해에 대하여 보험금액의 한도 내에서 보험자에게 직접 보상을 청구할 수 있고(상 724 ② 본문), 무한배상책임보험계약의 경우에는 보험자는 피보험자가 보험사고로 인하여 책임을 부담하게 되는 피해자의 모든 손해를 보상하여야 한다. 피해자가 직접 보험금의 지급을 청구하면 보험자는 피보험자가 그 사고에 대하여 가지는 항변으로써 피해자에게 대항할 수 있다(동조 ② 단서). 이와 같이 보험자가 피해자로부터 손해보상의 청구를 받은 경우에 피보험자는 보험자의 요구가 있을 때에는 필요한 서류 · 증거의 제출, 증언 또는 증인의 출석에 협조할 의무가 있다(동조 ④). 보험자는 피보험자로부터 보상청구를 받은 때에는 지체없이 피보험자에게 통지할 의무가 있다(동 ③).

(4) 보험금직접청구권의 소멸시효

상법상 피해자의 보험금직접청구권의 소멸시효에 관한 규정이 없기 때문에 이론이 있지만, 피해자의 직접청구권을 보험금청구권이라고 이해할 때 그 소멸시효는 2년이라고 보아야 한다.[57] 즉 피해자인 제3자가 보험자에게 보험금을 청구하는 경우에 피해자의 보험자에 대한 직접청구권은 피보험자와 피해자 사이에 손해배상채무가 확정된 때로부터 2년이 지나면 시효로 소멸한다고 본다(상 622; 자배법 33). 예외적으로 산업재해보상보험법은 근로자의 보호를 위하여 보험금청구권의 소멸시효를 3년으로 규정하고 있다(동법 96).

---

55) 김성태, 전게서, 617면, 양승규, 전게서, 377면, 최기원, 전게서, 450면 참조.

56) 이에 대하여는 거의 이론이 없다.

57) 종전의 판례(대판 1993. 7. 13, 92다39822)는 피해자의 보험금 직접청구권의 성질을 손해배상청구권으로 보면서 그 소멸시효는 상법 제622조에 의하여 2년으로 보았으나 최근의 판례(대판 2005. 10. 7, 2003다6774)는 「상법 제724조 제2항에 의하여 피해자가 보험자에게 갖는 직접청구권은 보험자가 피보험자의 피해자에 대한 손해배상채무를 병존적으로 인수한 것으로서 피해자가 보험자에 대하여 가지는 손해배상청구권이므로 민법 제766조 제1항에 따라 피해자 또는 그 법정대리인이 그 손해 및 가해자를 안 날로부터 3년간 이를 행사하지 아니하면 시효로 인하여 소멸한다.」고 한다.

4. 수개의 책임보험과 중복보험 규정의 준용

책임보험도 손해보험으로 중복보험의 요건을 갖추면 일반 손해보험에서와 같이 보험자 사이의 보상책임을 어떻게 할 것이냐 하는 문제가 제기된다. 이에 상법 제725조의 2는 "피보험자가 동일한 사고로 제3자에게 배상책임을 짐으로써 입은 손해를 보상하는 수개의 책임보험계약이 동시 또는 순차로 체결된 경우에 그 보험금액의 총액이 피보험자의 제3자에 대한 손해배상액을 초과하는 때에는 제672조와 제673조의 규정을 준용한다."라고 하여 보험자 사이의 책임을 일반 중복보험의 경우와 같이 연대비례보상책임으로 하고, 보험계약자는 각 보험자에 대하여 각 보험계약의 내용을 통지하도록 하고 있다. 책임보험에서의 중복보험에 대한 규제는 보험으로 부당이득을 취하는 것을 규제하려는 목적보다 보험자 사이의 보상책임의 합리적 분배를 고려한 것이라고 볼 수 있다.

Ⅵ. 영업책임보험

피보험자가 경영하는 사업에 관한 책임을 보험의 목적으로 한 때에는 피보험자의 대리인 또는 그 사업감독자의 제3자에 대한 책임도 보험의 목적에 포함된 것으로 한다(상 721). 여기에서 사업(事業)이라 함은 피보험자가 인적 · 물적 설비를 갖추어 경제활동을 하는 것을 의미하며, 반드시 영리를 목적으로 하는 것임을 요하지 않는다고 본다.[58] 영업책임보험은 영업과 담보위험의 종류에 따라 자동차책임보험, 생산물책임보험, 전문직업인책임보험, 학교경영자책임보험 등 여러 가지 유형으로 분류할 수 있다. 이 규정은 피보험자 외에 피보험자의 대리인 또는 사업감독자의 제3자에 대한 책임도 보험목적에 포함하여 보험자의 책임범위를 확대함으로써 기업의 안전과 사업으로 인한 분쟁의 합리적 해결을 도모할 수 있다는 점에 의미가 있다.

Ⅶ. 보관자의 책임보험

임차인 기타 타인의 물건을 보관하는 자가 그 지급할 손해배상을 위하여 그 물건을 보험에 붙인 경우에는 그 물건의 소유자는 보험자에 대하여 직접 그 손해의 보상을 청구할 수 있다(상 725). 이 보관자의 책임보험은 창고업자 등 타인의 물건을 보관하는 자가 임치물의 멸실 또는 훼손으로 인한 손해배상책임을 보험자가 부담하게 하여 사업의 안전을 도모하고, 또한 소유자의 직접청구권을 인정하여 피해자를 보호하는 기능을 하게 된다. 보관자의 책임보험은 비록 소유자에게 보험금직접청구권을 인정하지만 이는 소유자인 타인을 위한 보험(상

58) 양승규, 전게서, 381면; 정찬형, 전게서, 691면.

639)이 아니라 피보험자인 보관자 자신을 위한 자기를 위한 보험이다. 그러나 소유자의 보험금직접청구권을 인정하여 실질적으로는 타인을 위한 보험의 기능을 하고 있다.[59]

59) 정찬형, 전게서, 692면.

〔10〕 재보험

목 차

Ⅰ. 재보험의 의의와 성질

재보험계약(再保險契約, contract of reinsurance)이란 보험자가 인수한 보험계약상의 책임의 전부 또는 일부를 다른 보험자에게 다시 가입하는 보험계약을 말한다(상 661). 재보험에 대하여 최초의 보험을 원보험(原保險), 원수보험(原受보험) 또는 주보험(主保險)이라 한다. 재보험은 원보험의 존재를 전제로 하지만 원보험과는 별개의 독립된 보험계약(상 661 2문)이고, 원보험이 손해보험이든 인보험이든 재보험은 손해보험으로 책임보험의 일종이다(상 726).[60] 그리고 재보험계약은 원보험자와 재보험자 사이에 이루어지는 기업보험(企業保險)으로 당사자의 일방을 특별히 보호할 필요가 없다고 보아 보험계약자 등의 불이익변경금지의 원칙이 적용되지 않는다(상 663 단서).

Ⅱ. 재보험의 기능

1. 위험의 분산 기능

재보험은 원보험자가 원보험계약상의 책임의 전부 또는 일부를 재보험자에게 전가하여 원보험계약상에 집중되어 있는 위험을 분산할 수 있다. 즉 원보험자는 자신이 부담하기 어려운 고액의 보험을 인수할 수 있고(위험의 양적분산), 위험률이 높은 보험이나 위험률의 산출이 어려운 보험도 인수할 수 있고(위험의 질적분산), 그리고 자기가 인수한 위험을 외국의 보험회사와 재보험계약을 체결함으로써 위험을 국제적으로 분산할 수 있다(위험의

60) 재보험의 법적성질에 대하여는 김성태, 전게서, 719면; 양승규, 전게서, 388면; 이기수 외, 전게서, 263면 참조.

국제적분산).

2. 보험경영의 합리화 기능

원보험자는 재보험계약으로 자기가 인수한 위험을 분산하고 재보험자의 경영기술과 정보 등을 습득하여 보험사업을 안정적 합리적으로 영위할 수 있게 된다.

Ⅲ. 재보험의 종류

1. 일부재보험과 전부재보험

재보험자가 인수하는 원보험자의 위험의 범위에 따라 일부재보험과 전부재보험으로 분류한다. 일부재보험(一部再保險)은 원보험자가 인수한 위험의 일부를 인수하는 재보험을 말하고, 전부재보험(全部再保險)은 원보험자가 인수한 위험의 전부를 인수하는 재보험이다. 재보험은 일부재보험이 일반적이며, 전부재보험을 금지하는 입법례[61]도 있다.

2. 개별재보험과 포괄재보험

재보험계약 체결의 개별성 여부에 따라 개별재보험과 포괄재보험으로 분류한다. 개별재보험(個別再保險)은 개개의 원보험계약을 개별적으로 재보험계약하는 것을 말하며, 임의재보험 또는 특별재보험이라고도 한다. 포괄재보험(包括再保險)은 하나의 재보험계약으로 원보험자가 일정기간 동안 인수한 모든 원보험을 자동적으로 재보험으로 인수하는 것을 말하며, 특약재보험 또는 일반재보험이라고도 한다.

3. 비례적재보험과 비비례적재보험

이 분류는 원보험자와 재보험자의 관계와 재보험자가 담보하는 위험의 양에 따른 것이다. 비례적재보험(比例的再保險)은 원보험자가 인수한 위험의 일정비율을 원보험자가 담보하고 잔여비율을 재보험자가 인수하는 것을 말한다. 이 비율에 따라 원보험자로부터 받을 보험료와 원보험자에게 지급할 보험금액 등이 비례적으로 결정된다. 비비례적재보험(非比例的再保險)은 원보험자가 인수한 위험에 대한 재보험의 비율을 정하지 아니하고 원보험계약과는 다른 조건으로 재보험계약을 체결하는 경우를 말한다.[62]

---

61) 미국뉴욕보험법 제77조 제5항.

62) 양승규, 전게서, 389면.

Ⅳ. 재보험의 법률관계

1. 적용법규

재보험의 법률관계에 대하여 상법은 일반적인 규정을 두지 않고 원칙적인 2개의 조항 즉 재보험의 의의 및 원보험과의 관계에 관한 조항(상 661)과 재보험을 책임보험의 일종으로 취급하여 책임보험에 관한 규정을 재보험에 준용하도록 하는 준용조항(상 726)만을 규정하고 있다. 그러나 재보험은 보험회사와 보험회사 사이 이루어지는 기업보험이므로 피해자의 보호기능을 목적으로 하는 책임보험에 관한 규정을 재보험에 그대로 적용할 수 없기 때문에 그 법률관계는 주로 당사자의 약정과 거래의 관행에 따르는 것이 일반적이다(상 663 단서).[63]

2. 법률관계

1) 재보험과 원보험과의 관계

재보험계약은 원보험계약과는 별개의 독립된 보험계약이므로 원칙적으로 재보험계약은 원보험계약의 효력에 영향을 미치지 않는다(상 661 2문). 그러므로 원보험료의 지급이 없음을 이유로 재보험료의 지급을 거절할 수 없고, 재보험료의 지급이 없음을 이유로 재보험자는 원보험계약자에게 재보험료를 청구할 수 없다. 또한 원보험의 피보험자는 원보험자의 보험금지급불이행을 이유로 직접 재보험자에게 보험금을 청구하지 못한다. 그러나 재보험계약은 원보험관계를 전제로 하여 이루어지는 것이므로 원보험관계가 종료하면 재보험관계도 종료하는 것처럼 양자는 전혀 관련이 없다고 할 수는 없다.

2) 재보험자와 원보험자의 관계

재보험자의 주된 의무는 원보험자에 대한 손해보상의무이다. 재보험자의 보험금지급시기에 관하여는 원보험사고발생시설, 원보험자책임부담설, 원보험자의 보험금지급시설 등의 견해가 나누어져 있다. 재보험의 성질을 고려하면 때 보험사고의 발생은 원보험계약의 보험사고가 발생한 때로 보지만, 재보험과 원보험의 관계로 볼 때에 재보험금의 청구시기는 원보험의 보험사고가 발생하여 원보험자가 피보험자에게 보험금지급의무를 부담하는 때라고 보아야 할 것이다.[64] 재보험자가 원보험자에게 보험금을 지급한 때에는 재보험자도 재보험금 지급범위 내에서 원보험자의 권리를 대위행사할 수 있다(상 682). 재보험자의 대위권행사는 원보험자가 자기이름으로 하는 상관습이 있다.

63) 양승규, 전게서, 390면; 정찬형, 전게서 697면.
64) 손주찬, 전게서, 648면; 양승규, 전게서, 391면; 정찬형, 전게서, 697면; 최기원, 전게서, 460면.

3) 원보험계약자 등과 재보험자의 관계

원보험계약과 재보험계약은 각각 독립된 계약으로 원보험계약의 보험계약자, 피보험자 또는 보험수익자는 재보험자에 대하여 직접적인 권리가 없으므로 원보험자가 보험금을 지급하지 않는다는 이유로 재보험자에 대하여 보험금을 청구할 수 없다고 보는 것이 일반적인 견해이다.[65] 그런데 상법상의 규정으로 보아 책임보험에서 피해자의 보험금직접청구권을 인정하고(상 724 ②), 책임보험에 관한 규정이 재보험에 준용되므로(상 726) 피보험자 또는 보험수익자가 직접 재보험자에 대하여 보험금을 청구할 수 있는 것으로 해석될 수 있다. 그러나 책임보험과 재보험의 기능상의 차이점 등을 고려하여 볼 때 책임보험상의 피해자의 보험금직접청구권에 관한 규정을 그대로 준용할 수는 없다고 본다.[66]

65) 영국해상보험법 제9조(재보험) ① 해상보험계약상의 보험자는 그의 위험에 관하여 피보험이익을 가지며, 그에 관하여 다시 부보할 수 있다. ② 보험증권에 다른 정함이 없는 한 원래의 피보험자는 그러한 재보험에 관하여 아무런 권리나 이익이 없다.

66) 김성태, 전게서, 725면; 양승규, 전게서, 393면; 반대: 정찬형, 전게서, 697면.

〔11〕 자동차보험의 의의와 종류

목 차

Ⅰ. 자동차보험의 의의와 기능

1. 의의

자동차보험(自動車保險, motor insurance)이란 피보험자가 자동차를 소유, 사용 또는 관리하는 동안에 발생한 사고로 인하여 생길 손해를 보험자가 보상하는 손해보험을 말한다(상 726의2). 자동차보험은 제3자의 인적·물적 손해에 대한 책임보험, 통상의 물건보험인 차량보험과 자기신체에 발생하는 자기신체사고보험으로 구성되는 종합보험인데, 그 중 중요한 지위를 차지하는 것은 제3자의 인적·물적 손해에 대한 자동차책임보험이다.

2. 기능

자동차의 증가로 자동차사고가 빈발하고 그 손해가 대형화되고 있다. 자동차사고가 발생하면 가해자는 민사책임, 형사책임 및 행정상의 책임을 지게 되는데, 자동차보험은 주로 피해자에 대한 민사책임을 지원하는 보험제도이다. 자동차보험은 자동차의 소유자나 사용자 또는 관리자가 자동차사고로 입은 손해를 보상할 뿐만 아니라 자동차사고로 손해를 입은 피해자의 손해를 보상하여 피해자를 보호하는 중요한 기능을 한다. 또한 자동차손해보상보장사업의 일환으로 무보험차나 뺑소니차에 의한 피해자에게도 자동차보험에서 일정한 한도까지 보상하여 주고(자배법 26 ①), 유자녀 등의 생계비 등을 정부가 지원할 수도 있게 하고 있다(자배법 26 ②). 이와 같은 자동차보험의 피해자보호기능을 중요시하여 제3자에 대한 피보험자의 배상책임을 담보하는 책임보험을 강제보험(자배법 5)으로 하는 것이 일반적이다. 자동차보험을 일반적인 손해보험 또는 인보험으로 취급할 수도 있지만, 상법은 자동차보험의 중요성을 고려하여 손해보험의 한 절로 하여 3개 조문을 두고 있다.

Ⅱ. 자동차종합보험의 의미와 담보내용

자동차보험을 통상 '자동차종합보험'이라고 하는데, 이는 강제책임보험과 임의책임보험, 대인책임보험과 대물책임보험, 자손사고보험과 차량손해보험 등이 종합되어 있기 때문이다. 자동차종합보험은 가입대상인 차량의 종류에 따라 개인용, 업무용 및 영업용으로 구분되고, 배상책임은 대인배상Ⅰ(강제책임보험)과 대인배상Ⅱ(임의책임보험) 및 대물배상으로 나누어져 있다. 개인용 자동차보험보통약관에 의하면, 자동차사고의 담보내용에 따라 자동차보험을 대인배상Ⅰ, 대인배상 Ⅱ, 대물배상, 자기신체사고, 자동차상해, 무보험자동차에 의한 상해, 자기차량손해의 7가지로 구분하고 있다.

Ⅲ. 자동차보험의 종류[67]

1. 자동차대인배상책임보험

자동차대인배상책임보험은 피보험자가 자동차의 소유 · 사용 · 관리 중에 발생한 사고로 제3자의 사망 또는 상해에 대하여 배상할 책임을 담보하는 책임보험이다. 자동차대인배상책임보험은 자동차손해배상보장법에 의하여 가입이 강제되어 있는 강제책임보험(자배법 5 ①)과 상법의 인보험과 책임보험의 규정에 따라 보험자의 당사자가 임의로 가입하는 임의책임보험으로 이원화(二元化)되어 있다. 강제책임보험은 보상책임의 한도가 제한되어 있는 유한배상책임보험이고(자배법 5, 동시행령 3)[68], 임의책임보험은 당사자 간의 약정에 따라 보상책임의 한도가

---

67) 보험업감독규정시행세칙은 자동차보험을 개인용자동차보험, 업무용자동차보험, 영업용자동차보험, 이륜자동차보험, 농기계자동차보험, 운전자자동차보험, 자동차취급업자자동차보험, 운전면허교습생자동차보험, 기타자동차보험으로 분류하고 있다(보험업무감독규정시행세칙 <부표2> 참조).

68) 자동차손해배상보장법 제3조(책임보험금 등) ① 법 제5조제1항의 규정에 의하여 자동차보유자가 가입하여야 하는 책임보험 또는 책임공제(이하 "책임보험 등"이라 한다)의 보험금 또는 공제금(이하 "책임보험금"이라 한다)은 피해자 1인당 다음 각 호의 금액과 같다.<개정 2004.2.21> 1. 사망한 경우에는 1억원의 범위 안에서 피해자에게 발생한 손해액. 다만, 그 손해액이 2천만원미만인 경우에는 2천만원으로 한다. 2. 부상한 경우에는 별표 1에서 정하는 금액의 범위 안에서 피해자에게 발생한 손해액. 다만, 그 손해액이 법 제13조 제1항의 규정에 의한 자동차보험 진료수가에 관한 기준(이하 "자동차보험 진료수가기준"이라 한다)에 의하여 산출한 진료비 해당액에 미달하는 경우에는 별표 1에서정하는 금액의 범위 안에서 그 진료비 해당액으로 한다. 3. 부상에 대한 치료가 완료된 후 당해 부상이 원인이 되어 신체의 장해(이하 "후유장해"라 한다)가 생긴 경우에는 별표 2에서정하는 금액의 범위 안에서 피해자에게 발생한 손해액. ② 동일한 사고로 제1항 각호의 금액을 지급할 2이상의 사유가 생긴 경우 책임보험금의 지급은 다음 각 호의 방법에 의한다. 1. 부상한 자가 치료중 그 부상이 원인이 되어 사망한 경우에는 제1항 제1호 및 동항 제2호의 규정에 의한 금액의 합산액. 2. 부상한 자에게 후유장해가 생긴 경우에는 제1항 제2호 및 동항 제3호의 규정에 의한 금액의 합산액. 3. 제1항 제3호의 규정에 의한 금액을 지급한 후 당해 부상이 원인이 되어 사망한 경우에는 제1항 제1호의 규정에 의한 금액에서 제1항 제3호의 규정에 의한

제한될 수도 있고 제한되지 않을 수도 있다. 약관상으로는 전자를 대인배상Ⅰ, 후자를 대인배상Ⅱ 라고 하고, 대인배상Ⅰ에 가입하지 않으면 대인배상 Ⅱ에 가입할 수가 없다(자보약 10).

2. 자동차대물배상책임보험

자동차대물배상책임보험은 피보험자의 자동차사고로 인하여 타인의 재물을 멸실 또는 훼손함으로써 타인이 입은 직접적인 손해를 보험자가 보상하여 주는 보험을 말한다. 타인의 재물에는 자동차에 싣고 있는 물건 또는 운송중인 물건은 포함되지 않으며(자보약 15 일반면책사항 ⑤), 운송물에 생긴 손해는 운송보험에 속한다. 자동차대물배상책임보험도 자동차손해배상보장법에 의하여 가입이 강제되는 강제보험(자배법 5 ②)[69]과 상법의 손해보험규정에 따라 당사자가 임의로 가입하는 임의보험으로 이원화되어 있다.

3. 자기차량손해보험

자기차량손해보험은 피보험자의 자동차에 직접적으로 생긴 손해를 보험자가 보상하는 손해보험이다. 보험의 목적은 자동차 외에 자동차에 통상 붙어있거나 장치되어 있는 부속품과 부속기계장치는 자동차의 일부로 보고, 통상적이 아닌 것은 보험증권에 기재한 것에 한한다(자보약 14 ①).

4. 자기신체사고보험

자기신체사고보험은 피보험자가 자동차를 소유, 관리, 사용하는 동안에 자동차의 사고로 사망하거나 상해를 입었을 때 보험자가 보상하는 인보험이다. 피보험자에는 피보험자의 부모, 배우자, 자녀 등이 포함된다(자보약 11 ②).

5. 자동차상해보험

자동차상해보험은 피보험자가 피보험자동차를 소유, 사용, 관리하는 동안에 생긴 피보험자동차의 사고로 인하여 상해를 입었을 때 보험자가 보상하는 보험이다. 담보내용이 사망의 경우를 포함하지 않는 점이 자기신체사고보험과 다르며, 자기신체사고보험과 중복하여 가입할 수가 없다(자보약 12).

금액 중 사망일 이후에 해당하는 손해액을 공제한 금액 ③ 법 제5조 제2항에서 "대통령령이 정하는 금액"이라 함은 사고 1건당 1천만원의 범위 안에서 사고로 인하여 피해자에게 발생한 손해액을 말한다.

69) 2003년 자동차손해배상보장법의 개정으로 1천만원을 한도로 하는 강제보험으로 규정되었다(동법 시행령 3 ③ 참조).

6. 무보험자동차보험

무보험자동차보험은 자동차책임보험에 가입하지 않은 자동차의 사고로 피보험자가 사망 또는 부상당한 때에 피보험자를 보호하기 위한 보험이다. 이 보험은 자동차손해배상보장법의 자동차손해배상보장사업의 하나로 담보될 뿐만 아니라 임의보험(자보약 12)으로 담보되기도 하여 이원화되어 있다.

Ⅳ. 자동차보험증권

자동차보험증권에는 상법 第666조의 사항 외에 (i) 자동차소유자와 그 밖의 보유자의 성명과 생년월일 또는 상호 (ii) 피보험자동차의 등록번호, 차대번호, 차형연식과 기계장치 (iii) 차량가격을 정한 때에는 그 가격을 기재하여야 한다(상 726의3).

〔12〕 자동차대인배상책임보험

목 차

Ⅰ. 자동차대인배상책임보험의 의의와 성질

자동차대인배상책임보험(自動車對人賠償責任保險)이란 자동차의 사고로 인한 제3자의 사망 또는 상해에 대하여 피보험자가 부담하는 책임을 보험자가 보상하는 책임보험을 말하며, 자동차보험의 중심을 이룬다. 자동차대인배상책임보험은 강제보험인 자동차손해배상책임보험과 임의책임보험으로 이원화되어 있으며, 전자의 목적은 피해자의 보호와 자동차 운송의 건전한 발전을 도모함에 있는 것으로 사회보험의 성격을 지니고 있다.

Ⅱ. 자동차대인배상책임보험의 종류

1. 강제책임보험과 임의책임보험

보험가입의 강제여부에 따라 강제책임보험과 임의책임보험으로 분류할 수 있다. 자동차손해배상보장법은 보험가입을 강제하고 그 보상책임을 일정한 한도로 하고 있다. 그리고 강제책임보험의 한도액을 초과하는 것을 보완하기 위한 목적으로 임의책임보험이 영위되고 있다.

2. 유한책임보험과 무한책임보험

자동차보험자의 보상책임의 범위에 따라 무한책임보험과 유한책임보험으로 분류할 수 있다. 자동차손해배상보장법에 의한 보험금의 한도는 대통령으로 정하는 일정한 한도 내에서 보험금이 지급되는 유한책임보험이며, 자동차임의책임보험은 약정에 따라 유한과 무한으로 나누어진다.

Ⅲ. 자동차손해대인배상책임보험

1. 의의와 가입의 강제

자동차손해대인배상책임보험이란 자동차손해배상보장법(이하 자배법이라 함)에 따라 자동차보유자가 자동차의 운행으로 다른 사람이 사망하거나 부상한 경우 피해자에게 배상책임을 지게 될 경우 보험자가 일정한 보험금을 지급하기로 하는 대인유한책임보험이다(자배법 5 ①). 이는 강제보험으로 보험사업자 등은 자동차보유자가 책임보험 등에 가입하고자 하는 때에는 대통령령이 정하는 사유가 있는 경우 외에는 계약의 체결을 거부하지 못한다(자배법 20 ①). 이 보험은 자동차의 운행으로 인하여 발생하는 사고에 대비하기 위한 것으로 피해자에 대한 손해배상이 그 핵심이다.

2. 자동차보험자의 손해보상책임

1) 보상책임의 요건

자기를 위하여 자동차를 운행하는 자가 자동차의 운행으로 다른 사람이 사망하거나 부상한 경우에 피해자에게 배상책임을 부담하여야 하므로(자배법 3) 자동차보험자의 손해보상책임이 성립하려면, 첫째 자기를 위하여 자동차를 운행하는 자의 자동차의 운행으로 다른 사람이 사망하거나 부상하여야 하고, 둘째, 이로 인해 피보험자가 타인에 대하여 배상책임을 부담하여야 한다.

(1) 자동차의 운행으로 다른 사람의 사망 또는 부상

(a) 자동차의 의미: 자동차(自動車)란 「자동차관리법」의 적용을 받는 자동차와 건설기계관리법의 적용을 받는 건설기계 중 대통령령이 정하는 것을 말한다(자배법 2 ⅰ). 자동차관리법 제2조 제1호는 '자동차'라 함은 원동기에 의하여 육상에서 이동할 목적으로 제작한 용구 또는 이에 견인되어 육상을 이동할 목적으로 제작한 용구를 말한다고 하고, 동법 제3조에서는 자동차의 종류를 승용자동차, 승합자동차, 화물자동차, 특수자동차 및 2륜자동차로 구분하되, 그 기준은 자동차의 크기, 구조, 원동기의 종류, 총배기량 또는 정격출력으로 하도록 하고 있다. 동법 시행규칙 제2조 별표Ⅰ에서는 2륜자동차를 정의하면서 배기량 500cc 미만의 것 또는 정격출력 0.59킬로와트 미만의 것은 이를 제외하고 있다.[70)]

---

70) 대판 1993. 8. 27. 93다16932. 「자동차손해배상보장법상의 배상책임은 그 손해가 '자동차'의 운행으로 인하여 발생한 경우에만 적용되고, 위 법 제2조 제1호, 자동차관리법 제2조 제1호, 제3조 및 같은법 시행규칙 제2조에 의한 별표 1의 각 규정에 의하면 배기량 49.6씨씨 오토바이는 자동차손해배상보장법

(b) 운행: 운행(運行)이란 "사람 또는 물건의 운송 여부에 관계없이 자동차를 그 용법에 따라 사용 또는 관리하는 것"을 말한다(자배법 ② ii).[71] 이는 운전의 시작부터 종료할 때까지를 의미한다. 그러므로 자동차의 운행 중의 사고뿐만 아니라 자동차의 일시정차[72] 중에 사고가 발생한 경우라도 사고의 발생이 자동차의 운행과 상당인과관계가 있는 경우에는 자동차의 운행으로 인한 사고로 보아야 할 것이다.

(2) 피보험자의 제3자에 대한 배상책임의 존재

(a) 자기를 위한 자동차의 운행: 자동차보험자의 보상책임은 피보험자가 자기를 위한 자동차의 운행으로 인하여 제3자에게 발생한 인적손해에 대하여 손해배상책임을 부담하는 것을 전제로 한다. '자기를 위한 자동차의 운행'이란 자동차를 자신의 점유 또는 지배하에 두고 자기를 위하여 사용하는 것, 즉 운행지배(運行支配)와 운행이익(運行利益)을 가지고 운행하는 것을 의미한다.[73] 운행지배란 현실적 지배 외에 사회통념상 간접지배 내지 지배가능성이 있다고 볼 수 있는 경우도 포함된다.[74] 그리고 운행이익이란 자동차의 운행으로 인하여 얻을 이익을 말하며, 이익에는 간접적 경제적 이익 외에 예컨대 결혼축의금 대신 운전수가 딸린 자동차를 혼주에 내어주는 것과 같은 정신적 이익도 포함된다.[75]

제3조 소정의 자동차에 해당하지 아니하므로 배기량 49.6씨씨 오토바이의 운행으로 인한 사고는 자동차손해배상보장법 제3조가 적용되는 자동차의 운행으로 인한 사고의 범위에 포함되지 않는다.」

71) 대판 2000. 1. 21, 99다 41824; 대판 1996. 5. 28, 96다7359. 「자동차손해배상보장법 제2조 제2호에 자동차의 '운행'이라 함은 사람 또는 물건의 운송 여부에 관계없이 자동차를 당해 장치의 용법에 따라 사용하는 것을 말한다고 규정하고 있고, 여기서 당해 장치란 운전자나 동승자 및 화물과는 구별되는 당해 자동차에 계속적으로 고정되어 있는 장치로서 자동차의 구조상 설비되어 있는 당해 자동차 고유의 장치를 말하므로, 이와 같은 각종 장치의 전부 또는 일부를 각각의 사용목적에 따라 사용하는 경우에는 운행 중에 있는 것이다.」

72) 대판 1997. 9. 30, 97다24412. 도로교통법상의 정차와 주차의 기준에 대하여 「도로교통법 제2조 제17호와 제18호의 규정에 의하면 운전자가 운전을 위하여 차 안에 탑승한 채 차가 움직이지 아니하는 상태에 이르거나, 운전자가 정지된 차에서 이탈하였지만 객관적으로 보아 즉시 운전할 수 있는 상태에 있는 경우에 그 차의 정지 상태가 5분 이내이면 '정차'에 해당하고, 객관적으로 보아 운전자가 차에서 이탈하여 즉시 운전할 수 없는 상태에 이르면 차가 정지된 시간의 경과와는 관계없이 바로 '주차'에 해당한다.」라고 한다.

73) 대판 1990. 4. 25. 90다카3062. 「자동차손해배상보장법 제3조 소정의 '자기를 위하여 자동차를 운행하는 자'는 자동차에 대한 운행을 지배하여 그 이익을 향수하는 책임주체로서의 지위에 있는 자를 의미하고, 한편 자동차의 소유자 또는 보유자는 통상 그러한 지위에 있는 것으로 추인된다 할 것이므로 사고를 일으킨 구체적 운행이 보유자의 의사에 기하지 아니한 경우에도 그 운행에 있어 보유자의 운행지배와 운행이익이 완전히 상실되었다고 볼 특별한 사정이 없는 한 보유자는 당해 사고에 대하여 위 법조 소정의 운행자로서의 책임을 부담하게 된다.」

74) 대판 1995. 10. 13. 94다17253.

75) 대판 1987. 1. 20. 86다카1807.

(b) 피보험자: 이 보험에서 피보험자는 자동차의 보유자와 운전자이다(자배법 2 ii,iii). 자동차의 보유자란 자동차의 소유자 또는 자동차를 사용할 권리가 있는 자로서 자기를 위하여 운행하는 자를 말하고(자배법 2 iii), 운전자란 다른 사람을 위하여 자동차의 운전이나 운전의 보조에 종사하는 자를 말한다(자배법 2 iv).

(3) 상당한 인과관계

자동차의 운행 중에 발생한 모든 사고에 대하여 보험자가 보상책임을 지는 것이 아니라 그 사고가 운행으로 '인하여' 발생한 경우 즉 자동차의 운행과 사고와의 사이에 상당한 인과관계가 있는 경우에만 보험자는 보상책임을 진다. 판례에 의하면, 동승자가 주차한 자동차에서 하차하다가 차량 밖의 터널바닥으로 떨어져 다친 경우[76], 기후관계로 승용차를 주차한 후 시동을 켠 채 자다가 누출된 가스폭발로 사망한 경우[77]는 자동차의 운행 중의 사고로 사고와 사망사이에 상당한 인과관계가 있다고 한다. 그러나 자동차를 정차한 후 시동을 끄고 잠을 자던 중 차가 미끄러져 호수에서 익사한 경우[78], 버스가 정류장에 완전히 정지한 후 뒷문이 열린 상태에서 승객이 내리다가 몸의 중심을 잃고 떨어져 사망한 경우[79], 승용차를 운행하기 위한 것이 아니라 잠을 자기위한 공간으로 이용하면서 방한 목적으로 시동과 히터를 켜놓고 자다가 질식한 경우[80], 화물 하차작업 중 화물고정용 밧줄에 오토바이가 걸려 넘어진 경우[81] 등은 자동차의 운행과 사고와의 사이에 상당한 인과관계가 없는 것으로 보고 있다.

2) 타인의 범위와 그 지위

(1) 타인의 범위

자동차손해배상보장법상 타인이란 운행자, 운전자, 운전보조자 이외 자로서 자동차의 운행으로 사망 또는 부상을 입은 자 또는 그의 상속인으로서 피보험자에게 손해배상청구를 할 수 있는 사람이다. (i) 운전보조자라고 하더라도 사고 당시에 현실적으로 자동차의 운전에 관여하지 않았다면 타인으로 보호한다.[82] (ii) 피보험자의 동거가족이 포함되느냐에 대하여는 자동차손해배상보장법에는 명문규정은 없다. 그러나 개인용자동차보험약관에서는 기명피보험자 또는 그 부모, 배우자 및 자녀의 사망 또는 부상의 경우를 보험자의 면책사유로 정하고

76) 대판 1998. 9. 4. 99다22604.
77) 대판 2000. 9. 8. 2000다89.
78) 대판 1994. 4. 29. 93다55180.
79) 대판 1994. 8. 23. 93다59595.
80) 대판 2000. 1. 21. 99다41824.
81) 대판 1996. 5. 31. 95다19232.
82) 대판 1999. 9. 17. 99다22328.

있다(자보약 14 (2) ⑨). 이에 대하여 부부재산의 독립성을 이유로 특히 아내 및 부모의 경우에는 타인에 포함되어야 한다는 견해도 있다. (iii) 교대운전자라 하더라도 자동차 사고시 현실적으로 운전을 담당하지 않은 자는 타인에 해당된다.[83] (iv) 호의동승자는 타인에 해당된다고 본다.[84]

(2) 타인의 지위

자동차손해배상보장법상 피해자인 타인은 상법 제724조 제2항의 규정에 의하여 보험금액의 한도에서 보험자에게 직접 보험금을 청구할 수 있다. 이 경우 피해자는 자동차보험 진료수가에 해당하는 금액을 진료를 한 의료기관에 직접 지급할 것을 청구할 수 있고(자배법 9 ①), 사정에 따라서는 피해자는 가불금을 청구할 수 있다(자배법 10 ①). 타인의 보험금청구권은 압류 또는 양도할 수 없도록 하여(자배법 32)로 하여 피해자를 보호하고 있다.

3) 보상책임의 범위

자동차손해배상보장법에 의한 자동차손해대인배상책임보험은 보험자가 지급할 보험금액이 일정한 한도로 제한되어 있는 유한배상책임보험이다. 자동차손해배상보장법 시행령 제3조에 의하면 보험자가 지급할 보험금은 피해자 1인당 사망 및 후유장해에 따라 그 한도액을 정하고, 그 한도 내에서 실손해액을 보상하도록 하고 있다(자배시령 3 ①).

4) 보험금의 지급과 소멸시효

(1) 보험금 등의 지급: 소정의 청구서(자배시령 6)를 제출하여 보험금을 청구하면 보험자는 보험계약자의 의견을 들어 손해배상금을 지급하여야 하고 그 사실을 보험계약자에게 통지하여야 한다(자배시령 7, 8). 그리고 사정에 따라 피해자가 가불금을 청구하면 보험자는 지체없이 그 청구한 금액을 지급하여야 한다(자배법 10, 자배시령 9).

(2) 소멸시효: 보험자의 보험금지급의무는 피보험자의 배상책임이 확정된 날로부터 2년간 행사하지 않으면 시효로 인하여 소멸한다(자배법 33)

5) 보험자의 면책사유와 피해자의 보호

자동차보험약관상으로는 보험계약자 또는 피보험자의 고의로 인한 손해를 보험자의 면책사유로 하고 있다. 따라서 무면허운전이나 음주운전 중의 사고, 중대한 과실로 인한 사고의 경우에는 보험자가 면책되지 않는다. 비록 고의로 인한 사고를 보험자의 면책사유로 하고

---

83) 대판 1983. 2. 22. 82다128.

84) 대판 1991. 1. 15. 90다13710.

있지만, 자배법 제9조의 규정에 따라 피해자가 보험자에게 직접 보상을 청구한 경우에는 보험자는 자동차손해배상보장법령에서 정한 액수를 한도로 피해자에게 손해배상액을 지급하고 그 지급금액을 피보험자에게 청구할 수 있도록 하여(자보약 15 ① 일반면책사항1) 피해자의 보호를 도모하고 있다. 보험자의 피보험자에 대한 청구는 대위권이 아니라 구상권의 행사이다.

Ⅳ. 자동차대인임의책임보험

1. 의의

자동차대인임의책임보험(自動車對人任意責任保險)은 피보험자가 자동차 사고로 인하여 다른 사람을 사망 또는 부상케 하여 법률상의 손해배상책임을 부담하는 경우에 그 손해배상책임을 담보하기 위하여 임의로 가입하는 자동차대인책임보험이다. 이 보험은 강제보험인 자동차손해배상대인책임보험만으로는 피해자의 손해를 충분히 담보 할 수 없는 경우를 예상하여 그 보완책으로 당사자가 임의로 가입하는 보험이다. 이 보험은 보험약관에서 '대인배상책임II'로 표시된다.

2. 자동차보험자의 보상책임

1) 보상책임의 요건

자동차대인임의책임보험에서 보험자가 보상책임을 부담하려면, 첫째, 보험기간 중에 피보험자의 자동차의 사고로 인하여 다른 사람이 죽거나 또는 다친 손해가 발생하고, 둘째, 그 결과 피보험자가 다른 사람에게 법률상 손해배상책임을 부담하여야 한다. 피보험자의 제3자에 대한 손해배상책임은 민법 이하의 불법행위에 관한 규정(민 750 이하)이 적용된다. 자동차대인임의책임보험은 운행자의 귀책사유, 피보험자의 범위, 보험자의 책임의 한도 등의 면에서 자동차손해대인배상책임보험과 다르다.

2) 피보험자의 범위

(1) 피보험자의 범위: 자동차는 특정인 외에 일반적으로 가족 또는 사용인 등의 다수인이 사용하는 경우가 많다. 만약 이러한 다수의 자동차사용자가 보험의 대상에 포함되지 않는다면 피보험자는 물론 피해자도 충분한 보호를 받을 수 없게 된다. 이에 임의책임보험에서는 피보험자의 범위를 확대하고 있다(자보약 10 ②). 개인용자동차종합보험약관상 피보험자는 i) 보험증권에 기재된 피보험자(이를 기명피보험자라 함), ii) 기명피보험자와 같이 살거나

살림을 같이 하는 친족으로서 피보험자동차를 사용 또는 관리 중인 자, iii) 기명피보험자의 승낙을 얻어 피보험자동차를 사용하거나 관리중인 자. 다만 대인배상 II나 대물배상의 경우 자동차정비사업, 주차장업, 대리운전업(대리운전자를 포함) 등 자동차를 취급하는 것을 업으로 하는 자가 업무로서 위탁받은 피보험자동차를 사용 또는 관리하는 경우에는 피보험자로 보지 않는다. iv) 기명피보험자가 피보험자동차를 사용자의 업무에 사용하고 있는 경우에 그 기명피보험자의 사용자 또는 계약에 의하여 기명피보험자의 사용자에 준하는 지위를 얻은 자, v) 이들 피보험자를 위하여 피보험자동차를 운전 중인 자(운전보조자를 포함)로 되어 있다.

(2) 판례가 피보험자로 인정한 경우: (i) 기명피보험자로부터 굴삭기를 운전기사와 함께 임차하여 사용 또는 관리 중인 자[85] (ii) 자동차를 매수하고 소유권이전 등록을 마치지 않은 상태에서 약관상의 기명피보험자의 승낙을 얻어 자동차를 사용 또는 관리중인 자[86]

(3) 판례가 피보험자로 인정하지 않은 경우: (i) 기명피보험자인 차주가 정차한 뒤 자동차 열쇠를 꽂아둔 채 잠시 자리를 비운 사이에 뒷좌석의 친구가 운전하여 사고를 낸 경우[87] (ii) 자동차의 수리를 위하여 수리업자에게 인도한 경우[88]

3) 피해자의 범위와 지위

(1) 피해자의 범위: 피해자는 피보험자동차의 사고로 인하여 사상을 입은 자 또는 그 상속인으로서 피보험자에게 손해배상을 청구할 수 있는 자로서 자동차보험약관상 피보험자에 해당되는 자 외의 사람이다. 그러므로 약관상으로는 피보험자에 해당되는 자가 다른 사람이 피보험자동차를 운전하던 중에 일으킨 사고로 사상한 경우에는 보험보호를 받을 수 없게 된다.

(2) 피해자의 지위: 피해자는 피보험자의 책임있는 사고로 발생한 손해에 대하여 상법 제724조 제2항에 따라 보험자에게 직접 보상을 청구할 수 있다(자보약 16 ② i). 이 보험은 강제보험이 아니므로 자배법 제9조가 적용되는 것은 아니다.

4) 보험자의 보상책임의 범위

자동차대인임의책임보험은 자동차손해대인배상책임보험에 의하여 지급되는 보험금의 초과금액을 보험증권에 기재된 보험가입액을 한도로 담보하는데(자보약 10-1-(2)), 일반적으로 무한배상책임(無限賠償責任)으로 하여 피해자에 대한 확실한 보상대책을 마련하고 있다.

---

85) 대판 1995. 6. 9. 94다4813.
86) 대판 1994. 6. 14. 94다15264.
87) 대판 1991. 9. 24, 91다19906.
88) 대판 1992. 9. 8, 92다21487.

무한배상책임에 가입하면 교통사고처리특례법에 따라 일정한 요건 하에 형사책임을 면제하고 있다.[89] 무한배상책임제도에 관하여는 보험경영과 사회적 형평 등의 측면에서 비판이 있다.

5) 보험자의 면책사유

(1) 약관면책사유

자동차보험은 손해보험의 일종이므로 손해보험 일반에 관한 법정면책사유가 있고, 그 외 약관면책사유가 있다(자보약 14). 약관상의 면책사유는 다음과 같다.

① 보험계약자 또는 피보험자의 고의로 인한 손해

② 전쟁, 혁명, 내란, 사변, 폭동, 소요 및 이와 유사한 사태에 기인한 손해

③ 지진, 분화, 태풍, 홍수, 해일 등의 천재지변에 의한 손해

④ 핵연료물질의 직접 또는 간접적인 영향에 기인한 손해

⑤ 요금이나 대가를 목적으로 반복적으로 피보험자동차를 사용하거나 대여한 때에 생긴 손해. 다만, 1개월 이상의 기간을 정한 임대차계약에 의하여 임차인이 피보험자동차를 전속적으로 사용하는 경우에는 보상합니다. 그러나 임차인이 피보험자동차를 요금이나 대가를 목적으로 반복적으로 사용하는 경우에는 보상하지 아니합니다.

⑥ 피보험자가 손해배상에 관하여 제3자와의 사이에 다른 계약을 맺고 있을 때 그 계약으로 말미암아 늘어난 손해

⑦ 피보험자 본인이 무면허운전(용어정의 ⑪)을 하였거나, 기명피보험자의 명시적 · 묵시적 승인 하에서 피보험자동차의 운전자가 무면허운전을 하였을 때에 생긴 사고로 인한 손해

⑧ 피보험자동차를 시험용, 경기용 또는 경기를 위해 연습용으로 사용하던 중 생긴 손해. 다만, 운전면허시험을 위한 도로주행시험용으로 사용하던 중 생긴 손해는 보상합니다.

---

89) 교통사고처리특례법 제4조(보험등에 가입된 경우의 특례) ① 교통사고를 일으킨 차가 보험업법 제4조 및 제126조 내지 128조, 육운진흥법 제8조 또는 화물자동차운수사업법 제36조의 규정에 의하여 보험 또는 공제에 가입된 경우에 제3조제2항 본문에 규정된 죄를 범한 당해 차의 운전자에 대하여 공소를 제기할 수 없다. 다만 제3조 제2항 단서에 해당하는 경우나 보험계약 또는 공제계약이 무효 또는 해지되거나 계약상의 면책규정 등으로 인하여 보험사업자 또는 공제사업사의 보험금 또는 공제금 지급의무가 없게 된 경우에는 그러하지 아니하다. ② 제1항에서 "보험 또는 공제"라 함은 교통사고의 경우 보험업법에 의한 보험사업자나 육운진흥법 또는 화물자동차운수사업법에 의한 공제사업자가 인가된 보험약관 또는 승인된 공제약관에 의하여 피보험자 또는 공제조합원과 피해자간의 손해배상에 관한 합의여부에 불구하고 피보험자 또는 공제조합원에 갈음하여 피해자의 치료비에 관하여는 통상비용의 전액을, 기타의 손해에 관하여는 보험약관 또는 공제약관에서 정한 지급기준금액을 대통령령이 정하는 바에 의하여 우선 지급하되, 종국적으로는 확정판결 기타 이에 준하는 채무명의상 피보험자 또는 공제조합원의 교통사고로 인한 손해배상금 전액을 보상하는 보험 또는 공제를 말한다. ③ 제1항의 보험 또는 공제에 가입된 사실은 보험사업자 또는 공제사업자가 제2항의 취지를 기재한 서면에 의하여 증명되어야 한다.

⑨ 다음에 해당하는 사람이 죽거나 다친 경우

(가) 기명피보험자 또는 그 부모, 배우자 및 자녀

(나) 피보험자동차를 운전 중인 자(운전보조자를 포함합니다) 또는 그 부모, 배우자 및 자녀

(다) 기명피보험자로부터 허락을 얻어 피보험자동차를 운행하는 자 또는 그 부모, 배우자 및 자녀

(라) 위 '나.' 및 '다.'의 '그 부모, 배우자 및 자녀'에 대해서는 이들에 대한 기명피보험자의 법률상 손해배상책임이 성립하는 경우에는 그 손해를 보상합니다.

(마) 배상책임이 있는 피보험자의 피용자로서 산업재해보상보험법에 의한 재해보상을 받을 수 있는 사람. 다만, 그 사람이 입은 손해가 동법에 의한 보상범위를 넘어서는 경우에는 그 초과손해는 보상합니다.

(바) 피보험자가 피보험자동차를 사용자의 업무에 사용하는 경우 그 사용자의 업무에 종사중인 다른 피용자로서 산업재해보상보험법에 의한 재해보상을 받을 수 있는 사람. 다만, 그 사람이 입은 손해가 동법에 의한 보상범위를 넘는 경우에는 그 초과손해는 보상합니다.

(사) 위 '마.' 및 '바.'의 규정은 각각의 피보험자 모두에게 개별적으로 적용합니다. 다만, 이로 인하여 약관에서 정한 보험금의 한도액이 증액되지는 아니합니다.

(2) 약관면책사유에서 유의할 점

보험약관상 피보험자의 무면허운전(無免許運轉)으로 인한 사고는 보험자의 면책사유로 되어 있으나(자보약 15 ① ii-7),[90] 음주운전(飮酒運轉)으로 인한 사고는 보험자의 면책사유로 되어 있지 않다.[91] 즉 피보험자 본인이 음주운전을 하였거나 피보험자의 명시적 · 묵시적 승인 하에서 피보험자동차의 운전자가 음주운전을 하였을 때의 사고로 인한 손해에 대하여는 보험자의 보상책임을 인정하고, 다만 피보험자는 200만원의 사고부담금을 지급하도록 하고 있다(자보약 14 ②).

---

90) 대법원 1997. 9. 12, 97다19298. 「...무면허운전면책조항은 사고발생의 원인이 무면허운전에 있음을 이유로 한 것이 아니라 사고 발생 시에 무면허운전 중이었다는 법규위반 상황을 중시하여 이를 보험자의 보험대상에서 제외하는 사유로 규정한 것이므로 운전자의 운전면허가 정지되거나 취소된 경우에도 위 면책규정상의 무면허운전에 해당된다고 보아야 할 것이고(대법원 1993. 3. 9, 92다38928 판결 참조), 위 면책조항이 무면허운전과 보험사고 사이에 인과관계가 있는 경우에 한하여 적용하는 것으로 제한적으로 해석할 수는 없다고 할 것이다(대법원 1990. 6. 22, 89다카32965 판결 참조)」

91) 대판 1998. 4. 28, 98다4330 참조.

3. 보험금의 청구와 지급

1) 피보험자의 보험금의 청구와 지급

피보험자는 자동차사고로 다른 사람을 사상하여 피해자와의 사이에 대한민국 법원에 의한 판결의 확정, 재판상의 화해, 중재 또는 서면에 의한 합의로 손해배상액이 확정된 때에는 ① 보험금청구서, ② 손해액을 증명하는 서류, ③ 손해배상의 이행사실을 증명하는 서류를 갖추어 보험자에게 보험금을 청구할 수 있다(자보약 16 ①). 피보험자의 보험금 청구가 있을 때에는 피보험자가 피해자에게 배상금을 지급하였음을 확인한 후에 지급하여야 한다(상 724 ①). 보험자는 보험금의 청구에 관한 서류를 받은 때에는 지체없이 지급할 보험금액을 정하고 그 정하여진 날로부터 10일 이내에 지급한다. 보험금은 약관에 특별한 정함이 없으면 일시금으로 지급하는 것이 일반적이다.

2) 피해자의 보험금 직접청구권

피보험자가 피해자에게 법률상의 손해배상책임을 지는 사고가 생긴 때에는, 피해자는 보험자에게 직접 보험금을 청구할 수 있다(상 724 ②). 그러나 보험자는 피보험자가 그 사고에 관하여 가지는 항변으로써 피해자에게 대항할 수 있다. 보험자가 피해자의 청구를 받았을 때에는 지체없이 피보험자에게 통지해야 하고(상 724 ③), 보험금을 지급할 때에는 피보험자가 손해배상을 하지 않았음을 확인하고 보험금을 지급하여야 할 것이다(상 724 ① 참조).

3) 가지급보험금의 지급

자동차사고로 인한 손해배상액이 확정되지 아니한 때에는 피보험자 또는 피해자는 가지급보험금(假支給保險金)을 청구할 수 있다. 가지급보험금의 청구 시에는 보험금 청구시와 동일한 서류를 제출하여야 한다(자보약 16 ③).

〔13〕 차량보험

목 차

Ⅰ. 차량보험의 의의

차량보험(車輛保險)이라 함은 보험사고로 피보험자의 자동차에 생긴 손해를 보험자가 보상하는 손해보험이다. 즉 차량보험은 피보험자가 피보험자동차를 소유, 사용, 관리하는 동안에 타차 또는 타물체와의 충돌, 접촉, 추락, 전복 또는 차량의 침수, 화재, 폭발, 낙뢰, 도난 등의 사고로 인하여 자동차에 직접적(直接的)으로 생긴 손해를 보험자가 보상하기로 하는 손해보험이다(자보약 14). 따라서 차량보험은 책임보험이 아니라 물건보험이고, 그 보험가액을 기준으로 일부보험, 초과보험, 중복보험 등의 문제가 발생할 수 있다.

Ⅱ. 차량보험의 목적과 보험가액

차량보험의 목적은 피보험자동차와 피보험자동차에 통상 붙어있거나 장치되어 있는 부속품과 부속기계장치를 포함하며, 통상 붙어 있거나 장치되어 있는 것이 아닌 것은 보험증권에 기재한 것만을 포함한다(자보약 14 ①). 차량보험에서 피보험자동차에 생긴 손해액은 보험가액을 기준으로 결정한다. 보험가액은 보험개발원이 정한 차량기준가액에 따라 보험계약을 맺었을 때에는 사고발생 당시의 보험개발원이 정한 최근의 차량기준가액을 말한다. 그러나 보험개발원의 차량기준가액이 없거나 이와 다른 가액으로 보험계약을 맺었을 경우, 보험증권에 기재된 가액이 손해가 생긴 곳과 때의 가액을 현저하게 초과한 때에는 그 손해가 생긴 곳과 때의 가액을 보험가액으로 한다(자보약 17 ⑨).

Ⅲ. 보험자의 보상책임

1. 보상책임의 요건

보험자가 보상책임을 부담하려면 피보험자동차에 의한 보험사고가 보험기간 중에 발생하여 보험의 목적인 자동차와 그 부속품 또는 부속기계장치가 멸실 또는 훼손되어 피보험자가 손해를 입어야 한다. 보험사고에 대하여 종전의 약관에서는 "충돌 등 기타 유사한 사고"라 하여 포괄위험방식을 취하였으나, 개정된 보험약관에서는 보험사고를 열거방식으로 표기하고 있다. 그러나 열거된 사고의 종류를 볼 때에는 사실상 포괄위험방식이라고 할 수 있다.

2. 피보험자

피보험자는 보험회사에 보상을 청구할 수 있는 사람으로 보험증권에 기재된 기명피보험자이다(자보약 14 ②).

3. 손해의 보상

1) 보상의 방법: 차량손해의 보상은 금전으로 지급하는 것이 원칙이자만, 보험사가 필요하다고 인정하는 경우에는 피보험자의 동의를 얻어 수리 또는 대용품의 교체로써 보험금의 지급을 대신할 수 있다(자보약 14 ① iii).

2) 보험금의 지급: (1) 전손의 경우: 전손이란 피보험자동차가 완전히 파손, 멸실 또는 오손되어 수리할 수 없는 상태이거나 피보험자동차에 생긴 손해액과 보험자가 부담하기로 한 비용의 합산액이 보험가액 이상인 경우를 말한다(자보약 17 ⑩). 이와 같은 전손의 경우에는 보험금액 전액을 피보험자에게 지급하고, 보험금액이 보험가액을 초과할 경우에는 그 보험가액을 한도로 지급한다. 전손의 경우에는 자기부담금을 공제하지 않는다(자보약 14 ① ii). (2) 분손의 경우: 분손에 대하여는 원칙상 훼손된 차를 수리하는 데 필요한 비용과 수리를 위한 부대비용을 지급한다. 분손의 경우에는 자기부담금이 있으면 보험금에서 공제된다. 일부보험의 경우에는 보험금액의 보험가액에 대한 비율에 따라 그 손해를 보상할 책임이 있다(상 674). 문제가 되는 것은 수리비가 피보험자동차의 교환가격을 초과하는 경우에도 피해자가 자동차의 수리를 요구할 수 있는가이다. 이에 대하여 판례는 「… 교환가격보다 높은 수리비를 요하는 경우에 굳이 수리를 고집하는 피해자가 있을 때에 그 소망을 들어 주어야 하는 것이 사회통념에 비추어 시인되어야 할 특별한 사정이 없는 한 그 수리비 가운데 교환가격을 넘는 부분은 그에게 부담시켜야 한다.」[92]고 한다.

4. 보험자의 면책사유

차량보험은 손해보험이므로 손해보험 일반의 법정면책사유 외에 약관면책사유가 있다. 약관면책사유는 다음과 같다(자보약 15 ① vii).

---

92) 대판 1990. 8. 14. 90다카7569.

① 보험계약자, 피보험자, 이들의 법정대리인 또는 피보험자와 살림을 같이 하거나 같이 사는 친족의 고의로 인한 손해

② 전쟁, 혁명, 내란, 사변, 폭동, 소요 및 이와 유사한 사태에 기인한 손해

③ 지진, 분화 등 천재지변에 의한 손해

④ 핵연료물질의 직접 또는 간접적인 영향에 기인한 손해

⑤ 요금이나 대가를 목적으로 반복적으로 피보험자동차를 사용하거나 대여한 때에 생긴 손해. 다만, 1개월 이상의 기간을 정한 임대차계약에 의하여 임차인이 피보험자동차를 전속적으로 사용하는 경우는 보상합니다. 그러나 임차인이 피보험자동차를 요금이나 대가를 목적으로 반복적으로 사용하는 경우는 보상하지 아니합니다.

⑥ 소유권이 유보된 매매계약이나 대차계약에 따라 피보험자동차를 산 사람 또는 빌어쓴 사람의 고의로 인한 손해

⑦ 사기 또는 횡령으로 인한 손해

⑧ 국가나 공공단체의 공권력 행사에 의한 압류, 징발, 몰수, 파괴 등으로 인한 손해. 그러나 소방이나 피난에 필요한 조치로서 취하여진 경우에는 그 손해를 보상합니다.

⑨ 피보험자동차에 생긴 흠, 마멸, 부식, 녹, 그 밖의 자연소모로 인한 손해

⑩ 피보험자동차의 일부 부분품, 부속품, 부속기계장치만의 도난으로 인한 손해

⑪ 동파로 인한 손해 또는 우연한 외래의 사고에 직접 관련이 없는 전기적, 기계적 손해

⑫ 피보험자동차를 시험용, 경기용 또는 경기를 위해 연습용으로 사용하던 중 생긴 손해. 다만, 운전면허시험을 위한 도로주행시험용으로 사용하던 중 생긴 손해는 보상합니다.

⑬ 피보험자동차를 운송 또는 싣고 내릴 때에 생긴 손해

⑭ 피보험자동차가 주정차 중일 때 다른 자동차의 충돌 또는 접촉에 의하지 아니한 사고로 인한 타이어나 튜브에만 생긴 손해 및 주행 중 타이어나 튜브에만 생손해. 다만, 화재, 산사태에 의한 손해는 보상합니다.

⑮ 보험계약자, 피보험자, 이들의 법정대리인, 피보험자와 같이 살거나 살림을 같이하는 친족, 피보험자동차를 빌어쓴 사람 또는 피보험자동차에 관계되는 이들의 피용자(운전자를 포함합니다)가 마약 또는 약물 등의 영향에 의하여 정상적인 운전을 하지 못할 상태에서 피보험자동차를 운전하고 있는 때에 생긴 손해.

⑯ 보험계약자, 피보험자, 이들의 법정대리인, 피보험자와 같이 살거나 살림을 같이하는 친족, 피보험자동차를 빌어쓴 사람 또는 피보험자동차에 관계되는 이들의 피용자(운전자를 포함합니다)가 무면허운전을 하였거나 음주운전[93]을 하였을 때에 생긴 손해.

---

93) 개인용자동차보험 보통약관 제17조(용어정의): ⑪, ⑮ 참조.

〔14〕 자동차의 양도와 교체

목 차

Ⅰ. 자동차 양도의 의의

자동차의 양도란 당사자의 의사표시에 의하여 자동차의 소유권을 이전하는 것을 말한다. 자동차의 소유권 이전은 자동차관리법에 따라 등록하여야 하므로[94] 매매계약의 체결이라는 채권행위 외에 물권적양도 행위와 등록명의의 이전이 있어야 한다. 자동차가 양도되면 운행지배와 운행이익이 이전하게 된다. 그러므로 단순한 사용권만의 이전은 양도라고 할 수 없다.[95] 판례는 양도인이 그 자동차에 대한 운행지배를 상실하고 양수인이 사실상의 운행지배를 취득하는 경우에 한하여 양도로 본다.[96]

Ⅱ. 자동차 양도의 유형

자동차의 양도는 자동차의 소유권 이전 외에 보험약관상으로는, 소유권을 유보한 매매계약에 따라 자동차를 '산 사람' 또는 대차계약에 따라 자동차를 '빌린 사람'이 그 자동차를 피보험자동차로 하고 자신을 보험계약자 또는 기명피보험자로 하는 보험계약이 존속하는 중에 그 자동차를 '판 사람', 또는 '빌려준 사람'에게 반환하는 경우도 포함한다. 이 경우

94) 자동차관리법 제5조(등록) 자동차(이륜자동차를 제외한다. 이하 제47조까지 같다)는 자동차등록원부(이하 "등록원부"라 한다)에 등록한 후가 아니면 이를 운행하지 못한다. 다만, 제27조 제1항의 규정에 의하여 임시운행허가를 받은 경우에는 그러하지 아니하다.

95) 김성태, 전게서, 707면.

96) 대판 1993. 6. 29. 93다1480.「자동차종합보험약관 제42조의 규정에서 자동차의 양도로 보험자가 책임을 면하는 경우란 당해 자동차의 운행지배상태 및 유체동산인 자동차의 양도를 의미하는 것으로서 양도인이 그 자동차에 대한 운행지배를 상실하고 양수인이 사실상의 운행지배를 취득하는 경우를 의미하고, 따라서 기명피보험자가 그 등록명의만을 변경하고 실제로는 그 자동차를 보유하며 운행지배를 하면서 직접 그 자동차를 운행하다가 사상사고를 일으켜 손해를 발생시킨 경우에는 위 규정은 적용되지 아니한다.」

'판 사람' 또는 '빌려준 사람'은 양수인으로 본다(자보약 19 ① ii).

Ⅲ. 자동차 양도의 효과

1. 보험자의 승낙과 보험계약의 승계

1) 보험자의 승낙

일반적인 손해보험에서는 보험의 목적이 양도되면 양수인이 보험계약상의 권리와 의무를 승계하는 것으로 추정되지만(상 679 ①), 자동차 보험의 경우에는 자동차의 운행 및 관리주체의 특성이 중요하므로 보험자의 승낙이 있어야만 보험계약상의 권리와 의무가 이전되는 것으로 하였다. 즉 피보험자가 보험기간 중에 자동차를 양수한 때에는 양수인은 양수의 뜻을 서면으로 통지하여 보험자의 승낙을 얻은 경우에만 보험계약으로 인하여 생긴 권리와 의무를 승계할 수 있다(상 726의4 ①). 보험자가 승낙한 경우에는 피보험자동차의 양수인에게 적용되는 보험요율에 따라 피보험자동차의 양도 전의 보험계약자에게 보험료를 반환하거나, 피보험자동차의 양도 후의 보험계약자에게 추가보험료를 청구한다(자보약 19 ① iii).

2) 승낙의제

보험자가 양수인으로부터 자동차의 양수 사실에 관한 서면의 통지를 받은 때에는 지체없이 낙부를 통지하여야 하는 데, 통지받은 날로부터 10일 내에 낙부의 통지가 없을 때에는 승낙한 것으로 보아 양수인을 보호하고 있다(상 726 ②, 자보약 19 ① i).

3) 의무보험에 관한 특칙

보험기간 중의 자동차의 양도는 양수인이 보험자의 승낙을 받아야 보험계약상의 권리와 의무를 승계하여 보험보호를 받을 수 있지만, 보험자의 승낙을 받지 아니하고 운행하다가 사고가 발생한 경우에는 보험보호를 받을 수가 없다. 그러나 의무보험에 가입된 자동차가 양도된 경우 당해 자동차의 양도일(양수인이 매매대금을 지급하고 현실적으로 자동차의 점유를 이전받은 날을 말한다)부터 자동차관리법 제12조의 규정에 의한 자동차소유권 이전등록신청기간이 만료되는 날까지의 기간동안은 자동차의 양수인이 의무보험에 관한 양도인의 권리의무를 승계한 것으로 보아(자배법 22) 보험자의 승낙을 받지 않아도 보험보호를 받을 수 있도록 하고 있다.

2. 보험자가 승낙하지 않은 경우

보험자가 자동차의 양도를 승낙하지 않은 경우에는 피보험자동차가 양도된 후에 발생한 사고에 대하여는 보험금을 지급하지 아니한다. 다만, 기존 보험계약이 '무보험자동차에 의한 상해'를 포함하고 있고 해지되지 아니한 경우에는 피보험자동차가 양도된 후에 발생한 사고에 대하여도 '무보험자동차에 의한 상해' 및 '다른 자동차 운전담보 특별약관'에 의하여 이 보험계약의 피보험자가 입은 손해를 보상한다(자보약 19 ① ⅳ).

Ⅳ. 자동차의 교체

1. 교체를 승낙한 경우

보험계약자 또는 기명피보험자가 보험기간 중에 기존의 피보험자동차를 폐차 또는 양도하고 그 자동차와 동일한 차종의 다른 자동차로 교체한 경우에는, 보험계약자가 기존의 보험계약을 교체된 자동차에게 승계시키고자 한다는 뜻을 서면으로 보험회사에 통지하여 이에 대한 승인을 청구하고 보험자가 승인한 때로부터 기존의 보험계약을 교체(대체)된 자동차에 적용한다. 이 경우 기존의 피보험자동차에 대한 보험계약의 효력은 교체의 승인이 있는 때에 상실된다(자보약 19 ② ⅰ). 보험자가 피보험자동차의 교체를 승인한 경우에는 교체된 자동차에 적용하는 보험요율에 따라 보험계약자에게 보험료를 반환하거나 추가보험료를 청구할 수 있다. 이 경우 기존의 피보험자동차를 말소등록한 날 또는 소유권을 이전등록한 날로부터 승계를 승인한 날의 전날까지 기간에 해당하는 보험료를 일할로 계산하여 보험계약자에게 반환한다(자보약 19 ② ⅲ).

2. 교체를 승낙하지 않은 경우

보험자가 자동차의 교체를 승인하지 않은 경우에는 교체된 자동차의 사용 중에 발생한 사고에 대하여는 보험금을 지급하지 아니한다. 다만 기존의 보험계약이 '무보험자동차에 의한 상해'를 포함하고 있고 해지되지 아니한 경우에는 교체된 자동차의 사용 중에 발생한 사고에 대하여도 '무보험자동차에 의한 상해' 및 '다른 자동차 운전담보 특별약관'에 의하여 피보험자가 입은 손해를 보상한다(자보약 19 ② ⅳ).

〔15〕 자동차손해배상보장사업과 불량위험 공동인수제도

목 차

Ⅰ. 자동차손해배상보장사업

1. 취지

자동차보험은 자동차사고로 손해를 입은 피해자가 보험자에게 직접 보험금 등을 청구할 수 있게 하여 피해자를 보호하고 있지만, 가해자와 가해자동차를 확인할 수 없는 경우(뺑소니사고)와 가해자가 책임보험에 가입하지 않은 경우(절취 · 무보험자동차사고)에는 피해자는 보상을 받을 수 없다. 이와 같이 보험에 의한 보호를 받을 수 없는 피해자가 손해보상을 받을 수 있도록 정책적으로 배려하여 정부가 보장하는 것이 자동차손해배상보장사업이다.

2. 보장사업의 내용

1) 뺑소니사고와 절취 · 무보험자동차사고에 의한 손해보상

정부는 ⅰ) 자동차보유자를 알 수 없는 자동차의 운행으로 인하여 사망하거나 부상한 피해자(뺑소니사고) 또는 ⅱ) 자동차손해배상책임보험이나 자동차책임공제에 가입하지 않은 자의 자동차의 운행으로 사망이나 부상을 당한 피해자(절취 · 무보험자동차사고)의 청구에 따라 그가 입은 손해를 보상한다. 다만 무보험자동차사고의 경우에는 일정한 경우를 제외한다(자배법 26 ①).

2) 손해보상의 범위

정부는 뺑소니사고나 무보험자동차사고로 인하여 발생된 모든 손해를 보상하는 것이 아니라 책임보험의 보험금의 한도 안에서 피해자가 입은 손해를 보상한다(자배법 26 본문). 피해자에게 보상한 정부는 그 지급한 금액의 한도 안에서 피해자의 손해배상청구권을 대위하여 행사한다

(자배법 31조). 그리고 피해자가 국가배상법, 산업재해보상보험법 등에 의하여 그 손해에 대하여 배상 또는 보상을 받은 경우에는 그가 배상 또는 보상받는 금액의 범위 안에서 보상책임을 면한다(자배법 28).

3) 유자녀 등에 대한 지원사업

이외에 정부는 보장사업의 일환으로 자동차의 운행으로 인한 사망자 등의 유자녀 및 피부양가족의 경제적 어려움 등의 문제를 해결하고 중증후유장애인의 재활을 지원할 수 있다(자배법 26 ②).

4) 보장사업의 주무장관과 보장사업분담금

자동차손해배상보장사업에 관한 업무는 국토해양부장관이 담당하고(자배법 26), 그 보장기금을 마련하기 위하여 보험자와 일정한 자동차의 보유자에게 보장사업을 위한 분담금을 납부하도록 하고 있다(자배법 29).

Ⅱ. 불량위험 공동인수제도

피보험자동차의 운전자의 사고발생률이 높아 보험가입이 거절되면, 이는 결국 무보험상태가 되어 그 피해자의 보호가 필요하다. 이에 자동차손해배상보장법은 자동차보유자가 교통사고를 발생시킬 개연성이 높은 경우 다수의 보험자가 공동으로 책임보험 등의 계약을 체결할 수 있다(자배법 20 ②)고 규정하여 불량위험으로부터 피해자를 보호하고자 한다. 그러나 이 규정은 강제규정이 아니어서 실현가능성이 의문이다.

〔16〕 보증보험

목 차

Ⅰ. 보증보험의 의의와 기능

1. 보증보험의 의의

보증보험(保證保險, guaranty insurance)이란 보험계약자인 채무자의 계약상의 채무불이행 또는 법령상의 의무불이행으로 인하여 채권자가 입게 되는 손해를 보험자가 보상할 것을 목적으로 하는 손해보험이다. 보증보험은 상법규정에 근거한 보험이 아니라 보험업법에 근거한 보험이라 할 수 있다. 즉 보험업법은 제2조 제3호에서, 손해보험업을 우연한 사고(제4호의 규정에 의한 질병 · 상해 및 간병을 제외한다)로 인하여 발생하는 손해의 보상을 약속하고 금전을 수수하는 것을 영업으로 하는 것이라고 정의하면서 이에 "매매 · 고용 · 도급 그 밖의 계약에 의한 채무 또는 법령에 의한 의무의 이행에 관하여 발생할 채권자 그 밖의 권리자의 손해를 보상할 것을 채무자 그 밖의 의무자에게 약속하고, 채무자 그 밖의 의무자로부터 그 보수를 수수하는 것을 포함한다."라고 하여 보증보험의 법적근거를 마련하고 있다. 보증보험과 유사한 보험으로 신용보험(信用保險, credit insurance)[97]이 있다. 양자는 신용위험을 전제로 채권자를 보호한다는 점에서는 유사하나, 보증보험은 '타인을 위한 보험'의 형태임에 대하여, 신용보험은 채권자인 보험계약자가 동시에 피보험자로서 채무자인 피보증인의 채무불이행 등으로 발생하게 되는 손해의 보상을 위하여 체결하는 '자기를 위한 보험'이라는 점에서

97) 신용보험은 물품이나 용역 등을 외상으로 판매 또는 공급하는 채권자가 이를 매수 또는 공급받는 자의 대금의 이행지체 또는 지급불능으로 인한 손해를 보험자로부터 보상받기 위하여 가입하는 보험을 말한다.

양자는 구별된다.[98]

2. 보증보험의 기능

채권자 입장에서 채무자에게 보증인 또는 물적담보를 제공하라는 것은 불편하고 어려운 요구가 될 수 있고, 혹 보증인을 세운다고 하더라도 보증인의 보증채무 이행은 불확실할 수 도 있다. 이러한 경우에 보증보험은 채권자에게는 채무불이행에 대한 담보적 기능을 하게 되고, 채무자에게는 자신의 자력으로는 충분하지 못한 신용의 보완적 기능을 하게 된다. 국가에 대한 입찰보증금[99] 또는 계약보증금[100]을 보증보험증권으로 갈음할 수 있도록 하는 것은 보증보험의 채권담보적 기능에 기초한 것이다.

Ⅱ. 보증보험의 법적성질

1. 손해보험성

보증보험은 일정한 계약상의 채무불이행 등으로 인하여 생긴 손해를 보상할 것으로 목적으로 하는데, 이 보험계약의 성질이 일반적인 손해보험계약인가에 대하여는 부정설과 긍정설이 있다. 보증보험의 경우에도 채무불이행 등이라는 보험사고의 우연성이 인정된다는 점, 피보험자의 고의 · 중대한 과실로 보험사고가 발생한 경우에 보험자가 보상책임을 부담한다는 것이 반드시 신의측이나 사회질서에 반한다고 보기 어렵다는 점, 실거래에서 요구하는 보증의무를 보험계약의 형태로 영위하고 있는 점 등을 고려하여 볼 때, 이는 일종의 손해보험으로 보아야 한다.[101]

2. 책임보험성

보증보험은 보험계약자의 손해배상책임을 보험자가 부담한다는 점에서 책임보험적 성질을 가지고 있다. 그러나 보증보험은 배상책임의 당사자와 발생원인 면에서 책임보험과는 다르

---

98) 김성태, 전게서, 768면; 양승규, 전게서, 420면.

99) 국가를 당사자로 하는 계약에 관한 법률 시행령 제37조 제2항 제3호

100) 국가를 당사자로 하는 계약에 관한 법률 시행령 제50조 제7항

101) 대판 1999. 2. 9, 98다49104.「이행보증보험은 채무자인 보험계약자가 채권자인 피보험자에게 계약상의 채무를 이행하지 아니함으로써 손해를 입힌 경우에 보험자가 그 손해의 전보를 인수하는 것을 내용으로 하는 손해보험으로서 보험계약자의 피보험자에 대한 계약상의 채무이행을 담보하는 것이므로, 이행보증보험계약에 의하여 보험자가 피보험자에게 담보하는 채무이행의 내용은 채권자와 채무자 사이에서 체결된 주계약에 의하여 정하여지고 이러한 주계약을 전제로 이행보증보험계약이 성립하지만, 그 주계약이 반드시 이행보증보험계약을 체결할 당시 이미 확정적으로 유효하게 성립되어 있어야 하는 것은 아니고 장차 체결된 주계약을 전제로 하여서도 유효하게 이행보증보험계약이 체결될 수 있다.」

다.[102]

3. 보증성

보증보험은 주채무자인 보험계약자의 채무 이행이 없을 때에 보험자가 그 담보책임을 진다는 점에서 민법상의 보증계약과 유사한 보증성을 가지고 있다. 판례는 보증보험계약에서의 보험자의 보상책임의 법적성질은 보증책임과 같다고 한다.[103] 그러므로 특약이 없다면 보증보험에 대해서는 민법의 보증에 관한 규정(민 428 이하)이 유추적용되어야 할 것이다.[104]

4. 타인을 위한 보험

보증보험은 보험계약자인 채무자의 계약상의 채무불이행 또는 법령상의 의무불이행으로 인하여 채권자가 입게 되는 손해를 보험자가 보상할 것을 목적으로 하는 손해보험으로 형식적으로는 피보험자는 채권자가 되는 타인을 위한 보험의 일종이다. 즉 보증보험은 채무자가 보험계약자로서 보험료 납부의무를 부담하고, 피보험자를 채권자로 하는 방식을 취한다. 그러나 보험계약자는 담보를 제공하는 대신에 보증보험계약을 체결하는 것이므로 보증보험은 실질적으로는 보험계약자를 위한 자기를 위한 보험과 피보험자인 채권자를 위한 타인을 위한 보험의 결합형태라고 할 수 있다.[105]

Ⅲ. 보증보험의 종류

보증보험은 보증의 목적에 따라 여러 가지로 분류할 수 있다.

---

102) 정찬형, 전게서, 728면

103) 대판 1997. 10. 10, 95다46265; 대판 2001. 2. 13, 99다13737. 「보증보험은 보험계약자인 채무자의 채무불이행으로 인하여 채권자가 입게 되는 손해의 전보를 보험자가 인수하는 것을 내용으로 하는 손해보험으로서, 형식적으로는 채무자의 채무불이행을 보험사고로 하는 보험계약이지만 실질적으로는 보증의 성격을 가지고 보증계약과 같은 효과를 목적으로 한다.」

104) 대판 2005. 8. 25, 2004다58277; 대판 2004. 12. 24, 2004다20265. 「보증보험이란 피보험자와 어떠한 법률관계를 가진 보험계약자(주계약상의 채무자)의 채무불이행으로 인하여 피보험자(주계약상의 채권자)가 입게 될 손해의 전보를 보험자가 인수하는 것으로 내용으로 하는 손해보험으로서, 형식적으로는 채무자의 채무불이행을 보험사고로 하는 보험계약이나 실질적으로는 보증의 성격을 가지고 보험계약과 같은 효과를 목적으로 하는 것이므로, 보증보험계약은 주계약 등의 법률관계를 전제로 하고 보험계약자가 주계약에 따른 채무를 이행하지 아니함으로써 피보험자가 입게 되는 손해를 약관의 정하는 바에 따라 그리고 보험계약금액의 범위 내에서 보상하는 것이고(대법원 2002. 5. 10, 2000다70156), 그 성질에 반하지 않는 한 민법의 보증에 관한 규정이 보증보험계약에도 적용된다(대법원 2002. 8. 27, 2000다9734 판결 등 참조)」.

105) 양승규, 전게서, 425면; 정찬형, 전게서, 728면.

(1) 보험업법상으로는 보증보험의 대상으로 계약에 의한 채무와 법령에 의한 채무로 구분하고 있는 바, 전자에는 각종의 이행보증보험, 지급계약보증보험, 사채보증보험, 리스보증보험, 어음보증보험, 할부판매보증보험, 소액대출보증보험 등이 있고, 후자에는 납세보증보험, 인·허가보증보험, 공탁보증보험, 보석보증보험 등이 있다.

(2) 보증보험을 주로 이용자하는 자를 기준으로, 기업이 주로 이용하는 보증보험과 개인이 주로 이용하는 보증보험으로 분류할 수 있다. 전자 중에서 사채보증보험은 기업의 자금차입에 중요한 기능을 하며, 후자 중에서는 신원보증보험은 개인의 취업 등에서 중요한 기능을 한다. 최근에는 인터넷 쇼핑몰의 이용에 따른 전자상거래 등의 활성화를 도모하기 위한 전자상거래보증보험이 판매되고 있다.106)

Ⅳ. 보증보험의 법률관계

1. 보험계약관계자

보증보험은 타인을 위한 보험의 형식으로 운용되므로, 계약의 당사자인 보험자와 보험계약자 및 피보험자가 있어야 한다. 그러므로 매매 등의 당해 계약의 채무자가 보험계약자가 되고, 당해 계약의 채무이행을 담보하는 보증인적 지위를 갖는 자가 보험자이며, 당해 계약의 채권자가 보험이익을 받게 되는 피보험자가 된다.107)

2. 보험의 목적

보증보험의 목적은 보험계약자와 피보험자 사이에서 계약이나 법률에 의하여 발생하는 무형적인 채권이다. 이러한 무형적인 채권의 발생의 원인인 주계약은 보증보험계약의 체결시에 확정적으로 성립되어 있어야 하는 것은 아니고 장차 체결할 주계약을 전제로 하여서도 보증보험계약은 유효하게 성립될 수 있다.108)

3. 보험사고

보증보험의 보험사고를, 예컨대 채무이행보증보험에서는 채무자가 채무의 내용에 좇은 이행을 하지 아니하는 주계약상의 채무불이행이 보험사고라고 하는 견해가 있지만, 판례는

---

106) 김성태, 전게서, 770면, 양승규, 전게서, 425면, 최기원 전게서 571면 이하 참조.

107) 이행보증보험약관 Ⅰ-1(보상하는 손해)은 "우리 회사는 채무자인 보험계약자가 보험증권에 기재된 계약(이하 주계약이라 함)에서 정한 채무를 이행하지 아니함으로써 채권자인 피보험자가 몰수 또는 귀속시켜야 할 계약보증금을 보험증권에 기재된 사항과 이 약관에 따라 보상하여 드립니다" 라고 규정하고 있다.

108) 대판 1999. 2. 9, 98다49104.

채무불이행으로 인한 주계약의 해약을 보험사고로 보고 있다.109)110) 보증보험의 보험사고는 인위적인 사고로서 보험계약자에 의하여 발생할 것이 예정되어 있다는 점에서 특색이 있다.

4. 피보험자의 보험금청구권과 그 성질

보증보험에서 피보험자는 보험사고가 발생하면 피보험자 고유의 권리로써 보험자에 대하여 보험금청구권을 갖는다. 보험자는 보험계약자의 사기를 이유로 보증보험계약을 취소하는 경우에도, 피보험자가 보험계약자의 기망행위가 있었음을 알았거나 알 수 있었던 경우 등과 같은 특별한 사정이 없는 한 보험자는 보험계약의 취소를 이유로 피보험자에게 대항할 수 없다.111) 피보험자가 갖는 권리는 일종의 손해보상청구권이며, 이는 보험계약자가 취득한 권리를 승계 또는 대위행사하는 것이 아니며, 또한 책임보험에서 인정되는 제3자의 보험금직접청구권과도 구별된다.112) 피보험자의 권리는 통상의 보험금청구권으로 그 소멸시효는 2년이다.113)

5. 보험자의 구상권과 대위권

보증보험약관은 "보험자는 보험사고가 발생하여 피보험자에게 보험금을 지급한 때에는 보험계약자에 대하여 구상권을 가지며, 피보험자의 이익을 해치지 아니하는 범위 안에서 피보험자가 보험계약자에 대하여 가지는 권리를 대위하여 가진다"(이보증약 13)고 규정하여 보증보험자의 보험계약자에 대한 구상권 또는 대위권을 인정하고 있다. 그런데 약관상의

---

109) 대판 1998. 2. 13, 96다19666. 「리스료의 연체 사실 그 자체만으로는 보험사고가 발생한 것으로 볼 수 없고, 리스료 연체를 이유로 리스계약이 해지된 때 비로소 보험사고가 발생한 것으로 보아야 한다.」

110) 대판 2006. 4. 28, 2004다16976. 「계약이행보증보험계약에 있어서 보험약관 등 제반 사정에 비추어 볼 때, 주계약에서 정한 채무의 불이행 그 자체만으로는 아직 보험사고가 발생한 것으로 볼 수 없고, 피보험자가 보험기간 안에 채무불이행을 이유로 보험계약자에 대하여 주계약을 해제하여 계약이행보증금 반환채권을 가지게 된 때에 비로소 보험사고가 발생한 것으로 봄이 상당하다.」

111) 대판 1999. 7. 13, 98다63162; 대판 2001. 2. 13, 99다13737.

112) 대판 1999. 3. 9, 98다61913. 「부동산중개업법 제19조 제1항, 제3항의 규정에 의하여 부동산중개업자가 중개행위를 함에 있어서 고의 또는 과실로 인하여 중개의뢰인에게 재산상의 손해를 입힌 경우 그 손해배상책임을 보장하기 위하여 인 · 허가 관청을 피보험자로 하여 체결한 인 · 허가보증보험계약은, 중개업자가 중개행위를 함에 있어서 고의 또는 과실로 인하여 중개의뢰인에게 재산상의 손해를 입힌 경우 그 손해를 보상하기 위하여 체결된 이른바 타인을 위한 손해보험계약으로서 중개인의 고의 또는 과실로 인하여 재산상의 손해를 입은 중개의뢰인은 당연히 그 계약의 이익을 받아 보험자에게 보험금을 청구할 수 있으므로, 중개의뢰인이 보험자에게 보험금을 청구하는 경우 이는 중개의뢰인이 제3자로서 상법 제724조에 의하여 피보험자가 책임질 사고로 입은 손해에 대하여 보험자에게 직접 보상을 청구하는 것으로는 볼 수 없다.」

113) 대판 1999. 3. 9. 98다61913.

문언으로 보아서는 보험금을 지급한 보험자의 권리가 구상권인지 대위권인지가 분명하지 않다. 이 문제의 요점은 보증보험에서 보험계약자가 상법 제682조(보험자의 청구권대위)에 말하는 대위의 상대방인 '제3자'에 포함되느냐 여부이다. 이에 대하여는 포함설[114]과 불포함설[115]이 대립되어 있다. 판례는 보험자의 권리의 성질을 구상권으로 파악하고 있다.[116] 생각건대 보증보험계약에서 보험자는 보험계약자로부터 보험료라는 대가를 받고 주계약의 채권자인 피보험자에 대한 보증인적 지위에 있다는 점과 보험계약자는 보험료를 지급한 보험계약의 당사자로서 제3자로 볼 수 없다는 점 등을 고려하여 보면, 보증보험자가 채권자인 피보험자에게 보험금을 지급하고 보험계약자에게 구상권을 행사는 것은 손해보험상의 보험자대위(상 682)가 아니라 보증인으로서의 구상권(민 441)이라고 보아야 할 것이다. 그러나 보험자와 다른 보증인 사이에는 공동보증인관계가 성립된다고 볼 수 없기 때문에 공동보증인 사이의 구상권에 관한 민법 제448조는 당연히 준용된다고 볼 수 없다.[117] 비록 보증보험자에게 손해보험상의 보험자대위 규정(상 682)이 적용될 여지는 없다고 하더라도 민법 제481조(변제자의 법정대위)에 의한 대위권은 행사할 수 있다고 본다.[118]

Ⅴ. 해지권의 제한과 보험자 면책사유의 제한

1. 해지권의 제한

보증보험계약에서도 보험계약자 또는 피보험자가 고지의무, 통지의무 등을 위반하면(상 651~653) 보험자는 보험계약을 해지할 수 있고, 보험계약자는 보험사고의 발생 전에는 언제든지 보험계약의 전부 또는 일부를 해지할 수 있는 것이(상 649 ①) 원칙이지만, 보증보험계약의 성질상 이를 그대로 적용할 수 없다고 본다. 즉 보증보험의 채권담보기능으로 보아 주계약상의 채권 · 채무가 소멸되지 않는 한 채권자인 피보험자의 동의가 없으면 보험계약자가 임으로 해지할 수 없고(상 649 ① 단서), 해지사유가 보험계약자에게만 있고 피보험자에게는 귀책사유가 없는 경우에는 보험자도 임의로 그 계약을 해지할 수 없다고 본다.[119]

---

114) 김성태, 전게서, 789면; 최기원, 전게서, 596면.

115) 양승규, 전게서, 433면; 정찬형, 전게서, 732면; 이기수, 전게서, 274면.

116) 대판 1992. 5. 12. 92다4345. 「보증보험은 계약상의 채무불이행 또는 법령상의 의무불이행으로 인한 손해를 보상할 것을 목적으로 하는 보험으로서 손해보상성과 더불어 보증성을 갖는 것이므로 보증성에 터잡은 보험자의 보험계약자 및 그 연대보증인에 대한 구상권 약정이 보험의 본질에 반하거나 불공정한 법률행위로서 무효라고 볼 수 없다.」라고 하여 보험금을 지급한 보험자의 권리를 구상권으로 보고 있다.

117) 양승규, 전게서, 432면; 정찬형, 전게서, 733면; 대판 2001. 11. 9, 99다45628; 대판 2001. 2. 9, 2000다55089.

118) 대판 1997. 11. 14, 95다11009; 대판 2000. 1. 21, 97다1013.

119) 대판 2001. 2.13. 99다13737. 「보증보험의 성질상 상법 제659조의 규정은 보증보험계약이 보험계약자의 사기행위에 피보험자가 공모하였다든지 적극적으로 가담하지는 않았더라도 그러한 사실을 알면서도

2. 면책사유의 제한

보증보험의 성질상 상법 제659조를 적용함에 있어서 보험계약자의 고의 또는 중대한 과실은 보험자의 면책사유가 될 수 없고, 피보험자의 고의 또는 중대한 과실은 보험자의 면책사유가 된다.[120] 보험계약자의 고의 또는 중대한 과실을 면책사유로 한다면 보증보험의 실효성은 거의 없다.

3. 보증보험계약의 실효

보증보험계약은 채무자인 보험계약자와 채권자인 피보험자 사이의 주계약의 채무이행을 담보하는 것이기 때문에 주계약의 내용이 변경되면 보험계약의 효력이 그대로 유지될 수 없다. 이에 보증보험약관은 계약당사자(보험계약자, 피보험자)의 변경, 계약금액의 변경, 계약기간의 변경, 기타 중요한 계약내용의 변경이 있을 경우에 회사의 승인을 받지 못하면 보험계약의 효력이 상실된다는 계약의 효력상실조항(效力喪失條項)을 두고 있다(이보증약 11 참조).

묵인한 상태에서 체결되었다고 인정되는 경우를 제외하고는 원칙적으로 보증보험에는 그 적용이 없다.」

120) 대판 2002. 11. 8, 2000다19281; 대판 2001. 2. 13, 99다13737. 「보증보험의 성질상 상법 제659조의 규정은 보험증보험계약이 보험계약자의 사기행위에 피보험자가 공모하였다든지 적극적으로 가담하지 않았다더라도 그러하 사실을 알면서도 묵인한 상태에서 체결되었다고 인정되는 경우를 제외하고는 원칙적으로 보증보험에는 적용이 없다.」

제4장

인보험

〔1〕 인보험의 개념과 특성

목 차

Ⅰ. 인보험의 개념

인보험(人保險)은 보험자가 보험료를 받고 사람의 생명 또는 신체에 관하여 보험사고가 생길 경우에 보험계약의 정하는 바에 따라 보험금액 기타의 급여를 할 책임이 있는 보험을 말한다(상 727). 인보험의 보험사고는 사망, 생존, 신체상해, 질병 등과 같은 사람의 생명과 신체에 관한 사고라는 점에서 물건이나 재산에 생긴 손해를 보상하는 손해보험과는 다르다. 인보험의 종류에는 생명보험, 상해보험, 질병보험 등이 있는데, 상법에는 질병보험에 관한 규정은 없다.

Ⅱ. 인보험의 특성

1. 인보험의 목적과 보험사고

인보험의 목적은 사람의 생명이나 신체이며, 보험사고는 사망, 생존, 상해 및 질병 등으로 물건이나 재산에 생긴 손해를 보상하는 손해보험과 다르다. 손해보험에서의 보험사고는 발생여부와 시기 등이 모두 불확정적이지만, 인보험에서는 상해와 질병은 그 발생여부와 시기 등이 불확정적이지만 사망은 발생여부는 확정이고 발생시기만 불확정적이라는 점에서 손해보험과 다르다. 그리고 상해보험이나 생존보험의 경우엔 피보험자의 자격에 대한 제한이 없지만, 사망보험의 경우에는 15세 미만자, 심신상실자(心神喪失者) 또는 심신박약자(心神薄弱者)[1]는 보험사고의 객체로 할 수 없다(상 732).

1) 심신상실자: 정신의 장애로 이해득실이나 시비선악 등 자기의 행위를 판단할 능력이 없는 자를 말한다. 심신박약자: 정신능력이 심신상실의 정도에 이르지 않으나 불완전한 자를 말한다.

2. 피보험자와 보험수익자의 의미

보험계약에서 보험사고의 발생으로 보험금을 청구할 수 있는 자를, 손해보험은 '피보험자'라고 하고, 인보험에서는 '보험수익자'라고 한다. 인보험에서 피보험자는 보험의 객체가 되는 사람을 말한다. 이처럼 피보험자의 의미는 손해보험이냐 인보험이냐에 따라 다르다.

3. 피보험이익 관념의 부인

피보험이익이란 보험의 목적에 대하여 보험사고와 관련하여 피보험자가 가지는 경제적 이해관계를 의미하며, 이에 대한 금전적 평가를 보험가액이라 한다. 피보험이익의 관념은 손해보험계약에서는 중심적인 요소로 평가된다. 그러나 인보험의 목적은 사람이므로 사망 또는 상해 등의 보험사고가 발생한 경우, 보험의 목적인 사람에 대한 금전적 평가가 불가능하다는 이유로 인보험에서는 피보험이익의 관념을 부인하는 것이 일반적이다. 그러므로 인보험에서는 피보험이익의 평가인 보험가액을 기준으로 하는 초과보험, 중복보험, 일부보험의 문제가 발생하지 않는다. 그러나 인보험에서도 피보험이익의 관념을 인정할 필요가 있다.[2)]

4. 사망보험에서 중과실에 의한 보험자의 불면책

손해보험에서는 보험사고가 보험계약자나 피보험자의 고의 또는 중대한 과실로 인하여 생긴 때에는 보험자는 보험금액을 지급할 책임이 없는 것이 원칙이다(상 659). 그러나 인보험에서 피보험자의 사망을 보험사고로 하는 사망보험계약의 경우에는 보험사고가 보험계약자 또는 피보험자나 보험수익자의 중대한 과실로 인하여 생긴 경우에는 보험자는 면책되지 않는다(상 732의2).

5. 보험자대위금지의 원칙

인보험의 특성상 보험자대위가 인정되지 않는다. 즉 보험자는 보험사고로 인하여 생긴 보험계약자 또는 보험수익자의 제3자에 대한 권리를 행사하지 못한다(상법 729 본문). 인보험에서 보험의 객체인 사람의 사망 또는 신체는 물건이 아니기 때문에 보험목적의 멸실 또는 잔존물이라는 관념을 인정할 수 없어 잔존물대위란 있을 수 없다. 그렇지만 제3자에 대한

---

2) 양승규, 전게서, 440면; 영미법에서는 피보험이익의 관념을 인보험에서도 인정하고 있다. 뉴욕주보험법 제146조 제2항은 "피보험이익이란 (ⅰ) 혈족 또는 버블에 의하여 근친관계에 있는 사람의 경우에는 애정에 의하여 생긴 실제적 이익을, (ⅱ) 타인의 경우에는 피보험자의 사망, 불구 또는 상해에 의해서만 생겨나게 될 이익 또는 경우에 따라 그 가치를 올리게 될 이익과는 별개로 피보험자의 생명, 건강 또는 신체의 안전유지에 대해 지속적으로 갖는 정당하고 실제적인 경제적 이익을 의미한다"라고 규정하고 있다. ; 본 교재 제3장 제1절 [2] 피보험이익 참조.

청구권대위는 이론상 인정할 수 있지만 보험의 객체인 사람에게 보험가액이란 것이 없기 때문에 이득금지의 원칙을 전제로 하는 제3자에 대한 청구권대위도 금지되는 것이다. 그러나 상해보험에서는 당사자 간에 다른 약정이 있으면 보험자는 피보험자의 권리를 해하지 아니하는 범위 안에서 그 권리를 대위하여 행사할 수 있다(상 729 단서).[3] 이는 상해보험의 손해보험적 성질을 고려하여 보험자가 치료비, 입원비, 휴업보상비 등을 지급하는 것은 손해보험의 손해보상계약성과 같은 성질이라고 보아 이를 당사자의 의사에 따라 선택할 수 있도록 한 것이다. 이러한 상해보험계약에서의 보험자의 제3자에 대한 대위는 손해보험에서와 같은 법정대위가 아니고 당사자간의 특약에 의한 약정대위(約定代位)이다.[4]

6. 정액보험과 부정액보험

생명보험계약에서 보험사고가 발생하면 보험자는 보험계약에서 정한 일정한 보험금액을 보험수익자에게 지급하는 정액보험의 형식을 취하는데, 이는 손해의 보상을 목적으로 부정핵보험의 형식으로 되어 있는 손해보험과 다르다. 그러나 상해보험이나 질병보험은 손해보험과 같이 부정액보험의 형식으로 운영되는 것이 일반적이다.

Ⅲ. 인보험증권

인보험계약이 성립한 때에는 보험자는 지체없이 보험증권을 작성하여 보험계약자에게 교부하여야 하는데(상 640), 인보험증권에는 제666조에 게기한 사항 외에 다음의 사항을 기재하여야 한다(상 728). ① 보험계약의 종류 ② 피보험자의 주소 · 성명 및 생년월일 ③ 보험수익자를 정한 때에는 그 주소 · 성명 및 생년월일.

3) 대판 2004. 11. 25, 2004다28245; 대판 2003. 12. 26, 2002다61958.

4) 김성태, 전게서, 810면; 양승규, 전게서, 441면; 정찬형, 전게서, 738면.

[2] 생명보험의 의의와 종류

목 차

Ⅰ. 생명보험계약의 의의 및 기능

1. 생명보험계약의 의의

생명보험계약이란 보험자가 피보험자의 생명에 관한 보험사고가 생길 경우에 약정한 보험금액을 지급할 책임을 지고, 이에 대하여 보험계약자가 보험료를 지급할 것을 약정하는 인보험계약이다(상 730). 생명보험은 사람의 생명 즉 사망과 생존을 보험사고로 하는 점에서 상해를 보험사고로 하는 상해보험과 다르고, 손해의 발생 유무를 불문하고 보험사고가 발생하면 일정한 금액을 보험금액으로 지급하는 정액보험이라는 점에서 발생된 손해만을 보상하는 손해보험과 다르다.

2. 생명보험의 기능

생명보험은 저축적기능(貯蓄的機能)과 보장적기능(保障的機能)을 한다. 즉 생명보험계약은 손해보험계약과는 달리 대체로 장기보험으로 피보험자가 일정기간 동안에 생존하면 만기보험금을 지급받고, 사망하면 사망보험금을 지급받기로 약정하는 것이 일반적이다. 만기보험금은 마치 정기예금 또는 정기적금을 만기에 지급받는 것과 같아 이를 생명보험의 저축적기능이라 하고, 사망보험금은 사망이라는 위험에 대한 보장으로 보아 이를 생명보험의 보장적기능이라 한다.

Ⅱ. 생명보험의 종류

1. 보험사고에 의한 분류

1) 사망보험: 사망보험(死亡保險)은 피보험자의 사망을 보험사고로 한 생명보험이다. 사망

에는 실종선고(민 27)[5], 재해로 인한 정부기관의 인정(생보약 9 ① ii)도 포한된다.[6] 사망보험에는 일정한 기간을 정하여 그 기간 내의 사망을 보험사고로 하는 정기보험(定期保險)과, 그 기간을 정하지 아니하고 사망을 보험사고로 하는 종신보험(終身保險)이 있다.

2) 생존보험: 생존보험(生存保險)은 피보험자가 일정한 시기까지 생존한 사실을 보험사고로 하는 보험이다. 생존보험에서는 피보험자가 보험기간 안에 사망하면 보험자가 보험금을 지급할 책임이 없는 것이 원칙이므로, 순수한 생존보험은 거의 이용되지 않고 있다.

3) 생사혼합보험: 생사혼합보험(生死混合保險)은 피보험자가 일정기간동안 생존하면 생존보험금을 지급하고, 사망하면 사망보험금을 지급하는 보험을 말한다. 상법 제725의 양로보험(養老保險)이 이에 속한다.

2. 보험금액의 지급방법에 의한 분류

1) 자금보험: 자금보험(資金保險)은 보험사고가 발생한 경우에 보험금액의 전부를 일시에 지급하는 보험을 말한다. 일시금보험이라고도 하며, 생명보험의 일반적인 형태이다.

2) 연금보험: 연금보험(年金保險)은 보험금을 연금으로 분할하여 지급하는 보험을 말한다(상 735의2). 연금보험에는 사망할 때까지 지급하는 종신연금보험(終身年金保險)과 일정한 기간을 정하여 지급하는 정기연금보험(定期年金保險)이 있다.

3) 변액생명보험: 변액생명보험(變額生命保險)은 보험기간 중에 보험회사의 운용실적 또는 물가의 변동 등에 따라 보험금액의 변동이 예정되어 있는 보험을 말하며, 경우에 따라서는 보험료액의 변동도 있을 수 있다.[7]

3. 피보험자의 수에 의한 분류

1) 단생보험: 단생보험(單生保險)은 피보험자가 1인인 경우의 생명보험을 말하며, 개인보험

---

5) 민법 제27조(실종의 선고) ① 부재자의 생사가 5년간 분명하지 아니한 때에는 법원은 이해관계인이나 검사의 청구에 의하여 실종선고를 하여야 한다. ② 전지에 임한 자, 침몰한 선박 중에 있던 자, 추락한 항공기 중에 있던 자, 기타 사망의 원인 될 위난을 당한 자의 생사가 전쟁종지 후 또는 선박의 침몰, 항공기의 추락 기타 위난이 종료한 후 1년간 분명하지 아니한 때에도 제1항과 같다.

6) 대구고법 1985. 10. 25. 85나50. 「약관상 사망으로 간주되는 범위는 실종선고를 받았거나 사망사실이 확정적으로 밝혀진 경우만을 의미하는 것이지, 행방불명으로 생환하지 못하였다거나 호적에 사망한 것으로 등재되었다는 사실만으로는 확정적 사망이라고 할 수 없다.」

7) 변액보험(variable insurance): 보험기간 중에 보험금액, 경우에 따라서는 보험료액이 변동되는 생명보험의 한 종류이다. 변액보험은 제2차 세계대전 이후 인프레이션 등으로 주로 장기 생명보험급부의 실질가치가의 저하에 대처하기 위하여 개발된 것으로, 보험계약자가 납입한 보험료 가운데 일부를 주식이나 채권 등에 투자하여 그 운용실적에 따라 보험계약자에게 투자성과를 배분하는 보험상품이다. 변액보험의 경우에는 투자성과에 따라 약정의 보험금액 이상의 보험급부뿐만 아니라 그 이하의 손실도 발생할 수 있다.

또는 단독보험이라고도 한다.

2) 연생보험: 연생보험(連生保險)은 피보험자를 부부, 형제 등과 같은 복수인으로 하고 그중 1인이 사망한 경우에 생존자가 보험금을 지급받는 보험을 말한다. 연생보험에서 2인중 특정한 1인이 사망한 경우 다른 1인이 생존할 것을 조건으로 보험금액을 지급하는 보험을 생잔보험(生殘保險)이라 한다.

3) 단체보험: 단체보험(團體保險)은 일정한 단체에 속하는 다수인을 단일 보험계약에서 일괄하여 피보험자로 하는 보험을 말한다. 단체보험에서는 구성원이 단체에 가입하거나 탈퇴하면 당연히 피보험자의 자격을 취득하거나 상실하게 된다.[8] 이러한 단체구성원의 변경에도 불구하고 보험계약의 동일성이 유지된다는 점에 단체보험의 특성이 있다.[9] 단체보험은 성질상 타인의 생명보험이지만 보험계약체결의 편의를 위하여 타인의 동의를 요하지 않을 수 있으며(상 735의3 ①), 보험증권은 보험계약자에게만 교부된다(상 735의3 ②). 단체보험이라고 하여 반드시 타인을 위한 보험의 형식이 되어야 하는 것은 아니다.[10]

4. 그 외의 분류

1) 표준체보험과 표준하체보험: 피보험자의 건강상태를 기준으로, 표준체보험(標準體保險)은 피보험자의 건강상태가 특별한 이상이 없는 표준체에 해당하는 경우의 보험을 말하고, 표준하체보험(標準下體保險)은 피보험자의 건강상태에 결함이 있어 표준체로서는 보험계약을 체결할 수 없는 경우의 보험을 말한다. 후자의 경우에는 고액의 보험료가 요구되거나 보험금을 삭감하는 것이 일반적이다.

2) 보장성보험과 저축성보험: 보장성보험(保障性保險)은 생존시 지급되는 급부금의 합계액이 이미 납부한 보험료를 초과하지 아니하는 보험을 말하고, 저축성보험(貯蓄性保險)이란 보장성보험을 제외한 보험을 말한다. 양자의 구별의 실익은 소득공제의 유무인데, 보장성보험에만 소득공제가 인정된다(소득 52 ① ii). 다만 저축성보험 중 개인연금보험은 예외적으로 보험료소득공제를 인정하고 있다(조세특례제한법 86).

3) 유진사보험과 무진사보험: 피보험자의 신체검사의 유무에 따라, 신체검사를 받아야 하는 보험을 유진사보험(有診査保險) 또는 진단보험(診斷保險)이라 하고, 신체검사를 받지

---

8) 대판 2007. 10. 12, 2007다42877 · 42884.

9) 정찬형, 전게서, 741면.

10) 대판 1999. 5. 25. 98다59613. 「단체보험의 경우 보험수익자의 지정에 관하여는 상법 등 관련 법령에 별다른 규정이 없으므로 보험계약자는 단체의 구성원인 피보험자를 보험수익자로 하여 타인을 위한 보험계약으로 체결할 수도 있고, 보험계약자 자신을 보험수익자로 하여 자기를 위한 보험계약으로 체결할 수도 있을 것이며, 단체보험이라고 하여 당연히 타인을 위한 보험계약이 되어야 하는 것은 아니므로 보험수익자를 보험계약자 자신으로 지정하는 것이 단체보험의 본질에 반하는 것이라고 할 수 없다.」

않는 보험을 무진사보험(無診査保險) 또는 무진단보험(無診斷保險)이라 한다.

4) 배당보험과 무배당보험: 배당보험(配當保險)이란 보험사업의 영업에서 발생한 이익의 전부 또는 일부를 보험계약자에게 배당하는 보험을 말하고, 이를 하지 않는 보험을 무배당보험(無配當保險)이라 한다. 장기생명보험에서는 보험계약자를 위하여 계약자배당을 예정하고 있는 것이 일반적이다(생보약 19).

〔3〕 생명보험계약의 성립 · 변경과 보험자의 의무

목 차

Ⅰ. 생명보험계약의 성립

1. 생명보험계약의 성립

생명보험계약도 다른 보험계약과 마찬가지로 보험계약자의 청약과 보험자의 승낙에 의하여 성립하는 불요식의 낙성계약으로 보험계약 성립의 일반원칙이 그대로 적용된다. 그러나 피보험자, 보험료, 보험금액 등의 보험계약의 요소에서 손해보험이나 상해보험과 다른 점이 있다.

2. 보험계약 요소상의 특수한 점

1) 피보험자의 확정과 제한 및 동의

생명보험에서 피보험자인 보험의 객체는 사람으로 계약체결시부터 확정되어야 한다. 그리고 사망보험의 도덕적 위험을 방지하기 위하여 15세 미만자, 심신상실자 또는 심신박약자를 피보험자로 하는 보험계약은 무효이며(상 732), 타인의 생명보험에서는 그 타인의 서면에 의한 동의를 받아야 하고, 생명보험계약으로 인하여 생긴 권리를 피보험자가 아닌 자에게 양도하는 경우에도 그 타인의 서면에 의한 동의를 받아야 한다(상 731).

2) 승낙 전 보험보호와 피보험자의 신체검사

보험계약의 청약을 받은 보험자가 승낙을 하기 전에 보험사고가 발생하면 청약을 거절할 만한 사유가 없는 한 보험자가 보험책임을 지지만, 생명보험계약의 피보험자가 신체검사를 받아야 하는 경우에 그 신체검사를 받지 아니한 때에는 보험자가 책임을 지지 않는다(상

638의2 ③).

3) 평균보험료와 보험료적립금

생명보험에서 보험료는 피보험자의 나이에 의거한 예정사망율(豫定死亡率)을 기초로 산출한다. 예정사망율은 나이가 많아짐에 따라 높아지고 이에 보험료도 증가하게 되는데, 피보험자의 나이에 따른 보험료를 자연보험료(自然保險料)라고 한다. 자연보험료에 따라 보험료를 납입하게 되면 장기보험에서 분할납입할 경우에 보험기간에 따른 보험료액의 차이로 보험료지급에 불편이 따르게 된다. 이에 생명보험계약 실무에서는 자연보험료에 의하지 않고 모든 보험기간을 통한 평균보험료(平均保險料)의 방식에 따르고 있다. 그 결과 보험료적리금이라는 문제가 생기는 것이다(상 736 ①).

4) 정액보험

생명보험에서는 피보험이익의 평가 즉 보험가액이라는 관념이 없으므로 보험금액은 보험자와 보험계약자의 합의에 의하여 결정된다. 따라서 생명보험에서는 보험사고의 때와 장소에 상관없이 보험사고가 발생하면 약정한 보험금액을 지급하는 정액보험액(定額保險額)의 방식을 취한다. 물론 생명보험에서 피보험이익의 평가액인 보험가액의 관념이 없어 초과보험, 일부보험, 중복보험 등의 문제가 발행하지 않지만, 과다한 보험금액은 도덕적 위험을 초래할 가능성이 높기 때문에 실무상 보험금액의 최고한도를 설정하기도 한다.

Ⅱ. 생명보험계약의 무효와 변경

1. 생명보험계약의 무효

생명보험계약은 다음과 같은 경우에는 무효이다. (1) 생명보험계약에서 피보험자가 보험자의 승낙 전에 사망한 때에는 보험의 객체가 없는 보험으로 되어 그 계약은 무효가 된다(상 644). 그러나 보험자가 보험계약자로부터 보험청약과 함께 보험료 상당액의 전부 또는 일부를 받은 때에는 보험자의 책임을 인정하고 있다(상 638의2 ③). (2) 사망보험의 경우에 피보험자가 15세 미만자, 심신상실자 또는 심신박약자인 경우에는 본인 또는 법정대리인의 동의유무와 관계없이 그 계약은 무효이다(상 732). 여기서 한정치산선고나 금치산선고(민 9, 12)[11]를

11) 민법 제9조(한정치산의 선고) 심신이 박약하거나 재산의 낭비로 자기나 가족의 생활을 궁박하게 할 염려가 있는 자에 대하여는 법원은 본인, 배우자, 4촌이내의 친족, 후견인 또는 검사의 청구에 의하여 한정치산을 선고할 수 있다.

민법 제12조(금치산의 선고) 심신상실의 상태에 있는 자에 대하여는 법원은 제9조에 규정한 자의 청구에

받았느냐 여부는 상관이 없다. 사망보험에서 15세미만자를 15세 이상의 자로 한 경우에는 보험계약은 당연히 무효라고 보아야 한다. (3) 타인의 사망을 보험금 지급사유로 하는 계약에서 계약체결시까지 피보험자의 서면에 의한 동의를 얻지 아니한 경우(상 731). 다만 단체가 규약에 따라 구성원의 전부 또는 일부를 피보험자로 하는 계약을 체결하는 경우에는 이를 적용하지 아니한다(상 735의3, 생보약 4 ⅰ).

2. 생명보험계약의 변경

생명보험이 장기보험임을 고려하여, 생명보험 표준약관은 보험계약자는 보험기간 중에 보험자의 승낙을 받아 보험종목, 보험기간, 보험료의 납입주기 · 수금방법 및 납입기간, 보험가입금액, 계약자 또는 보험수익자, 기타 계약의 내용 등을 변경할 수 있다(생보약 5 ①)고 한다. 생명보험계약의 핵심요소인 피보험자의 변경은 허용되지 않는다 할 것이다. 보험수익자를 변경하고자 할 경우에는 보험금의 지급사유가 발생하기 전에 피보험자의 서면에 의한 동의를 요구한다(생보약 5 ④). 보험수익자의 변경은 보험계약자가 보험수익자의 변경권을 유보한 경우에만 할 수 있는 것으로서 보험자의 승낙을 요하는 것은 아니다(상 733). 이 경우 약관상의 승낙이란 '확인'의 의미정도라고 보아야 할 것이다. 그 외 생명보험에서도 특별한 사정이 발생한 경우에는 보험료의 감액이나 증액을 청구할 수 있다(상 647, 652).

Ⅲ. 생명보험자의 의무

1. 보험금지급의무

1) 보험금의 지급

피보험자에 대한 보험사고가 발생하면 보험자는 약정한 보험금액을 보험수익자에게 지급하여야 한다(상 730). 사망보험에서 보험기간의 종료까지 피보험자가 사망하지 않으면 보험자는 보험금액을 지급할 책임이 없지만, 사망이라는 보험사고가 발생하지 않아도 보험금액을 지급할 것을 약정할 수 있는데, 이러한 보험을 양로보험(상 735) 또는 생사혼합보험이라 한다. 생명보험은 통상적으로 자금보험으로 약정에 따라 일시지급방식을 취하지만, 연금의 방식으로 분할하여 지급하는 방식(상 735의2)도 있다.

2) 보험자의 면책사유

다음과 같은 경우에는 보험자는 보험금을 지급할 의무가 없다. (1) 보험사고가 전쟁 기타

의하여 금치산을 선고하여야 한다.

변란으로 인한 때(상 660). 그러나 생명보험 표준약관에서는 보험자면책사유로 하지 않고 보험금감액사유로 규정하고 있다(생보약 17). (2) 사망보험에서 보험사고가 피보험자의 자살 또는 보험계약자와 보험수익자의 고의로 인한 때. 따라서 사망이 보험계약자 또는 피보험자나 보험수익자의 중대한 과실로 인한 경우에는 보험자는 보험금액을 지급하여야 한다(상 732의2).[12] 다만 수인의 보험수익자 중 1인이 피보험자를 고의로 살해한 경우에 보험자가 면책되는 것은 각 보험수익자에 대하여 개별적으로 적용한다(생보약 16 ① ii).[13] 그러나 판례는 피보험자를 살해하여 보험금을 편취할 목적으로 피보험자의 공동상속인 중 1인이 상속인을 보험수익자로 하여 생명보험계약을 체결한 후 피보험자를 살해한 경우에 고의로 보험사고를 일으키지 않은 다른 공동상속인도 보험금을 청구할 수 없다고 한다.[14] 그리고 약관상으로는 보험계약의 책임개시일(부활계약의 경우는 부활청약일)부터 2년이 경과된 후에 피보험자가 자살한 경우에도 보험자는 보험금을 지급하도록 하고 있다(생보약 16 ① i 단서).

2. 보험료적립금반환의무

장기보험인 생명보험에서는 피보험자의 나이에 따른 예정사망율에 의하여 산출되는 자연보험료에 따라 보험료를 분할납입하게 되면 보험료액의 차이로 불편한 점이 있게 된다. 따라서 생명보험계약 실무에서는 자연보험료에 의하지 않고 모든 보험기간을 통한 평균보험료의 형식을 취하고 있다. 그리하여 보험계약자는 보험료기간 전반기에는 자연보험료보다 많은 보험료를 지급하게 되어 보험자는 그 차액을 후반기를 위하여 적립하게 되는데, 이렇게 적립된 보험료 차액을 보험료적립금(保險料積立金)이라 한다(상 736 ①). 보험료적립금은 미경과보험료(상 649 ③)와 함께 책임준비금(보업시령 63 ① i)으로 적립하여야 한다. 이와 같은 보험료적립금을 보험자가 반환하지 않으면 보험자의 부당이득이 되므로 일정한 사유가 발생하면 이를 보험계약자에게 반환하여야 한다. 상법 제736조 제1항에 따라 보험자가 보험료

---

12) 생명보험에서 보험계약자 등의 중과실에 의한 사고의 경우에 보험자가 면책될 수 없도록 규정한 상법 제732조의 2의 법률조항이 보험자의 영업의 자유, 보험자와 보험계약자 사이의 계약의 자유 및 보험계약자의 평등권을 침해한다는 이유로 위헌제청과 위헌소원이 있었는데, 헌법재판소는 이를 위헌이 아니라고 하였다(헌법재판소 1999. 12. 23, 98헌가 12).

13) 서울고법 1985. 11. 7. 85나1266. 「상속인 중의 1인인 처가 피보험자인 남편을 보험금을 받을 목적으로 살해한 경우에는, 약관의 규정에 따라 살해자인 처를 제외하고 그 자녀들에게는 각 지분액을 보험금으로 지급하여야 한다.」

14) 대법원 2000. 2. 11, 99다49064. 「피보험자를 살해하여 보험금을 편취할 목적으로 체결한 생명보험계약은 사회질서에 위배되는 행위로서 무효이고, 따라서 피보험자를 살해하여 보험금을 편취할 목적으로 피보험자의 공동상속인 중 1인이 상속인을 보험수익자로 하여 생명보험계약을 체결한 후 피보험자를 살해한 경우, 다른 공동상속인은 자신이 고의로 보험사고를 일으키지 않았다고 하더라도 보험자에 대하여 보험금을 청구할 수 없다.」

적립금을 반환해야 할 경우는, (1) 보험사고발생 전의 보험계약자에 의한 임의해지(상 649), (2) 보험료불지급으로 인한 계약해지(상 650), (3) 고지의무위반으로 인한 계약해지(상 651), (4) 위험의 변경 · 증가로 인한 계약해지(상 652, 653), (5) 보험자의 파산으로 인한 계약해지(상 654), (6) 보험자의 면책사유(상 659, 660)로 보험금액 지급이 면책된 경우 이다. 그러나 다른 약정이 없으면 제659조 제1항의 사고가 보험계약자에 의하여 생긴 경우에는 보험료적립금 반환의무가 없다(상 736 ① 단서). 보험자의 보험료적립금반환의무는 2년의 시효로써 소멸한다(상 662 ①).

3. 보험계약자에 대한 약관대출의무

생명보험은 통상 장기보험으로 지급한 보험료의 합계가 상당한 금액에 이르고, 보험기간 동안 보험사고가 발생하지 않으면 결국 보험자는 보험계약자에게 반환하게 된다. 이러한 보험료의 적립상태를 고려하고 보험계약자의 편의를 위하여 보험계약자는 해지환급금(解止還給金)의 범위 안에서 보험자가 정한 방법에 따라 대출을 받을 수 있다(생보약 32). 이를 약관대출(約款貸出), 보험계약자대부(保險契約者貸付) 또는 보험증권대부(保險證券貸付)라고 한다. 약관대출의 법적성질에 대하여는 해지환급금의 일부선급이라는 설과 특수한 금전소비대차 설 등이 있는데, 이는 보험계약자의 편의를 위한 보험자의 서비스이고 또한 보험자산을 운용하는 하나의 방식이라는 점을 고려하여 볼 때 특수한 금전소비대차라고 본다.[15] 그러나 판례는 이를 보험금이나 해지환급금의 일부선급이라고 한다.[16]

---

15) 김성태, 전게서, 830면; 양승규, 전게서, 474면; 이기수 외, 전게서, 303면; 최기원, 전게서, 627면.

16) 대판(전원합의체판결) 2007. 9. 28, 2005다15598. 「생명보험계약의 약관에 보험계약자는 보험계약의 해약환급금의 범위 내에서 보험회사가 정한 방법에 따라 대출을 받을 수 있고, 이에 따라 대출이 된 경우에 보험계약자는 그 대출원리금을 언제든지 상환할 수 있으며, 만약 상환하지 아니한 동안에 보험금이나 해약환급금의 지급사유가 발생한 때에는 위 대출 원리금을 공제하고 나머지 금액만을 지급한다는 취지로 규정되어 있다면, 그와 같은 약관에 따른 대출계약은 약관상의 의무의 이행으로 행하여지는 것으로서 보험계약과 별개의 독립된 계약이 아니라 보험계약과 일체를 이루는 하나의 계약이라고 보아야 하고, 보험약관대출금의 경제적 실질은 보험회사가 장차 지급하여야 할 보험금이나 해약환급금을 미리 지급하는 선급금과 같은 성격이라고 보아야 한다. 따라서 위와 같은 약관에서 비록 '대출'이라는 용어를 사용하고 있더라도 이는 일반적인 대출과는 달리 소비대차로서의 법적 성격을 가지는 것은 아니며, 보험금이나 해약환급금에서 대출 원리금을 공제하고 지급한다는 것은 보험금이나 해약환급금의 선급금의 성격을 가지는 위 대출 원리금을 제외한 나머지 금액만을 지급한다는 의미이므로 민법상의 상계와는 성격이 다르다. 결국 생명보험계약의 해지로 인한 해약환급금과 보험약관대출금 사이에서는 상계의 법리가 적용되지 아니하고, 생명보험회사는 생명보험계약 해지 당시의 보험약관대출 원리금 상당의 선급금을 뺀 나머지 금액에 한하여 해약환급금으로 반환할 의무가 있다고 할 것이므로, 생명보험계약이 해지되기 전에 보험회사에 관하여 구 회사정리법(2005. 3. 31. 법률 제7428호 채무자 회생 및 파산에 관한 법률 부칙 제2조로 폐지)에 의한 회사정리절차가 개시되어 정리채권신고기간이 만료되었다고 하더라도 같은 법 제162조 1항의 상계제한

4. 보험계약자배당의무

생명보험은 장기보험으로 보험료의 납입을 평균보험료의 납입 방식을 취하고, 보험료산출의 기초가 되는 사고발생율 등을 실제율보다 높게 예정하는 것이 일반적이다. 이러한 보험료 산출의 기술적 배경이 보험회사의 이익의 기초가 되므로 보험회사가 이 이익을 주주에게만 배당하는 것은 형평의 관념에 부합되지 않는다. 그리하여 보험자는 이러한 이익이 생기면 보험계약자에게 배당할 것을 약정할 수 있는데(보험 121 ②; 생보약 19), 이러한 보험을 이익배당부생명보험(利益配當附生命保險)이라 한다. 그런데 보험업법 제95조 제3항은 "보험안내자료에는 보험회사의 장래의 이익의 배당 또는 잉여금의 배분에 대한 예상에 관한 사항을 기재하지 못한다"라고 규정하여 보험모집 경쟁의 과열을 방지하기 위하여 원칙적으로는 배당보험계약의 홍보를 금지하고 있다. 그러나 동조 3항 단서에서 "다만, 보험계약자의 이해를 돕기 위하여 금융위원회가 필요하다고 인정하여 정하는 경우에는 그러하지 아니하다"라고 하여 필요성에 따라 배당보험계약의 홍보를 인정하고, 배당보험계약에 대하여는 대통령령이 정하는 바에 따라 다른 보험계약과 구분하여 계리하도록 하고 있다(보업 121 ①).

규정은 적용할 여지가 없다.」

〔4〕 타인의 생명보험

목 차

Ⅰ. 타인의 생명보험의 의의와 제한

1. 타인의 생명보험의 의의

타인의 생명보험이란 생명보험계약에서 보험계약자가 자기 이외의 제3자를 피보험자로 하는 보험을 말한다. 이에 대하여 보험계약자가 자신을 피보험자로 하는 보험을 '자기의 생명보험'이라 한다. 타인의 생명보험은 보험계약자가 보험수익자를 제3자로 하는 '타인을 위한 생명보험'과는 구별된다.

2. 타인의 생명보험의 제한

타인의 사망보험을 제한없이 인정할 경우에는 보험금을 목적으로 하는 범죄행위에 악용될 위험이 크기 때문에 이에 대한 제한이 필요하다.[17] 제한의 방법에 관한 입법주의로는 이익주의와 동의주의가 있다. 이익주의(利益主義)는 보험계약자가 피보험자인 타인의 생사에 대하여 일정한 이해관계 즉 피보험이익을 갖는 것을 계약의 요건으로 하는 입장으로, 주로 영미법계 국가에서 채택하고 있다. 동의주의(同意主義)는 보험계약자가 타인의 사망보험을 체결하고자

17) 대판 2006. 4. 27, 2003다60259; 대판 1996. 11. 22, 96다37084. 「타인의 사망을 보험사고로 하는 보험계약에는 보험계약 체결시에 그 타인의 서면에 의한 동의를 얻어야 한다는 상법 제731조 제1항의 규정은 강행법규로서 위 규정에 위반하여 체결된 보험계약은 무효라고 할 것이고, 위 규정의 입법취지에는 도박보험의 위험성과 피보험자 살해의 위험성 외에도 피해자의 동의를 얻지 아니하고 타인의 사망을 이른바 사행계약상의 조건으로 삼는 데서 오는 공서양속의 침해의 위험성을 배제하기 위한 것도 들어있다고 해석되므로, 상법 제731조 제1항을 위반하여 계약을 체결한 자 스스로가 무효를 주장함이 신의성실의 원칙 또는 금반언의 원칙에 위배되는 권리 행사라는 이유로 이를 배척한다면, 위와 같은 입법취지를 완전히 몰각시키는 결과가 초래되므로 특단의 사정이 없는 한 그러한 주장이 신의성실 또는 금반언의 원칙에 반한다고 볼 수는 없다 고 할 것이다.」

할 경우에는 피보험자인 타인의 동의가 필요하다는 입장으로, 주로 대륙법계국가가 채택하고 있다. 우리 상법은 동의주의 입장에서 타인의 사망을 보험사고로 하는 보험계약에는 보험계약 체결과 보험계약으로 인하여 생긴 권리의 양도의 경우에 피보험자의 동의를 요하고 있다(상 731). 그리고 15세 미만자, 심신상실자 또는 심신박약자를 피보험자로 하는 사망보험계약은 동의의 유무와 상관없이 무효로 하고 있다(상 732).

Ⅱ. 피보험자의 동의

1. 피보험자의 동의를 요하는 경우

1) 타인의 사망보험 계약 체결시

타인의 사망을 보험사고로 하는 보험계약 체결시에는 그 타인의 서면의 의한 동의를 얻어야 한다(상 731 ①). 따라서 타인의 생존보험을 제외하고 사망보험과 생사혼합보험에는 타인의 동의를 요한다. 피보험자의 동의가 없으면 보험계약의 효력이 인정되지 않는다. 다만 단체보험의 경우에는 이를 적용하지 아니 한다(상 735의3 ①).

2) 보험계약으로 인하여 생긴 권리의 양도

타인의 사망보험에서 피보험자인 타인이 동의할 경우에는 보험수익자가 누구인가를 살펴보고 동의를 하는 것이 일반적이다. 그러므로 보험계약으로 인하여 생긴 권리 즉 보험수익자의 권리가 제3자에게 양도되는 경우에는 양수인인 제3자의 도덕적 위험 등을 고려하여 피보험자인 타인의 동의를 받도록 하고 있다(상 731 ②).

3) 보험수익자의 지정 · 변경

보험계약자가 타인의 사망보험계약을 체결한 후 보험수익자를 지정 · 변경하는 경우(상 733조 1항)에도 피보험자의 동의를 요한다(상 734 ②). 보험수익자가 누구인가는 타인의 사망보험에서 도덕적 위험과 관련된 피보험자의 중요한 관심사항이다.

2. 피보험자의 동의의 법적성질

타인의 생명보험에서 피보험자의 동의는 타인의 생명보험계약의 체결에 관한 보험계약자의 특정행위에 대하여 이의가 없음을 표시하는 일방적 의사표시로서 준법률행위[18]에 속하고,

18) 준법률행위(準法律行爲)란 사람의 의사행위에 효과의사가 따르지 않는 것, 즉 법률질서를 유지하기 위하여

이것은 당사자의 특약으로 배제할 수 없는 강행법적[19] 성질을 지닌다.[20] 문제가 되는 것은 피보험자의 동의가 보험계약의 성립요건이냐 효력발생요건이냐이다. 피보험자의 동의가 있을 때 비로소 보험계약의 효력이 발생하는 것이므로 효력발생요건으로 보아야 한다.[21]

3. 피보험자의 동의의 시기 · 방법 · 상대방

피보험자의 동의는 계약체결시까지 하여야 하고, 그 방식은 반드시 서면에 의하여야 하며(상 731 ①), 포괄적 동의나 또는 묵시적 추정적 동의는 동의로서의 효력이 없다.[22] 동의를 대리인에 의하여 하는 것은 허용되지 않지만, 판례는 타인으로부터 특정한 보험계약에 관하여 서면동의를 할 권한을 구체적 개별적으로 수여받았음이 분명한 사람이 권한의 범위 내에서 타인이 대리 또는 대행한 서면동의는 유효하다고 한다.[23] 15세 이상의 미성년자를 피보험자로 하는 경우에는 직접 미성년자의 동의를 받아야 하며, 미성년자가 동의를 할 경우에는 사전에 법정대리인의 동의를 받아야 한다(민 5).[24] 동의의 상대방에 관하여 보험계약자나 보험자 중 일방에게 하면 된다는 견해[25]도 있으나, 동의제도의 취지로 볼 때 보험자에게 해야 한다고

당사자의 의사와는 상관없이 법률에 의하여 일정한 법률효과가 부여되는 사람의 행위이다. 이는 의욕한대로 법률효과가 발생하는 법률행위와는 다르다. 그 예로는 의사의 통지, 관념의 통지, 선점, 유실물습득, 사무관리 등이 있다.

19) 강행법규(强行法規)란 당사자의 의사여하에 불구하고 강제적으로 적용되는 규정을 말하며, 이에 반해 당사자의 의사에 의하여 그 적용을 배제할 수 있는 규정을 임의법규라 한다. 원칙적으로 공법에 속하는 규정은 거의 강행규정이고, 임의규정은 사적자치를 원칙으로 하는 사법에 속하는 규정이 많다. 민법에서는 선량한 풍속 기타 사회질서에 관계없는 규정(민 105)을 임의규정으로 보고, 계약에 관한 규정에 이를 널리 인정하고 있다. 그러나 양자의 구별은 법문의 표현 및 기타 법규가 가지고 있는 가치 등을 고려하여 구체적으로 판단할 수밖에 없다.

20) 대판 2006. 9. 22, 2004다56677. 「상법 제731조 1항에 의하면 타인의 생명보험에서 피보험자가 서면으로 동의의 의사표시를 하여야 하는 시점은 '보험계약 체결시까지'이고, 이는 강행규정으로서 이에 위반한 보험계약은 무효이므로, 타인의 생명보험계약 성립 당시 피보험자의 서면동의가 없었다면 그 보험계약은 확정적으로 무효가 되고, 피보험자가 이미 무효가 된 보험계약을 추인하였다고 하더라도 그 보험계약이 유효로 될 수는 없다.」

21) 대판 1989. 11. 28. 88다카33367. 「타인의 사망을 보험사고로 하는 보험계약에는 피보험자의 동의를 얻어야 함은 상법 제731조 제1항에 의하여 명백한 바, 이 규정은 강행규정으로 보아야 하므로 피보험자의 동의는 방식이야 어떻든 당해 보험계약의 효력발생요건이 되는 것이다.」

22) 대판 2006. 9. 22, 2004다56677. 「상법 제731조 1항이 타인의 사망을 보험사고로 하는 보험계약의 체결시 그 타인의 서면동의를 얻도록 규정한 것은 동의의 시기와 방식을 명확히 함으로써 분쟁의 소지를 없애려는 데 취지가 있으므로, 피보험자인 타인의 동의는 각 보험계약에 대하여 개별적으로 서면에 의하여 이루어져야 하고 포괄적인 동의 또는 묵시적이거나 추정적인 동의만으로는 부족하다.」

23) 대판 2006. 12. 21, 2006다69141.

24) 민법 제5조 ① 미성년자가 법률행위를 함에는 법정대리인의 동의를 얻어야 한다. 그러나 권리만을 얻거나 의무만을 면하는 행위는 그러하지 아니하다. ② 전항의 규정에 위반한 행위는 취소할 수 있다.

25) 양승규, 전게서, 454면; 이기수 외, 전게서, 291면.

본다.[26)]

4. 피보험자의 동의의 철회

피보험자의 동의는 철회할 수 있는가가 문제된다. 이에 대하여 피보험자는 사망보험계약의 성립 전에는 동의를 철회할 수 있으나 일단 동의에 의하여 보험계약의 효력이 발생하면 보험계약자와 보험수익자의 기대를 고려하여 이들의 동의가 필요하다는 견해가 지배적이다.[27)] 그러나 살해의 위협, 이혼의 예정 등과 같은 정당한 사유가 있을 때에는 보험계약의 성립 후에도 피보험자는 동의를 철회할 수 있다고 보아야 한다. 왜냐하면 피보험자의 생존보다 더 중요한 것은 없기 때문이다. 동의의 철회의 상대방은 동의의 상대방인 보험자이며, 보험자는 동의의 철회를 통지받은 경우에는 지체없이 보험계약자와 보험수익자에게 통지하여야 할 것이다.

---

26) 김성태, 전게서, 839면.

27) 김성태, 전게서, 840면; 양승규, 전게서, 455면; 이기수 외, 전게서, 291면, 정찬형, 전게서, 745면, 최기원, 전게서, 617면.

〔5〕 타인을 위한 생명보험

목 차

Ⅰ. 타인을 위한 생명보험의 의의와 유형

1. 의의

타인을 위한 생명보험이란 보험계약자가 타인을 보험수익자로 지정한 생명보험을 말한다. 생명보험의 경우에는 피보험이익의 관념이 없기 때문에 보험계약자나 피보험자와 상관없는 제3자를 보험수익자로 지정할 수 있는데(상 733), 타인을 위한 생명보험은 보험계약자와 보험수익자가 다른 경우를 말한다. 예컨대 보험계약자인 아버지가 자기를 피보험자로 하고 자기의 처 또는 자녀를 보험수익자로 한 생명보험이 그 예이다. 타인을 위한 생명보험은 보험계약자가 자신을 보험수익자로 하는 '자기를 위한 생명보험'과 다르고, 또한 보험계약자와 피보험자가 다른 '타인의 생명보험'과도 다른 것이다.

2. 유형

타인을 위한 생명보험은 피보험자가 누구인가에 따라 세 가지 유형으로 분류할 수 있다. 첫째, 보험계약자와 피보험자가 동일하고 보험수익자가 제3자인 경우(보험계약자=피보험자≠보험수익자), 이는 타인을 위한 자기의 생명보험이 되고, 둘째, 피보험자와 보험수익자가 동일하고 보험계약자가 다른 경우(피보험자=보험수익자≠보험계약자), 이는 타인을 위한 타인의 생명보험이 되고, 셋째, 보험계약자, 피보험자, 보험수익자가 각각 다른 경우(보험계약자≠피보험자≠보험수익자), 이것은 둘째와는 다른 유형의 타인을 위한 타인의 생명보험이 된다.

Ⅱ. 보험수익자의 지위

1. 보험수익자의 자격

보험수익자의 자격에는 특별한 제한이 없으므로 자연인뿐만 아니라 법인도 될 수 있고, 보험수익자를 수인으로 할 수도 있다. 생명보험약관에서는 보험수익자가 2인 이상의 경우에는 대표자 1인을 지정하도록 하고 있는데(생보약 26 ①), 이는 실무상의 편의를 위한 것이다.

2. 보험수익자의 권리

타인을 위한 생명보험에서 보험수익자는 보험계약상의 이익을 받는 자로서 당연히 보험금청구권을 취득한다(상 639 ① 후단). 보험수익자의 보험금청구권은 생명보험계약의 효력으로서 원시적으로 취득되는 고유권(固有權)이다.[28] 보험수익자가 이 권리를 포기하면 이 권리는 보험계약자에게 돌아간다고 본다.[29] 보험수익자는 비록 보험금청구권을 가지지만 보험계약자가 아니므로 보험증권교부청구권, 계약해지권 등과 같은 보험계약상의 다른 권리는 가지지 않는다. 보험수익자의 보험금청구권은 보험사고 발생 전에는 양도할 수 없으나, 보험사고가 발생한 후에는 일종의 금전채권으로 다른 사람에게 양도할 수 있다.

3. 보험수익자의 의무

보험수익자는 보험계약의 당사자가 아니기 때문에 원칙적으로 보험계약상의 의무를 부담하지 않지만, 보험계약상의 이익을 받는 자이므로 예외적으로 일정한 의무를 부담한다. 첫째, 보험료지급의무자인 보험계약자가 파산선고를 받거나 보험료의 지급을 지체한 때에는 보험수익자가 그 권리를 포기하지 않는 한 보험료지급의무가 있다(상 639 ③ 단서). 둘째, 보험수익자는 보험금청구권자로써 보험사고의 발생을 안 때에는 지체없이 보험자에게 그 사실을 통지할 의무가 있다(상 657 ①).

---

28) 대판 2004. 7. 9. 2003다29463. 「보험계약자가 피보험자의 상속인을 보험수익자로 하여 맺은 생명보험계약에 있어서 피보험자의 상속인은 피보험자의 사망이라는 보험사고가 발생한 때에는 보험수익자의 지위에서 보험자에 대하여 보험금 지급을 청구할 수 있고, 이 권리는 보험계약의 효력으로 당연히 생기는 것으로서 상속재산이 아니라 상속인의 고유재산이라고 할 것인데, 이는 상해의 결과로 사망한 때에 사망보험금이 지급되는 상해보험에 있어서 피보험자의 상속인을 보험수익자로 미리 지정해 놓은 경우는 물론, 생명보험의 보험계약자가 보험수익자의 지정권을 행사하기 전에 보험사고가 발생하여 상법 제733조에 의하여 피보험자의 상속인이 보험수익자가 되는 경우에도 마찬가지라고 보아야 한다.」; 김성태, 전게서, 844면; 양승규, 전게서, 457면; 정찬형, 전게서, 747면; 최기원, 전게서, 620면.

29) 양승규, 전게서, 457면; 이기수외, 전게서, 294면. 정찬형, 전게서, 747면.

Ⅲ. 보험계약자의 보험수익자의 지정과 변경

1. 보험수익자의 지정 · 변경권의 의의와 성질

생명보험계약은 대부분 장기간의 보험계약이므로 보험계약 당시의 사정이 변경되어 보험계약자가 보험수익자를 변경해야 할 필요가 있을 수 있어, 상법은 보험계약자에게 보험수익자의 지정 · 변경의 권리를 인정하고 있다(상 733). 보험계약자의 보험수익자의 지정 · 변경권은 보험자의 일방적 의사표시에 의하여 효력을 발생하는 단독해위로서 형성권의 일종이다. 보험계약자의 보험수익자의 지정권은 보험사고 발생 전까지 행사하여야 한다.

2. 보험수익자의 지정 · 변경의 방식

보험수익자의 지정 · 변경의 방식은 통상 특정인의 성명을 기재하는 방식으로 하지만, 그 외 피보험자의 상속인 또는 배우자 등이라고 추상적으로 표시할 수도 있다.

3. 보험수익자의 확정

1) 보험수익자의 지정 · 변경권을 유보한 경우

(1) 보험계약자가 사망한 경우: 보험계약자가 지정권을 행사하지 아니하고 사망한 경우에는 피보험자가 보험수익자로 되고, 변경권을 행사하지 아니하고 사망한 경우에는 보험수익자의 권리가 확정된다. 그러나 보험계약자가 사망한 경우에 그 승계인이 지정 · 변경권을 행사할 수 있다는 약정이 있는 때에는 보험수익자의 지위는 그 승계인의 지정 · 변경권에 의하여 결정된다(상 733 ②).

(2) 지정 · 변경권 행사 전에 보험사고가 발생한 경우: 보험계약자가 보험수익자의 지정 · 변경권을 행사하기 전에 보험사고가 발생하면 보험계약자는 지정 · 변경권을 행사할 수 없게 되어 피보험자 또는 보험수익자의 지위는 그대로 유지된다. 그러므로 보험계약자가 보험수익자의 지정권을 행사하기 전에 피보험자가 사망하면 피보험자의 상속인이 보험수익자로 되고, 변경권을 행사하지 아니한 때에는 보험수익자는 자신의 권리에 따라 보험금청구권을 행사하게 되고, 보험수익자가 사망하면 그 상속인이 보험금청구권을 행사하게 된다(상 733 ④).

2) 보험수익자의 지정 · 변경권을 유보하지 않은 경우

보험계약자가 보험수익자의 지정 · 변경권을 유보하지 않은 때에는 보험수익자의 지위는 확정되므로 보험계약자는 보험수익자를 임의로 변경하지 못한다. 그러나 피보험자와 보험수익

자가 다른 경우에 보험기간 중에 보험수익자가 사망하면 보험계약자는 다시 보험수익자를 지정할 수 있다(상 733 ③ 전단). 그리고 보험수익자가 사망하고 보험계약자가 다시 보험수익자를 지정권을 행사하기 전에 보험사고가 발생하면 사망한 보험수익자의 상속인이 보험수익자가 된다(상 733 ④).

4. 보험수익자의 지정 · 변경의 제한

보험계약자는 임의로 보험수익자를 지정 · 변경할 수 있지만(상 733 ①), 타인의 사망보험에서 피보험자 이외의 제3자를 보험수익자로 지정 · 변경하고자 할 때에는 피보험자의 서면에 의한 동의를 받아야 한다(상 734 ②, 731 ①).

5. 보험수익자의 지정 · 변경과 대항요건

보험계약자가 계약체결 후에 보험수익자를 지정 또는 변경할 때에는 보험자에 대하여 그 통지를 하지 않으면 이로써 보험자에 대하여 대항할 수 없다(상 734 ①). 그 취지는 보험자가 보험금을 이중지급할 위험을 방지하기 위한 것이다. 생명보험약관상으로는 보험수익자의 변경에 보험자의 승낙을 얻도록 되어 있는데(생보약 5 ① ⅴ), 이 경우 승낙은 변경통지에 대한 보험자의 확인의 의미로 보아야 할 것이다.

〔6〕 상해보험

목 차

Ⅰ. 상해보험계약의 의의와 중요성

상해보험계약(傷害保險契約)이란 보험자가 피보험자의 신체에 관한 보험사고가 발생한 경우에 보험금액 기타의 급여를 할 책임을 부담하고, 상대방이 이에 대하여 보험료를 지급할 것을 약정하는 인보험계약이다(상 737). 즉 상해보험계약은 보험계약자 등이 보험료를 지급하고 이에 대하여 피보험자가 급격하고 우연한 외부로부터 생긴 사고로 인하여 신체에 상해를 입은 경우에 보험자가 보험금액 기타의 급여를 지급할 것을 약정하는 보험계약이다. 오늘날 기계문명의 발달과 생활영역의 확대로 인하여 상해의 위험이 증가되어 상해보험의 중요성이 높아가지만, 상해보험을 악용하여 고의로 보험사고를 유발할 용이성과 가능성도 커져 상해보험의 운용에 각별한 유의가 필요하다. 상해보험은 담보위험, 보험금의 지급방법 등에 따라 보통상해보험, 교통상해보험, 여행상해보험, 단체상해보험 등 그 종류가 다양하다.

Ⅱ. 상해보험계약의 성질과 생명보험과의 차이점

1. 상해보험계약의 성질

상해보험은 보험의 객체가 사람의 신체라는 점에서 생명보험과 같은 인보험에 속하지만, 보험사고가 상해라는 점에서 사람의 생사를 보험사고로 하는 생명보험과 다르고, 질병 등에 보험급여를 하는 의료보험과도 다르다. 그리고 상해보험은 생명보험과 같이 정액보험일 수도 있지만(상 739 참조), 손해보험의 경우와 같이 상해로 인한 손해와 비용만을 지급하는 부정액보험(不定額保險)일 수도 있다. 상해보험약관에서는 상해사망의 경우에는 정액급여, 상해장해의 경우는 그 태양과 부위에 따라 준정액급여(準定額給與), 의료비 등에 대하여는 부정액급여(손해보상과 비용보상)를 하고 있는 데, 이러한 점으로 보아 상해보험은 손해보험과 정액보험이 혼합된 중간보험이라고 할 수 있다. 이와 같은 상해보험의 성질을 고려하여 보험업법은 보험회사는 생명보험과 손해보험을 겸영하지 못하도록 하면서도(보업 10 본문), 상해보험을 제3보험업의 보험종목(보업 4 ① iii)으로 하여 생명보험업 또는 손해보험업에 해당하는 보험종목의 전부에 관하여 허가를 받은 경우에는 상해보험도 허가받은 것으로 보아 손해보험자나 생명보험자나 모두 상해보험을 영위할 수 있도록 하고 있다(보업 4 ②).

2. 생명보험과의 차이점

1) 보험사고: 생명보험은 사람의 사망과 생존을 보험사고로 하지만, 상해보험은 신체에 대한 상해를 보험사고로 한다.

2) 피보험자의 자격: 생명보험의 경우에는 15세 미만자, 심신상실자, 심신박약자의 사망보험계약은 절대적으로 무효(상 732)로 하는데 대하여, 상해보험의 경우에는 상해사망을 포함하고 있지만 이러한 연령 등에 대한 제한은 없다(상 732 참조). 다만 전문등반이나 자동차경기 등과 같은 특별한 행위를 기준으로 피보험자의 자격을 제한하고 있다(상보약 7 ②).

3) 제3자에 대한 보험대위의 인정: 생명보험의 경우에는 제3자에 대한 보험대위(청구권대위)가 금지되어 있으나, 상해보험의 경우에는 당사자 간에 다른 약정이 있는 때에는 이를 인정한다(상 729).

4) 보험계약의 유형: 생명보험에서 타인의 생명보험이 인정되는데(상 731), 상해보험에서도 타인의 상해보험은 인정된다고 본다. 이 경우에는 타인의 생명보험에서와 같이 피보험자의 동의가 필요하며(상 731, 739), 보험수익자는 피보험자이어야 할 것이다. 문제가 되는 것은 보험계약자와 보험수익자가 다른 '타인을 위한 상해보험'을 인정할 수 있는가 하는 것이다. 피보험자를 보험수익자로 한다면 이를 부정할 이유가 없다. 그러나 보험수익자를 피보험자가 아닌 제3자로 한다면 상해를 당한 자는 피보험자임에도 불구하고 보험금을 받는 자는 제3자가 되어, 이는 비인도적이고 또한 도덕적 위험이 발생할 가능성이 높기 때문에 이를 부정하여야 할 것이다.[30]

30) 김성태, 전게서, 860면.

Ⅲ. 상해보험증권

보험자는 상해보험계약이 성립한 때에는 지체없이 상해보험증권을 작성하여 보험계약자에게 교부하여야 한다(상 640). 상해보험증권에는 상법 제666조와 상법 제728조의 사항을 기재하여야 하는데, 다음과 같은 특칙이 있다. 즉 피보험자와 보험계약자가 동일인이 아닐 때에는 그 보험증권기재사항 중 「피보험자의 주소 · 성명 및 생년월일」(상 728 ii)에 갈음하여 「피보험자의 직무 또는 직위」만을 게기할 수 있도록 하였다. 이것은 직장 등의 단체보험에서 구성원 각자의 개성보다 직무 또는 직위 단위가 중요함을 고려하여 특정인의 교체를 문제삼지 않고 그 직무 또는 직위에 있는 자를 보호하기 위한 것이다.[31)]

Ⅳ. 보험사고

상해보험의 보험사고는 사람의 신체에 대한 상해이며 상해로 인한 사망도 포함된다(장손보약 15 ①). 상해(傷害)라 함은 급격하고도 우연한 외래의 사고로 인한 신체의 손상을 의미하는데(장손보약 13 ①), 일반적으로 급격성, 우연성, 외래성, 신체의 손상의 4가지의 요건을 갖추어야 하는 것으로 이해되고 있다.[32)]

1. 급격성

사고의 급격성(急激性이)란 시간적으로 빠른 것을 의미하는 것이 아니라 피보험자가 예견하기 어렵게 돌발적으로 발생하는 것을 의미한다. 즉 예측불능의 사고가 비교적 단시간 내에 발생하는 것을 의미한다. 이 요건은 상습적인 행위로 인한 증상 또는 점진적으로 진행결과가 나타나는 증상 등을 상해의 개념에서 배제하기 위하여 필요하다. 장기손해보험표준약관[33)]에서는 유독가스 또는 유독물질을 우연하게도 일시에 흡입, 흡수 또는 섭취하였을 때에 생긴 중독증상은 상해로 보지만, 세균성 음식물 중독과 상습적으로 흡입, 흡수 또는 섭취한 결과로

31) 김성태, 전게서, 861면; 양승규, 전게서, 488면; 정찬형, 전게서, 759면; 최기원, 전게서, 632면.

32) 대판 1980. 11. 25, 80다1109. (1) 「상해보험은 피보험자가 급격한 외부적인 우연의 사고로 인하여 신체에 손상을 입는 것을 보험사고로 하는 것이므로 피보험자가 겨드랑 밑의 악취제거를 위한 수술 중에 급성심부전증으로 사망한 경우에는 상해보험사고에 해당되지 아니한다.」(2) 「상해보험약관에 "외과적 수술 기타의 의료처치의 경우는 보험금 지급의 책임을 지지 아니 한다"는 특약은 상해보험의 성질상 당연한 경우를 규정한 것이므로 보험당사자의 불이익으로 상법의 규정을 변경한 것이 아니어서 상법 제663조에 위배되는 것이 아니다.」

33) 금융감독원이 2004. 11. 26에 개정한 「보험업감독업무시행세칙」 제5-13조와 관련한 <별표 15>에서는 통상 3년 이상의 상해보험을 '장기손해보험표준약관'에서 다루고 그 외 상해보험을 '특종보험표준약관'에서 다루고 있다.

생긴 중독증상은 상해로 인정하지 않고 있다(장손보약 13 ②). 그러므로 피보험자가 넘어진 충격으로 발생한 뇌출혈이 계속 악화됨으로써 사망한 경우는 상해사고로 볼 수 있지만, 피보험자가 지병의 치료를 위한 수술 중에 급성심부전 등으로 사망한 경우[34], 장시간 계속적으로 상당량의 술을 마신 후 급성알콜중독증상을 일으켜 사망한 경우, 계체량을 통과하기 위하여 목욕탕에서 체중 감량을 시도하다가 졸도 사망한 경우, 고도근시인 사람이 무리한 역기운동을 하여 망막분리현상이 생긴 경우[35] 등은 급격한 상해사고에 해당되지 않는다고 본다.

2. 우연성

사고의 우연성(偶然性)이란 피보험자가 예상할 수 없었던 원인에 의하여 상해를 입은 것을 말한다.[36] 그러므로 자해행위, 싸움으로 인한 사망이나 상해는 피보험자의 고의적인 행위 또는 피보험자가 예상할 수 있던 사고로 우연성이 인정되지 않는다. 제3자의 과실에 의해 상해를 입은 경우에는 사고의 우연성이 인정된다. 판례는 피보험자가 지병의 치료를 위한 수술 중에 급성심부전 등으로 사망한 경우[37], 운전중 떨어 진 휴대전화를 줍다가 잘못하여 엑셀러레이터를 밟아 체인지 레버에 가슴을 부딪쳐 상해를 입은 경우[38]는 우연한 사고에 해당되지 않는다고 한다.

3. 외래성

사고의 외래성(外來性)이란 보험사고가 피보험자의 질병이나 체질적인 요인에 의한 것이 아니라 외부적인 요인에 의해 초래된 것을 의미한다.[39] 이는 신체의 결함으로 인한 상해와 구별하기 위하여 요구되는 요건이다. 외래성은 상해의 원인이 외래적인 것임을 요하며 그 결과인 상해가 신체의 내부에 발생하더라도 상관없다. 예컨대, 피보험자가 술에 취하여 자다가 구토로 인한 구토물이 기도를 막음으로써 사망한 경우[40], 좌측 대퇴부에 산탄총알을 맞아 심한 연부조직 결손과 출혈 등의 증상이 있어 두 차례의 수술을 받고 5일 만에 심근경색으로

---

34) 대판 1980. 11. 25, 80다1109.

35) 서울고판 1985. 11. 13. 85나1676.

36) 대판 2003. 11. 28, 2003다35215 · 35222. 「인보험계약에 의하여 담보되는 보험사고의 요건 중 '우연한 사고'라 함은 사고가 피보험자가 예측할 수 없는 원인에 의하여 발생하는 것으로서, 고의에 의한 것이 아니고 예견치 않았는데 우연히 발생하고 통상적인 과정으로는 기대할 수 없는 결과를 가져오는 사고를 의미하는 것이며, 이러한 사고의 우연성에 관해서는 보험금청구자에게 그 입증책임이 있고 사고의 외래성 및 상해라는 결과와 사이의 인과관계에 대해서도 보험금청구자에게 그 입증책임이 있다.」

37) 대판 1980. 11. 25, 80다1109.

38) 대판 2003. 11. 28, 2003다35215 · 35222.

39) 대판 1998. 10. 13, 98다28114.

40) 대판 1998. 10. 13. 98다28114.

사망한 경우[41]는 외부적인 요인에 의한 상해로 본다. 그러나 욕실에서 페인트 작업 중 뇌교출혈(腦橋出血)로 인한 장애가 페인트나 시너의 흡입에 의한 것이 아니라 평소의 고혈압증으로 발생한 경우[42], 수영을 하다가 수영장에서 나와 의자에 앉아 있던 중 갑자기 쓰러져 사망한 경우, 침수된 집을 장시간 청소하다가 과로와 정신적인 충격으로 인한 뇌출혈 사망한 경우는 외부적인 요인에 의한 것이라고 볼 수 없다.

4. 신체의 손상

이상과 같은 사고로 인하여 신체가 손상(損傷)을 받아야 한다. 어느 정도의 신체의 손상을 상해로 보는가에 대하여는 특별한 기준이 없다. 형법에서의 상해는 신체의 생리적기능의 장해 또는 건강상태가 불량하게 되는 것을 의미하는 바, 보험약관상 특별한 기준을 정한 바가 없을 경우에는 형법상의 상해 개념을 참고하여 사회통념에 따라 결정해야 할 것이다. 그리고 상해는 반드시 외관상 명백한 상흔(傷痕)을 남기는 것에 한정되지 않고, 연기에 의한 질식사나 우연하고 일시적인 유독물질의 흡입 또는 흡수로 인한 중독증상과 같이 외관상 상흔이 없는 경우도 상해가 된다고 본다.[43] 문제가 되는 것은 인공심장, 의족 등과 같은 인공적부착물을 신체의 일부로 볼 수 있는가 이다. 인공적부착물이 신체에 부착 · 결합되어 신체의 기능을 보조하고 유지하는데 기여하고 있는 중에 손상된 경우에는 신체의 상해로 보아야 할 것이다. 그러나 의치, 의수, 의족 등을 빼어 신체로부터 분리되어 있는 상태에서 파손된 경우는 신체의 상해로 볼 수 없을 것이다.[44]

5. 인과관계와 입증책임

상해보험에서는 신체의 손상과 급격하고도 우연한 외래의 사고인 보험사고와의 사이에 상당한 인과관계가 있어야 하며,[45] 이러한 인과관계의 입증책임은 피보험자 측이 부담하다.[46]

---

41) 대판 2000. 3. 28. 99다67147.
42) 대판 2001. 7. 24, 2004다25965.
43) 최기원, 전게서, 640면.
44) 김성태, 전게서, 866면; 장기보약 13 ① 참조.
45) 대판 2000. 3. 28. 99다67147. 「민사분쟁에 있어서의 인과관계는 의학적 · 자연과학적 인과관계가 아니라 사회적 · 법적 인과관계이고, 그 인과관계는 반드시 의학적 · 자연과학적으로 명백히 입증되어야 하는 것은 아닌바, 보험약관상의 '상해의 직접 결과로 사망하였을 때'의 의미도 이와 같은 견지에서 이해되어야 한다.」
46) 대판 2001. 8. 21. 2001다27579. 「상해보험에서 담보되는 위험으로서 상해란 외부로부터의 우연한 돌발적인 사고로 인한 신체의 손상을 말하는 것이므로, 그 사고의 원인이 피보험자의 신체의 외부로부터 작용하는 것을 말하고 신체의 질병 등과 같은 내부적 원인에 기한 것은 제외되며, 이러한 사고의 외래성 및 상해 또는 사망이라는 결과와 사이의 인과관계에 관해서는 보험금청구자에게 그 입증책임이 있다.」

그리고 상해보험중 상해사망의 경우에는 사망보험의 경우와는 다르므로 피보험자는 상해의 원인뿐만 아니라 그 사고와 사망에 대한 인관관계도 입증하여야 한다.47)

V. 보험자의 책임

1. 보험금의 지급

상해보험에서 보험자가 지급하는 보험금에는 사망보험금, 후유장해보험금, 의료비보험금 등이 있다. 약관상으로는 보험자는 보험금청구서류를 접수한 날로부터 3일 이내에 보험금을 지급하도록 되어 있으며, 만약 조사 및 확인을 위하여 지급기일이 초과될 것이 명백한 경우에는 피보험자 또는 보험수익자의 청구에 따라 보험자가 추정하는 보험금의 50%상당액을 가지급보험금으로 지급한다(장손보약 33 ③). 보험자가 지급하는 보험금은 사망의 경우에는 사망보험가입금액 전액을, 후유장해보험금은 가입금의 한도 내에서 상해의 정도에 따라 산출된 금액을, 의료비보험금은 1 사고당 의료비가입금액을 한도로 피보험자가 실제로 부담한 의료비 전액을 지급한다(장손보약 15 · 16).

2. 소멸시효

보험금청구권의 소멸시효는 권리를 행사할 수 있는 때부터(민 166)48) 2년이다(상 662). 문제가 되는 것은 후유장해보험금 청구권의 소멸시효의 기산점이 언제인가 하는 것인데, 판례는 '후유장애로 인한 손해발생시'로 보고 그 발생시기에 대한 입증책임은 소멸시효를 주장하는 자가 부담한다고 한다.49)

3. 보험자의 면책사유

1) 보험자의 면책사유

상해가 전쟁 등의 위험으로 생긴 경우(상 660), 상해사망이 보험계약자, 피보험자 또는

47) 최기원, 전게서, 642면.

48) 민법 제166조(소멸시효의 기산점) ① 소멸시효는 권리를 행사할 수 있는 때부터 진행한다. ② 부작위를 목적으로 하는 채권의 소멸시효는 위반행위를 한 때부터 진행한다.

49) 대판 1992. 5. 22. 91다41880.「피해자가 부상을 입은 때로부터 상당한 기간이 지난 뒤에 후유증이 나타나 그 때문에 수상시에는 의학적으로도 예상치 아니한 치료방법을 필요로 하고 의외의 출비가 불가피하였다면 위의 치료에 든 비용에 해당하는 손해에 대하여서는 그러한 사태가 판명된 시점까지 손해배상청구권의 시효가 진행하지 아니하고, 따라서 후유장해의 발생으로 인한 손해배상청구권에 대한 소멸시효는 후유장해로 인한 손해가 발생한 때로부터 진행된다고 할 것이고, 그 발생시기는 소멸시효를 주장하는 자가 입증하여야 한다.」

보험수익자의 고의에 의한 경우(상 732의2, 739), 피보험자의 단순 상해가 보험계약자, 피보험자 또는 보험수익자의 고의 또는 중대한 과실로 생긴 경우(상 659)에는 보험자는 면책되는 것이 원칙이다. 그러나 상해보험약관에서는 단순 상해가 피보험자 등의 고의에 의한 경우만 보험자의 면책사유로 하고, 중대한 과실의 경우에는 면책되지 않는 것으로 되어 있다. 그 이유는 피보험자 등을 보호한다는 인도적 측면도 있지만, 중대한 과실의 경우에 피보험자 등을 보호하지 않는다면 상해보험의 효용은 크지 못하다는 점에 있다. 보험약관에서는 면책사유를 상세히 규정하고 있는 바, 그 내용은 다음과 같다(장손보약 14).

① 회사는 아래의 사유를 원인으로 하여 생긴 손해는 보상하여 드리지 아니합니다.

1. 피보험자의 고의

2. 수익자(이하 "수익자"라 합니다)의 고의. 그러나 그 수익자가 보험금의 일부수익자인 경우에는 그 수익자에 해당하는 보험금을 제외한 나머지 보험금을 다른 수익자에게 지급합니다.

3. 계약자의 고의

4. 피보험자의 자해, 자살, 자살미수, 형법상의 범죄행위 또는 폭력행위(다만, 형법상 정당방위, 긴급피난 및 정당행위로 인정되는 경우에는 보상하여 드립니다)

5. 피보험자의 질병

6. 피보험자의 심신상실 또는 정신질환

7. 피보험자의 임신, 출산(제왕절개 포함), 유산 또는 외과적 수술, 그 밖의 의료처치. 그러나 회사가 부담하는 상해로 인한 경우에는 보상하여 드립니다.

8. 피보험자의 사형

9. 지진, 분화, 해일 또는 이와 비슷한 천재지변

10. 전쟁, 외국의 무력행사, 혁명, 내란, 사변, 폭동, 소요, 기타 이들과 유사한 사태

11. 핵연료 물질(사용이 끝난 연료를 포함합니다. 이하 같습니다) 또는 핵연료 물질에 의하여 오염된 물질(원자핵분열 생성물을 포함합니다)의 방사성, 폭발성 또는 그밖의 유해한 특성에 의한 사고

12. 위 제11호 이외의 방사선을 쬐는 것 또는 방사능 오염

② 회사는 다른 약정이 없으면 피보험자가 직업, 직무 또는 동호회 활동목적으로 아래에 열거된 행위를 하는 동안에 생긴 손해에 대하여는 보상하여 드리지 아니합니다.

1. 전문등반(전문적인 등산용구를 사용하여 암벽 또는 빙벽을 오르내리거나 특수한 기술, 경험, 사전훈련을 필요로 하는 등반을 말합니다), 글라이더 조종, 스카이다이빙, 스쿠버다이빙, 행글라이딩 또는 이와 비슷한 위험한 활동

2. 모터보트, 자동차 또는 오토바이에 의한 경기, 시범, 흥행(이를 위한 연습을 포함합니다)

또는 시운전(다만, 공용도로상에서 시운전을 하는 동안 발생한 상해는 보상하여 드립니다)

3. 선박승무원, 어부, 사공, 그 밖에 선박에 탑승하는 것을 직무로 하는 사람이 직무상 선박에 탑승하고 있는 동안

2) 음주운전 · 무면허운전 면책약관의 효력

(1) 무면허운전 면책약관의 효력: 종래의 약관에서는 무면허운전을 보험자의 면책사유로 하였으나, 판례는 무면허운전이 형사처벌까지 받는 고의적인 범죄행위이지만 그 고의는 무면허 자체에 관한 것으로 자살이나 고의적인 자상행위와는 다르다고 보고, 무면허운전면책에 관한 상해보험약관의 규정이 과실로 평가되는 행위까지 포함하는 취지라면 과실로 평가되는 행위로 인한 사고에 관한 한 무효로 보아야 한다고 하여 인보험에서 무면허면책약관의 효력에 대하여 한정적 무효의 입장을 취하고 있다.[50] 현행 장기손해보험표준약관에서는 무면허운전의 면책조항은 삭제되었다.

(2) 음주운전 면책약관의 효력: 종래의 판례는 상해보험약관상의 음주운전면책조항은 상법 제732조의2, 제739조 및 제663조에 반하지 않아 유효하다고 하였다. 그러나 그 후 판례는「상법 제732조의2, 제739조, 제663조의 규정에 의하면 사망이나 상해를 보험사고로 하는 인보험에 관하여는 보험사고가 고의로 인하여 발생한 것이 아니라면 비록 중대한 과실에 의하여 생긴 것이라 하더라도 보험금을 지급할 의무가 있다고 할 것인데, 음주운전에 관하여 보면, 음주운전의 경우는 술을 먹지 않고 운전하는 자의 경우에 비하여 보험사고 발생의 가능성이 많음은 부인할 수 없는 일이나 그 정도의 사고 발생 가능성에 관한 개인차는 보험에 있어서 구성원 간의 위험의 동질성을 해칠 정도는 아니라고 할 것이고, 또한 음주운전이 고의적인 범죄행위이기는 하나 그 고의는 특별한 사정이 없는 한 음주운전 자체에 관한

---

50) 대판 1998. 3. 27, 97다27039.「상법상 생명보험과 상해보험과 같은 인보험에 관하여 보험자의 면책사유를 제한하여 비록 중대한 과실로 인하여 생긴 것이라 하더라도 보험금을 지급하도록 규정하고 있는 점이나, 인보험이 책임보험과 달리 정액보험으로 되어 있는 점에 비추어 볼 때 인보험에 있어서의 무면허 면책약관의 해석이 책임보험에 있어서의 그것과는 반드시 같아야 할 이유가 없으며, 무면허운전의 경우에는 면허있는 자의 운전이나 운전을 하지 아니하는 자의 경우와 달리 보험사고의 발생의 가능성이 많을 수도 있으나 그 정도의 사고발생 가능성에 관한 개인차는 보험에 있어서 구성원 간의 위험의 동질성을 해칠 정도는 아니고, 또한 무면허운전이 고의적인 범죄행위이기는 하나 그 고의는 특별한 사정이 없는 한 무면허운전 자체에 관한 것이고 직접적으로 사망이나 상해에 관한 것이 아니어서 그로 인한 손해배상을 해준다고 하여 그 정도가 보험계약에 있어서의 당사자의 선의성 · 윤리성에 반한다고는 할 수 없으므로, 인보험에 해당하는 상해보험에 있어서의 무면허운전 면책약관이 보험사고가 전체적으로 보아 고의로 평가되는 행위로 인한 경우뿐만 아니라 과실(중과실포함)로 평가되는 행위로 인한 경우까지 포함하는 취지라면 과실로 평가되는 행위로 인한 사고에 관한 한 무효라고 보아야 한다.」

것이고 직접적으로 사망이나 상해에 관한 것이 아니어서 그 정도가 결코 그로 인한 손해보상을 가지고 보험계약에 있어서의 당사자의 신의성 · 윤리성에 반한다고는 할 수 없으므로, 상해보험 약관 중 "피보험자가 음주운전을 하던 중 그 운전자가 상해를 입은 때에 생긴 손해는 보상하지 아니한다."고 규정한 음주운전 면책약관이 보험사고가 전체적으로 보아 고의로 평가되는 행위로 인한 경우뿐만 아니라 과실(중과실 포함)로 평가되는 행위로 인한 경우까지 보상하지 아니한다는 취지라면 과실로 평가되는 행위로 인한 사고에 관한 한 무효라고 보아야 한다」[51]라고 하여 무면허운전 면책약관과 같은 이유로 한정적 무효의 입장을 취하고 있다. 현행 장기손해보험표준약관에서는 음주운전의 면책조항이 삭제되었다.

Ⅵ. 상해보험의 적용법규 등

1. 생명보험에 관한 규정의 준용

상해보험에 관하여는 상법 제732조(15세 미만자 등에 대한 계약의 금지)를 제외한 생명보험에 관한 규정이 준용된다(상 739). 상해보험도 생명보험과 같이 사람에 관한 사고를 보험사고로 하는 인보험이라는 점을 고려한 것이다. 그리고 상해보험이 손해보상의 방식인 경우에는 손해보험에 관한 규정을 유추적용하여야 할 것이다.[52]

2. 중복보험 규정의 적용 여부

상해보험은 인보험으로 보험가액의 개념이 존재하지 않으므로 초과보험, 일부보험, 중복보험의 문제가 발생하지 않는다. 그러나 동일한 피보험자를 대상으로 수인의 보험자와 수개의 상해보험계약을 체결하여 중복하여 보험금의 수령을 허용한다면 사고발생가능성이 높을 수 있으므로 상해중복보험의 경우에는 손해보험의 중복보험에 관한 규정을 유추적용하여야 할 것이다. 판례는 원칙적으로는 상해보험의 중복보험성을 부인하면서도 다른 상해보험의 존재 여부를 청약서상에 기재하였다면 그러한 사정을 보험계약을 체결할 것인지 여부에 관한 판단자료로 삼겠다는 의사를 명백히 한 것으로 보아 다른 상해보험계약의 존재 여부를 고지의무의 대상이 된다고 하였다.[53]

51) 대법원 1998. 3. 27. 선고 97다48753.
52) 최기원, 전게서, 650면.
53) 대판 2001. 11. 27. 99다33311.

부 록

Ⅰ. 보험약관

〔1〕 개인용자동차보험 보통약관

Ⅰ. 개인용자동차보험 일반사항

[1] 가입대상

법정정원 10 인승 이하의 개인소유 자가용승용차. 다만, 인가된 자동차학원 또는 자동차학원 대표자 소유의 자동차로서 운전교습, 도로주행교육 및 시험에 사용되는 승용자동차는 제외됩니다.

[2] 개인용자동차보험의 구성

1. 보험회사가 판매하는 개인용자동차보험은 대인배상Ⅰ, 대인배상Ⅱ, 대물배상, 자기신체사고, 자동차상해, 무보험자동차에 의한 상해, 자기차량손해의 7 가지 담보종목과 특별약관으로 구성되어 있으며, 보험회사는 대한민국(북한지역을 포함합니다) 안에서 생긴 사고에 대하여 보험계약자가 가입한 담보내용에 따라 보상해 드립니다.
2. 보험계약자는 이들 7가지 담보종목 중 한 가지 이상을 선택하여 가입할 수 있습니다. 다만, 자동차손해배상보장법 제5조 제1항 및 제2항의 규정에 따라 자동차보유자가 의무적으로 가입하여야 하는 의무보험 (용어정의(15))은 반드시 가입하여야 합니다.
3. 각 담보별 보상 내용(상세한 내용은 'Ⅱ. 담보종목별 보상내용'에 규정되어 있습니다)

(1) 자동차 사고로 인한 타인의 피해를 보상하는 담보(배상책임담보)

담보종목	보상하는 내용
대인배상Ⅰ	자동차사고로 다른 사람을 죽게 하거나 다치게 한 경우에 자동차손해배상보장법에서 정한 한도 내에서 보상
대인배상Ⅱ	자동차사고로 다른 사람을 죽게 하거나 다치게 한 경우, 그 손해가 대인배상Ⅰ에서 지급하는 금액을 초과하는 경우에 그 초과손해를 보상
대물배상	자동차사고로 다른 사람의 재물을 없애거나 훼손한 경우에 보상

(2) 자동차 사고로 인한 피보험자의 피해를 보상하는 담보

담보종목	보상하는 내용
자기신체사고	피보험자가 죽거나 다친 경우에 보상
자동차상해	피보험자가 죽거나 다친 경우에 보상
무보험자동차에 의한 상해	무보험자동차에 의해 피보험자가 죽거나 다친 경우에 보상
자기차량손해	피보험자동차가 파손된 경우 보상

[3] 보험계약의 성립

1. 보험회사와의 보험계약은 보험계약자가 청약을 하고 보험회사가 승낙을 하면 성립합니다.
2. 보험계약자가 청약을 할 때 '제1회 보험료'(보험료를 분납하기로 약정한 경우) 또는 '보험료 전액'(보험료를 일시에 지급하기로 약정한 경우)(이하 '제1회 보험료 등'이라 합니다)을 지급한 경우에는, 보험회사가 그 지급한 날로부터 30 일 이내에 보험회사가 승낙 또는 거절의 통지를 발송하지 않으면 승낙한 것으로 봅니다.
3. 보험회사가 청약을 승낙한 때는 지체없이 보험증권을 보험계약자에게 교부합니다. 그러나 보험계약자가 제1회 보험료 등을 지급하지 아니한 경우에는 그러하지 아니합니다.
4. 보험계약이 성립하면 보험회사는 '[5] 보험기간'의 규정에 따라 보험기간의 첫 날부터 보상책임을 집니다. 다만, 보험계약자로부터 제1회 보험료 등을 받은 경우에는, 그 이후에 발생한 승낙 전의 사고라도 청약을 거절할 사유가 없는 한 보상합니다.

[4] 청약철회

1. 보험계약자는 제1회 보험료 등을 지급하지 않은 경우에는 청약을 한 날로부터, 이를 지급한 경우에는 그 지급한 날로부터 15일 이내에 보험계약의 청약을 철회할 수 있습니다. 다만, 가입이 강제되는 의무보험에 대해서는 청약을 철회할 수 없습니다.
2. 보험회사는 보험계약자의 청약철회를 접수한 날로부터 3일 이내에 받은 보험료를 보험계약자에게 돌려 드립니다.
3. 보험회사가 위 '2.'의 보험료 반환기일을 지키지 못하는 경우에는, 반환기일의 다음날 로부터 반환하는 날까지의 기간에 대해서는 이자(보험개발원이 공시한 정기예금이율을 적용하여 산정한 금액)를 가산한 금액을 돌려 드립니다.

[5] 보험기간

보험회사가 피보험자에 대해 보상책임을 지는 보험기간은 다음과 같습니다.

구 분		보험기간
일반적용		보험증권에 기재된 보험기간의 첫날 24시부터 마지막 날24시까지. 다만, 의무보험 (공제를 포함합니다)의 경우 전(前) 계약의 보험기간과 중복되는 경우에는 전 계약의 보험기간이 끝나는 시점부터 시작합니다.
예외적용	자동차보험에 처음 가입하는 자동차 (용어정의(1)) 및 의무보험	보험료를 받은 때부터 마지막 날 24시까지. 다만, 보험증권에 기재된 보험기간 이전에 보험료를 받았을 경우에는 그 보험기간의 첫날 0시부터 시작합니다.

[6] 보험계약자 등의 의무사항

1. 계약전 알릴 의무

(1) 보험계약자는 보험계약을 맺기 위하여 청약을 할 때 다음의 사항에 대하여 알고 있는 사실을 보험회사에 알려야 합니다.

① 이 보험계약을 맺는 담보종목의 보상내용과 전부 또는 일부가 일치하는 다른 보험계약(공제계 약을 포함합니다)을 맺고 있을 때 그 계약사항

② 이 보험계약을 맺고 있는 자동차(이하 '피보험자동차'라고 합니다)의 검사에 관한 사항

③ 용도, 차종, 등록번호(이에 준하는 번호도 포함합니다. 이하 같습니다), 차명, 연식, 적재정량, 구조 등 피보험자동차에 관한 사항

④ 피보험자의 주소, 성명, 직업, 연령등 피보험자에 관한 사항

⑤ 이 보험계약을 맺기 직전에 피보험자동차에 대하여 가입했던 의무보험 (공제를포함합니다)에 관한 사항

⑥ 기명피보험자와 피보험자동차 소유자가 다른 경우 소유자에 관한 사항

⑦ 기타 보험회사가 서면으로 질문한 사항 또는 보험청약서 기재사항

(2) 보험회사는 이 보험계약을 맺은 후 보험계약자가 계약전 알릴 의무를 위반한 사실이 확인된 때에는 추가보험료를 더 받고 승인할 수 있습니다.

2. 계약후 알릴 의무

(1) 보험계약자는 보험계약을 맺은 후 다음의 사실이 생긴 것을 안 때에는 지체없이 보험회사에게 그 사실을 알리고 승인을 받아야 합니다. 이 경우 보험회사는 그 사실에 따라 보험료가 변경되는 경우에는 보험료를 더 받거나 돌려주고 계약을 승인할 수 있습니다.

① 이 보험계약을 맺는 담보종목의 보상내용과 전부 또는 일부가 일치하는 다른 보험계약(공제계 약을 포함합니다)을 맺게 된 사실

② 용도, 차종, 등록번호, 적재정량, 구조 등 피보험자동차에 관한 사항이 변경된 사실

③ 피보험자동차에 화약류, 고압가스, 폭발물, 인화물 등의 위험물을 싣게 된 사실

④ 기타 위험이 뚜렷이 증가하거나 또는 적용할 보험료에 차이를 발생시키는 사실

(2) 보험계약자는 보험증권에 기재된 주소 또는 연락처가 변경된 때에는 지체없이 보험회사에 알려야 합니다. 이를 알리지 아니한 경우에는 보험회사가 알고 있는 최후의주소로 통지함으로 인해 불이익을 입을 수도 있습니다.

3. 사고발생시의 의무

(1) 보험계약자 또는 피보험자는 사고가 생긴 것을 안 때에는 다음의 사항을 이행하여야 합니다.

① 지체없이 손해의 방지와 경감에 힘쓰고, 남으로부터 손해배상을 받을 수 있는 권리가 있는 경우에는 그 권리(공동불법행위 등의 경우 연대채무자 상호간의 구상권을 포함합니다.

이하 같습니 다)의 보전과 행사에 필요한 절차를 밟아야 합니다.

② 다음 사항을 보험회사에 지체없이 서면으로 알려야 합니다.

가. 사고가 발생한 때, 곳, 상황 및 손해의 정도

나. 피해자의 주소, 성명, 직업 및 연령

다. 가해자의 주소와 성명

라. 사고에 대하여 증인이 있을 때에는 그의 주소와 성명

마. 손해배상의 청구를 받은 때에는 그 내용

③ 손해배상의 청구를 받은 경우에는 미리 보험회사의 동의없이 그 전부 또는 일부를 합의하여서는 안 됩니다. 그러나 피해자의 응급치료, 호송 그 밖의 긴급조치에 대하여는 보험회사의 동의를 필요로 하지 아니합니다.

④ 손해배상청구의 소송을 제기하려고 할 때 또는 제기 당한 때에는 지체없이 서면으로 보험회사 에 알려야 합니다.

⑤ 피보험자동차를 도난당하였을 때에는 지체없이 그 사실을 경찰관서에 신고하여야 합니다.

⑥ 보험회사가 사고를 증명하는 서류 등 꼭 필요하다고 인정하는 서류와 증거를 요구한 경우에는 지체없이 이를 제출하여야 하며, 또한 보험회사가 손해를 조사하는 데에 협력하여야 합니다.

(2) 보험회사는 보험계약자 또는 피보험자가 정당한 이유없이 위 '(1)'에서 규정하고 있는 사항을 이행하지 아니한 경우에는, 그로 말미암아 늘어난 손해액이나 회복할 수 있었을 금액을 손해보상액에서 공제하거나 지급하지 아니합니다.

[7] 자동차 보험료의 계산방법

1. 자동차 보험료는 보험회사가 금융감독원에 신고한 후 사용하는 '자동차보험 요율서'에서 정한 방법에 의하여 계산합니다.

<예시>

납입할 보험료	=	기 본 보험료	×	특 약 요 율	×	가입자 특성요율 (보험가입 경력요율 ± 교통법규위반 경력요율)	×	특 별 요 율	×	우량할인·불량할증 요 율

- 기본보험료: 차량의 종류, 배기량, 용도, 보험가입금액, 성별, 연령 등에 따라 미리 정해놓은 기본적인 보험료

- 특약요율: 운전자의 연령범위를 제한하는 특약, 가족으로 운전자를 한정하는 특약 등 가입시에 적용하는 요율
- 가입자특성요율: 보험가입기간이나 법규위반경력에 따라 적용하는 요율
- 특별요율: 자동차의 구조나 운행실태가 같은 종류의 차량과 다른 경우 적용하는 요율
- 우량할인 · 불량할증요율: 사고발생 실적에 따라 적용하는 요율

2. 보험기간의 개시 이전에 보험료의 변경이 있을 때에는 변경전의 보험료와 변경후의 보험료와의 차액을 더 받거나 돌려 드립니다.

3. 과오납 보험료의 반환

보험회사의 고의 · 과실로 피보험자에 대한 보험료 산정이 적정하지 아니하여 보험계약자가 적정보험 료를 초과하여 납입한 경우, 보험회사는 이를 안 날 또는 보험계약자가반환을 청구한 날로부터 10일 이내에 적정보험료를 초과하는 금액 및 이에 대한 납입한 날로부터 반환하는 날까지의 기간에 대한 이자(보험개발원이 공시한 정기예금이율을 적용하여 산정한 금액)를 돌려드립니다. 다만, 보험회 사의 고의 · 과실이 없는 경우에는 적정보험료를 초과한 보험료만 돌려드립니다.

[8] 자동차 사고시 보상처리 흐름도

자동차사고가 발생한 경우 보상처리는 다음 그림의 절차에 따라 이루어집니다.

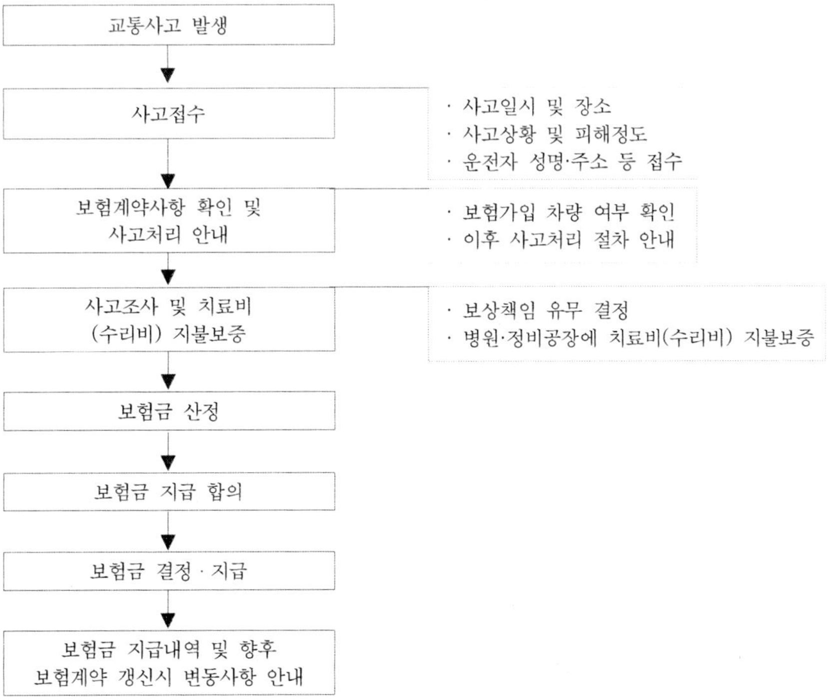

[9] 분쟁, 합의, 관할법원

1. 분쟁의 조정

이 보험계약의 내용 또는 보험금의 지급 등에 관하여 보험회사와 보험계약자, 피보험자, 손해배상청 구권자, 기타 이해관계인과의 사이에 분쟁이 있는 경우에는 금융감독원에 설치된 금융분쟁조정위원 회의 조정을 받을 수 있습니다.

2. 합의 · 절충 · 중재 · 소송의 협조 · 대행

(1) 보험회사는 피보험자의 법률상 손해배상책임을 확정하기 위하여 피보험자가 손해배상청구권자와 행하는 합의 · 절충 · 중재 또는 소송(확인의 소를 포함합니다)에 대하여 협조하거나, 피보험자를 위하여 이러한 절차를 대행할 수 있습니다.

(2) 보험회사는 피보험자에 대하여 보상책임을 지는 한도(동일한 사고로 이미 지급한 보험금이나 가지급보험금이 있는 경우에는 그 금액을 공제한 액수; 이하 같습니다) 내에서 위 '(1)'의 절차에 협조하거나 대행합니다.

(3) 보험회사가 위 '(1)'의 절차에 협조하거나 대행하는 경우에는 피보험자는 보험회사의 요청에 따라 협력해야 합니다. 피보험자가 정당한 이유없이 협력하지 아니하는 경우에는 그로 말미암아 늘어난 손해에 대해서 보상하지 아니합니다.

(4) 보험회사는 다음의 경우에는 위 '(1)'의 절차를 대행하지 아니합니다.

① 피보험자가 손해배상청구권자에 대하여 부담하는 법률상의 손해배상책임액이 보험증권에 기재 된 보험가입금액을 명백하게 초과하는 때

② 피보험자가 정당한 이유없이 협력하지 아니하는 때

3. 공탁금의 대부

보험회사가 위 '2.(1)'의 절차를 대행하는 경우에는, 피보험자에 대하여 보상책임을 지는 한도 내에 서, 가압류나 가집행을 면하기 위한 공탁금을 피보험자에게 대부할 수 있으며 이에 소요되는 비용을 보상합니다. 이 경우 대부금의 이자는 공탁금에 붙여지는 것과 같은 율로 하며, 피보험자는 공탁금(이자를 포함합니다)의 회수청구권을 보험회사에 양도하여야 합니다.

4. 관할법원

이 보험계약에 관한 소송은 보험회사의 본점 또는 지점 소재지 중 보험계약자 또는 피보험자가 선 택하는 대한민국내의 법원을 합의에 따른 관할법원으로 합니다.

Ⅱ. 담보종목별 보상내용

[10] 배상책임 (대인배상Ⅰ, 대인배상Ⅱ, 대물배상)

'대인배상Ⅰ(책임보험)' 및 '대물배상'은 자동차손해배상보장법에 의한 '의무보험'을 말하며, 자동차를 소유한 사람이면 누구나 가입하여야 합니다. 또한 '대인배상Ⅱ'는 '대인배상Ⅰ'에 가입하는 경우에 한하여 가입할 수 있습니다.

1. 보상내용

(1) 보험회사는 피보험자가 피보험자동차를 소유, 사용, 관리하는 동안에 생긴 피보험자동차의 사고로 인하여 남을 죽게 하거나 다치게 한 때 또는 남의 재물을 없애거나 훼손한 때에 법률상 손해배상책임을 짐으로써 입은 손해를 보상합니다. 다만, 대인배상 I 은 자동차손해배상보장법에 의한 손상배상책임에 한합니다.

(2) 보험회사는 이 약관의 '보험금지급기준에 의해 산출한 금액'과 '비용'을 합한 액수에서 '공제액'을 공제한 후 보험금으로 지급하며, 대인배상 I 의 경우에는 '자동차손해배상보장법령에서 정한 액수', 대인배상 II 와 대물배상의 경우 '보험증권에 기재된 보험가입금액'을 한도로 합니다.

지급 보험금	=	보험금지급기준에 의해 산출한 금액 또는 법원의 확정판결에 의하여 피보험자가 배상하여야 할 금액	+	비용	-	공제액

① 소송이 제기되었을 경우에는 대한민국 법원의 확정판결에 의하여 피보험자가 손해배상청구권자 에게 배상하여야 할 금액(지연배상금을 포함합니다)을 위 '보험금지급기준에 의해 산출한 금액'으로 봅니다.

② 위 '비용'은 다음의 금액을 말합니다. 이 비용은 보험가입금액과 관계없이 보상하여 드립니다.

가. 손해의 방지와 경감을 위하여 지출한 비용(긴급조치비용을 포함합니다)

나. 남으로부터 손해배상을 받을 수 있는 권리의 보전과 행사를 위하여 지출한 필요 또는 유익한 비용

다. 기타 보험회사의 동의를 얻어 지출한 비용

③ 위 '공제액'은 대인배상 II 의 경우 '대인배상 I 로 지급되는 금액' 또는 피보험자동차가 대인배상 I 에 가입되어 있지 아니한 경우에는 대인배상 I 로 지급될 수 있는 금액, 대물배상의 경우 사고차 량을 고칠 때에 부득이 엔진, 미션 등 중요한 부분을 새 부분품을 교환한 경우 '그 교환된 기존 부분품의 감가상각에 해당하는 금액'을 말합니다.

2. 피보험자의 범위

피보험자는 보험회사에 보상을 청구할 수 있는 사람으로 그 범위는 다음과 같습니다.

(1) 보험증권에 기재된 피보험자(이 약관에서 '기명피보험자'라고 합니다)

(2) 기명피보험자와 같이 살거나 살림을 같이 하는 친족으로서 피보험자동차를 사용 또는 관리중인 자

(3) 기명피보험자의 승낙을 얻어 피보험자동차를 사용하거나 관리중인 자. 다만, 대인배상 II 나 대물 배상의 경우 자동차정비업, 주차장업, 급유업, 세차업, 자동차판매업, 자동차탁송업 등 자동차를 취급하는 것을 업으로 하는 자(이들의 피용자 및 이들이 법인인 경우에는

그 이사와 감사를 포함합니다)가 업무로서 위탁받은 피보험자동차를 사용 또는 관리하는 경우에는 피보험자로 보지 아니합니다.

(4) 기명피보험자의 사용자 또는 계약에 의하여 기명피보험자의 사용자에 준하는 지위를 얻은 자. 다만, 기명피보험자가 피보험자동차를 사용자의 업무에 사용하고 있는 때에 한합니다.

(5) 위 '(1)' 내지 '(4)'에서 규정하는 피보험자를 위하여 피보험자동차를 운전(용어정의(2))중인 자(운전보조자를 포함합니다). 다만, 대인배상 I 의 경우 자동차손해배상보장법상 자동차보유자의 손해배상책임이 발생한 경우를 말하며, 대인배상II나 대물배상의 경우 자동차정비업, 주차장업, 급유업, 세차업, 자동차판매업, 자동차탁송업 등 자동차를 취급하는 것을 업으로 하는 자(이들의 피용자 및 이들이 법인인 경우에는 그 이사와 감사를 포함합니다)가 업무로서 위탁받은 피보험자동차를 사용 또는 관리하는 경우에는 피보험자로 보지 아니합니다.

[11] 자기신체사고

"자기신체사고"는 "자동차상해"와 중복하여 가입할 수 없습니다.

1. 보상내용

(1) 보험회사는 피보험자가 피보험자동차를 소유, 사용, 관리하는 동안에 생긴 피보험자동차의 사고로 인하여 죽거나 다친 때 그로 인한 손해를 보상하여 드립니다.

(2) 보험회사가 자기신체사고에 대하여 지급하는 보험금의 종류와 한도는 다음과 같습니다.

① 사망보험금

피보험자가 상해를 입은 직접적인 결과로 사망하였을 때에는, 보험증권에 기재된 사망보험가입금액을 피보험자의 상속인에게 지급합니다. 다만, 보험계약자인기명피보험자가 본인의 사망보험금 수익자를 지정하거나 변경하고 그 사실을 보험회사에 서면으로 통지한 경우에는 그 수익자에게 보험금을 지급합니다.

② 부상보험금

피보험자가 상해를 입은 직접적인 결과로 의사의 치료를 요하는 때에는, '[27] 자기신체사고 지급기준'의 '1) 상해구분 및 급별 보험가입금액표'에 따라, 실제 소요된 치료비(성형수술비를 포함합니다)를 부상보험금으로 피보험자에게 지급합니다. 다만, 실제 소요된 치료비가 1 만원을 넘는 경우에 한합니다.

③ 후유장해보험금

피보험자가 상해를 입은 직접적인 결과로 치료를 받은 후에도 신체에 장해가 남은 때에는 '[27] 자기신체사고 지급기준'의 '2) 후유장해구분 및 급별 보험가입금액표'에 따라, 보험증권에 기재된 후유장해 보험가입금액에 해당하는 각 장해등급별 보험금액을 후유장해보험금으로 피보험자에게 지급합니다.

(3) 보험회사는 '자기신체사고보상액'에서 '공제액'을 공제한 후 보험금으로 지급합니다.

지급보험금	=	자기신체사고 보상액	-	공제액

(4) 위 '(3)'의 '자기신체사고보상액'은 다음과 같이 계산합니다.

① 피보험자가 상해를 입은 직접적인 결과로 의사의 치료를 받던 중 사망한 경우

각 상해 급별 보험가입금액 한도 내에서 사망에 이르기까지의 실제 소요된 치료비	+	사망보험금

② 후유장해보험금 지급 후 사망한 경우

사망보험금	-	후유장해보험금

③ 치료 후 신체에 장해가 남게 된 경우

각 상해 급별 보험가입금액 한도 내에서 장해에 이르기까지의 실제 소요된 치료비	+	후유장해 보험금

(5) 위 '(3)'의 '공제액'은 다음의 금액을 말합니다.

① 자동차보험(공제계약을 포함합니다) 대인배상Ⅰ(정부보장사업을 포함합니다) 및 대인배상Ⅱ에 의하여 보상받을 수 있는 금액, 위 '(4)'에 의하여 계산된 자기신체사고보상액을 합한 액수가 실제 손해액(용어정의(3))을 초과하는 경우에는 그 초과액. 다만, 공제액이 음(-)의 수치인 경우 '0'으로 산정합니다.

공제액	=	대인배상Ⅰ 및 대인배상Ⅱ에 의하여 보상받을 수 있는 금액	+	자기신체사고 보상액	-	실제 손해액

② 피보험자가 사고당시 탑승중 안전벨트를 착용하지 아니한 경우에는, 위 '(4)'에 의하여 계산된 자기신체사고보상액에서 운전석 또는 그 옆좌석은 20%, 뒷좌석은 10%에 상당하는 금액

2. 피보험자의 범위

(1) 피보험자는 보험회사에 보상을 청구할 수 있는 사람으로 그 범위는 다음과 같습니다.

① '[10] 배상책임'의 대인배상Ⅱ에 해당하는 피보험자

② 위 '①'의 피보험자의 부모, 배우자 및 자녀(용어정의(4))

(2) 위 '(1)'에서 규정하는 피보험자가 입은 손해에 대하여 피보험자동차가 가입한 대인배상Ⅱ 또는 무보험자동차에 의한 상해에 의하여 보상을 받을 수 있는 때에는 피보험자로 보지 아니합니다.

[12] 자동차상해

"자동차상해"는 "자기신체사고"와 중복하여 가입할 수 없습니다.

1. 보상내용

(1) 보험회사는 피보험자가 피보험자동차를 소유, 사용, 관리하는 동안에 생긴 피보험자동차의 사고로 인하여 상해를 입었을 때의 손해를 보상하여 드립니다.

(2) 보험회사가 이 약관에 따라 지급하는 보험금은 보험증권에 기재된 보험가입금액을 한도로 합니다.

(3) 보험회사가 지급하는 보험금은 이 약관의 '보험금지급기준에 의해 산출한 금액'과 '비용'을 합한 액수에서 '공제액'을 공제한 액수로 합니다.

지 급 보험금	=	보험금지급기준에 의해 산출한 금액	+	비용	-	공제액

① 위 '비용'은 다음의 금액을 말합니다. 이 비용은 보험가입금액과 관계없이 보상하여 드립니다.

가. 손해의 방지와 경감을 위하여 지출한 비용(긴급조치비용을 포함합니다)

나. 남으로부터 손해배상을 받을 수 있는 권리의 보전과 행사를 위하여 지출한 필요 또는 유익한 비용

② 위 '공제액'은 다음의 금액을 말합니다.

가. 자동차보험(공제계약을 포함합니다) 대인배상 I (정부보장사업을 포함합니다) 및 대인배상II에 의하여 보상받을 수 있는 금액과 자동차상해로 지급될 수 있는 금액을 합한 액수가 실제 손해액(용어정의(3))을 초과하는 경우에는 그 초과액. 다만, 공제액이 음(-)의 수치인 경우 '0'으로 산정합니다.

공제액	=	대인배상 I 및 대인배상II에 의하여 보상받을 수 있는 금액	+	자동차상해 보상액	-	실 제 손해액

나. 무보험자동차에 의한 상해에 의하여 지급될 수 있는 금액. 다만, 무보험자동차에 의한 상해보험금의 청구를 포기한 경우에는 공제하지 아니합니다.

다. 피보험자가 배상의무자(용어정의(6)의 1)로부터 이미 지급받은 손해배상액

라. 배상의무자가 아닌 제3자가 부담할 금액으로 피보험자가 이미 지급 받은 금액

마. 피보험자가 산업재해보상보험법에 의해 보상받을 수 있는 금액

(4) 위 '(3)'의 규정에도 불구하고 배상의무자가 가입한 자동차보험(공제계약을 포함)의 대인배상 I 과 대인배상II에 의한 손해배상을 받을 수 있는 금액을 포함하여 피보험자가 보험회사에 청구하는 경우, 이 약관에 따라 지급하는 보험금은 보험증권에 기재된 보험가입금액을 한도로 이 약관에 의하여 산출한 금액과 배상의무자가 가입한 자동차보험(공제계약을 포함)의 대인배상 I 및 대인배상II의 보험금 지급기준에 의하여 보상받을 수 있는 금액을 합한 액수로 합니다.

(5) 보험회사가 사망보험금을 지급할 경우에 이미 후유장해로 지급한 보험금이 있을 때에는 사망보험금에서 이를 공제한 금액을 지급합니다.

(6) 다만, 보험계약자인 기명피보험자가 본인의 사망보험금 수익자를 지정하거나 변경하고 그 사실을 보험회사에 서면으로 통지한 경우에는 그 수익자에게 보험금을 지급합니다.

2. 피보험자의 범위

(1) 피보험자는 보험회사에 보상을 청구할 수 있는 사람으로 그 범위는 다음과 같습니다.

① '[10] 배상책임'의 대인배상Ⅱ에 해당하는 피보험자

② 위 '①'의 피보험자의 부모, 배우자 및 자녀(용어정의(4))

(2) 위 '(1)'에서 규정하는 피보험자가 입은 상해에 대하여 피보험자동차가 가입한 대인배상Ⅱ에 의하여 보상을 받을 수 있는 때에는 피보험자로 보지 아니합니다.

[13] 무보험자동차에 의한 상해

'무보험자동차에 의한 상해'는 '대인배상Ⅰ', '대인배상Ⅱ', '대물배상', '자기신체사고'(또는 '자동차상해')에 모두 가입하는 경우에 한하여 가입할 수 있습니다.

1. 보상내용

(1) 보험회사는 피보험자가 무보험자동차(용어정의(5))에 의하여 생긴 사고로 죽거나 다친 때, 그로 인한 손해에 대하여 배상의무자(용어정의(6)의 2)가 있는 경우에 이 약관에서 정한 바에 따라 보상하여 드립니다.

(2) 보험회사는 이 약관의 '보험금지급기준에 의해 산출한 금액'과 '비용'을 합한 액수에서 '공제액'을 공제한 후 보험금으로 지급합니다.

지급보험금	=	보험금지급기준에 의해 산출한 금액	+	비 용	-	공제액

① 위 '지급보험금'은 피보험자 1인당 2억원을 한도로 합니다.

② 위 '비용'은 다음의 금액을 말합니다. 이 비용은 보험가입금액과 관계없이 보상하여 드립니다.

가. 손해의 방지와 경감을 위하여 지출한 비용

나. 남으로부터 손해배상을 받을 수 있는 권리의 보전과 행사를 위하여 지출한 비용

③ 위 '공제액'은 다음의 금액을 말합니다.

가. 대인배상Ⅰ(책임공제 및 정부보장사업을 포함합니다)에 의하여 지급될 수 있는 금액

나. 자기신체사고 또는 자동차상해에 의하여 지급될 수 있는 금액. 다만, 자기신체사고 또는 자동차상해 보험금의 청구를 포기한 경우에는 공제하지 아니합니다.

다. 배상의무자가 가입한 대인배상Ⅱ 또는 공제계약에 의하여 지급될 수 있는 금액

라. 피보험자가 탑승 중이었던 자동차가 가입한 대인배상Ⅱ 또는 공제계약에 의하여 지급될 수 있는 금액

마. 피보험자가 배상의무자로부터 이미 지급받은 손해배상액

바. 배상의무자가 아닌 제3자가 부담할 금액으로 피보험자가 이미 지급받은 금액

2. 피보험자의 범위

(1) 피보험자는 보험회사에 보상을 청구할 수 있는 사람으로 그 범위는 다음과 같습니다.

① 기명피보험자 및 기명피보험자의 배우자(피보험자동차에 탑승 중이었는지 여부를 불문합니다)

② 기명피보험자 또는 그 배우자의 부모 및 자녀(피보험자동차에 탑승 중이었는지 여부를 불문합니다)

③ 피보험자동차에 탑승중인 경우로 기명피보험자의 승낙을 얻어 피보험자동차를 사용 또는 관리 중인 자. 다만, 자동차정비업, 주차장업, 급유업, 세차업, 자동차판매업, 자동차탁송업 등 자동차를 취급하는 것을 업으로 하는 자(이들의 피용자 및 이들이 법인인 경우에는 그 이사와 감사를 포함 합니다)가 업무로서 위탁받은 피보험자동차를 사용 또는 관리하는 경우에는 피보험자로 보지 아 니합니다.

④ 위 '①' 내지 '③'에서 규정하는 피보험자를 위하여 피보험자동차를 운전중인자. 다만, 자동차정 비업, 주차장업, 급유업, 세차업, 자동차판매업, 자동차탁송업등 자동차를 취급하는 것을 업으로 하는 자(이들의 피용자 및 이들이 법인인 경우에는 그 이사와 감사를 포함합니다)가 업무로서 위 탁받은 피보험자동차를 사용 또는 관리하는 경우에는 피보험자로 보지 아니합니다.

(2) 위 '(1)'의 피보험자가 입은 손해에 대하여 피보험자동차가 가입한 대인배상Ⅱ에 의하여 보상을 받을 수 있는 때에는 피보험자로 보지 아니합니다.

[14] 자기차량손해

1. 보상내용

(1) 보험회사는 피보험자가 피보험자동차를 소유, 사용, 관리하는 동안에 다음과 같은 사고로 인하여 피보험자동차에 직접적으로 생긴 손해를 보상합니다. 이 경우 피보험자동차에 통상 붙어있거나 장치되어 있는 부속품과 부속기계장치는 피보험자동차의 일부로 봅니다. 그러나, 통상 붙어 있거나 장치되어 있는 것이 아닌 것은 보험증권에 기재한 것에 한합니다.

① 타차 또는 타물체(용어정의 (7))와의 충돌, 접촉, 추락, 전복 또는 차량의 침수(용어정의 (8))로 인한 손해

② 화재, 폭발, 낙뢰, 날아온 물체, 떨어지는 물체에 의한 손해 또는 풍력에 의해 차체에 생긴 손해

③ 피보험자동차 전부의 도난으로 인한 손해. 그러나 피보험자동차에 장착 또는 장치되어 있는 일부 부분품, 부속품, 부속기계장치만의 도난에 대해서는 보상하지 아니합니다.

(2) 보험회사는 '피보험자동차에 생긴 손해액'과 '비용'을 합한 액수에서 보험증권에 기재된

'자기부담금'을 공제한 후 보험금으로 지급합니다.

지급 보험금	=	피보험자동차에 생긴 손해액	+	비 용	-	보험증권에 기재된 자기부담금

① 위 '피보험자동차에 생긴 손해액'은 보험가액(용어정의 (9))을 기준으로 다음과 같이 결정합니다.

가. 보험증권에 기재된 보험가입금액을 한도로 보상하며, 보험가입금액이 보험가액보다 많은 경우에는 보험가액을 한도로 보상합니다.

나. 피보험자동차의 손상을 고칠 수 있는 경우에는, 사고가 생기기 바로 전의 상태로 만드는데 드는 수리비. 다만, 잔존물이 있는 경우에는 그 값을 공제합니다.

다. 피보험자동차를 고칠 때에 부득이 새 부분품을 쓴 경우 에는, 그 부분품의 값과 그 부착비용을 합한 금액. 다만, 엔진, 미션 등 중요한 부분을 새 부분품으로 교환한 경우 그 교환된 기존부분품의 감가상각에 해당하는 금액을 공제합니다.

라. 피보험자동차가 제힘으로 움직일 수 없는 경우에는, 이를 고칠 수 있는 가까운 정비공장이나 보험회사가 지정하는 곳까지 운반하는데 든 비용 또는 그 곳까지 운반하는 데 든 임시수리비용 중에서 정당하다고 인정되는 부분은 보상하여 드립니다.

② 위 '비용'은 다음의 금액을 말합니다. 이 비용은 보험가입금액과 관계없이 보상하여 드립니다.

가. 손해의 방지와 경감을 위하여 지출한 비용

나. 남으로부터 손해배상을 받을 수 있는 권리의 보전과 행사를 위하여 지출한 비용

③ 위 '자기부담금'은 피보험자동차에 전부손해(용어정의(10))가 생긴 경우 또는 보험회사가 보상 하여야 할 금액이 보험가입금액 전액 이상인 경우에는 공제하지 않습니다.

(3) 보험회사는 피보험자동차에 생긴 손해에 대하여 보험회사가 필요하다고 인정하는 경우에는, 피보험자의 동의를 얻어 수리 또는 대용품의 교부로써 보험금의 지급을 대신할 수 있습니다.

(4) 보험회사가 보상한 손해가 전부손해일 경우 또는 보험회사가 보상한 금액이 보험가입금액 전액이상인 경우에는 자기차량손해의 보험계약은 사고 발생시에 종료합니다.

(5) 보험회사가 피보험자동차의 전부손해에 대하여 보험금 전액을 지급한 경우에는 피해물을 인수 합니다. 이 경우 보험가입금액이 보험가액보다 적을 때에는 보험가입금액의 보험가액에 대한 비율에 따라 피해물을 인수합니다. 그러나 보험회사가 피해물을 인수하지 아니한다는 뜻을 표시하고 보험금을 지급하는 경우에는 피해물에 대한 피보험자의 권리가 보험회사에 이전되지 아니합니다.

2. 피보험자의 범위

피보험자는 보험회사에 보상을 청구할 수 있는 사람으로 보험증권에 기재된 기명피보험자입니다.

[15] 보험회사가 보상하지 않는 사항 (면책사항)

1. 일반 면책사항

구 분	보상하지 않는 경우
(1) 대인배상 I	보험계약자 또는 피보험자의 고의로 인한 손해. 다만, 자동차손해배상보장법 제9조의 규정에 따라 보험회사에 직접청구를 한 경우에는, 보험회사는 자동차손해배상보장법령에서 정한 액수를 한도로 피해자에게 손해배상액을 지급하고 피보험자에게 그 금액의 지급을 청구합니다.
(2) 대인배상II	① 보험계약자 또는 피보험자의 고의로 인한 손해 ② 전쟁, 혁명, 내란, 사변, 폭동, 소요 및 이와 유사한 사태에 기인 한 손해 ③ 지진, 분화, 태풍, 홍수, 해일 등의 천재지변에 의한 손해 ④ 핵연료물질의 직접 또는 간접적인 영향에 기인한 손해 ⑤ 요금이나 대가를 목적으로 반복적으로 피보험자동차를 사용하거나 대여한 때 에 생긴 손해. 다만, 1개월 이상의 기간을 정한 임대차계약에 의하여 임차인이 피보험자동차를 전속적으로 사용하는 경우에는 보상합니다. 그러나 임차인이 피보험자동차를 요금이나 대가를 목적으로 반복적으로 사용하는 경우에는 보상 하지 아니합니다. ⑥ 피보험자가 손해배상에 관하여 제3자와의 사이에 다른 계약을 맺고 있을 때 그 계약으로 말미암아 늘어난 손해 ⑦ 피보험자 본인이 무면허운전(용어정의(11))을 하였거나, 기명피보험자의 명시 적 · 묵시적 승인 하에서 피보험자동차의 운전자가 무면허운전을 하였을 때에 생긴 사고로 인한 손해 ⑧ 피보험자동차를 시험용, 경기용 또는 경기를 위해 연습용으로 사용하던 중 생긴 손해. 다만, 운전면허시험을 위한 도로주행시험용으로 사용하던 중 생긴 손해는 보상합니다. ⑨ 다음에 해당하는 사람이 죽거나 다친 경우 가. 기명피보험자 또는 그 부모, 배우자 및 자녀 나. 피보험자동차를 운전 중인 자(운전보조자를 포함합니다) 또는 그 부모, 배우자 및 자녀 다. 기명피보험자로부터 허락을 얻어 피보험자동차를 운행하는 자 또는 그 부모, 배우자 및 자녀 라. 위 '나.' 및 '다.'의 '그 부모, 배우자 및 자녀'에 대해서는 이들에 대한 기명 피보험자의 법률상 손해배상책임이 성립하는 경우에는 그 손해를 보상합니다. 마. 배상책임이 있는 피보험자의 피용자로서 산업재해보상보험법에 의한 재해보상을 받을 수 있는 사람. 다만, 그 사람이 입은 손해가 동법에 의한 보상범위를 넘어서는 경우에는 그 초과손해는 보상합니다. 바. 피보험자가 피보험자동차를 사용자의 업무에 사용하는 경우 그 사용자의 업무에 종사중인 다른 피용자로서 산업재해보상보험법에 의한 재해보상을 받을 수 있는 사람. 다만, 그 사람이 입은 손해가 동법에 의한 보상범위를 넘는 경우에는 그 초과손해는 보상합니다.

	사. 위 '마' 및 '바'의 규정은 각각의 피보험자 모두에게 개별적으로 적용합니다. 다만, 이로 인하여 약관에서 정한 보험금의 한도액이 증액되지는 아니합니다.
(3) 대물배상	① 보험계약자 또는 피보험자의 고의로 인한 손해 ② 전쟁, 혁명, 내란, 사변, 폭동, 소요 및 이와 유사한 사태에 기인한 손해 ③ 지진, 분화, 태풍, 홍수, 해일 등의 천재지변에 의한 손해 ④ 핵연료물질의 직접 또는 간접적인 영향에 기인한 손해 ⑤ 요금이나 대가를 목적으로 반복적으로 피보험자동차를 사용하거나 대여한 때에 생긴 손해. 다만, 1개월 이상의 기간을 정한 임대차계약에 의하여 임차인이 피보험자동차를 전속적으로 사용하는 경우에는 보상합니다. 그러나 임차인이 피보험자동차를 요금이나 대가를 목적으로 반복적으로 사용하는 경우는 보상하지 아니합니다. ⑥ 피보험자가 손해배상에 관하여 제3자와의 사이에 다른 계약을 맺고 있을 때 그 계약으로 말미암아 늘어난 손해 ⑦ 피보험자 본인이 무면허운전을 하였거나, 기명피보험자의 명시적 · 묵시적 · 승인 하에서 피보험자동차의 운전자가 무면허운전을 하였을 때에 생긴 사고로 인한 손해. 다만, 자동차손해배상보장법 제5조 제2항의 규정에 따라 자동차보유자 가 의무적으로 가입하여야 하는 대물배상 보험가입금액 한도 내에서는 보상합니다. ⑧ 피보험자동차를 시험용, 경기용 또는 경기를 위해 연습용으로 사용하던 중 생긴 손해. 다만, 운전면허시험을 위한 도로주행시험용으로 사용하던 중 생긴 손해는 보상합니다. ⑨ 피보험자 또는 그 부모, 배우자 및 자녀가 소유, 사용 또는 관리하는 재물에 생긴 손해 ⑩ 피보험자가 사용자의 업무에 종사하고 있을 때 피보험자의 사용자가 소유, 사용 또는 관리하는 재물에 생긴 손해 ⑪ 피보험자동차에 싣고 있거나 운송중인 물품에 생긴 손해 ⑫ 남의 서화, 골동품, 조각물, 기타 미술품과 탑승자와 통행인의 의류나 휴대품(용어정의(12))에 생긴 손해 ⑬ 탑승자와 통행인의 분실 또는 도난으로 인한 소지품(용어정의(12))에 생긴 손 해. 그러나 훼손된 소지품에 대하여는 피해자 1인당 200만원의 한도 내에서 실손 보상합니다. ⑭ 위 '⑩'의 규정은 각각의 피보험자 모두에게 개별적으로 적용합니다. 다만, 이 로 인하여 약관에서 정한 보험금의 한도액이 증액되지는 아니합니다.
(4) 자기신체사고	① 피보험자의 고의로 그 본인이 상해를 입은 때. 이 경우 당해 피보험자에 대한 보험금만 지급하지 아니합니다. ② 피보험자가 범죄를 목적으로 피보험자동차를 사용하던 중 또는 싸움, 자살행위로 그 본인이 상해를 입은 때. 이 경우 당해 피보험자에 대한 보험금만 지급 하지 아니합니다. ③ 상해가 보험금을 받을 자의 고의로 생긴 때에는 그 사람이 받을 수 있는 금액

	④ 피보험자가 마약 또는 약물 등(용어정의(13))의 영향에 의하여 정상적인 운전을 하지 못하는 상태에서 운전하던 중 생긴 사고로 그 본인이 상해를 입은 때. 이 경우 당해 피보험자에 대한 보험금만 지급하지 아니합니다. ⑤ 피보험자동차 또는 피보험자동차 이외의 자동차를 시험용, 경기용 또는 경기를 위해 연습용으로 사용하던 중 생긴 손해. 다만, 운전면허시험을 위한 도로주행 시험용으로 사용하던 중 생긴 손해는 보상합니다. ⑥ 전쟁, 혁명, 내란, 사변, 폭동, 소요 및 이와 유사한 사태에 기인한 손해 ⑦ 지진, 분화 등 천재지변에 의한 손해 ⑧ 핵연료물질의 직접 또는 간접적인 영향에 기인한 손해 ⑨ 요금이나 대가를 목적으로 반복적으로 피보험자동차를 사용하거나 대여한 때에 생긴 손해. 다만, 1개월 이상의 기간을 정한 임대차계약에 의하여 임차인이 피보험자동차를 전속적으로 사용하는 경우는 보상합니다. 그러나 임차인이 피보험자동차를 요금이나 대가를 목적으로 반복적으로 사용하는 경우는 보상하지 아니합니다.
(5) 자동차상해	① 피보험자의 고의로 그 본인이 상해를 입은 때. 이 경우 당해 피보험자에 대한 보험금만 지급하지 아니합니다. ② 피보험자가 범죄를 목적으로 피보험자동차를 사용하던 중 또는 싸움, 자살행위로 그 본인이 상해를 입은 때. 이 경우 당해 피보험자에 대한 보험금만 지급하지 아니합니다. ③ 상해가 보험금을 받을 자의 고의로 생긴 때에는 그 사람이 받을 수 있는 금액 ④ 피보험자가 마약 또는 약물 등(용어정의(13))의 영향에 의하여 정상적인 운전을 하지 못하는 상태에서 운전하던 중 생긴 사고로 그 본인이 상해를 입은 때. 이 경우 당해 피보험자에 대한 보험금만 지급하지 아니합니다. ⑤ 피보험자동차 또는 피보험자동차 이외의 자동차를 시험용, 경기용 또는 경기를 위해 연습용으로 사용하던 중 생긴 손해. 다만, 운전면허시험을 위한 도로주행 시험용으로 사용하던 중 생긴 손해는 보상합니다. ⑥ 전쟁, 혁명, 내란, 사변, 폭동, 소요 및 이와 유사한 사태에 기인한 손해 ⑦ 지진, 분화 등 천재지변에 의한 손해 ⑧ 핵연료물질의 직접 또는 간접적인 영향에 기인한 손해 ⑨ 요금이나 대가를 목적으로 반복적으로 피보험자동차를 사용하거나대여한 때에 생긴 손해. 다만, 1개월 이상의 기간을 정한 임대차계약에 의하여 임차인이 피보험자동차를 전속적으로 사용하는 경우는 보상합니다. 그러나 임차인이 피보험자동차를 요금이나 대가를 목적으로 반복적으로 사용하는 경우는 보상하지 아니합니다.
(6) 무보험자동차에 의한 상해	① 보험계약자 또는 피보험자의 고의로 인한 손해 ② 전쟁, 혁명, 내란, 사변, 폭동, 소요 및 이와 유사한 사태에 기인한 손해 ③ 지진, 분화, 태풍, 홍수, 해일 등 천재지변에 의한 손해 ④ 핵연료물질의 직접 또는 간접적인 영향에 기인한 손해 ⑤ 요금이나 대가를 목적으로 반복적으로 피보험자동차를 사용하거나대여한

<table>
<tr><td></td><td>때에 생긴 손해. 다만, 1개월 이상의 기간을 정한 임대차계약에 의하여 임차인이 피보험자동차를 전속적으로 사용하는 경우는 보상합니다. 그러나 임차인이 피보험자동차를 요금이나 대가를 목적으로 반복적으로 사용하는 경우는 보상하지 아니합니다.
⑥ 피보험자가 범죄를 목적으로 피보험자동차를 사용하던 중 또는 싸움, 자살 행위로 생긴 손해
⑦ 피보험자가 마약 또는 약물 등의 영향에 의하여 정상적인 운전을 하지 못하는 상태에서 운전하던 중 생긴 사고로 인한 손해
⑧ 피보험자동차 또는 피보험자동차 이외의 자동차를 시험용, 경기용 또는 경기를 위해 연습용으로 사용하던 중 생긴 손해. 다만, 운전면허시험을 위한 도로주행 시험용으로 사용하던 중 생긴 손해는 보상합니다.
⑨ 기명피보험자나 보험증권에 기재된 범위내의 운전자가 아닌 사람이 피보험자동차를 운전하였을 때 생긴 사고로 인한 손해
⑩ 피보험자 본인의 무면허 운전 중 생긴 사고로 인한 손해
⑪ 피보험자가 자동차등록증 등에 사업용(영업용)으로 기재되어 있는 자동차를 운전하던 중 생긴 사고로 인한 손해. 다만, 대여사업용 자동차의 경우 영리를 목적으로 요금이나 대가를 받고 사용하지 않는 때에는 보상합니다.
⑫ 다음의 사람이 배상의무자일 경우에는 보상하지 아니합니다.
가. 상해를 입은 피보험자의 부모, 배우자 및 자녀. 다만, 이들이 무보험자동차를 운전하지 않은 경우로서 이들 이외에 다른 배상의무자가 있는 경우에는 보상합니다.
나. 피보험자가 사용자의 업무에 종사하고 있을 때 피보험자의 사용자 또는 피보험자의 사용자의 업무에 종사중인 다른 피용인</td></tr>
<tr><td>(7) 자기차량손해</td><td>① 보험계약자, 피보험자, 이들의 법정대리인 또는 피보험자와 살림을 같이 하거나 같이 사는 친족의 고의로 인한 손해
② 전쟁, 혁명, 내란, 사변, 폭동, 소요 및 이와 유사한 사태에 기인한 손해
③ 지진, 분화 등 천재지변에 의한 손해
④ 핵연료물질의 직접 또는 간접적인 영향에 기인한 손해
⑤ 요금이나 대가를 목적으로 반복적으로 피보험자동차를 사용하거나대여한 때에 생긴 손해. 다만, 1개월 이상의 기간을 정한 임대차계약에 의하여 임차인이 피보험자동차를 전속적으로 사용하는 경우는 보상합니다. 그러나 임차인이 피보험자동차를 요금이나 대가를 목적으로 반복적으로 사용하는 경우는 보상하지 아니합니다.
⑥ 소유권이 유보된 매매계약이나 대차계약에 따라 피보험자동차를 산 사람 또는 빌어 쓴 사람의 고의로 인한 손해
⑦ 사기 또는 횡령으로 인한 손해
⑧ 국가나 공공단체의 공권력 행사에 의한 압류, 징발, 몰수, 파괴 등으로 인한 손해. 그러나 소방이나 피난에 필요한 조치로서 취하여진 경우에는 그 손해를 보상합니다.
⑨ 피보험자동차에 생긴 흠, 마멸, 부식, 녹, 그 밖의 자연소모로 인한 손해</td></tr>
</table>

	⑩ 피보험자동차의 일부 부분품, 부속품, 부속기계장치만의 도난으로 인한 손해 ⑪ 동파로 인한 손해 또는 우연한 외래의 사고에 직접 관련이 없는 전기적, 기계적 손해 ⑫ 피보험자동차를 시험용, 경기용 또는 경기를 위해 연습용으로 사용하던 중 생긴 손해. 다만, 운전면허시험을 위한 도로주행시험용으로 사용하던 중 생긴 손해는 보상합니다. ⑬ 피보험자동차를 운송 또는 싣고 내릴 때에 생긴 손해 ⑭ 피보험자동차가 주정차중일 때 다른 자동차의 충돌 또는 접촉에 의하지 아니한 사고로 인한 타이어나 튜브에만 생긴 손해 및 주행 중 타이어나 튜브에만 생긴 손해. 다만, 화재, 산사태에 의한 손해는 보상합니다. ⑮ 보험계약자, 피보험자, 이들의 법정대리인, 피보험자와 같이 살거나 살림을 같이하는 친족, 피보험자동차를 빌어 쓴 사람 또는 피보험자동차에 관계되는 이들의 피용자(운전자를 포함합니다)가 마약 또는 약물 등의 영향에 의하여 정상적인 운전을 하지 못할 상태에서 피보험자동차를 운전하고 있는 때에 생긴 손해 ⑯ 보험계약자, 피보험자, 이들의 법정대리인, 피보험자와 같이 살거나 살림을 같이 하는 친족, 피보험자동차를 빌어 쓴 사람 또는 피보험자동차에 관계되는 이들의 피용자(운전자를 포함합니다)가무면허운전을 하였거나 음주운전(용어정의(14))을 하였을 때에 생긴 손해

2. 음주운전 또는 무면허운전 관련 자기부담금

피보험자가 음주운전 또는 무면허운전을 하는 동안의 사고로 인하여 보험회사가 보험금을 지급하게 되는 경우, 다음 금액은 피보험자가 부담하여야 합니다.

구 분	음주운전 · 무면허운전 사고부담금
대인배상 I · II 및 대물배상	① 다음의 경우는 피보험자가 음주운전사고부담금(1사고당 대인배상 I · II: 200만원, 대물배상: 50만원) 또는 무면허운전사고부담금(1사고당 대인배상 I: 200만원, 대물배상: 50만원)을 부담하여야 합니다. 가. 피보험자 본인이 음주운전 또는 무면허운전을 하였거나, 나. 피보험자의 명시적·묵시적 승인 하에서 피보험자동차의 운전자가 음주운전 또는 무면허운전을 하였을 때에 생긴 사고로 손해를 입은 경우 ② 피보험자는 지체없이 음주운전 또는 무면허운전 사고 부담금을 보험회사에 납입하여야 합니다. 다만, 피보험자가 경제적인 사유 등으로 동 사고부담금을 미납하였을 때 보험회사는 피해자에게 동 사고부담금을 포함하여 손해배상액을 우선 지급하고 피보험자에게 동 사고부담금의 지급을 청구할 수 있습니다.

[16] 보험금의 청구와 지급

1. 피보험자의 보험금의 청구와 지급

(1) 피보험자는 각 담보별로 다음의 경우에 보험금을 청구할 수 있습니다.

담보종류	청구할 수 있는 경우
대인배상 I, 대인배상II, 대물배상	대한민국 법원에 의한 판결의 확정, 재판상의 화해, 중재 또는 서면에 의한 합의로 손해배상액이 확정된 때
자기신체 사 고	① 사망보험금의 경우에는 피보험자가 사망한 때 ② 부상보험금의 경우에는 피보험자의 상해등급 및 치료비가 확정된 때 ③ 후유장해보험금의 경우에는 피보험자에게 후유장해가 생긴 때
자동차상해	피보험자가 피보험자동차를 소유, 사용, 관리하는 동안에 생긴 피보험자동차의 사고로 인하여 상해를 입었을 때
무보험자동차에 의한 상해	피보험자가 무보험자동차에 의해 생긴 사고로 죽거나 다친 때
자기차량 손 해	사고가 발생한 때. 다만, 피보험자동차를 도난당한 경우에는 도난사실을 경찰관서에 신고한 후 30일이 지난 때에 보험금을 청구할 수 있습니다. 만약, 경찰관서에 신고한 후 30일이 지나 보험금을 청구하였으나 피보험자동차가 회수된 경우에는 보험금의 지급 및 피보험자동차의 반환여부는 피보험자의 의사에 따릅니다.

(2) 청구절차 및 유의사항

① 보험회사는 보험금 청구에 관한 서류를 받은 때에는 지체없이 지급할 보험금액을 정하고 그 정하여진 날로부터 10일 이내에 지급합니다.

② 보험회사가 보험금 지급사유의 조사 및 확인을 위하여 지급기일 초과가 명백히 예상되는 경우에는 구체적 사유와 지급예정일을 피보험자에게 서면으로 통지합니다.

③ 보험회사는 위 '①' 또는 '②'에서 정한 지급기일 내에 보험금을 지급하지 아니하였을 때에는, 그 다음날부터 지급일까지의 기간에 대하여 보험개발원이 공시한 정기예금이율에 의한 이자를 보험금에 더하여 드립니다. 그러나 피보험자, 손해배상청구권자 등의 책임 있는 사유로 지급이 지연된 때에는 그 해당기간에 대한 이자는 더하여 드리지 아니합니다.

④ 보험회사는 손해배상청구권자가 손해배상을 받기 전에는 보험금의 전부 또는 일부를 피보험자에게 지급하지 않으며, 피보험자가 손해배상청구권자에게 지급한 손해배상액을 초과하여 피보험자에게 지급하지 않습니다.

⑤ 피보험자의 보험금 청구가 손해배상청구권자의 직접청구와 경합하는 때에는 보험회사는 손해배상청구권자에게 우선하여 보험금을 지급합니다.

⑥ 대인배상 I, 대인배상II, 자기신체사고, 자동차상해, 무보험자동차에 의한 상해의 경우에는 보험회사는 피보험자의 청구가 있거나 기타 원인에 의하여 대인사고 피해자가 발생한 사실을 안 때에는 피해자를 진료하는 의료기관에 당해 진료에 따른 자동차보험 진료수가의 지급의사 유무 및 지급한도 등을 통지합니다.

⑦ 무보험자동차에 의한 상해의 경우에는 피보험자는 배상의무자에 대하여 지체없이 서면으로 손해배상청구를 한 후 보험회사에 보험금을 청구해야 합니다.

(3) 제출서류

보험금 청구시 필요 서류	대인배상	대물배상	자기차량손해	자기신체사고	자동차상해	무보험 자동차에 의한 상해
보험금 청구서	○	○	○	○	○	○
손해액을 증명하는 서류 (진단서 등)	○	○	○	○	○	○
손해배상의 이행사실을 증명하는 서류	○	○				
사고발생의 때와 장소 및 사고사실이 신고된 관할 경찰서			○		○	○
배상의무자의 주소, 성명 또는 명칭, 차량번호					○	○
배상의무자의 손해를 보상할 대인배상 II 또는 공제계약의 유무 및 내용					○	○
배상의무자에게 서면으로 행한 손해배상청구의 금액과 내용					○	○
피보험자가 입은 손해를 보상할 대인배상II 또는 공제계약, 배상의무자 또는 제3 자로부터 이미 지급받은 손해배상금이 있을 때에는 그 금액					○	○
도난 및 전손 사고시 폐차증명서 또는 말소사실 증명서			○			
기타 보험회사가 꼭 필요하다고 인정하는 서류 또는 증거	○	○	○	○	○	○

2. 손해배상청구권자의 직접청구 및 지급 (배상책임담보)

(1) 피보험자가 손해배상청구권자에게 법률상의 손해배상책임을 지는 사고가 생긴 때에는, 손해배상 청구권자는 보험회사에 직접 보험금을 청구할 수 있습니다. 그러나 보험회사는 피보험자가 그 사 고에 관하여 가지는 항변으로써 손해배상청구권자에게 대항할 수 있습니다.

(2) 청구절차 및 유의사항

① 보험회사가 손해배상청구권자의 청구를 받았을 때에는 지체없이 피보험자에게 통지합니다. 이 경우 피보험자는 보험회사의 요청에 따라 증거확보, 권리보전 등에 협력하여야 합니다. 만일 피보험자가 정당한 이유없이 협력하지 아니한 경우에는 그로 말미암아 늘어난 손해에 대하여 보상하지 아니합니다.

② 보험회사가 손해배상청구권자에게 지급하는 보험금은 이 약관에 의하여 보험회사가 피보험자에게 지급책임을 지는 금액을 한도로 합니다.

③ 보험회사가 손해배상청구권자에게 보험금을 직접 지급하였을 때에는 그 금액의 한도 내에서 피보험자에게 보험금을 지급한 것으로 합니다.

④ 보험회사는 보험금 청구에 관한 서류를 받은 때에는 지체없이 지급할 보험금액을 정하고 그 정하여진 날로부터 10일 이내에 지급합니다.

⑤ 보험회사가 보험금 지급사유의 조사 및 확인을 위하여 지급기일 초과가 명백히 예상되는 경우에는 구체적 사유와 지급예정일을 손해배상청구권자에게 서면으로 통지합니다.

⑥ 보험회사는 위 '④' 또는 '⑤'에서 정한 지급기일 내에 보험금을 지급하지 아니하였을 때에는, 그 다음날부터 지급일까지의 기간에 대하여 보험개발원이 공시한 정기예금이율에 의한 이자를 보험금에 더하여 드립니다. 그러나 피보험자, 손해배상청구권자 등의 책임있는 사유로 지급이 지연된 때에는 그 해당기간에 대한 이자는 더하여 드리지 아니합니다.

⑦ 보험회사는 손해배상청구권자의 요청이 있을 때는 보험금을 일정기간을 정하여 정기금으로 지급할 수 있습니다. 이 경우 지급방법과 적용금리는 별도로 정한 바에 의합니다.

⑧ 대인배상Ⅰ, 대인배상Ⅱ의 경우에는 보험회사는 손해배상청구권자의 청구가 있거나 기타 원인에 의하여 대인사고 피해자가 발생한 사실을 안 때에는 피해자를 진료하는 의료기관에 당해 진료에 따른 자동차보험 진료수가의 지급의사 유무 및 지급한도 등을 통지합니다.

(3) 제출서류

직접 청구시 필요 서류	대인배상Ⅰ·Ⅱ	대물배상
교통사고 발생사실을 확인할 수 있는 서류	○	○
손해보상청구서 또는 보험금청구서	○	○
손해액을 증명하는 서류	○	○
기타 보험회사가 꼭 필요하다고 인정하는 서류 또는 증거	○	○

3. 가지급보험금의 지급

(1) 피보험자 또는 손해배상청구권자가 가지급보험금을 청구한 경우에는, 보험회사는 자동차손해배상보장법, 교통사고처리특례법 등에 의하여 이 약관에 따라 지급할 금액의 한도 내에서 가지급보험금을 지급합니다. 다만, 상기 법령의 적용을 받는 담보이외의 대물배상, 자기신체사고, 자동차상해, 무보험자동차에 의한 상해, 자기차량손해에 따른 가지급보험금은 이 약관에 따라 지급할 금액의 50%의 한도 내에서 지급합니다.

(2) 보험회사는 가지급보험금 지급청구건이 자동차손해배상보장법 등 관련 법령상 피보험자의 손해배상책임이 발생하지 아니하거나 이 약관상 보험회사의 보험금 지급의무가 발생하지 아니하는 것이 객관적으로 명백한 경우에는 가지급보험금을 지급하지 아니할 수 있습니다.

(3) 피보험자 또는 손해배상청구권자에게 지급한 가지급보험금의 금액은 장래 지급될 보험금에서 공제되나, 최종 보험금의 결정에는 영향을 미치지 아니합니다.

(4) 가지급보험금의 청구시에는 보험금 청구시와 동일한 서류를 제출하여야 합니다.

[17] 용어정의

(1) 자동차보험에 처음으로 가입하는 자동차: 자동차 판매업자 또는 기타 양도인 등으로부터 매수인 또는 양수인에게 인도된 날로 부터 10일 이내에 처음으로 동 매수인 또는 양수인을 기명피보험자로 하는 자동차 보험에 가입하는 신차 또는 중고차를 말합니다. 다만, 양수인이 양도인이 맺은 보험계약을 승계한 후 그 보험기간이 종료하여 이 보험계약을 맺은 경우를 제외합니다.

(2) 운전(조종): 도로 및 도로 이외의 장소에서 자동차 또는 건설기계를 그 본래의 사용방법에 따라 사용하는 것을 말합니다.

(3) 실제 손해액: 동 약관의 보험금 지급기준에 따라 산정한 손해액 및 소송이 제기된 경우 확정판결금액(과실상계 및 보상한도 미적용 기준)을 말합니다.

(4) 피보험자의 부모, 배우자, 자녀: 피보험자의 부모라 함은 피보험자의 부모와 양부모를 말하며, 피보험자의 배우자는 법률상의 배우자 또는 사실혼관계에 있는 배우자를 말하며, 피보험자의 자녀라 함은 법률상의 혼인관계에서 출생 한 자녀, 사실혼관계에서 출생한 자녀, 양자 또는 양녀를 말합니다.

(5) 무보험자동차: 피보험자동차 이외의 자동차로서 피보험자를 죽게 하거나 다치게 한 다음의 자동차를 말합니다. 이 경우 자동차란 자동차관리법에 의한 자동차, 건설기계관리법에 의한 건설기계, 군수품관리법에 의한 차량, 도로교통법에 의한 원동기장치자전거 및 농업기계화촉진법에 의한 농업기계를 말합니다. 그러나 피보험자가 소유한 자동차는 제외합니다.

가. 자동차보험 대인배상II나 공제계약이 없는 자동차

나. 자동차보험 대인배상II나 공제계약에서 보상하지 아니하는 경우에 해당하는 자동차

다. 이 약관에서 보상될 수 있는 금액보다 보상한도가 낮은 자동차보험의 대인배상II나 공제계약이 적용되는 자동차. 다만, 피보험자를 죽게 하거나 다치게 한 자동차가 2대 이상인 경우에는 각각의 자동차에 적용되는 자동차보험의 대인배상II 또는 공제계약에서 보상되는 금액의 합계액이 이 약관에서 보상될 수 있는 금액보다 낮은 경우에 한하여 그 각각의 자동차

라. 피보험자를 죽게 하거나 다치게 한 자동차가 명확히 밝혀지지 않은 경우에 그 자동차

(6) 배상의무자

가. 자동차상해에서의 배상의무자란 피보험자를 죽게 하거나 다치게 함으로써 피보험자에게 입힌 손해에 대하여 법률상 손해배상책임을 지는 사람을 말합니다.

나. 무보험자동차에 의한 상해에서의 배상의무자란 무보험자동차의 사고로 인하여 피보험자를 죽게 하거나 다치게 함으로써 피보험자에게 입힌 손해에 대하여 법률상 손해배상책임을 지는 사람을 말합니다.

(7) 물체: 구체적인 형체를 지니고 있어 충돌이나 접촉에 의해 자동차 외부에 직접적인 손상을 줄 수 있는 것을 말하며, 엔진내부나 연료탱크 등에 이물질을 삽입하는 경우 물체로 보지

않습니다.

(8) 침수: 흐르거나 고인 물, 역류하는 물, 범람하는 물, 해수 등에 피보험자동차가 빠지거나 잠기는 것을 말하며, 차량 도어나 선루프 등을 개방해 놓았을 때 빗물이 들어간 것은 침수로 보지 않습니다.

(9) 보험가액(자기차량손해): 보험개발원이 정한 차량기준가액표에 따라 보험계약을 맺었을 때에는 사고발생 당시의 보험개발원이 정한 최근의 차량기준가액을 말합니다. 그러나 위 차량기준가액이 없거나 이와 다른 가액으로 보험계약을 맺었을 경우 보험증권에 기재된 가액이 손해가 생긴 곳과 때의 가액을 현저하게 초과할 때에는 그 손해가 생긴 곳과 때의 가액을 보험가액으로 합니다.

(10) 전부손해(자기차량손해)

피보험자동차가 완전히 파손, 멸실 또는 오손되어 수리할 수 없는 상태이거나, 피보험자동차에 생긴 손해액과 보험회사가 부담하기로 한 비용의 합산액이 보험가액 이상인 경우를 말합니다.

(11) 무면허운전(조종): 도로교통법 또는 건설기계관리법의 운전(조종)면허에 관한 규정에 위반하는 무면허 또는 무자격운전(조종)(용어정의(2))을 말하며, 운전(조종)면허의 효력이 정지에 있거나 운전(조종)의 금지중에 있을 때에 운전(조종)(용어정의(2))하는 것을 포함합니다.

(12) 휴대품 및 소지품: 휴대품이란 통상 몸에 지니고 있는 물품으로 현금, 유가증권, 지갑, 만년필, 라이터, 손목시계, 귀금속, 기타 장신구 및 이와 유사한 물품을 말하며, 소지품이란 휴대품 이외에 소지한 물품으로 휴대폰, 노트북, 캠코더, 카메라, CD 플레이어, MP3, 워크맨, 녹음기, 전자수첩, 전자사전, 휴대용라디오, 핸드백, 서류가방 및 골프채 등을 말합니다.

(13) 마약 또는 약물 등: 도로교통법 제42조에서 정한 "마약, 대마, 향정신성의약품 그 밖의 행정자치부령이 정하는 것"을 말합니다.

(14) 음주운전(조종): 도로교통법에서 규정하고 있는 한계치 이상으로 술을 마시고 운전(조종)(용어정의(2))하거나 도로교통법에 의한 음주측정 불응행위를 말합니다.

(15) 의무보험: 자동차손해배상보장법 (이하 "자배법"이라 합니다.) 시행령 제3조 제1항 및 제2항의 규정에 의한 책임보험금을 담보하는 대인배상Ⅰ 및 자배법 시행령 제3조 제3항의 규정에 의한 금액 (1사고당 1천만원의 보상한도 금액을 말하며, 이하 "대물의무보험금액"이라 합니다)을 담보하는 대물배상을 말합니다. 다만, 대물의무보험금액이상을 담보하는 대물배상의 경우 대물의무보험금액 한도만을 말합니다.

Ⅲ. 기타사항

[18] 보험계약의 소멸과 보험료의 환급

1. 보험계약의 소멸

(1) 보험계약의 무효

보험계약이 보험계약자 또는 보험계약자의 대리인의 사기행위에 의하여 맺어진 경우에는 무효로 됩니다.

(2) 보험계약의 효력상실

보험회사가 파산선고를 받은 날로부터 보험계약자가 보험계약을 해지함이 없이 3월이 경과하는 경우에는 보험계약은 효력을 상실합니다.

(3) 보험계약자의 보험계약의 해지 또는 해제

① 보험계약자는 언제든지 임의로 보험계약을 해지할 수 있습니다. 다만, 의무보험에 대한 보험계약은 다음의 경우에만 해지할 수 있습니다.

가. 피보험자동차가 자동차손해배상보장법 제5조 제4항에서 규정하는 자동차(의무보험 강제 가입대상에서 제외되거나 도로가 아닌 장소에 한하여 운행하는 자동차)로 변경된 경우

나. 피보험자동차를 양도한 경우. 다만, '[19] 보험계약의 승계' 규정에 따라 보험계약이 양수인 또는 교체(대체)된 자동차에 승계된 경우에는 의무보험에 대한 보험계약을 해지할 수 없습니다.

다. 피보험자동차의 말소등록으로 운행을 중지한 경우. 다만, '[19] 보험계약의 승계' 중 '2'에 따라 보험계약이 교체(대체)된 자동차에 승계된 경우에는 의무보험에 대한 보험계약을 해지할 수 없습니다.

라. 천재지변, 교통사고, 화재, 도난 등의 사유로 인하여 피보험자동차를 더 이상 운행할 수 없게 된 경우. 다만, '[19] 보험계약의 승계' 중 '2'에 따라 보험계약이 교체(대체)된 자동차에 승계 된 경우에는 의무보험에 대한 보험계약을 해지할 수 없습니다.

마. 이 보험계약을 맺은 후에 피보험자동차에 대하여 이 보험계약과 보험기간의 일부 또는 전부가 중복되는 의무보험이 포함된 다른 보험계약(공제계약을 포함합니다)을 맺은 경우

바. 보험회사가 파산선고를 받은 경우

② 이 보험계약이 의무보험만 체결된 경우로서, 이 보험계약을 맺기 전에 피보험자동차에 대하여 의무보험이 포함된 다른 보험계약(공제계약을 포함합니다. 이하 같습니다)이 유효하게 맺어져 있는 경우에는, 보험계약자는 그 다른 보험계약이 종료하기 전에 이 보험계약을 해제할 수 있습니다. 만일, 그 다른 보험계약이 종료한 후에는 그 종료일 다음날로부터 보험기간이 개시되는 의무보험이 포함된 새로운 보험계약을 맺은 경우에 한하여 이 보험계약을 해제할 수 있습니다.

③ 타인을 위한 보험계약의 경우에는, 보험계약자는 기명피보험자의 동의를 얻거나 보험증권을 소지한 경우에 한하여 위 '①' 또는 '②'의 규정에 따라 보험계약을 해지 또는 해제할

수 있습니다.

(4) 보험회사의 보험계약의 해지

보험회사는 다음의 경우에는 보험증권에 기재된 보험계약자의 주소지에 서면으로 통지함으로써 보험계약을 해지할 수 있습니다.

① 보험계약자가 계약전 알릴 의무를 위반한 경우

가. 보험계약자가 보험계약을 맺을 때 고의 또는 중대한 과실로 '[6] 보험계약자 등의 의무사항' 중 '1.(1)'에서 규정한 사항에 관하여 알고 있는 사실을 알리지 아니하거나 사실과 다르게 알린 경우. 다만, 다음의 경우에는 보험회사는 보험계약을 해지하지 못합니다.

(ㄱ) 보험계약을 맺은 때에 보험회사가 보험계약자가 알려야 할 사실을 알고 있었거나 보험회사의 중대한 과실로 알지 못하였을 때

(ㄴ) 보험계약자가 보험금을 지급할 사고가 발생하기 전에 보험청약서의 기재사항에 대하여 서면으로 변경을 신청하여 보험회사가 이를 승인한 때

(ㄷ) 보험회사가 보험계약자가 계약전 알릴 의무를 이행하지 아니한 사실을 안 날로부터 보험계약을 해지하지 아니하고 1월이 경과한 때

(ㄹ) 보험회사가 보험계약을 맺은 날로부터 보험계약을 해지하지 아니하고 3년이 경과한 때

(ㅁ) 보험계약자가 알려야 할 사항이 보험회사가 위험을 측정하는 데에 관련이 없는 때 또는 적용할 보험료에 차액이 생기지 아니한 때

나. 보험회사는 보험계약자가 계약전 알릴 의무를 이행하지 아니하여 보험계약을 해지한 때에는 해지 이전에 생긴 사고에 대하여도 보상하지 아니합니다. 이 경우 보험회사가 이미 보험금을 지급하였을 때에는 보험계약자는 이를 보험회사에 돌려주어야 합니다. 다만, 보험계약자가 고의 또는 중대한 과실로 알리지 아니하거나 다르게 알린 사실이 사고의 발생에 영향을 미치지 아니하였음을 증명한 때에는 보험회사는 보상합니다.

② 보험계약자가 계약후 알릴 의무를 위반한 경우

가. 보험계약자가 보험계약을 맺은 후에 '[6] 보험계약자 등의 의무사항' 중 '2.(1)'에서 규정한 사실이 생긴 것을 알았음에도 불구하고 지체없이 알리지 아니하거나 사실과 다르게 알린 경우. 다만, 다음의 경우에는 보험회사는 보험계약을 해지하지 못합니다.

(ㄱ) 보험회사가 보험계약자가 계약후 알릴 의무를 이행하지 아니한 사실을 안 날로부터 보험계약을 해지하지 아니하고 1월이 경과한 때

(ㄴ) 보험계약자가 알려야 할 사실이 뚜렷하게 위험 또는 적용보험료를 증가시킨 것이 아닌 때

나. 보험회사는 보험계약자가 계약후 알릴 의무를 이행하지 아니하여 보험계약을 해지한 때에는 해지 이전에 생긴 사고에 대하여도 보상하지 아니합니다. 이 경우 보험회사가 이미 보험금을 지급하였을 때에는 보험계약자는 이를 보험회사에 돌려주어야 합니다. 다만, 보험계약자가 알리지 아니하거나 다르게 알린 사실이 사고의 발생에 영향을 미치지 아니하였음을 증명한

때에는 보험회사는 보상합니다.

③ 보험계약자가 정당한 이유없이 법령에서 정한 자동차검사를 받지 아니한 경우

④ 보험계약 내용의 변경 또는 위험의 변경으로 인하여 보험회사가 '[6] 보험계약자 등의 의무사항'중 '1.(2)', '2.(1)' 또는 '[19] 보험계약의 승계' 중 '1.(3)', '2.(3)' 등에 의하여 추가보험료를 청구한 날로부터 14일 이내에 보험계약자가 그 보험료를 지급하지 아니한 경우. 다만, 의무보험에 대하여는 적용하지 아니합니다.

⑤ 보험금의 청구에 관하여 보험계약자, 피보험자, 보험금을 수령하는 자 또는 이들의 법정대리인의 사기행위가 있는 경우. 다만, 의무보험에 대하여는 적용하지 아니합니다.

2. 보험료의 환급

보험회사는 보험계약이 소멸된 경우에는 다음의 규정에 의한 보험료를 보험계약자에게 환급합니다.

(1) 보험계약이 무효로 된 경우

무효의 유형	환 급 방 법
보험계약자 또는 피보험자가 선의이며 중대한 과실이 없는 경우	보험료의 전액을 환급
보험계약자 또는 피보험자의 과실이 있는 경우	보험회사가 무효사실을 안 날까지의 경과기간에 대하여 단기요율로 계산한 보험료를 공제하고 나머지를 환급
보험계약자 또는 피보험자의 고의 또는 중대한 과실이 있는 경우	보험료를 환급하지 아니함

(2) 보험계약이 효력을 상실한 경우

효력상실의 유형	환 급 방 법
보험계약자 또는 피보험자에게 책임이 없는 사유로 인한 경우	경과되지 않은 기간에 대하여 일할로 계산한 보험료를 환급
보험계약자 또는 피보험자에게 책임이 있는 사유로 인한 경우	보험회사가 효력상실을 안 날까지의 경과기간에 대하여 단기요율로 계산한 보험료를 공제하고 나머지를 환급

(3) 보험계약이 해지된 경우

해지의 유형	환 급 방 법
보험계약자 또는 피보험자에게 책임이 없는 사유로 인한 경우 또는 피보험자동차가 자동차손해배상보장법 제5조 제4항의 자동차로 변경됨으로 인한 경우	경과되지 않은 기간에 대하여 일할로 계산한 보험료를 환급. 다만, 이 계약을 해지하기 전에 보험회사가 보상하여야 하는 사고가 발생한 경우에는 보험료를 환급하지 아니합니다.
보험계약자 또는 피보험자에게 책임이 있는 사유로 인한 경우	경과기간에 대하여 단기요율로 계산한 보험료를 공제하고 나머지를 환급. 다만, 이 계약을 해지하기 전에 보험회사가 보상하여야 하는 사고가 발생한 경우에는 보험료를 환급하지 아니합니다.

(4) 보험계약의 해제

보험계약이 해제된 경우에는 보험료 전액을 환급합니다.

[19] 보험계약의 승계

1. 피보험자동차를 양도하는 경우

(1) 보험계약자 또는 기명피보험자가 보험기간 중에 피보험자동차를 양도한 경우에는 이 보험계약으로 인하여 생긴 보험계약자 및 피보험자의 권리와 의무는 피보험자동차의 양수인에게 승계되지 아니합니다. 그러나 보험계약자가 이 권리와 의무를 양수인에게 이전하고자 한다는 뜻을 서면으로 보험회사에 통지하여 이에 대한 승인을 청구하고 보험회사가 승인한 경우에는 그 승인한 때로부터 양수인에 대하여 이 보험계약을 적용합니다. 만일 보험회사가 이 서면통지를 받은 날로부터 10일 이내에 승인여부를 보험계약자에게 발송하지 아니하면, 그 10일이 되는 날의 다음날 0시에 승인 한 것으로 봅니다.

(2) 위 '(1)'에서 규정하는 피보험자동차의 양도에는 소유권을 유보한 매매계약에 따라 자동차를 '산 사람' 또는 대차계약에 따라 자동차를 '빌린 사람'이 그 자동차를 피보험자동차로 하고 자신을 보험계약자 또는 기명피보험자로 하는 보험계약이 존속하는 중에 그 자동차를 '판 사람' 또는 '빌려준 사람'에게 반환하는 경우도 포함합니다. 이 경우 '판 사람' 또는 '빌려준 사람'은 양수인으로 봅니다.

(3) 보험회사가 위 '(1)'의 승인을 하는 경우에는 피보험자동차의 양수인에게 적용되는 보험요율에 따라 피보험자동차의 양도 전의 보험계약자에게 보험료를 반환하거나, 피보험자동차의 양도 후의 보험계약자에게 추가보험료를 청구합니다.

(4) 보험회사가 위 '(1)'의 승인을 하지 않은 경우에는 피보험자동차가 양도된 후에 발생한 사고에 대하여는 보험금을 지급하지 아니합니다. 다만, 이 보험계약이 '무보험자동차에 의한 상해'를 포함하고 있고 해지되지 아니한 경우에는 피보험자동차가 양도된 후에 발생한 사고에 대하여도 '무보험 자동차에 의한 상해' 및 '다른 자동차 운전담보 특별약관'에 의하여 이 보험계약의 피보험자가 입은 손해를 보상합니다.

(5) 보험계약자 또는 기명피보험자가 보험기간 중에 사망하는 등으로 인하여 상속인이 피보험자동차를 상속하는 경우에는 이 보험계약도 승계된 것으로 봅니다. 다만, 보험기간이 종료되거나 자동차의 명의를 변경하는 경우에는 상속인을 보험계약자 또는 기명피보험자로 하는 새로운 보험계약을 맺어야 합니다.

2. 피보험자동차를 다른 자동차로 교체(대체)하는 경우

(1) 보험계약자 또는 기명피보험자가 보험기간 중에 기존의 피보험자동차를 폐차 또는 양도하고 그 자동차와 동일한 차종의 다른 자동차로 교체(대체)한 경우에는, 보험계약자가 이 보험계약을 교체(대체)된 자동차에게 승계시키고자 한다는 뜻을 서면으로 보험회사에 통지하여

이에 대한 승인을 청구하고 보험회사가 승인한 때로부터 이 보험계약을 교체(대체)된 자동차에 적용합니다. 이 경우 기 존의 피보험자동차에 대한 보험계약의 효력은 이 승인이 있는 때에 상실됩니다.

(2) 위 '(1)'에서 규정하는 '동일한 차종의 다른 자동차로 교체(대체)한 경우'라 함은, 개인소유자 가용승용자동차 간에 교체(대체)한 경우를 말합니다. 다만, 인가된 자동차학원 또는 자동차학원 대표자 소유의 자동차로서 운전교습, 도로주행교육 및 시험에 사용되는 승용자동차는 제외됩니다.

(3) 보험회사가 위 '(1)'의 승인을 하는 경우에는 교체(대체)된 자동차에 적용하는 보험요율에 따라 보험계약자에게 보험료를 반환하거나 추가보험료를 청구할 수 있습니다. 이 경우 기존의 피보험자동차를 말소등록한 날 또는 소유권을 이전등록한 날로부터 승계를 승인한 날의 전날까지 기간에 해당하는 보험료를 일할로 계산하여 보험계약자에게 반환하여 드립니다.

(4) 보험회사가 위 '(1)'의 승인을 하지 않은 경우에는 교체(대체)된 자동차의 사용 중에 발생한 사고에 대하여는 보험금을 지급하지 아니합니다. 다만, 이 보험계약이 '무보험자동차에 의한 상해'를 포함하고 있고 해지되지 아니한 경우에는 교체(대체)된 자동차의 사용 중에 발생한 사고에 대하여도 '무보험자동차에 의한 상해' 및 '다른 자동차 운전담보 특별약관'에 의하여 피보험자가 입은 손해를 보상합니다.

<예시> 일할계산의 사례

$$\text{기납입보험료 총액} \times \frac{\text{해당기간}}{\text{365(윤년 366)}}$$

[20] 보험금의 분담 및 보험회사의 대위

1. 보험금의 분담

대인배상 I · II, 대물배상, 무보험자동차에 의한 상해, 자기신체사고, 자동차상해, 자기차량손해에 대 하여 적용됩니다.

(1) 이 보험계약과 보상책임의 전부 또는 일부가 중복되는 다른 보험계약(공제계약을 포함합니다)이 있는 경우에, 다른 보험계약이 없는 것으로 하여 각 보험계약에 의해 산출한 보상책임액의 합계액이 손해액보다 많게 되는 경우에는 다음의 산식에 따라 보험금을 지급합니다.

$$\text{손해액} \times \frac{\text{이 보험계약에 의해 산출한 보상책임액}}{\text{다른 보험계약이 없는 것으로 하여 각 보험계약에 의해 산출한 보상책임액의 합계액}}$$

(2) '[10] 배상책임' 담보의 경우에 동일한 사고로 인하여 이 보험계약에서 배상책임이 있는

피보험자가 둘 이상 있게 되는 경우에는 '[10] 배상책임' 중 '1. (2)'에서 규정하는 보상한도와 범위에 따른 보험금을 각 피보험자의 배상책임의 비율에 따라 분담하여 지급합니다.

2. 보험회사의 대위

(1) 보험회사는 피보험자 또는 손해배상청구권자에게 보험금을 지급한 경우에는, 그 보험금의 한도 내에서 제3자에 대한 피보험자의 권리를 취득합니다. 다만, 보험회사가 보상한 금액이 피보험자의 손해의 일부를 보상한 경우에는 피보험자의 권리를 침해하지 아니하는 범위 내에서 그 권리를 취득 합니다.

(2) 보험회사는 다음의 권리는 취득하지 아니합니다.

① 자기신체사고의 경우 제3자에 대한 피보험자의 권리

② 자기차량손해의 경우 피보험자동차를 정당한 권리에 의하여 사용 또는 관리하던 자에 대한 피보험자의 권리. 다만, 다음의 경우에는 피보험자의 권리를 취득합니다.

가. 고의로 사고를 낸 경우, 무면허운전이나 음주운전을 하던 중에 사고를 낸 경우, 또는 마약 또는 약물 등의 영향에 의하여 정상적인 운전을 하지 못할 상태에서 운전을 하던 중에 사고를 낸 경우

나. 자동차정비업, 주차장업, 급유업, 세차업, 자동차판매업, 자동차탁송업, 대리운전업(대리운전자를 포함합니다) 등 자동차를 취급하는 것을 업으로 하는 자(이들의 피용자 및 이들이 법인인 경우에는 그 이사와 감사를 포함합니다)가 업무로서 위탁받은 피보험자동차를 사용 또는 관리하는 동안에 사고를 낸 경우

(3) 피보험자는 보험회사가 위 '(1)' 또는 '(2)'에 의하여 취득한 권리의 행사 및 보전에 관하여 필요한 조치를 취하여야 하며, 또한 보험회사가 요구하는 증거 및 서류를 제출하여야 합니다.

[21] 보험약관 등의 교부 및 설명

1. 보험회사는 보험계약을 맺을 때에 보험계약자에게 보험약관 및 청약서 부본을 교부하고, 보험약관의 중요한 내용을 설명해 드립니다. 다만, 전자거래기본법 제2조 제6호에 의해 컴퓨터를 이용하여 보험거래를 할 수 있도록 설정된 가상의 영업장(사이버몰)을 이용하여 보험계약을 체결한 때에는 청 약서 부본을 교부하지 아니할 수 있습니다.

2. 보험회사가 위 '1.'의 규정을 위반한 때에는 보험계약자는 보험계약 성립일로부터 1월 이내에 계 약을 취소할 수 있습니다. 이 경우 보험회사는 이미 납입한 보험료 및 이자(보험료를 받은 때부터 반 환시까지의 기간에 대하여 보험료에 보험개발원이 공시한 정기예금이율을 적용하여 산정한 금액)를 반환하여 드립니다. 다만, 의무보험 부분은 제외합니다.

[22] 보험안내장 등의 효력

보험회사(점포, 보험설계사 및 보험대리점을 포함합니다)가 보험모집과정에서 제작 · 사용한 보험안내장(서류 · 사진 · 도화 등 모든 안내자료를 포함합니다)의 내용이 보험약관의 내용과 다른 경우에는 보험계약자에게 유리한 내용으로 보험계약이 성립된 것으로 봅니다.

[23] 보험계약 정보의 제공

보험회사는 신용정보의 이용 및 보호에 관한 법률 제23조, 동법 시행령 제12조에서 정하는 절차에 따라 보험계약자의 동의를 받아 다음의 사항을 다른 보험회사 및 보험관계단체에 제공할 수 있습니다.

(1) 피보험자의 성명, 주민등록번호 및 주소와 피보험자동차의 차량번호, 형식, 연식

(2) 계약일시, 보험종목, 담보종목, 보험가입금액, 자기부담금 및 제 할인 · 할증 적용과 특약가입 사항, 계약해지시 그 내용 및 사유

(3) 사고일시 또는 일자, 사고내용 및 각종 보험금의 지급내용 및 사유

[24] 기타사항

1. 준용규정

   이 약관에서 정하지 아니한 사항은 대한민국 법령에 따릅니다.

2. 피보험자동차 등에 대한 조사

   보험회사는 피보험자동차 등에 관하여 필요한 조사를 하거나 보험계약자 또는 피보험자에게 필요한 설명 또는 증명을 요구할 수 있습니다. 이 경우 보험계약자, 피보험자 또는 이들의 대리인은 이러한 조사 또는 요구에 협력하여야 합니다.

3. 예금보험기금에 의한 지급보장

   보험회사가 파산 등으로 인하여 보험금 등을 지급하지 못할 경우에는 예금자보호법에서 정하는 바에 따라 그 지급을 보장합니다.

Ⅳ. 보험금 지급기준(생략함)

〔2〕 생명보험 표준약관

제1관 보험계약의 성립과 유지

제1조(보험계약의 성립) ① 보험계약은 보험계약자의 청약과 보험회사의 승낙으로 이루어집니다. (이하 보험계약은 "계약", 보험계약자는 "계약자", 보험회사는 "회사"라 합니다)

② 회사는 보험대상자(피보험자)가 계약에 적합하지 아니한 경우에는 승낙을 거절하거나 별도의 조건(보험가입금액 제한, 일부보장 제외, 보험금 삭감, 보험료 할증 등)을 부과하여 인수할 수 있습니다.

③ 회사는 계약의 청약을 받고, 제1회 보험료를 받은 경우에 건강진단을 받지 아니하는 계약(이하 "무진단계약"이라 합니다)은 청약일, 건강진단을 받는 계약(이하 "진단계약"이라 합니다)은 진단일(재진단의 경우에는 최종 진단일)부터 30일 이내에 승낙 또는 거절하여야 하며, 승낙한 때에는 보험가입증서(보험증권)을 교부합니다. 그러나 30일 이내에 승낙 또는 거절의 통지가 없으면 승낙된 것으로 봅니다.

④ 회사가 제1회 보험료를 받고 승낙을 거절한 경우에는 거절통지와 함께 받은 금액을 돌려드리며, 보험료를 받은 기간에 대하여 예정이율+1%를 연 단위 복리로 계산한 금액을 더하여 지급합니다. 단, 회사는 제1회 보험료를 신용카드로 납입한 계약의 승낙을 거절한 경우에는 신용카드의 매출을 취소하며 이자를 더하여 지급하지 아니합니다.

제2조(청약의 철회) ① 계약자는 청약을 한 날 또는 제1회 보험료를 납입한 날부터 15일 이내에 그 청약을 철회할 수 있습니다.

② 회사는 제1항에 의한 계약자의 청약철회 신청을 접수한 경우에는 지체없이 이미 납입한 보험료를 돌려드리며, 보험료 반환이 지체된 기간에 대하여는 이 계약의 보험계약대출 이율을 연 단위 복리로 계산한 금액을 더하여 지급합니다. 단, 계약자가 제1회 보험료를 신용카드로 납입한 계약의 청약을 철회하는 경우에는 회사는 신용카드의 매출을 취소하며 이자를 더하여 지급하지 아니합니다.

제3조(약관교부 및 설명의무 등) ① 회사는 계약을 체결할 때 계약자에게 약관 및 청약서 부본을 드리고 약관의 중요한 내용을 설명하여 드립니다. 다만, 컴퓨터를 이용하여 보험거래를 할 수 있도록 설정된 가상의 영업장(사이버몰)을 이용하여 계약을 체결하고 전자거래기본법에서 규정하는 절차에 따라 약관 및 청약서 부본을 전자문서로 송신하고 계약자 또는 그 대리인이 당해 문서를 수신하였을 때에는 약관 및 청약서 부본을 드린 것으로 보며, 약관의 중요내용에 대하여 계약자가 사이버몰에서 확인한 때에는 약관의 중요한 내용을 설명한 것으로 봅니다.

② 회사가 제1항에 의해 제공될 약관 및 청약서 부본을 계약자에게 전달하지 아니하거나 약관의 중요한 내용을 설명하지 아니한 때 또는 계약체결시 계약자가 청약서에 자필서명(날인(도장을 찍음) 및 전자서명법 제2조 제10호의 규정에 의한 공인인증기관이 인증한 전자서명을 포함합니다)을 하지 아니한 때에는 계약자는 청약일부터 3개월 이내에 계약을 취소할 수 있습니다.

③ 제2항에 따라 계약이 취소된 경우에는 회사는 계약자에게 이미 납입한 보험료를 돌려드리며, 보험료를 받은 기간에 대하여 보험계약대출 이율을 연 단위 복리로 계산한 금액을 더하여 지급합니다.

제4조(계약의 무효) 다음 중 한 가지에 해당되는 경우에는 계약을 무효로 하며 이미 납입한 보험료를 돌려 드립니다.

1. 타인의 사망을 보험금 지급사유로 하는 계약에서 계약체결 시까지 보험대상자(피보험자)의 서면에 의한 동의를 얻지 아니한 경우. 단, 단체가 규약에 따라 구성원의 전부 또는 일부를 보험대상자(피보험자)로 하는 계약을 체결하는 경우에는 이를 적용하지 아니합니다.
2. 만15세 미만자, 심신상실자 또는 심신박약자를 보험대상자(피보험자)로 하여 사망을 보험금 지급사유로 하는 계약의 경우

제5조(계약내용의 변경) ① 계약자는 회사의 승낙을 얻어 다음의 사항을 변경할 수 있습니다. 이 경우 승낙을 서면으로 알리거나 보험가입증서(보험증권)의 뒷면에 기재하여 드립니다.

1. 보험종목
2. 보험기간
3. 보험료의 납입주기, 수금방법 및 납입기간
4. 보험가입금액
5. 계약자 또는 보험금을 받는 자(보험수익자)
6. 기타 계약의 내용

② 회사는 계약자가 제1회 보험료를 납입한 때부터 1년 이상 경과된 유효한 계약으로서 그 보험종목의 변경을 요청할 때에는 회사의 사업방법서에서 정하는 방법에 따라 이를 변경하여 드립니다.

③ 회사는 계약자가 제1항 제4호에 의하여 보험가입금액을 감액하고자 할 때에는 그 감액된 부분은 해약된 것으로 보며, 이로 인하여 회사가 지급하여야 할 해약환급금이 있을 때에는 제18조(해약환급금) 제1항에 따라 이를 계약자에게 지급합니다.

④ 계약자가 제1항 제5호에 의하여 보험금을 받는 자(보험수익자)를 변경하고자 할 때에는 보험금의 지급사유가 발생하기 전에 보험대상자(피보험자)의 서면에 의한 동의가 있어야 합니다.

제6조(계약자의 임의해지) 계약자는 계약이 소멸하기 전에 언제든지(다만, 연금보험의 경우 연금이 지급개시된 이후에는 제외) 계약을 해지할 수 있으며, 이 경우 회사는 제18조(해약환급금)

제1항에 의한 해약환급금을 계약자에게 지급합니다.

제7조(계약의 소멸) 보험대상자(피보험자)의 사망 등으로 인하여 이 약관에서 규정하는 보험금 지급사유가 더 이상 발생할 수 없는 경우에는 이 계약은 그 때부터 효력을 가지지 아니합니다.

제8조(보험나이) ① 이 약관에서의 보험대상자(피보험자)의 나이는 보험나이를 기준으로 합니다. 단, 제4조(계약의 무효) 제2호의 경우에는 실제 만 나이를 적용합니다.

② 제1항의 보험나이는 계약일 현재 보험대상자(피보험자)의 실제 만 나이를 기준으로 6개월 미만의 끝수는 버리고 6개월 이상의 끝수는 1년으로 하여 계산하며, 이후 매년 계약 해당일에 나이가 증가하는 것으로 합니다.

제2관 보험료의 납입(계약자의 주된 의무)

제9조(제1회 보험료 및 회사의 보장개시일) ① 회사는 계약의 청약을 승낙하고 제1회 보험료를 받은 때(자동이체납입 및 신용카드납입의 경우에는 자동이체 신청 및 신용카드매출승인에 필요한 정보를 제공한 때, 다만 계약자의 귀책사유로 보험료 납입 및 승인이 불가능한 경우에는 그러하지 아니 합니다)부터 이 약관이 정한 바에 따라 책임을 집니다. 그러나 회사가 청약 시에 제1회 보험료를 받고 청약을 승낙한 경우에는 제1회 보험료를 받은 때로부터 이 약관이 정한 바에 따라 보장을 합니다. (이하 제1회 보험료를 받은 날을 "보장개시일"이라 하며, 보장개시일을 보험계약일로 봅니다)

② 회사가 청약시에 제1회 보험료를 받고 청약을 승낙하기 전에 보험금 지급사유가 발생하였을 때에도 보장개시일부터 이 약관이 정하는 바에 따라 보장을 합니다.

③ 회사는 제2항에도 불구하고 다음 중 한 가지의 경우에 해당되는 경우에는 보장을 하지 아니합니다.

1. 제22조(계약전 알릴의무 위반의 효과)를 준용하여 회사가 보장을 하지 아니할 수 있는 경우
2. 제23조(가입자의 계약전 알릴의무)에 의하여 계약자 또는 보험대상자(피보험자)가 회사에 알린 내용 또는 건강진단 내용이 보험금 지급사유의 발생에 영향을 미쳤음을 회사가 증명하는 경우

④ 청약서에 보험대상자(피보험자)의 직업 또는 직종별로 보험가입금액의 한도액이 명시되어 있음에도 그 한도액을 초과하여 청약을 하고 청약을 승낙하기 전에 보험금 지급사유가 발생한 경우에는 그 초과 청약액에 대하여는 보장을 하지 아니합니다.

제10조(제2회 이후 보험료의 납입) 계약자는 제2회 이후의 보험료를 계약체결시 납입하기로 약속한 날(이하 "납입기일"이라 합니다)까지 납입하여야 하며, 회사는 계약자가 보험료를 납입한 경우에는 영수증을 발행하여 드립니다. 다만, 금융기관(우체국 포함)을 통하여

보험료를 납입한 경우에는 그 금융기관 발행 증빙서류를 영수증으로 대신합니다.

제11조(보험료의 자동대출납입) ① 계약자는 제12조(보험료의 납입연체시 납입최고(독촉)와 계약의 해지)에 의한 보험료의 납입최고(독촉)기간이 경과되기 전까지 보험료의 자동대출납입을 서면으로 신청할 수 있으며, 이 경우 제32조(보험계약대출) 제1항에 의한 보험계약대출금으로 보험료가 자동적으로 납입되어 계약은 유효하게 지속됩니다.

② 제1항에도 불구하고 보험계약대출금과 보험계약대출이자를 합산한 금액이 해약환급금(당해 보험료가 납입된 것으로 계산한 금액을 말합니다)을 초과하는 때에는 보험료의 자동대출납입을 더 이상 할 수 없습니다.

③ 제1항 및 제2항에 의한 보험료의 자동대출납입 기간은 최초 자동대출 납입일부터 1년을 최고한도로 하며, 그 이후의 기간에 대한 보험료의 자동대출 납입을 위해서는 제1항에 따라 재신청을 하여야 합니다.

④ 보험료의 자동대출 납입이 행하여진 경우에도 자동대출 납입전 납입최고(독촉) 기간이 끝나는 날의 다음날부터 1개월 이내에 계약자가 계약의 해약을 청구한 때에는 회사는 보험료의 자동대출 납입이 없었던 것으로 하여 제18조(해약환급금) 제1항에 의한 해약환급금을 지급합니다.

제12조(보험료의 납입연체시 납입최고(독촉)와 계약의 해지) ① 계약자가 제2회 이후의 보험료를 납입기일까지 납입하지 아니하는 때에는 납입기일 다음날부터 납입기일이 속하는 달의 다음 달 말일까지를 납입최고(독촉)기간으로 하며, 회사는 제3항에서 정한 바에 따라 최고(독촉)하고 납입최고(독촉)기간 안에 보험료가 납입되지 않은 경우 납입최고(독촉)기간이 끝나는 날의 다음날 계약을 해지합니다. 납입최고(독촉)기간 안에 발생한 사고에 대하여 회사는 약정한 보험금을 지급합니다.

② 제1항에도 불구하고 회사의 방문수금 불이행 또는 은행납입통지서의 미교부, 자동이체 미신청 등 회사의 책임있는 사유로 인하여 계약자가 보험료를 납입하지 못한 경우에는 납입기일부터 3개월이 되는 날까지를 납입최고(독촉)기간으로 하여 제1항을 적용합니다. 다만, 회사가 보험료를 수금 또는 자동이체 하기로 하거나 은행납입통지서를 교부하기로 한 경우에는 그 수금(자동이체) 또는 재교부일부터 15일이 되는 날을 새로운 납입기일로 하여 제1항의 납입최고(독촉)기간을 적용합니다.

③ 제2회 이후의 보험료가 납입기일까지 납입되지 아니하여 보험료 납입이 연체중인 경우에 회사는 계약자(타인을 위한 보험의 경우 특정된 보험금을 받는 자(보험수익자) 포함)에게 납입최고(독촉)기간 안에 연체된 보험료를 납입하여야 한다는 내용과 납입최고(독촉)기간이 끝나는 날까지 보험료가 납입되지 않은 경우 납입최고(독촉)기간이 끝나는 날의 다음날부터 계약이 해지됨을 납입최고(독촉)기간이 끝나기 15일 이전까지 서면 또는 전화(음성녹음)로 알려 드립니다.

④ 제1항에 따라 계약이 해지된 경우에는 해약환급금을 지급합니다.

제13조(보험료의 납입연체로 인한 해지계약의 부활(효력회복)) ① 제12조(보험료의 납입연체시 납입최고(독촉)와 계약의 해지)에 따라 계약이 해지되었으나 해약환급금을 받지 아니한 경우 계약자는 해지된 날로부터 2년 이내에 회사가 정한 절차에 따라 계약의 부활(효력회복)을 청약할 수 있으며, 회사가 이를 승낙한 때에는 부활(효력회복)을 청약한 날까지의 연체된 보험료에 이 계약의 예정이율 + 1% 범위 내에서 각 상품별로 회사가 정하는 이율로 계산한 금액을 더하여 납입하여야 합니다. 다만 금리연동형보험은 각 보험종목별 사업방법서에서 별도로 정한 이율로 계산합니다.

② 제1항에 따라 해지계약을 부활(효력회복)하는 경우에는 제1조(보험계약의 성립) 제2항 및 제3항, 제9조(제1회 보험료 및 회사의 보장개시일), 제21조(계약 전 알릴의무), 제22조(계약 전 알릴의무 위반의 효과) 및 제23조(계약취소권의 행사제한)를 준용합니다.

제3관 보험금의 지급(회사의 주된 의무)

제14조(보험금의 종류 및 지급사유) 회사는 보험대상자(피보험자)에게 다음 사항 중 어느 한가지의 경우에 해당되는 사유가 발생한 때에는 보험금을 받는 자(수익자)에게 약정한 보험금을 지급합니다.

1. 보험기간중의 특정시점에 살아있는 경우: 중도보험금
2. 보험기간이 끝날 때까지 살아 있을 경우: 만기보험금
3. 보험기간 중 사망하거나 장해분류표(<부표3>참조)중 질병 또는 동일한 재해로 여러 신체부위의 합산 장해지급률이 80% 이상인 장해상태가 되었을 경우: 사망보험금
4. 보험기간 중 발생한 질병 또는 재해로 장해분류표(<부표3>참조)에서 정한 각 장해지급률에 해당하는 장해상태가 되었을 때: 장해보험금
5. 보험기간 중 질병이 발생하거나 입원, 통원, 요양, 수술 또는 수발이 필요한 상태가 되었을 때 : 입원보험금 등

제15조(보험금 지급에 관한 세부규정) ① 제14조(보험금의 종류 및 지급사유) 제3호에는 보험기간 중 생사가 분명하지 아니하여 실종선고를 받은 경우를 포함하며, 선박의 침몰, 항공기의 추락 등 민법 제27조(실종의 선고) 제2항에 규정에 준하는 사유 또는 재해분류표(<부표4>참조)에서 정하는 재해(이하 "재해"라 합니다)로 인하여 사망한 것으로 정부기관이 인정하여 관공서의 사망보고에 따라 호적에 기재된 경우에는 그러한 사고가 발생한 때를 사망한 것으로 인정합니다.

② 제14조(보험금의 종류 및 지급사유) 제3호 및 제4호에서 장해지급률이 재해일로부터 180일 이내에 확정되지 아니하는 경우에는 재해일부터 180일이 되는 날의 의사진단에 기초하여

고정될 것으로 인정되는 상태를 장해지급률로 결정합니다. 다만, 장해분류표(<부표3>참조)에 장해판정시기를 별도로 정한 경우에는 그에 따릅니다.

③ 제2항에 의하여 장해지급률이 결정되었으나 그 이후 보장을 받을 수 있는 기간(계약의 효력이 없어진 경우에는 재해일부터 2년 이내)중에 장해상태가 더 악화된 때에는 그 악화된 장해상태(사망포함)를 기준으로 장해지급률을 결정합니다.

제16조(보험금을 지급하지 아니하는 보험사고) ① 회사는 다음 중 어느 한가지의 경우에 의하여 보험금 지급사유가 발생한 때에는 보험금을 드리지 아니함과 동시에 이 계약을 해지할 수 있습니다.

1. 보험대상자(피보험자)가 고의로 자신을 해친 경우. 그러나 보험대상자(피보험자)가 정신질환 등으로 자유로운 의사결정을 할 수 없는 상태에서 자신을 해친 사실이 증명된 경우와 계약의 보장개시일(부활(회력회복)계약의 경우는 부활(효력회복)청약일)부터 2년이 경과된 후에 자살하거나 자신을 해침으로써 장해분류표 중 동일한 재해로 여러 신체부위의 합산 장해지급률이 80% 이상인 장해상태가 되었을 경우에는 그러하지 아니합니다.
2. 보험금을 받는 자(보험수익자)가 고의로 피보험자를 해친 경우. 그러나 그 보험금을 받는 자(보험수익자)가 보험금의 일부 보험금을 받는 자(보험수익자)인 경우에는 그 보험금을 받는 자(보험수익자)에 해당하는 보험금을 제외한 나머지 보험금을 다른 보험금을 받는 자(보험수익자)에게 지급합니다.
3. 계약자가 고의로 보험대상자(피보험자)를 해친 경우

② 제1항 각 호의 사유로 인하여 회사가 이 계약을 해지하거나 계약이 더 이상 효력이 없어지는 때에는 다음과 같이 합니다.

1. 제1항 제1호의 경우에는 이미 납입한 보험료를 계약자에게 돌려 드립니다.
2. 제1항 제2호의 경우에는 지급하지 아니한 보험금에 해당하는 해약환급금을 계약자에게 지급합니다.
3. 제1항 제3호의 경우에는 이미 납입한 보험료를 돌려 드리지 아니합니다.

제17조(전쟁, 기타 변란시의 보험금) 회사는 보험대상자(피보험자)가 전쟁, 기타 변란으로 인하여 제14조(보험금의 종류 및 지급사유) 제3호 내지 제5호의 사유가 발생한 경우, 그 수가 보험료 산출기초에 중대한 영향을 미칠 우려가 있다고 인정될 때에는 금융위원회의 인가를 얻어 보험금을 감액하여 지급합니다.

제18조(해약환급금) ① 이 약관에 의해 계약이 해지된 경우에 지급하는 해약환급금은 보험료 및 책임준비금 산출방법서에 따라 계산합니다.

② 회사는 경과기간별 해약환급금에 관한 표를 계약자에게 제공하여 드립니다.

제19조(배당금의 지급) ① 회사는 금융감독원장이 정하는 방법에 따라 회사가 결정한 배당금을 계약자에게 지급합니다.

② 회사는 배당금 지급이 결정되었을 때에는 그 내역을 계약자에게 알려드립니다.

제20조(소멸시효) 보험금 청구권, 보험료 또는 환급금 반환청구권 및 배당금 청구권은 2년간 행사하지 아니하면 소멸시효가 완성됩니다

제4관 보험계약시 계약자의 계약 전 알릴의무 등

제21조(계약 전 알릴의무) 계약자 또는 보험대상자(피보험자)는 청약시(진단계약의 경우에는 건강진단시 포함) 청약서에서 질문한 사항에 대하여 알고 있는 사실을 반드시 사실대로 알려야(이하 "계약 전 알릴의무"라 하며 상법상 "고지의무"와 같습니다)합니다. 그러나 의료법 제3조(의료기관)의 규정에 의한 종합병원 및 병원에서 직장 또는 개인이 실시한 건강진단서 사본 등 건강상태를 판단할 수 있는 자료로 건강진단을 대신할 수 있습니다.

제22조(계약 전 알릴의무 위반의 효과) ① 회사는 계약자 또는 보험대상자(피보험자)가 제21조(계약 전 알릴의무)에도 불구하고 고의 또는 중대한 과실로 중요한 사항에 대하여 사실과 다르게 알린 경우에는 회사가 별도로 정하는 방법에 따라 계약을 해지하거나 보장을 제한할 수 있습니다. 그러나 다음 중 한가지의 경우에 해당되는 때에는 그러하지 아니합니다.

1. 회사가 계약당시에 그 사실을 알았거나 중대한 과실로 인하여 알지 못하였을 때
2. 회사가 그 사실을 안 날부터 1개월 이상 지났거나 또는 보장개시일부터 보험금 지급사유가 발생하지 아니하고 2년(진단계약의 경우 질병에 대하여는 1년)이 지났을 때
3. 회사가 이 계약의 청약시 보험대상자(피보험자)의 건강상태를 판단할 수 있는 기초자료(건강진단서 사본 등)에 의하여 승낙통지를 한 때(계약자 또는 보험대상자(피보험자)가 회사에 제출한 기초자료의 내용 중 중요사항을 고의로 사실과 다르게 작성한 때에는 제외)
4. 보험을 모집한 자(이하 "보험설계사 등"이라 합니다)가 계약자 또는 보험대상자(피보험자)의 계약 전 알릴의무 사항을 임의로 기재한 경우

② 제1항의 중요한 사항이라 함은 회사가 그 사실을 알았더라면 계약의 청약을 거절하거나 보험가입금액 한도 제한, 일부 보장 제외, 보험금 삭감, 보험료 할증과 같이 조건부로 인수하는 등 계약인수에 영향을 미칠 수 있는 사항을 말합니다.

③ 회사는 제1항에 따라 계약을 해지하거나 보장을 제한할 경우에는 계약 전 알릴의무 위반사실뿐만 아니라 계약 전 알릴의무 사항이 중요한 사항에 해당되는 사유 및 계약의 처리결과를 "반대증거가 있는 경우 이의를 제기할 수 있습니다"라는 문구와 함께 계약자에게 서면으로 알려드립니다.

④ 제1항에 의하여 계약을 해지하였을 때에는 해약환급금과 이미 납입한 보험료 중 많은 금액을 지급하여 드리며, 보장을 제한하였을 때에는 보험료, 보험가입금액 등이 조정될 수 있습니다.

⑤ 제21조(계약 전 알릴의무)의 계약 전 알릴의무를 위반한 사실이 보험금 지급사유 발생에 영향을 미쳤음을 회사가 증명하지 못한 경우에는 제1항에 불구하고 계약의 해지 또는 보장을 제한하기 이전까지 발생한 해당보험금을 지급하여 드립니다.

제23조(계약취소권의 행사제한) 회사는 보장개시일부터 보험금 지급사유가 발생하지 아니하고 2년(진단계약의 경우 질병에 대하여는 1년)이 지났을 때에는 민법 제110조(사기에 의한 의사표시)에 의한 취소권을 행사하지 아니합니다. 그러나 계약자 또는 보험대상자(피보험자)가 대리진단, 약물복용을 수단으로 진단절차를 통과하거나 진단서 위ㆍ변조 또는 청약일 이전에 암 또는 에이즈의 진단확정을 받은 후 이를 숨기고 가입하는 등의 뚜렷한 사기의사에 의하여 계약이 성립되었음을 회사가 증명하는 경우에는 보장개시일부터 5년 이내(사기사실을 안 날부터는 1개월 이내)에 계약을 취소할 수 있습니다.

제5관 보험금 지급 등의 절차

제24조(주소변경통지) ① 계약자는 주소 또는 연락처가 변경된 경우에는 지체없이 그 변경내용을 회사에 알려야 합니다.

② 제1항에서 정한대로 계약자가 알리지 아니한 경우에는 계약자가 회사에 알린 최종의 주소 또는 연락처로 알린 사항은 일반적으로 도달에 필요한 시일이 지난 때에 계약자에게 도달된 것으로 봅니다.

제25조(보험금을 받는 자(보험수익자)의 지정) 이 계약에서 계약자가 보험금을 받는 자(보험수익자)를 지정하지 아니한 때에는 보험금을 받는 자(보험수익자)를 제14조(보험금의 종류 및 지급사유) 제1호 및 제2호의 경우는 계약자로 하고, 동조 제3호 내지 제5호의 경우는 보험대상자(피보험자)로 하며, 보험대상자(피보험자)의 사망시는 보험대상자(피보험자)의 상속인으로 합니다.

제26조(대표자의 지정) ① 계약자 또는 보험금을 받는 자(보험수익자)가 2인 이상인 경우에는 각 대표자 1인을 지정하여야 합니다. 이 경우 그 대표자는 각각 다른 계약자 또는 보험금을 받는 자(보험수익자)를 대리하는 것으로 합니다.

② 지정된 계약자 또는 보험금을 받는 자(보험수익자)의 소재가 확실하지 아니한 경우에는 이 계약에 관하여 회사가 계약자 또는 보험금을 받는 자(보험수익자) 1인에 대하여 한 행위는 각각 다른 계약자 또는 보험금을 받는 자(보험수익자)에 대하여도 효력이 미칩니다.

③ 계약자가 2인 이상인 경우에는 그 책임을 연대로 합니다.

제27조(보험금 지급사유의 발생통지) 계약자 또는 보험대상자(피보험자)나 보험금을 받는 자(수익자)는 제14조(보험금의 종류 및 지급사유)에 정한 보험금 지급사유가 발생하였을 때에는 지체없이 이를 회사에 알려야 합니다.

제28조(보험금 등 청구시 구비서류) ① 보험금을 받는 자(보험수익자) 또는 계약자는 다음의 서류를 제출하고 보험금 또는 해약환급금을 청구하여야 합니다.

1. 청구서 (회사양식)
2. 사고증명서 (사망진단서, 장해진단서, 입원치료확인서 등)
3. 신분증(주민등록증 또는 운전면허증 등 사진이 부착된 정부기관 발행 신분증, 본인이 아닌 경우는 본인의 인감증명서 포함)
4. 기타 보험금을 받는 자(보험수익자)가 보험금 등의 수령에 필요하여 제출하는 서류

② 병원 또는 의원에서 제1항 제2호의 사고증명서는 의료법 제3조(의료기관)의 규정에 의한 병원이나 의원 또는 이와 동등하다고 인정되는 국외의 의료기관에서 발급한 것이어야 합니다.

제29조(보험금 등의 지급) ① 회사는 제28조(보험금 등 청구시 구비서류)에서 정한 서류를 접수한 때에는 접수증을 교부하고, 그 서류를 접수한 날부터 3영업일 이내에 보험금 또는 해약환급금을 지급합니다. 다만, 보험금의 경우 지급사유의 조사나 확인이 필요한 때에는 접수후 10영업일 이내에 지급합니다.

② 회사는 제14조(보험금의 종류 및 지급사유) 제1호 또는 제2호에 해당하는 보험금의 지급시기가 도래할 때에는 도래일 7일 이전에 그 사유와 회사가 지급하여야 할 금액을 계약자 또는 보험금을 받는 자(보험수익자)에게 알려드리며, 제1항에 의하여 보험금 등을 지급함에 있어 보험금 지급일까지의 기간에 대한 이자의 계산은 <부표4-1> "보험금 지급시의 적립이율 계산"과 같습니다.

③ 계약자, 보험대상자(피보험자) 또는 보험금을 받는 자(보험수익자)는 제22조(계약 전 알릴의무 위반의 효과) 및 제1항의 보험금 지급사유 조사와 관련하여 의료기관 또는 국민건강보험공단, 경찰서 등 관공서에 대한 회사의 서면에 의한 조사요청에 동의하여야 합니다. 다만, 정당한 사유없이 동의하지 않을 경우에는 사실확인이 끝날 때까지 회사는 보험금 지급지연에 따른 이자를 지급하지 아니합니다.

④ 회사가 보험금 지급사유의 조사 및 확인을 위하여 제1항의 지급기일 이내에 보험금을 지급하지 못할 것으로 예상되는 경우에는 그 구체적인 사유, 지급예정일 및 보험금 가지급제도에 대하여 보험대상자(피보험자) 또는 보험금을 받는 자(보험수익자)에게 서면으로 통지하여 드리며, 장해지급률의 판정 및 지급할 보험금의 결정과 관련하여 보험금 지급이 지연되는 경우에는 보험금을 받는 자(보험수익자)의 청구에 따라 회사가 추정하는 보험금을 우선적으로 가지급할 수 있습니다.

제30조(보험금 받는 방법의 변경) ① 계약자(보험금 지급사유 발생 후에는 보험금을 받는 자(보험수익자))는 회사의 사업방법서에서 정한 바에 따라 제14조(보험금의 종류 및 지급사유) 제3호 및 제4조에 의한 사망보험금 또는 장해보험금의 전부 또는 일부에 대하여 분할지급 또는

일시지급 방법으로 변경할 수 있습니다.

② 회사는 제1항에 의하여 일시금을 분할하여 지급하는 경우에는 그 미지급금액에 대하여 이 계약의 예정이율을 연 단위 복리로 계산한 금액을 더하여 지급하며, 분할지급 금액을 일시금으로 지급하는 경우에는 이 계약의 예정이율로 할인한 금액을 지급합니다

제31조(계약내용의 교환) 회사는 보험계약의 체결 및 관리 등을 위한 판단자료로서 활용하기 위하여 다음 각 호의 사항을 계약자 및 보험대상자(피보험자)의 동의를 받아 다른 보험회사 및 보험관련단체 등에게 제공할 수 있으며, 이 경우 회사는 신용정보의 이용 및 보호에 관한 법률 제23조(개인신용정보의 제공 · 활용에 대한 동의) 및 동법 시행령 제12조(개인신용정보의 제공 · 활용에 대한 동의 등)의 규정을 따릅니다.

1. 계약자 및 보험대상자(피보험자)의 성명, 주민등록번호 및 주소
2. 계약일, 보험종목, 보험료, 보험가입금액 등 계약내용
3. 보험금과 각종 급부금액 및 지급사유 등 지급내용
4. 보험대상자(피보험자)의 질병에 관한 정보

제32조(보험계약대출) ① 계약자는 이 계약의 해약환급금 범위 내에서 회사가 정한 방법에 따라 대출(이하 '보험계약대출'이라 합니다)을 받을 수 있습니다. 그러나 순수보장성보험 등 보험상품의 종류에 따라 보험계약대출이 제한될 수도 있습니다.

② 계약자는 제1항에 의한 보험계약대출금과 보험계약대출이자를 언제든지 상환할 수 있으며, 상환하지 아니한 때에는 보험금, 해약환급금 등의 지급사유가 발생한 날에 제지급금과 상계할 수 있습니다.

③ 회사는 제12조(보험료의 납입연체시 납입최고(독촉)와 계약의 해지)에 따라 계약이 해지되는 때에는 즉시 해약환급금과 보험계약대출 원리금을 상계할 수 있습니다.

제6관 분쟁조정 등

제33조(분쟁의 조정) 계약에 관하여 분쟁이 있는 경우 분쟁 당사자 또는 기타 이해관계인과 회사는 금융감독원장에게 조정을 신청할 수 있습니다.

제34조(관할법원) 이 계약에 관한 소송은 계약자의 주소지를 관할하는 법원으로 합니다. 다만, 회사와 계약자가 합의하여 관할법원을 달리 정할 수 있습니다.

제35조(약관의 해석) ① 회사는 신의성실의 원칙에 따라 공정하게 약관을 해석하여야 하며 계약자에 따라 다르게 해석하지 아니합니다.

② 회사는 약관의 뜻이 명백하지 아니한 경우에는 계약자에게 유리하게 해석합니다.

제36조(회사가 제작한 보험안내자료 등의 효력) 보험설계사 등이 모집과정에서 사용한 회사(각종 점포 및 대리점 포함) 제작의 보험안내자료(계약의 청약을 권유하기 위해 만든 자료 등을

말합니다) 내용이 이 약관의 내용과 다른 경우에는 계약자에게 유리한 내용으로 계약이 성립된 것으로 봅니다.

제37조(회사의 손해배상책임) 회사는 계약과 관련하여 임직원, 보험설계사 및 대리점의 책임있는 사유로 인하여 발생된 손해에 대하여 관계법규 등에 따라 손해배상의 책임을 집니다.

제38조(준거법) 이 약관에서 정하지 아니한 사항은 대한민국 법령을 따릅니다.

제39조(예금보험에 의한 지급보장) 회사가 파산 등으로 인하여 보험금 등을 지급하지 못할 경우에는 예금자보호법에서 정하는 바에 따라 그 지급을 보장합니다.

* 장해분류표, 재해분류표, 보험금지급시의 부리이율계산표는 생략함.

〔3〕 선박보험 보통약관

보험계약의 체결

1. (보험계약의 성립) [1] 보험계약(이하 '계약'이라 합니다)은 보험계약자의 청약과 우리 회사(이하 '회사'라 합니다)의 승낙으로 이루어집니다.

[2] 회사가 계약의 청약을 받고 보험료 전액 또는 제1회의 보험료(일정기간 단위의 분할보험료)를 받은 경우에 청약일로부터 30일 이내에 승낙 또는 거절의 통지를 하여야 하며, 통지가 없으면 승낙한 것으로 봅니다. 또한 회사가 청약을 승낙한 때에는 지체없이 보험증권을 보험계약자에게 교부하여 드립니다.

[3] 회사가 보험계약자로부터 계약의 청약과 함께 보험료 상당액의 전부 또는 일부를 받은 경우에 그 청약을 승낙하기 전에 계약에서 정한 보험사고가 생긴 때에는 그 청약을 거절할 사유가 없는 한 회사는 계약상의 책임을 집니다. 그러나 보험기간이 시작하지 아니한 때에는 그러하지 아니합니다.

[4] 이미 성립된 계약을 연장하거나 변경한 경우에는 회사는 보험증권에 그 사실을 기재함으로써 보험증권의 교부에 갈음할 수 있습니다.

2. (보험약관의 교부, 알릴 의무) [1] 회사는 계약체결 시까지 보험계약자에게 보험약관을 교부하고, 그 약관의 중요한 내용을 계약자에게 알려 주어야 합니다.

[2] 회사 위 [1]을 위반한 때에는 보험계약자는 계약이 성립한 날부터 1월내에 그 계약을 취소할 수 있습니다. 이 경우 회사는 이미 납입한 보험료를 돌려드립니다.

3. (보상하는 손해) [1] ① 회사는 보험에 가입한 물건 (이하 '보험의 목적'이라 합니다)이 침몰, 좌초, 교사, 화재, 충돌 또는 그 밖의 해상 고유의 위험으로 손해가 생긴 경우에는 다음과 같이 보상하여 드립니다. 그러나 6에 규정한 사유로 생긴 손해는 보상하여 드리지 아니합니다.

1. 전부손해: 보험가입금액 전액(18의 경우를 포함합니다)
2. 구조비: 22의 [2]에 정한 구조비는 보험가입금액의 보험가액에 대한 비율로써 보상합니다. 그러나 구조계약서, 구조보수중재결정서, 구조비정산서 또는 공동해손정산서에 산출된 선박의 분담가액이 보험가액을 초과할 때에는 그 초과액에 대한 분담액은 보상하지 아니합니다.

② 위 ① 각호의 손해와 비용은 이를 합산하고, 보험가입금액을 한도로 그 합산액을 보상하여 드립니다.

③ 위 ②의 손해보상금과 14의 [2]의 손해방지비용은 각각 보험가입금액을 한도로 보상합니다.

[2] ① 보험기간을 1년으로 하여 선박을 보험에 가입한 경우, 그 기간 중에 선박(원양어선 외의 어선 및 목선을 제외합니다)이 계속하여 30일 이상 배를 도크에 넣어 두거나 휴항(休航)한 사실이 있고 회사가 보상하는 손해(특별약관에 따라 회사가 보상하는 손해도 포함합니다)가

보험기간 중에 한 번도 생기지 아니하였을 때에는 매 30일을 1기로 이 기수(基數)에 대한 일단위 계산에 따른 보험료 해당액에서

1. 그 해당액의 3분의 1 해당액 또는
2. 보험가입금액에 대하여 1기마다 1000분의 1의 비율로써 기수에 따라 산출한 금액 중 많은 금액을 뺀 나머지를 보험기간이 끝난 다음에 돌려드립니다. 그러나 1기에 미달하는 일수에 대하여는 보험료를 돌려드리지 아니합니다.

② 위 ①의 보험료를 돌려받고자 할 때에는 보험계약자 또는 피보험자는 배를 도크에 넣어 두거나 휴항에 앞서 서면으로 이 사실을 회사에 통지하여야 합니다.

4. **(보험료)** [1] 보험료는 다른 약정이 없으면 보험기간이 시작되기 전에 내어야 합니다. [2] 보험기간이 시작된 후라도 최초의 보험료를 받기 전에 생긴 손해는 보상하여 드리지 아니합니다.

5. **(보험의 목적의 범위)** 보험의 목적은 선박운용에 사용하기 위한 아래의 물건으로 합니다.
   1. 선체
   2. 기관
   3. 속구(屬具)(속구목록에 기재된 여부를 묻지 아니합니다)
   4. 연료, 식품 및 그 밖의 소모품

6. **(보상하지 아니 하는 손해)** [1] 회사는 아래의 사유로 생긴 손해는 보상하여 드리지 아니합니다.
   ① 전쟁, 폭동, 소요 또는 이와 비슷한 사변이나 변란, 동맹파업, 태업, 작업장폐쇄 등 쟁의행위
   ② 수뢰(水雷) 또는 그 밖의 폭발물이나 총탄(銃彈)과의 접촉
   ③ 습격, 나포, 포획, 억류, 압류 또는 해적행위
   ④ 핵연료물질(사용된 연료를 포함합니다. 이하 같습니다) 또는 핵연료물질에 의해서 오염된 물질(원자핵분열 생성물을 포함합니다)의 방사성, 폭발성 그 밖의 유해한 특성 또는 이들의 특성에 의한 사고로 생긴 손해
   ⑤ 위 ④ 이외의 방사선 조사(照射) 또는 방사능 오염으로 인한 손해
   ⑥ 보험계약자, 피보험자 또는 이들의 대리인이나 사용인의 고의 또는 중대한 과실, 그러나 선장, 선원 또는 도선사(導船士)의 항해상의 중대한 과실로 생긴 손해는 보상하여 드립니다.
   ⑦ 선박 또는 그 일부의 자연소모나 이들에 있는 흠. 그러나 선박의 소유자 또는 세낸 사람이 상당한 주의를 하였음에도 발견하지 못한 흠으로 생긴 손해를 보상하여 드립니다.

   [2] 회사는 아래의 사유가 있은 후에 생긴 손해에 대하여는 보상하여 드리지 아니합니다.
   ① 선박이 계약에서 정하여진 항로를 벗어나기 시작한 때(선박이 손해발생 전에 원항로로 돌아온 경우에도 같습니다). 그러나 절박한 위험을 피할 경우, 인명을 구조하기 위한 경우 또는 미리 회사의 서면동의를 받은 경우에는 그러하지 아니합니다.

② 선박이 밀수나 전시금제품의 운송 등 명령이나 조약에 위반되는 목적에 사용되거나 사용되기 시작한 때

③ 선박이 전쟁지역, 그 밖의 변란지에 정박 또는 출입을 하거나 정박 또는 출입을 하려고 한 때와 전쟁 및 그 밖의 변란에 관련되는 목적에 사용되거나 사용되려고 한 때. 그러나 미리 회사의 서면동의를 받은 경우에 해상고유의 위험으로 생긴 손해는 보상하여 드립니다.

7. **(계약 전 알릴 의무)** 계약을 맺을 때에 보험계약자, 피보험자 또는 이들의 대리인은 보험계약청약서(서면질의를 포함합니다)의 기재사항에 관하여 아는 사실을 빠짐없이 그대로 회사에 알려야 합니다.

계약을 맺은 후의 변경사항

8. **(계약 후 알릴 의무)** [1] 계약을 맺은 보험의 목적에 아래와 같은 사실이 생긴 경우에는 보험계약자나 피보험자는 지체없이 서면으로 회사에 알리고 보험증권에 확인을 받아야 합니다.

① 위험이 뚜렷하게 변경 또는 증가된 때

② 선박의 구조 또는 용도에 뚜렷한 변경이 있는 때나 이를 위하여 수선을 시작한 때

③ 다른 계약을 맺을 때

[2] 회사는 위 [1]에 따라 위험이 감소된 경우에는 그 차액보험료를 돌려드리며, 위험이 증가된 경우에는 통지를 받은 날로부터 1월내에 보험료의 증액을 청구하거나 계약을 해지할 수 있습니다.

9. **(계약의 무효)** 계약을 맺을 때에 아래와 같은 사항이 있으면 이 계약은 무효로 합니다.

① 계약에 관하여 보험계약자, 피보험자 또는 이들의 대리인의 사기행위가 있었을 경우

② 보험의 목적에 이미 이 보험에서 보상하는 손해가 발생하였거나 그 원인이 생긴 것을 알면서도 이를 회사에 알리지 아니하였을 경우

10. **(계약의 해지)** [1] 보험계약자는 손해가 생기기 전에는 언제든지 계약의 일부 또는 전부를 해지할 수 있습니다.

[2] 보험사고의 발생으로 회사가 보험금을 지급한 때에도 전부손해가 아닌 경우에는 보험계약자는 그 사고발생 후에도 계약을 해지할 수 있습니다.

[3] 회사는 아래와 같은 사실이 있는 경우에는 이 계약을 해지할 수 있습니다. 그러나 그 사실을 안 때로부터 1월이 지났거나 회사의 중대한 과실로 알지 못한 때에는 해지할 수 없습니다.

① 선박이 출항(기항지로부터 출항을 포함합니다)할 때에는 안전항해를 위하여 필요한 준비 또는 서류를 갖추지 아니하였거나 관청의 검사를 받는 것을 게을리 하였을 때

② 보험계약자, 피보험자 또는 이들의 대리인의 고의나 중대한 과실로 보험계약청약서(서면질의

를 포함합니다)의 기재사항에 관하여 사실 그대로를 알리지 아니하였을 때

③ 뚜렷한 위험의 변경 또는 증가와 관련된 8에 정한 계약 후 알릴 의무를 이행하지 아니하였을 때

④ 상당한 이유 없이 손해조사를 거부 또는 회피한 때

[4] ① 회사는 손해발생의 전후를 묻지 아니하고 위 [3]에 의한 계약의 해지를 할 수 있습니다.

② 계약의 해지가 손해발생 후에 이루어진 경우, 회사는 그 손해를 보상하여 드리지 아니합니다. 그러나 손해가 위 [3]의 ①·② 및 ③의 어느 하나의 사실로 생긴 것이 아님이 증명된 때에는 보상하여 드립니다.

11. **(계약의 종료)** 아래와 같은 사유가 있을 때에는 그 시점부터 이 계약은 종료됩니다. 그러나 이에 관하여 회사가 사전에 서면으로 동의한 경우에는 그러하지 아니합니다.

① 선박을 양도한 때

② 선박을 새로운 관리로 옮긴 때

③ 선박의 소유자가 선박을 나용선조건으로 임대한 때

12. **(보험료의 지급)** 이 계약이 무효가 된 때에는 이미 납입한 보험료 전액을, 효력상실 또는 해지된 때에는 경과하지 아니한 기간에 대하여 일단위로 계산한 보험료를 돌려드립니다. 그러나 보험계약자나 피보험자의 책임 있는 사유로 무효·효력상실된 때에는 보험료를 돌려드리지 아니하고, 해지된 때에는 이미 지난 기간에 대하여 단기요율로 계산한 보험료를 뺀 나머지를 돌려드립니다.

손해의 발생

13. **(손해의 통지 및 조사)** [1] 보험의 목적에 손해가 생긴 경우, 보험계약자 또는 피보험자는 지체없이 이를 회사에 알리고 아래의 서류를 빠른 시일 안에 제출하여야 합니다.

① 해난보고서

② 그 밖의 필요한 증거자료

[2] 보험계약 또는 피보험자가 위 [1]의 통지를 게을리 함으로 인하여 손해가 증가된 때에는 회사는 그 증가된 손해는 보상하여 드리지 아니합니다.

[3] 회사는 위 [1]의 통지를 받은 때에는 손해조사 기타 필요한 조치를 할 수가 있습니다.

14. **(손해방지의무)** [1] 보험사고가 생긴 때에는 보험계약자 또는 피보험자는 손해의 방지와 경감에 힘써야 합니다. 만약 고의 또는 중대한 과실로 이를 게을리 한 때에는 방지 또는 경감할 수 있었을 것으로 밝혀진 값을 손해액에서 뺍니다.

[2] 회사는 위 [1]의 손해방지 또는 경감에 소요된 필요 또는 유익한 비용은 보험가입금액의 보험가액에 대한 비율에 따라 이를 보상하여 드립니다.

보험금의 지급

15. **(보험금의 지급)** 회사는 사고발생통지를 받은 후 지체없이 지급할 보험금을 결정하고, 지급할 보험금이 결정되면 10일내에 이를 지급하여 드립니다. 그러나 보험금 지급에 필요한 조사를 짧은 시일 내에 마치지 못한 경우에는 피보험자의 청구에 따라 회사가 추정하는 보험금의 50% 해당액 이상을 가지급보험금으로 지급합니다.

16. **(보상책임의 기준)** 회사의 책임은 한 번의 사고마다 각각 별개로 결정합니다.

17. **(미납보험료의 공제)** 회사가 손해를 보상할 경우 납입하지 않은 보험료가 있을 때에는 그 보험료 납입기일에 관계없이 보상할 금액에서 이를 뺍니다.

18. **(위부의 원인)** 피보험자는 아래의 경우에는 보험의 목적을 회사에 위부하고 보험가입금액 전액을 보험금으로 청구할 수 있습니다.

① 피보험자가 보험사고로 인하여 자기의 선박의 점유를 상실하여 이를 회복할 가능성이 없거나 회복하기 위한 비용이 회복하였을 때의 가액을 초과하리라고 예상된 경우

② 선박이 보험사고로 인하여 심하게 손상되어 이를 수선하기 위한 비용이 수선하였을 때의 가액을 초과하리라고 예상될 경우

19. **(선박의 행방불명)** [1] 선박의 존재 여부가 2월간 분명하지 아니한 때에는 그 선박의 행방이 불명한 것으로 합니다.

[2] 위 [1]의 경우에는 전부손해로 추정합니다.

20. **(위부의 통지)** 피보험자가 18의 규정에 따라 위부를 하고자 할 때에는 상당한 기간 내에 회사에 대하여 그 통지를 발송하여야 합니다.

21. **(위부선박에 대한 각종 부담)** [1] 위부된 선박에 존재하는 우선특권, 질권, 저당권 그 밖의 물권 및 임차권을 소멸시키기 위한 금액 및 그 보험의 목적에 따르는 공법상 또는 사법상의 채무를 이행하기 위한 금액은 보험수익자의 부담으로 합니다.

[2] 회사가 [1]의 금액을 지급하였거나 지급이 필요하다고 인정한 대에는 보상할 금액에서 이를 뺄 수 있습니다.

22. **(위부에 있어서의 용어의 정의)** [1] 수선불능이라 함은 아래의 비용의 추정액 또는 그 합산액이 선박의 협정보험가액을 초과하는 경우만을 말합니다.

① 위부를 하기로 결정한 후에 소요된 구조비(아래의 [2]에 규정한 구조비를 말합니다.

② 공동해손에 대한 선박의 분담금 및 수선비(아래의 [3]에 규정한 수선비를 말합니다).

[2] 구조비라 함은 아래의 비용 및 보수를 말합니다.

① 선박을 구조하여 안전하게 정박할 수 있는 가장 가까운 장소(최소한의 자력항해가 가능하도록 수선할 수 있는 장소도 포함됩니다)까지의 예항(曳航)하는 비용(선박을 사용함으로써 얻을 수 있는 이익의 상실, 급식비, 연료 그 밖의 소모품에 관한 지급은 제외하며 상기 수선

이외의 여러 가지 수선을 목적으로 하는 회항 또는 예항비는 수선비로 봅니다)

② 구조자에 대한 보수. 그러나 선박을 화물과 함께 구조할 경우에는 위 ①의 비용 및 보수에 대한 선박의 분담금을 구조비라 합니다.

[3] 수선비라 함은 이 보험에서 보상하는 손해를 입었을 경우에 이를 사고발생 직전의 상태로 복구하는 데 드는 비용의 초저액을 말합니다.

① 수선도료(水線塗料), 선저방부도료(船底防腐塗料) 및 선저방오도료(船底防汚塗料)(유성(油性)은 제외)의 대금 및 그 도장비(塗裝費)(손해를 입었던 부분에 한함)

② 유성의 선저방요도료의 대금 및 그 도장비(전번에 도장한 때로부터 8월내에 사고가 생긴 경우에 한함)

③ 상하가(上下架) 또는 입출거(入出渠)에 드는 비용(보험사고와 관련 없는 수선공사 · 검사 등을 동시에 시행하였을 경우에는 그 비용의 2분의 1)

④ 선가(船架) 또는 건선거(乾船渠)의 사용료(보험사고와 관련 없는 수선공사 · 검사 등을 동시에 시행하였을 경우에는 각각 단독으로 계산하고 중복되는 일수에 대하여는 그 사용료의 2분의 1)

23. **(위부와 구조행위)** 회사 또는 피보험자가 선박구조에 착수하였다 하더라도 그 사실만으로 위부의 승인 또는 위부할 권리의 포기로 보지 아니합니다.

그 밖의 사항

24. **(대위권)** 보험계약자 또는 피보험자는 회사가 손해를 보상함으로써 대위하는 제3자에 대한 권리의 보전 및 그 행사에 관하여 필요한 조치를 하여야 하며, 또한 회사가 요구하는 증거 및 서류를 제출하여야 합니다. 이에 필요한 비용은 회사가 드립니다.

25. **(보험의 목적의 조사 및 보고)** 회사는 필요하다고 인정할 때에는 선박의 선체, 기관, 속구, 연료, 식료품, 그 밖의 소모품 및 적하(積荷)나 저하(底荷)의 적재상태 등을 언제든지 조사할 수 있으며, 선장에 대하여 필요한 사항의 보고를 요구할 수 있습니다.

26. **(다툼의 조정)** 이 계약의 내용 또는 보험금의 지급 등에 관하여 회사와 보험계약자, 피보험자 기타 이해관계인과의 사이에 다툼이 있는 경우에는 보험감독원에 설치된 보험분쟁조정위원회의 조정을 받을 수 있습니다.

27. **(보험보증기금의 지급보장)** 이 계약 중 계약의 당사자 및 보험료납입 명의자가 법인 또는 단체가 아닌 계약에 대하여는 회사가 파산 등으로 보험금 등을 지급하지 못하는 경우, 보험보증기금이 일정금액의 범위(이 약관에서 정한 금액, 1인당 최고한도 5천만원) 내에서 지급을 보장합니다.

28. **(보험기간의 연장)** [1] 선박이 항해 중이거나 사고를 당하여 회사의 책임이 확정되지 아니한 동안에 보험기간이 끝날 때에는 보험계약자 또는 피보험자는 그 보험기간을 연장할 수 있습니다.
[2] 위 [1]의 규정에 따라 보험계약자 또는 피보험자가 보험기간을 연장하고자 할 때에는

보험기간이 끝나기 전에 서면으로 이를 회사에 통지하고 본 증권에 적용한 요율에 의해 일단위로 계산한 추가보험료를 납입하여야 하며, 또 다시 그 보험기간을 연장하고 할 때에도 또한 같습니다.

③ 보험기간이 연장된 경우라도 항해 중의 선박이 안전한 항구에 도착하였거나 선박이 전부손해(18의 경우를 포함합니다)되었거나 손상의 수선을 완료한 때에 이 계약이 끝납니다.

29. (관할법원) 이 계약에 관한 소송은 회사의 본점 또는 지점 소재지 중 보험계약자 또는 피보험자가 선택하는 법원을 합의에 따른 관할법원으로 합니다.

30. (준거법) 이 약관에 정하지 아니한 사항은 대한민국 법령을 따릅니다.

〔4〕 영업배상책임보험 보통약관

보험계약의 체결

제1조(보험계약의 체결) ① 보험계약의 보험계약자의 청약과 보험회사의 승낙으로 이루어집니다. (이하 "보험계약"은 "계약", "보험계약자"는 "계약자", "보험회사"는 "회사"라 합니다)

② 회사는 계약의 청약을 받고 보험료 전액 또는 제1회 보험료(일정기간 단위의 나눠 내는 보험료)를 받은 경우에는 청약일로부터 30일 이내에 승낙 또는 거절의 통지를 하며 통지가 없으면 승낙한 것으로 봅니다.

③ 회사가 청약을 승낙한 때에는 지체없이 보험가입증서(보험증권)을 계약자에게 교부하여 드리며, 청약을 거절한 경우에는 거절통지와 함께 받은 금액을 계약자에게 돌려드립니다.

④ 이미 성립한 계약을 연장하거나 변경하는 경우에는 회사는 보험가입증서(보험증권)에 그 사실을 기재함으로써 보험증권의 교부에 대신할 수 있습니다.

제2조(약관교부 및 설명의무 등) ① 회사는 계약을 체결할 때 계약자에게 약관을 드리고 약관의 중요한 내용을 설명하여 드립니다.

② 회사가 제①항에 의해 제공될 약관을 계약자에게 전달하지 아니하거나 약관의 중요한 내용을 설명하지 아니한 때 또는 계약을 체결할 때 계약자가 청약서에 자필서명(날인(도장을 찍음)을 포함합니다)을 하지 아니한 때에는 계약자는 계약일로부터 1개월 이내에 계약을 취소할 수 있습니다.

③ 제②항에 따라 계약이 취소된 경우에는 회사는 이미 납입한 보험료를 계약자에게 돌려드리며, 보험료를 받은 기간에 대하여 보험개발원이 공시하는 정기예금이율로 계산한 금액을 더하여 지급합니다.

제3조(보험료) ① 보험료는 다른 약정이 없으면 보험기간이 시작되기 전에 내어야 합니다.

② 다른 약정이 없으면 보험기간이 시작된 후라도 보험료를 받기 전에 생긴 손해는 보상하여 드리지 아니합니다.

제4조(회사의 보장의 시기 및 종기) ① 회사의 책임은 보험가입증서(보험가입증서(보험증권))에 기재된 보험기간의 첫날 24시에 시작하여 마지막 날 24시에 끝납니다. 그러나 보험가입증서(보험증권)에 이와 다른 시각이 기재되어 있을 때에는 그 시각으로 하며, 시각은 보험가입증서(보험증권) 발행지의 표준시를 따릅니다.

② 회사의 계약자로부터 계약의 청약과 함께 보험료 상당액의 전부 또는 일부를 받은 경우에 그 청약을 승낙하기 전에 계약에서 정한 보험사고가 생긴 때에는 회사는 계약상의 보장을 합니다.

③ 제②항의 규정에도 불구하고 회사는 다음 중 한 가지에 해당되는 경우에는 책임을 하지

아니합니다.

1. 제①항에서 정한 책임이 개시되지 아니한 경우
2. 제9조(계약 전 알릴 의무)의 규정에 의하여 계약자 또는 피보험자가 회사에 알린 내용이 보험금 지급사유의 발생에 영향을 미쳤음을 회사가 증명하는 경우
3. 제11조(계약의 해지)의 규정을 준용하여 회사가 책임을 지지 아니할 수 있는 경우

제5조(보상하는 손해) 회사는 피보험자가 보험가입증서(보험증권)상의 담보지역 내에서 보험기간 중에 발생한 특별약관에 기재된 보험사고(이하 「사고」라 합니다)로 인하여 타인의 신체에 장해(이하 「신체장해」라 합니다)를 입히거나 타인의 재물을 망그러뜨려(이하 「재물손해」라 합니다) 법률적인 배상책임을 부담함으로써 입은 아래의 손해를 보상하여 드립니다.

1. 피보험자가 피해자에게 지급한 법률상 손해배상금
2. 피보험자가 지출한 아래의 비용

가. 피보험자가 제17조(손해방지의무) 제①항 제1호의 방법을 조사하여 구하기 위하여 지급한 필요 또는 유익하였던 비용. 그러나 피보험자가 그 방법을 조사하여 구한 후에 배상책임이 없음이 판명된 때에는 그 비용 중 응급처치, 긴급호송 또는 그 밖의 긴급조치를 위하여 지급한 비용과 지급에 관하여 미리 회사의 동의를 받은 비용만 보상합니다.

나. 피보험자가 제17조(손해방지의무) 제①항 제2호의 절차를 취하는 데 지급한 필요 또는 유익하였던 비용

다. 피보험자가 미리 회사의 동의를 받아 지급한 소송비용, 변호사비용, 중재, 화해 또는 조정에 관한 비용

라. 증권 상 보상한도액내의 금액에 대한 공탁보증보험료. 그러나 그러한 보증을 제공할 보장은 부담하지 아니합니다.

마. 피보험자가 제18조(손해배상청구에 대한 회사의 해결)제②항 및 제③항의 회사의 요구에 따르기 위하여 지급한 비용

제6조(보상하지 아니하는 손해) 이 계약에서 보상하지 아니하는 손해는 해당 특별약관의 규정에 따릅니다.

제7조(의무보험과의 관계) 회사는 피보험자가 법률에 의하여 의무적으로 가입하여야 하는 보험(공제계약(각종 공제회에 가입되어 있는 계약)을 포함합니다. 이하 「의무보험」이라 합니다.)에서 보상하는 금액(의무보험에 가입하여야 함에도 불구하고 가입하지 않은 경우에는 의무보험에서 보상될 수 있는 금액)을 초과할 때에 한하여 그 초과액만을 보상합니다. 다만, 의무보험이 다수인 경우에는 제20조(보험금의 분담)를 따릅니다.

제8조(보험금 등의 지급한도) ① 회사가 보상하는 손해배상금은 보험가입증서(보험증권)에 기재된 보상한도액을 한도로 합니다.

② 회사는 1회의 사고에 대하여 손해배상금이 보험가입증서(보험증권)에 기재된 자기부담금을

초과하는 경우에 한하여 그 초과분을 보상합니다. 그러나 보험기간 중 발생하는 사고에 대한 회사의 보상총액은 보험가입증서(보험증권)에 기재된 총 보상한도액을 한도로 합니다.

③ 회사는 제②항의 손해배상금과 제5조(보상하는 손해) 제2호 가목 내지 마목의 비용 전액을 보상합니다. 그러나 손해배상청구금액이 보험가입증서(보험증권)에 기재된 총 보상한도액을 초과하는 경우 5조(보상하는 손해) 제2호 나목 및 다목의 비용 중 소송비용의 인지대, 변호사비용 및 라목의 비용은 보험가입증서(보험증권)에 기재된 보상한도액에 해당하는 금액에 대한 비용만 보상합니다.

제9조(계약전 알릴 의무) 계약자, 피보험자 또는 이들의 대리인은 청약시 청약서(질문서를 포함합니다)에서 질문한 사항에 대하여 알고 있는 사실을 반드시 사실대로 알려야 합니다.

제10조(계약후 알일 의무) ① 계약을 맺은 후 보험의 목적에 아래와 같은 사실이 생긴 경우에는 계약자나 피보험자는 지체없이 서면으로 회사에 알리고 보험가입증서(보험증권)에 확인을 받아야 합니다.

1. 청약서의 기재사항을 변경하고자 할 때 또는 변경이 생겼음을 알았을 때
2. 이 계약에서 보장하는 위험과 동일한 위험을 보장하는 계약을 다른 보험자와 체결하고자 할 때 또는 이와 같은 계약이 있음을 알았을 때
3. 위험이 뚜렷이 변경되거나 변경되었음을 알았을 때

② 회사는 제①항에 따라 위험이 감소된 경우에는 그 차액보험료를 돌려드리며, 위험이 증가된 경우에는 통지를 받은 날로부터 1개월 이내에 보험료의 증액을 청구하거나 계약을 해지할 수 있습니다. 이 경우 받을 보험료에 대하여는 제3조(보험료) 제②항에 따릅니다.

③ 계약자는 주소 또는 연락처가 변경된 경우에는 지체없이 이를 회사에 알려야 합니다. 다만, 계약자가 알리지 않은 경우 회사가 알고 있는 최종의 주소 또는 연락처로 알린 사항은 일반적으로 도달에 필요한 시일이 지난 때에는 계약자에게 도달한 것으로 봅니다.

제11조(계약의 해지) ① 계약자는 손해가 발생하기 전에는 언제든지 계약을 해지할 수 있습니다. 다만, 타인을 위한 계약의 경우에는 계약자는 그 타인의 동의를 얻거나 보험가입증서(보험증권)을 소지한 경우에 한하여 계약을 해지할 수 있습니다.

② 회사는 계약자 또는 피보험자(법인의 경우에는 그 이사 또는 법인의 업무를 집행하는 그 밖의 기관)의 고의로 손해가 발생한 경우 이 계약을 해지할 수 있습니다.

③ 회사는 아래와 같은 사실이 있을 경우에는 손해의 발생여부에 관계없이 이 계약을 해지할 수 있습니다.

1. 계약자, 피보험자 또는 이들의 대리인이 제9조(계약전 알릴 의무)에도 불구하고 고의 또는 중대한 과실로 중요한 사항에 대하여 사실과 다르게 알린 때. 다만, 계약자가 청약서에 자필로 서명하지 아니한 경우에는 계약전 알릴 의무 등의 이유로 계약을 해지할 수 없으며 회사가 보장을 합니다.

2. 뚜렷한 위험의 변경 또는 증가와 관련된 제10조(계약후 알릴 의무)서 정한 계약후 알릴 의무를 이행하지 아니하였을 때

3. 상당한 이유 없이 제23조(조사)의 조사를 거부 또는 회피한 때

④ 제③항 제1호의 경우에도 불구하고 다음 중 하나에 해당하는 경우에는 회사는 계약을 해지할 수 없습니다.

1. 회사가 계약 당시에 그 사실을 알았거나 중대한 과실로 인하여 알지 못하였을 때
2. 회사가 그 사실을 안 날부터 1개월 이상 지났을 때
3. 보험을 모집한 자(이하 "보험설계사 등"이라 합니다)가 계약자 또는 피보험자의 계약전 알릴 의무사항을 임의로 기재한 경우

⑤ 제③항에 의한 계약의 해지는 손해가 생긴 후에 이루어진 경우에도 회사는 그 손해를 보상하여 드리지 아니합니다. 그러나 제③항 제1호 및 제2호의 어느 하나의 사실로 생긴 것이 아님이 증명된 때에는 보상하여 드립니다.

제12조(타인을 위한 계약) ① 계약자는 타인을 위한 계약을 체결하는 경우에 그 타인의 위임이 없는 때에는 반드시 이를 회사에 알려야 하며, 이를 알리지 않았을 때에는 그 타인은 이 계약이 체결된 사실을 알지 못하였다는 사유로 회사에 이의를 제기할 수 없습니다.

② 타인을 위한 계약에서 보험사고가 발생한 경우에 계약자가 그 타인에게 보험사고의 발생으로 생긴 손해를 배상한 때에는 계약자는 그 타인의 권리를 해하지 아니하는 범위 안에서 회사에 보험금의 지급을 청구할 수 있습니다.

제13조(계약의 무효) 계약을 맺을 때에 아래와 같은 사항이 있으면 이 계약은 무효로 합니다.

1. 계약자, 피보험자 또는 이들의 대리인의 사기행위가 있었을 경우
2. 계약을 맺을 때에 계약자, 피보험자 또는 이들의 대리인이 보험사고가 이미 발생하였거나, 사고의 원인이 생긴 것을 알면서도 이를 사기의 목적으로 회사에 알리지 아니하였을 경우
3. 계약을 맺은 후에 이 계약에서 보장하는 위험과 동일한 위험을 보장하는 계약을 다른 보험자와 체결하고 이를 사기의 목적으로 알리지 아니하였을 경우

제14조(보험료의 환급) 이 계약이 무효, 효력상실 또는 해지된 때에는 다름과 같이 보험료를 돌려드립니다.

1. 계약자 또는 피보험자의 책임 없는 사유에 의하는 경우: 무효의 경우에는 회사에 납입한 보험료의 전액, 효력상실 또는 해지의 경우에는 경과하지 아니한 기간에 대하여 일단위로 계산한 보험료
2. 계약자 또는 피보험자의 책임 있는 사유에 의하는 경우: 이미 경과한 기간에 대하여 단기요율 (1년 미만의 기간에 적용되는 요율)로 계산한 보험료를 뺀 잔액. 다만, 계약자, 피보험자의 고의 또는 중대한 과실로 무효가 된 때에는 보험료를 돌려드리지 아니합니다.

제15조(양도) 이 보험의 목적의 양도는 회사의 서면동의 없이는 회사에 대하여 효력이 없으며, 회사가 서면 동의한 경우 계약으로 인하여 생긴 권리와 위무를 함께 양도한 것으로 합니다. 다만, 의무보험인 경우에는 회사의 서면동의가 없는 경우에도 보험계약 청약서에 기재된 사업을 양도하였을 때 보험계약으로 인하여 생긴 권리와 의무를 함께 양도한 것으로 봅니다.

제16조(손해의 발생과 통지) ① 계약자 또는 피보험자는 아래와 같은 사실이 있는 경우에는 지체없이 그 내용을 서면으로 회사에 알려야 합니다.

1. 사고가 발생하였을 경우 사고가 발생한 때와 곳, 피해자의 주소와 성명, 사고상황 및 이들 사항의 증인이 있을 경우 그 주소와 성명
2. 제3자로부터 손해배상청구를 받았을 경우
3. 손해배상보장에 관한 소송을 제기 받았을 경우

② 계약자 또는 피보험자가 제①항 제1호 및 제2호의 통지를 게을리 하여 손해가 증가된 때에는 회사는 그 증가된 손해를 보상하여 드리지 아니하며, 제①항 제3호의 통지를 게을리 한 때에는 소송비용과 회사가 손해배상보장이 없다고 인정되는 부분은 보상하여 드리지 아니합니다.

제17조(손해방지의무) ① 보험사고가 생긴 때에는 계약자 또는 피보험자는 아래의 사항을 이행하여야 합니다.

1. 손해의 방지 또는 경감을 위한 일체의 방법을 조사하여 구하는 일
2. 제3자로부터 손해의 배상을 받을 수 있는 경우에는 그 권리를 지키거나 행사하기 위한 필요한 절차를 취할 일
3. 손해배상책임의 전부 또는 일부를 승인하고자 할 때에는 미리 회사의 동의를 받을 일. 그러나 피해자에 대한 응급처치, 긴급호송 또는 그 밖의 긴급조치는 그러하지 아니합니다.
4. 손해배상책임에 관하여 피보험자가 소송을 제기하려고 할 때에는 미리 회사의 동의를 받을 일

② 계약자 또는 피보험자가 정당한 이유 없이 제①항의 의무를 이행하지 아니하였을 때에는 그 손해액을 아래에 따라 결정합니다.

1. 제①항 제1호 및 제2호의 경우에는 손해를 방지 또는 경감할 수 있었다고 인정되는 부분을 뺍니다.
2. 제①항 제3호의 경우에는 회사가 손해배상책임이 없다고 인정되는 부분을 뺍니다.
3. 제①항 제4호의 경우에는 소송비용 및 변호사비용과 회사가 손해배상책임이 없다고 인정되는 부분을 뺍니다.

제18조(손해배상청구에 대한 회사의 해결) ① 피보험자가 피해자에게 손해배상책임을 지는 사고가 생긴 때에는 피해자는 이 약관에 의하여 회사가 피보험자에게 지급보장을 지는 금액한도 내에서 회사에 대하여 보험금의 지급을 직접 청구할 수 있습니다. 그러나 회사는 피보험자가 그 사고에 관하여 가지는 항변으로써 피해자에게 대항할 수 있습니다.

② 회사가 제①항의 청구를 받았을 때에는 지체없이 피보험자에게 통지하여야 하며, 회사의

요구가 있으면 계약자 및 피보험자는 필요한 서류증거의 제출, 증언 또는 증인출석에 협조하여야 합니다.

③ 피보험자가 피해자로부터 손해배상의 청구를 받았을 경우에 회사가 필요하다고 인정할 때에는 피보험자를 대신하여 회사의 비용으로 이를 해결할 수 있습니다. 이 경우에 회사의 요구가 있으면 계약자 또는 피보험자는 이에 협력하여야 합니다.

④ 계약자 및 피보험자가 정당한 이유 없이 제②항, 제③항의 요구에 협조하지 아니할 때에는 회사는 그로 인하여 늘어난 손해는 보상하지 아니합니다.

제19조(보험금의 지급) ① 피보험자가 보험금을 청구할 때에는 다음의 서류를 회사에 제출하여야 합니다.

1. 보험금 청구서
2. 주민등록증, 여권 또는 운전면허증 등 서진이 부착된 정부기관발행 신분증(본인이 아닌 경우에는 본인의 인감증명서 포함)
3. 손해배상금 및 그 밖의 비용을 지급하였음을 증명하는 서류
4. 회사가 요구하는 그 밖의 서류

② 회사는 제①항에 따른 보험금 청구를 받은 후 지체없이 지급할 보험금을 결정하고 1급할 보험금이 결정되면 10영업일 이내에 이를 지급하여 드립니다. 그러나 보험금 지급에 필요한 조사를 이 기간 내에 마칠 수 없고 피보험자의 청구가 있을 때에는 회사가 추정한 보험금의 50% 상당액을 가지급보험금으로 지급합니다.

③ 회사는 제②항의 지급보험금이 결정된 후 10영업일이 지나도록 보험금을 지급하지 아니하였을 때에는 지체된 날로부터 지급일까지 보험개발원이 매월 공시하는 1년만기 정기예금 이율에 의한 자연배상금을 지급합니다. 그러나 피보험자의 책임 있는 사유로 지체된 경우에는 그러하지 아니합니다.

④ 회사는 피보험자가 제①항의 서류 중 기재사항에 관하여 거짓으로 기재하거나 어떠한 사실을 숨겼을 경우에는 일체의 보험금을 지급하지 아니합니다.

제20조(보험금의 분담) ① 이 계약에서 보장하는 위험을 보장하는 다른 계약(공제계약(각종 공제회에 가입되어 있는 계약)을 포함합니다)이 있을 경우 각 계약에 대하여 다른 계약이 없는 것으로 하여 각각 산출한 보상책임액의 합계액이 손해액을 초과할 때에는 회사는 이 계약에 의한 보상책임액의 전기합계액(각각 산출한 보상책임액의 합계액)에 대한 비율에 따라 손해를 보상합니다. 이 계약과 다른 계약이 모두 의무보험인 경우에도 같습니다.

② 의무보험이 아니 보험계약에 대하여는 의무보험에서 보상되는 금액(피보험자가 가입을 하지 않은 경우에는 보상될 것으로 추정되는 금액)을 차감한 금액을 손해액으로 간주하여 제①항에 의한 보상할 금액을 결정합니다.

③ 피보험자가 다른 계약에 대하여 보험금 청구를 포기한 경우에도 회사의 제①항에 의한

지급보험금 결정에는 영향을 미치지 아니합니다.

제21조(소멸시효) 보험금청구권, 보험료 및 환급금반환청구권은 2년간 행사하지 아니하면 소멸시효가 완성됩니다.

제22조(대위권) ① 회사가 보험금을 지급한 때에는 회사는 보험금의 한도 내에서 아래의 권리를 가집니다. 다만, 회사가 보상한 금액이 피보험자가 입은 손해의 일부인 경우에는 피보험자의 권리를 침해하지 아니하는 범위 내에서 그 권리를 가집니다.

1. 피보험자가 제3자로부터 손해배상을 받을 수 있는 경우에는 그 손해배상청구권
2. 피보험자가 손해배상을 함으로써 대위 취득하는 것이 있을 경우에는 그 대위권

② 계약자 또는 피보험자는 제①항에 의하여 회사가 취득한 권리를 행사하거나 지키는 것에 관하여 필요한 조치를 하여야 하며, 또한 회사가 요구하는 증거 및 서류를 제출하여야 합니다.

③ 회사는 제①항, 제②항에도 불구하고 타인을 위한 보험계약의 경우에는 계약자에 대한 대위권을 포기합니다.

제23조(조사) ① 회사는 보험기간 중 언제든지 피보험자의 시설과 업무내용을 조사할 수 있고 필요한 경우에는 그의 개선을 피보험자에게 요구할 수 있습니다.

② 회사는 제①항에 따른 개선이 완료될 때까지 계약의 효력을 정지할 수 있습니다.

③ 회사는 이 계약의 중요사항과 관련된 범위 내에서는 보험기간 중 또는 보험기간 종료 후 3년 이내에는 언제든지 피보험자의 회계장부를 열람할 수 있습니다.

제24조(계약내용의 교환) 회사는 보험계약의 체결 및 관리 등을 위한 판단자료로서 활용하기 위하여 다음 각 호의 사항을 계약자 및 피보험자의 동의를 받아 다른 보험회사(보험관련 업무를 위탁받은 자를 포함) 및 보험관련 단체 등에게 제공할 수 있으며 이 경우 회사는 신용정보의이용및보호에관한법률 제23조(개인신용정보의 제공 · 활용에 대한 동의) 및 동법시행령 제12조(개인신용정보의 제공 · 활용에 대한 동의 등)의 규정을 따릅니다.

1. 계약자 및 피보험자의 성명, 주민등록번호 및 주소
2. 계약일, 보험종목, 보험료, 보험가입금액 등 계약내용
3. 보험금과 각종 급부금액 및 지급사유 및 지급내용

제25조(분쟁의 조정) 계약에 관하여 분쟁이 있는 경우에는 분쟁당사자 또는 기타 이해관계인과 회사는 금융감독원장에게 조정을 신청할 수 있습니다.

제26조(관할법원) 이 계약에 관한 소송은 계약자 또는 피보험자가 선택하는 대한민국 법원을 합의에 따른 관할법원으로 합니다.

제27조(약관의 해석) ① 회사는 신의성실의 원칙에 따라 공정하게 약관을 해석하여야 하며 계약자에 따라 다르게 해석하지 아니합니다.

② 회사는 약관의 뜻이 명백하지 아니한 경우에는 계약자에게 유리하게 해석합니다.

제28조(회사가 제작한 보험안내장의 효력) 보험설계사 등이 모집과정에서 사용한 회사(각종

점포 및 대리점 포함) 제작의 보험안내장(계약의 청약을 권유하기 위해 만든 서류 등을 말합니다)의 내용이 이 약관의 규정과 다른 경우에는 계약자에게 유리한 내용으로 계약이 성립된 것으로 봅니다.

제29조(회사의 손해배상책임) 회사는 계약과 관련하여 임직원, 보험설계사 및 대리점의 보장있는 사유로 인하여 발생된 손해에 대하여는 관계법규 및 사업방법서에서 정한 바에 따라 손해배상의 보장을 집니다.

제30조(예금보험기금에 의한 지급담보) 회사가 파산 등으로 인하여 보험금 등을 지급하지 못할 경우에는 예금자보호법에서 정하는 바에 따라 그 지급을 보장합니다.

제31조(준거법) 이 약관에 정하지 아니한 사항은 대한민국법령을 따릅니다.

<용어풀이>	
신체손해 재물손해	신체장해라 함은 신체의 상해, 질병 및 그로 인한 사망을 말합니다. 재물손해라 함은 아래와 같습니다. 1) 물리적으로 망그러뜨려진 유체물의 직접손해 2) 물리적으로 망그러뜨려진 유체물의 사용불능으로 생긴 간접손해 3) 물리적으로 망그러뜨려지지 아니한 유체물의 사용불능으로 생긴 간접손해
담보지역	1) 보험증권에 기재된 국가 2) 공해 또는 공공(公空), 그러나 위 1)에 해당되지 않는 국가에서 위 1)의 국가로 또는 위 1)의 국가에서 위 1)에 해당되지 않는 국가로 여행하거나 수송하는 공해 또는 공공에서 발생하는 경우에는 제외합니다. 3) 다음의 경우에는 세계 전지역. 그러나 그로 인한 피보험자의 배상책임이 위 1)에 기재된 국가 내에서 소송이나 회사가 합의한 화해액 한도 내에서 확정되는 경우에 한합니다. ① 위1)의 국가에서 피보험자가 제조하여 판매한 제품으로 생긴 사고 ② 위1)의 국가에 거주지가 있는 피보험자의 활동으로 생긴 사고. 다만, 보험증권상 담보되는 사업의 목적으로 거주지를 단기간 이탈한 경우에 한합니다.
사고	사고라 함은 급격하게 발생하는 것을 포함하여 위험이 서서히, 계속적, 반복적, 또는 누적적으로 노출되어 그 결과로 발생한 신체장해나 재물손해를 말합니다.
1회의사고	1회의 사고라 함은 하나의 원인 또는 사실상 같은 종류의 위험에 계속적, 반복적 또는 누적적으로 노출되어 그 결과로 발생한 사고로써 피보험자나 피해자의 수 또는 손해배상청구의 수에 관계없이 1회의 사고로 봅니다.
자동차	자동차라 함은 도로상을 주행하기 위하여 설계된 것으로써 육상에서 사용하는 원동기를 붙인 차량, 트레일러 또는 반 트레일러 및 여기에 장착된 장치를 말합니다. 그러나 아래의 차량(여기에 부착된 기계나 장치를 포함합니다)은 자동차로 보지 아니합니다. 1) 공공도로 이외의 장소에 사용하기 위하여 만든 차량

	2) 피보험자의 소유, 임차한 구내에서만 사용하는 차량 3) 무한궤도를 주행하는 차량 4) 자체추진력 여부에 관계없이 장소의 이동을 목적으로 아래의 기계를 항구적으로 부착한 차량 ① 파워크레인, 쇼벨, 로다, 굴삭기, 천공기 ② 그레이다, 스크레퍼, 로울러 등의 도로건설 또는 포장용 기계 ③ 에어콤프레셔, 펌프, 발전기(분무용, 용접용, 빌딩청소용, 지질조사용, 조명요 및 우물탐사용을 포함합니다) 5) 위 1) 내지 4) 이외의 차량으로 주로 사람이나 물건운송이외의 목적으로 사용하는 차량. 그러나 아래의 장치를 항구적으로 부착한 자력주행차량은 자동차로 봅니다. ① 제설, 도로의 보수관리(도로건설이나 포장공사는 제외합니다) 및 도로청소용 장치 ② 작업원의 승강용 기계장치로써 자동차 또는 트럭의 차대에 장착된 고소작업용 차량 및 이와 유사한 장치 ③ 에어콤프레셔, 펌프, 발전기(분무용, 용접용, 빌딩청소용, 지질조사용, 조명용 및 우물탐사용을 포함합니다.)
법률상의 배상책임 공해물질	법률상의 배상책임이라 함은 법률규정에 따른 배상책임을 말하며 계약에 의하여 법률규정보다 가중된 배상책임(계약상의 가중책임)은 제외합니다. 공해물질이라 함은 연기 증기, 매연, 연무, 산, 알카리, 화학물질 및 폐기물(재상, 수리 또는 재활용되는 물질을 포함합니다)을 포함한 고체, 액체, 기체상태의 열성자극물이나 오염물질을 말합니다.
테러	테러라 함은 정부, 일반대중, 일부집단 등에 대하여 영향을 미치거나 공포를 조성할 의도를 포함하여 정치, 종교, 특정이념, 기타 유사한 목적을 가지고 단독으로 또는 조직이나 정보를 대신하거나 연계하여 행하는 개인이나 집단의 무력 또는 폭력의 사용, 위협 등을 말합니다.

〔5〕 운송보험 보통약관

Ⅰ. 보험계약의 체결

1. 보험계약의 성립 1) 보험계약(이하 「계약」이라 합니다)은 보험계약자의 청약과 우리 회사(이하 「회사」라 합니다)의 승낙으로 이루어집니다.

2) 회사는 계약의 청약을 받고 보험료 전액 또는 제1회 보험료(일정기간 단위의 나눠내는 보험료)를 받은 경우에 청약일로부터 30일 이내에 승낙 또는 거절의 통지를 하여야 하며 통지가 없으면 승낙한 것으로 봅니다. 또한 회사가 청약을 승낙한 때에는 지체없이 이 보험가입증서(보험증권)을 보험계약자에게 교부하여 드립니다.

3) 회사가 보험계약자로부터 계약의 청약과 함께 보험료 상당액의 전부 또는 일부를 받은 경우에는 그 청약을 승낙하기 전이라도 계약에서 정한 보험사고가 생긴 때에는 그 청약을 거절할 사유가 없는 한 회사는 계약상의 보장을 합니다. 그러나 4에서 정한 보장이 개시되지 아니한 때에는 그러하지 아니합니다.

4) 이미 성립된 계약을 연장하거나 변경한 경우에는 회사는 보험가입증서(보험증권)에 그 사실을 기재함으로써 보험가입증서(보험증권)의 교부에 갈음할 수 있습니다.

2. 보상하는 손해 1) 전위험: 회사는 보험에 가입한 물건(이하 "보험의 목적"이라 합니다)을 육상(<호수와 하천>을 포함합니다)에서 운송하는 도중에 생긴 손해를 이 약관에 따라 보상하여 드립니다.

2) 전부손해 및 일부손해: 회사는 보험에 가입한 물건(이하 "보험의 목적"이라 합니다)을 육상(<호수와 하천>을 포함합니다)에서 운송하는 도중 운송용구의 탈선, 전복, 추락, 화재, 폭발 또는 충돌로 생긴 보험의 목적의 전부손해, 일부손해 담보를 이 약관에 따라 보상하여 드립니다. 또한 하역 또는 이적 중에 보험의 목적의 추락으로 생긴 매개 당 전부손해도 보상하여 드립니다.

3) 전부손해: 회사는 보험에 가입한 물건(이하 "보험의 목적"이라 합니다)을 육상(<호수와 하천>을 포함합니다)에서 운송하는 도중 운송용구의 탈선, 전복, 추락, 화재, 폭발 또는 충돌로 생긴 보험의 목적의 전부손해를 이 약관에 따라 보상하여 드립니다. 또한 하역 또는 이적 중에 보험의 목적의 추락으로 생긴 매개 당 전부손해도 보상하여 드립니다.

3. 보험료 1) 보험료는 다른 약정이 없으면 보험기간이 시작되기 전에 내어야 합니다.

2) 보험기간이 시작된 후라도 최초의 보험료를 받기 전에 생긴 손해는 보상하여 드리지 아니합니다.

4. 보험기간 1) 회사의 보장은 운송인이 운송할 목적으로 보험의 목적을 보험가입증서(보험증권)에 기재한 발송지의 보관장소(이하 창고를 포함합니다)에서 반출(적재위험을 포함합니다)할 때부터 시작합니다.

2) 회사의 보장은 아래의 경우에 끝납니다. ① 보험증권에 기재된 도착지의 보관장소에 보험의 목적이 반입(하역위험을 포함합니다) 되었을 때 ② 보험의 목적이 위 ①의 보관장소에 반입되기 전이라도 보험가입증서(보험증권)에 기재된 도착지의 보관장소에 도착한 후 24시간이 경과된 때

5. 보상하지 아니하는 손해 1) 회사는 아래의 사유로 생긴 손해는 보상하여 드리지 아니합니다.

① 보험계약자, 피보험자 또는 이들의 대리인이나 사용인의 고의 또는 중대한 과실 및 이들의 사용인으로서 운송에 종사하는 자의 고의. ② 보험의 목적인 화물의 흠, 자연적인 소모 또는 성질로 인한 발화, 폭발, 뜸, 곰팡이, 부패, 변색, 녹과 기타 이와 유사한 사유 ③ 포장의 불완전 ④ 운송지연 ⑤ 핵연료물질(사용된 연료를 포함합니다. 이하 같습니다) 또는 핵연료물질에 의해서 오염된 물질(원자핵분열, 생성물을 포함합니다), 방사성, 폭발성, 그 밖의 유해한 특성 또는 이들의 특성에 의한 사고

⑥ 위 ⑤ 이외의 방사선을 쬐는 것 또는 방사능 오염으로 인한 손해 ⑦ 전쟁으로 인한 손해

⑧ 이사화물중 독 또는 항아리, 병 등의 파손 및 이에 수용한 유동품의 멸실

2) 회사는 아래의 사유로 생긴 손해에 대하여는 보상하여 드리지 아니합니다, 그러나 특별약관으로 별도 약정을 하였을 때에는 보상하여 드립니다. ① 동맹파업, 태업, 작업장폐쇄, 쟁의행위, 폭동, 소요 또는 이와 비슷한 사건 ② 억류, 압류 또는 이와 비슷한 행위 ③ 지진(지진에 의한 해일을 포함),분화 또는 이와 비슷한 사고 ④ 보험의 목적이 야적되거나 덮개없는 차(無蓋貨車), 완전히 덮혀지지 아니한 운송용구에 적재된 경우, 그러나 유개화차, 완전히 덮혀진 운송용구에 적재했더라도 발생되었을 손해는 보상하여 드립니다. ⑤ 보험계약자 또는 피보험자가 자기화물을 자기소유의 차량으로 운송하는 도중에 생긴 손해 ⑥ 냉동냉장고 및 냉동냉장기계장치(냉동냉장기계, 팬<Fan>, 기타의 부속기구 및 이들을 작동시키는 동력 기재를 포함합니다)의 파손이나 고장으로 인한 손해

6. 계약 전 알릴 의무 계약을 맺을 때에 보험계약자, 피보험자 또는 이들의 대리인은 보험계약청약서(질문서를 포함합니다. 이하 같습니다)의 기재사항에 관하여 아는 사실을 빠짐없이 그대로 회사에 알려야 합니다.

7. 보험가입 금액 1) 보험가입금액은 보험가액의 한도 내에서 결정하며 회사와 합의하여 도착으로 얻을 이익도 보험가액에 포함시킬 수 있습니다.

2) 위1)의 보험가액은 보험의 목적을 발송한 때와 곳에 있어서의 가액(도착까지의 운임, 보험료 등 기타 비용과 도착으로 얻을 이익을 포함합니다)을 말합니다.

II. 보험계약을 맺은 후의 변경사항

8. 계약후 알릴의무 1) 계약을 맺은 보험의 목적에 아래와 같은 사실이 생긴 경우에는 보험계약자나 피보험자는 지체없이 서면으로 회사에 알리고 보험가입증서(보험증권)에 확인을 받아야 합니다.

① 위험이 뚜렷하게 변경 또는 증가한 때 ② 보험가액이 뚜렷하게 감소한 때 ③ 다른 계약을 맺을 때 ④ 양도할 때 ⑤ 예정보험계약을 맺은 경우에 아래의 사항이 확정되었을 때 1. 운송용구의 종류 2. 운송일자 3. 보험의 목적의 수량 4. 보험의 목적의 가액 5. 발송지 및 도착지 ⑥ 보험계약청약서나 증권의 기재사항에 변경이 있을 때

2) 회사는 위1)에 따라 위험이 감소된 경우에는 그 차액 보험료를 돌려 드리며, 위험이 증가된 경우에는 통지를 받은 날로부터 1개월 내에 보험료의 증액을 청구하거나 계약을 해지할 수 있습니다. 이 경우 받을 보험료에 대하여는 3의 2)에 따릅니다.

9. 계약의 무효 계약을 맺을 때에 아래와 같은 사항이 있으면 이 계약은 무효로 합니다. ① 계약에 관하여 보험계약자, 피보험자 또는 이들의 대리인의 사기행위가 있었을 경우 ② 보험의 목적에 이 보험에서 보상하는 손해가 이미 발생하였거나 또는 그 원인이 생긴 것을 알면서도 이를 회사에 알리지 아니하였을 경우

10. 계약의 해지 1) 보험계약자는 위험이 개시되기 전에는 언제든지 계약의 일부 또는 전부를 해지할 수 있습니다.

2) 회사는 아래의 경우에는 이 계약을 해지할 수 있습니다. 그러나 그 사실을 회사가 안 때로부터 1개월이 지나거나 중대한 과실로 알지 못한 때에는 계약을 해지할 수 없습니다. ① 6에 정한 계약전 알릴 의무를 이행하지 아니하였을 경우 ② 8에 정한 계약후 알릴 의무를 이행하지 아니하였을 경우 ③ 상당한 이유없이 18의 조사를 거부 또는 회피한 경우

3) 위 2)의 ① ②에 의한 계약의 해지는 손해가 생긴 후에 이루어진 경우에도 회사는 그 손해를 보상하여 드리지 아니합니다. 그러나 손해가 위2)의 ① ②의 어느 하나의 사실로 생긴 것이 아님이 증명된 때에는 보상하여 드립니다.

11. 보험료의 환급 1) 이 계약이 보험계약자나 피보험자의 책임있는 사유로 무효 또는 해지된 경우에는 보험료를 돌려 드리지 아니합니다.

2) 보험계약자나 피보험자의 책임 없는 사유로 무효가 되거나 보장 개시되기 전에 해지된 경우에는 보험료 전액을 돌려 드리고 보장 개시 후 사고 발생 전에 해지된 경우에는 보험료의 반액을 돌려드립니다.

Ⅲ. 손해의 발생

12. 손해의 통지 및 조사 1) 보험의 목적에 손해가 생긴 경우 보험계약자 또는 피보험자는 지체없이 이를 회사에 알리고 아래의 서류를 제출하여야 합니다. ① 사고를 증명하는 서류 ② 그밖에 회사가 요구하는 자료

2) 보험계약자 또는 피보험자가 위1)의 통지를 게을리 하므로 인하여 손해가 증가된 때에는 회사는 그 증가된 손해는 보상하여 드리지 아니 합니다.

3) 회사는 위1)의 통지를 받은 때에는 손해조사, 기타 필요한 조치를 할 수 있습니다.

13. 손해방지의무

1) 보험계약자 또는 피보험자 등은 손해의 방지 또는 경감에 힘써야 합니다. 만약 보험계약자 또는 피보험자 등의 고의 또는 중대한 과실로 이를 게을리 한 때에는 방지 또는 경감할 수 있었던 것으로 밝혀진 손해는 손해액에서 뺍니다.

2) 회사는 위 1)의 손해방지 또는 경감에 소요된 필요 또는 유익한 비용(이하 손해방지비용이라 합니다)은 보험가입금액의 보험가액에 대한 비율에 따라 15의 지급보험금 계산방법에 준하여 이를 보상합니다.

3) 회사는 15의 지급보험금에 위 2)의 손해방지 비용을 합한 금액이 보험가입금액을 초과하더라도 지급합니다.

Ⅳ. 보험금의 지급

14. 보험금의 지급 피보험자가 12의 규정에 따라 보험금을 청구하였을 때는 회사는 지체없이 지급할 보험금을 결정하고 지급할 보험금이 결정되면 10일 이내에 이를 지급하여 드립니다. 그러나 보험금 지급에 필요한 조사를 단시일 내에 마치지 못할 경우에는 피보험자의 청구에 따라 회사가 추정하는 보험금의 50% 해당액 이상을 가지급 보험금으로 지급합니다.

15. 지급보험금의 계산 1) 회사가 지급할 보험금은 아래에 따라 계산합니다. ① 보험가입금액과 보험가액이 같은 때 : 손해액 전액 ② 보험가입금액이 보험가액보다 많을 때: 보험가액을 한도로 손해액 전액 ③ 보험가입금액이 보험가액보다 적을 때: 손해액 X (보험가입금액/보험가액)

2) 동일한 보험계약의 목적과 동일한 사고에 관하여 보험금을 지급하는 다른 계약(공제계약<각종 공제회에 가입되어 있는 계약>을 포함합니다)이 있고 이들의 보험가액 금액의 합계액이 보험가액보다 많은 경우에는 아래에 따라 지급보험금을 계산합니다. ① 다른 계약이 이 계약과 지급보험금의 계산방법을 같이 하는 경우: 손해액 X (이 계약의 보험가입금액/이 계약과 다른 계약의 보험가입금액의 합계액) ② 다른 계약이 이 계약과 지급보험금의 계산방법을 달리하는 경우: 손해액 X (이 계약에 의한 보험금/다른 계약이 없는 것으로 하여 각각 계산한 보험금의 합계액)

3) 위1), 2)의 손해액은 7의 보험가액에 따라 계산합니다.

16. 분적(分積)시의 계약의 분리 보험의 목적이 이량(二粮) 또는 이대(二臺) 이상의 운송용구에 분적되었을 때에는 일량 또는 일대마다 각각 별개의 보험에 가입한 것으로 합니다.

V. 그 밖의 사항

17. **대위권** 보험계약자 또는 피보험자는 회사가 손해를 보상함으로써 대위하는 제3자에 대한 권리의 권리를 지키거나 그 행사에 관하여 및 그 행사에 관하여 필요한 조치를 하여야 하며 또한 회사가 요구하는 증거 및 서류를 제출하여야 합니다. 이에 필요한 비용은 회사가 드립니다.
18. **잔존물** 회사가 잔존물(보험사고로 보험의 목적물이 없어지고 남아 있는 것, 이하 같습니다.)을 인수하지 아니할 뜻을 나타내고 손해를 보상한 경우에는 그 잔존물(보험사고로 보험의 목적물이 없어지고 남아 있는 것, 이하 같습니다.)은 피보험자의 소유가 됩니다.
19. **보험의 목적의 조사** 회사는 필요하다고 인정할 때는 보험의 목적, 운송적재상태 및 관련 장부 등을 언제든지 조사할 수 있으며 보험계약자 또는 피보험자는 최대의 협조를 하여야 합니다.
20. **다툼의 조정** 이 계약의 내용 또는 보험금의 지급 등에 관하여 회사가 보험계약자, 피보험자, 기타 이해관계인과의 사이에 분쟁이 있는 경우에는 금융감독원에 설치된 손해보험분쟁조정위원회의 조정 을 받을 수 있습니다
21. **예금보험기금에 의한 지급보장** 회사가 파산 등으로 보험금 등을 지급하지 못할 경우에는 예금자보호법에서 정하는 바에 따라 그 지급을 보장합니다.
22. **관할법원** 이 계약에 관한 소송은 회사의 본점 또는 지점 소재지 중 보험계약자 또는 피보험자가 선택하는 법원을 합의에 따른 법원으로 합니다.
23. **준거법** 이 약관에 정하지 아니한 사항은 대한민국 법령에 따릅니다.
24. **타보험약관** 우리 회사는 보통보험약관 "2. 보상하는 손해 및 15. 지급보험금의 계산 2)"의 규정에도 불구하고 피보험재산의 멸실 또는 손상이 발생한 때에 그 피보험 재산이 이 보험증권과 동일 약관을 사용하지 아니하는 다른 보험증권에 의하여 부보된 경우 또는 이 보험증권이 없었다면 그러한 다른 보험증권에 의하여 보상되었을 경우에는 이 보험은 그러한 피보험재산의 일체의 멸실 또는 손상을 보상하지 아니합니다. 단, 이 보험이 부보되어 있지 아니하였다면 그러한 다른 보험증권에서 지급되었을 금액을 초과하는 금액에 관해서는 그러하지 아니합니다.

〔6〕 이행(지급)보증보험 보통약관

Ⅰ. 피보험자 관련사항

제1조 (보상하는 손해) 우리 회사(이하 "회사"라 합니다)는 채무자인 보험계약자가 보험증권에 기재된 계약(이하 "주계약"이라 합니다)에서 정한 채무(이행기일이 보험기간 안에 있는 채무에 한합니다)를 이행하지 아니함으로써 채권자인 피보험자가 입은 손해를 보험증권에 기재된 사항과 이 약관에 따라 보상하여 드립니다.

제2조 (보상하지 아니하는 손해) 회사는 아래와 같은 손해는 보상하여 드리지 아니합니다. ① 천재지변 · 전쟁 · 내란 기타 이와 비슷한 변란으로 채무를 이행하지 못함으로써 생긴 손해 ② 피보험자의 책임 있는 사유로 생긴 손해 ③ 제4조의 (2) 또는 제 12 조의 (2)에 규정된 사유에 기인한 손해

제3조 (손해의 방지와 경감의무) (1) 피보험자는 보험기간 중 보험사고의 방지에 힘써야 하며 보험사고가 생긴 때에는 손해의 방지와 경감에 힘써야 합니다.

(2) 피보험자가 위 (1)의 손해의 방지 또는 경감을 위하여 회사의 동의를 얻어 지출한 필요하고도 유익한 비용은 보험가입금액을 초과한 경우라도 회사가 보상하여 드립니다.

제4조 (보험금의 청구) (1) 피보험자는 보험사고가 생긴 경우 지체없이 이를 회사에 알리고 아래의 서류를 갖추어 회사에 보험금을 청구하여야 합니다. ① 보험금 청구사유, 청구금액 등을 기재한 보험금 청구서(피보험자가 작성하는 서식) ② 보험증권 또는 그 사본 ③ 손해액을 증명하는 서류

(2) 회사는 피보험자가 정당한 이유없이 위 (1)의 청구를 게을리 함으로써 증가된 손해는 보상하여 드리지 아니합니다.

(3) 이 보험계약과 관련된 보험금 청구권은 2년간 행사하지 아니하면 소멸시효가 완성합니다.

제5조 (보험금 지급액) (1) 회사가 지급할 보험금은 주계약에서 정한 이행기일에 있어서의 미회수채권액으로 합니다. 다만, 주계약에 기한의 이익상실, 지연손해금의 배상 등 채무불이행에 관한 다른 규정이 있을 때에는 그에 따릅니다.

(2) 위 (1)의 지급보험금은 보험가입금액을 한도로 합니다.

제6조 (보험금의 지급시기) 회사는 보험금 청구를 받은 경우, 피보험자로부터 손해액 산정과 관련된 서류를 제출받아 보험금 지급에 필요한 조사를 마친 후 지체없이 지급할 보험금을 결정하고 지급할 보험금이 결정되면 10일 이내에 이를 지급하여 드립니다.

제7조 (보험금 청구권의 양도 및 담보제공) 이 보험계약에 관한 피보험자의 보험금 청구권은 회사의 동의가 없으면 제3자에게 양도하거나 담보로 제공할 수 없습니다.

Ⅱ. 보험계약자 관련사항

제8조 (보험료) 보험료는 다른 약정이 없으면 보험계약을 체결할 때에 내어야 합니다.

제9조 (보험료의 환급) (1) 회사는 이 보험계약에 관하여 아래와 같은 사유가 생긴 때에는 보험료를 돌려 드립니다. ① 보험계약의 효력이 상실된 때 ② 보험계약자가 보험사고 발생 전에 피보험자의 동의를 얻거나, 회사의 책임이 소멸되었음을 증명하여 이 보험계약을 해지한 때 ③ 보험계약자가 보험증권을 발급 받았으나 주계약이 체결되지 아니한 때

(2) 보험계약자는 보험료의 환급을 청구할 때에는 보험증권과 위 (1)의 환급사유를 증빙하는 서류를 제출하여야 합니다. 다만, 피보험자의 사정으로 보험증권 제출이 어려운 때에는 이를 생략할 수 있습니다.

(3) 회사가 돌려드릴 보험료는 이미 받은 보험료에서 경과보험료(최저보험료가 경과보험료보다 많은 때에는 최저보험료)를 뺀 금액으로 합니다. 다만, 위 (1)의 ③의 경우에는 최저보험료를 뺀 금액으로 합니다.

(4) 위 (3)의 경과보험료는 아래와 같이 계산한 금액으로 합니다. ① 주계약에서 정한 보험계약자의 채무가 소멸하여 보험계약을 해지한 때: 보험기간 개시일로부터 주계약에서 정한 채무가 소멸한 날까지의 경과기간에 대하여 일단위 계산 ② 기타 사유로 보험계약을 해지한 때 또는 보험계약의 효력이 상실된 때: 보험기간 개시일로부터 보험료 환급청구 서류를 접수한 날까지의 경과기간에 대하여 일단위 계산

(5) 이 보험계약과 관련된 보험료 환급청구권은 2년간 행사하지 아니하면 소멸시효가 완성됩니다.

(6) 회사가 부담하는 보험사고가 발생하는 경우에는 보험료를 돌려드리지 아니합니다.

Ⅲ. 공통사항

제10조 (보험계약의 해지 등의 금지) 보험계약자 또는 회사는 피보험자의 동의없이 임의로 이 보험계약을 해지할 수 없습니다. 다만, 보험사고 발생 전에 피보험자의 동의를 얻거나, 회사의 책임이 소멸되었음을 증명하는 경우에는 그러하지 아니합니다.

제11조 (보험계약의 효력상실) 이 보험계약의 주계약에 관하여 아래와 같은 사유가 발생하여 회사가 부담하는 위험이 변경 또는 증가된 때에는 그때부터 이 보험계약의 효력은 상실됩니다. 그러나 서면으로 회사의 승인을 받은 경우에는 그러하지 아니합니다. ① 계약당사자(보험계약자, 피보험자)의 변경 ② 계약금액의 증액 ③ 계약기간의 변경 ④ 기타 중요한 계약내용의 변경

제12조 (손해의 조사) (1) 회사는 보험계약자 또는 피보험자에 대하여 손해의 조사에 관하여 필요한 협조를 요구할 수 있습니다.

(2) 피보험자가 정당한 이유없이 위 (1)의 협조를 하지 아니함으로써 증가된 손해는 보상하여

드리지 아니합니다.

제13조 (구상 및 대위) (1) 회사는 보험금을 지급한 때에는 보험계약자에 대하여 구상권을 가지며, 피보험자의 이익을 해치지 아니하는 범위 안에서 피보험자가 계약자에 대하여 가지는 권리를 대위하여 가집니다.

(2) 피보험자는 위 (1)의 권리를 보전하거나 행사하는데 필요한 서류를 회사에 제출하고 회사가 요구하는 필요한 조치를 취하여야 합니다.

(3) 회사는 피보험자가 정당한 이유없이 위 (2)의 규정에 위반한 때에는 회사가 위 (1)의 대위권에 의한 권리행사로 취득할 수 있었을 금액 중 그 위반으로 취득하지 못한 금액을 피보험자에 대하여 청구할 수 있습니다.

제14조 (분쟁의 조정) 이 보험계약의 내용 또는 보험금의 지급 등에 관하여 회사와 보험계약자, 피보험자, 기타 이해관계인과의 사이에 분쟁이 있는 경우에는 금융감독원에 설치된 금융분쟁조정위원회의 조정을 받을 수 있습니다.

제15조 (관할법원) 이 보험계약에 관한 소송은 회사의 본점 또는 지점소재지 중 보험계약자 또는 피보험자가 선택하는 대한민국내의 법원을 합의에 따른 관할법원으로 합니다. 다만, 보험계약자에 대하여 회사와 관할법원에 관한 별도의 합의가 있는 때에는 그에 따릅니다.

제16조 (준거법) 이 약관에 정하지 아니한 사항은 대한민국 법령을 따릅니다.

〔7〕 장기손해보험 표준약관

제1관 보험계약의 성립과 유지

제1조(보험계약의 성립) ① 보험계약은 보험계약자의 청약과 보험회사의 승낙으로 이루어집니다. (이하 "보험계약"은 "계약", "보험계약자"는 "계약자", "보험회사"는 "회사"라 합니다)

② 회사는 피보험자가 계약에 적합하지 아니한 경우에는 승낙을 거절할 수 있습니다.

③ 회사는 계약의 청약을 받고 제1회 보험료를 받은 경우에 건강진단을 받지 아니하는 계약은 청약일, 건강진단을 받는 계약은 진단일(재진단의 경우에는 최종진단일을 말합니다)부터 30일 이내에 승낙 또는 거절하여야 하며, 승낙한 때에는 보험가입증서(보험증권)를 교부합니다. 그러나 30일 이내에 승낙 또는 거절의 통지가 없으면 승낙된 것으로 봅니다.

④ 회사가 제1회 보험료를 받고 승낙을 거절한 경우에는 거절통지와 함께 받은 금액을 계약자에게 돌려 드리며, 보험료를 받은 기간에 대하여 이 보험의 예정이율(이하 "예정이율"이라 합니다)+1%를 연단위 복리로 계산한 금액을 더하여 지급합니다. 다만, 제1회 보험료를 신용카드로 납입한 후 승낙을 거절한 경우에는 매출을 취소하며 이자를 더하여 지급하지 아니합니다.

제2조(청약의 철회) ① 계약자는 청약을 한 날 또는 제1회 보험료를 납입한 날부터 15일 이내에 그 청약을 철회할 수 있습니다.

② 계약자가 청약을 철회한 때에는 회사는 청약의 철회를 접수한 날부터 3일 이내에 그 보험료를 계약자에게 돌려 드리며, 그 반환기일의 다음날부터 반환일까지의 기간에 대하여 이 보험의 보험계약대출이율(이하 "보험계약대출이율"이라 합니다)을 연단위 복리로 계산한 금액을 더하여 지급합니다. 다만, 제1회 보험료를 신용카드로 납입한 후 청약을 철회한 경우에는 매출을 취소하며 이자를 더하여 지급하지 아니합니다.

제3조(약관교부 및 설명의무 등) ① 회사는 계약을 체결할 때 계약자에게 약관 및 청약서 부본을 드리고 약관의 중요한 내용을 설명하여 드립니다. 다만, 전자거래기본법 제2조제5호에 의해 컴퓨터를 이용하여 보험거래를 할 수 있도록 설정된 가상의 영업장(사이버몰)을 이용하여 계약을 체결한 때에는 청약서 부본을 드리지 아니할 수 있습니다.

② 회사가 제1항에 의해 제공될 약관 및 청약서 부본을 계약자에게 전달하지 아니하거나 약관의 중요한 내용을 설명하지 아니한 때 또는 계약을 체결할 때 계약자가 청약서에 자필서명(날인(도장을 찍음)을 포함합니다)을 하지 아니한 때에는 계약자는 청약일부터 3개월 이내에 계약을 취소할 수 있습니다.

③ 제2항에 따라 계약이 취소된 경우에는 회사는 이미 납입한 보험료를 계약자에게 돌려 드리며, 보험료를 받은 기간에 대하여 보험계약대출 이율을 연단위 복리로 계산한 금액을 더하여 지급합니다.

제4조(계약의 무효) 타인의 사망을 보험사고로 하는 계약에서 계약을 체결할 때까지 피보험자의 서면에 의한 동의를 얻지 아니한 경우에는 계약을 무효로 하며 이미 납입한 보험료를 계약자에게 돌려드립니다. 다만, 단체가 규약에 따라 구성원의 전부 또는 일부를 피보험자로 하는 계약을 체결하는 경우에는 이를 적용하지 아니합니다.

제5조(계약내용의 변경) ① 계약자는 회사의 승낙을 얻어 다음의 사항을 변경할 수 있습니다. 이 경우 승낙을 서면으로 알리거나 보험가입증서(보험증권)의 뒷면에 기재하여 드립니다.

1. 보험종목
2. 보험기간
3. 보험료 납입주기, 수금방법 및 납입기간
4. 보험가입금액
5. 계약자, 피보험자 또는 보험수익자(이하 "수익자"라 합니다)
6. 기타 계약의 내용

② 회사는 계약자가 제1회 보험료를 납입한 때부터 1년 이상 경과된 유효한 계약으로서 그 보험종목의 변경을 요청할 때에는 회사의 사업방법서에서 정하는 방법에 따라 이를 변경하여 드립니다.

③ 회사는 계약자가 제1항 제4호의 규정에 의하여 보험가입금액을 감액하고자 할 때에는 그 감액된 부분은 해약된 것으로 보며, 이로 인하여 회사가 지급하여야 할 해약환급금이 있을 때에는 제20조(해약환급금)에 따라 이를 계약자에게 지급합니다.

④ 계약자가 제1항 제5호 중 사망보험금수익자를 변경하고자 할 때에는 보험금의 지급사유가 발생하기 전에 피보험자의 동의를 얻어야 합니다.

⑤ 계약자가 제1항 제5호중 피보험자를 변경할 수 있는 경우는 다음과 같습니다.

1. 피보험자가 이 보험에서 보장하지 아니하는 사유로 사망하거나 파산, 이민, 또는 이혼 등 불가피한 사유로 계약을 계속 유지시킬 수 없는 경우
2. 계약자가 그와 고용관계에 있는 피보험자를 해고 또는 교체한 경우

<용어풀이>

고용관계라 함은 피고용인이 고용인에게 노무를 제공하고, 고용인은 그에 대한 보수를 지급하기로 약정한 관계를 말합니다.

제6조(계약자의 임의해지) 계약자는 계약이 소멸하기 전에는 언제든지 계약을 해지할 수 있으며, 이 경우 회사는 해약환급금을 계약자에게 지급합니다.

제7조(손해보상후의 계약) 한 번의 사고에 대하여 회사가 지급한 사망 또는 후유장해보험금이 보험가입금액의 80% 미만인 경우에는 남은 보험기간에 대한 이 계약의 보험가입금액은 감액되지 아니하며, 80% 이상(고도후유장해)인 경우에는 그 손해보상의 원인이 생긴 때로부터 이 계약은 소멸됩니다.

제8조(회사의 보장의 시기 및 종기) ① 회사의 보장은 보험기간의 첫날 오후 4시에 시작하며 마지막 날 오후 4시에 끝납니다. 이 경우 시각은 보험가입증서(보험증권) 발행지의 표준시에 따릅니다.

② 제1항의 규정에도 불구하고 회사는 다른 약정이 없으면 제1회 보험료를 받기 전에 생긴 손해에 대하여는 보장을 하지 아니합니다.

③ 회사가 계약자로부터 계약의 청약과 함께 제1회 보험료를 받은 경우에 그 청약을 승낙하기 전에 계약에서 정한 보험사고가 생긴 때에는 회사는 계약상의 보장을 합니다.

④ 제3항의 규정에도 불구하고 회사는 다음 중 한 가지에 해당되는 경우에는 보장을 하지 아니합니다.

1. 제1항에서 정한 보장의 시기가 개시되지 아니한 경우
2. 제24조(계약전 알릴 의무)의 규정에 의하여 계약자 또는 피보험자가 회사에 알린 내용 또는 건강진단 내용이 보험금 지급사유의 발생에 영향을 미쳤음을 회사가 증명하는 경우
3. 제26조(알릴 의무 위반의 효과)의 규정을 준용하여 회사가 보장을 하지 아니할 수 있는 경우

제2관 보험료의 납입(계약자의 주된 의무)

제9조(보험료의 납입) ① 계약자는 제2회 이후의 보험료를 납입기일까지 납입하여야 하며, 이 경우 회사는 영수증을 발행하여 드립니다. 다만, 금융기관(우체국 포함)을 통하여 보험료를 납입한 경우에는 그 금융기관 발행 증빙서류를 영수증으로 대신합니다.

② 계약자는 보험료의 전부 또는 일부를 미리 낼 수 있으며, 3개월 이상의 보험료를 미리 낼 때에는 예정이율로 할인하여 드립니다. 이 경우 계약이 보험기간 중에 소멸 또는 변경되거나 보험료납입이 면제되었을 경우에 선납보험료가 있으면 선납보험료를 받은 기간에 대하여 예정이율로 계산한 금액을 선납보험료에 더하여 계약자에게 돌려 드립니다.

제10조(보험료의 자동대출납입) ① 제11조(보험료의 납입연체시 납입최고(독촉)와 계약의 해지)에 규정된 보험료의 납입최고(독촉)기간이 경과되기 전까지 계약자가 보험료의 자동대출을 서면신청한 경우에는 제37조(보험계약대출)에 의한 보험계약대출로 보험료가 자동적으로 대출되어 계약이 유효하게 지속됩니다.

② 제1항의 규정에 의한 대출금과 보험료의 자동대출 납입일의 다음날부터 그 다음 보험료의 납입최고(독촉)기간까지의 이자(보험계약대출이율 이내에서 회사가 별도로 정하는 이율을 적용하여 계산)를 합산한 금액이 당해 보험료가 납입된 것으로 계산한 해약환급금과 계약자에게 지급할 기타 모든 지급금의 합계액에서 계약자의 회사에 대한 모든 채무액을 뺀 금액을 초과하는 경우에는 보험료의 자동대출납입을 더 이상 할 수 없습니다.

③ 제1항 및 제2항에 따라 보험계약대출로 자동납입되는 보험료는 1년을 최고한도로 하며 그 이후의 기간에 대한 보험료의 자동대출납입을 위해서는 계약자의 서면에 의한 재신청이 있어야 합니다.

④ 보험료의 자동대출납입이 행하여진 경우에도 자동대출 납입전 납입 최고(독촉)기간이 끝나는 날의 다음날부터 1개월 이내에 계약자가 계약의 해약을 청구한 때에는 회사는 보험료의 자동대출납입이 없었던 것으로 하여 그 청구에 따라 처리합니다.

제11조(보험료의 납입연체시 납입최고(독촉)와 계약의 해지) ① 계약자가 제2회 이후의 보험료를 납입기일까지 납입하지 아니하는 때에는 납입기일 다음날부터 납입기일이 속하는 달의 다음달 말일까지를 납입최고(독촉)기간으로 하며, 회사는 제3항에서 정한 바에 따라 최고(독촉)하고 납입최고(독촉)기간 안에 보험료가 납입되지 않은 경우 납입최고(독촉)기간이 끝나는 날의 다음날 계약을 해지합니다. 납입최고(독촉)기간 안에 발생한 사고에 대하여 회사는 약정한 보험금을 지급합니다.

② 보험료 수금방법이 회사의 방문수금 또는 계약자의 은행 수납방법으로 약정되어 있는 경우에 회사의 방문수금 불이행 또는 은행 납입통지서의 미교부로 인하여 계약자가 보험료를 납입하지 못한 경우에는 납입기일부터 3개월이 되는 날까지를 납입최고(독촉)기간으로 하여 제1항을 적용합니다. 다만, 회사가 다시 수금하기로 하거나 은행 납입통지서를 다시 교부하기로 한 경우에는 그 수금 또는 재교부일부터 15일이 되는 날을 새로운 납입기일로 합니다.

③ 제2회 이후의 보험료가 납입기일까지 납입되지 아니하여 보험료 납입이 연체중인 경우에 회사는 계약자(타인을 위한 보험의 경우 특정된 수익자 포함)에게 납입최고(독촉)기간 안에 연체보험료를 납입하여야 한다는 내용과 납입최고(독촉)기간이 끝나는 날까지 보험료를 납입하지 아니할 경우 납입최고(독촉)기간이 끝나는 날의 다음날부터 계약이 해지된다는 내용(이 경우 계약이 해지되는 때에는 즉시 해약환급금과 보험계약대출원리금을 상계할 수 있다는 내용을 포함)을 납입최고(독촉)기간이 끝나기 15일 이전까지 서면 또는 전화(음성녹음)로 알려드립니다.

④ 제1항에 따라 계약이 해지된 경우에는 해약환급금을 계약자에게 지급합니다.

제12조(보험료의 납입연체로 인한 해지계약의 부활(효력회복)) ① 제11조(보험료의 납입연체시 납입최고(독촉)와 계약의 해지)에 따라 계약이 해지되었으나 해약환급금을 받지 아니한 경우 계약자는 해지된 날로부터 2년 이내에 회사가 정한 절차에 따라 계약의 부활(효력회복)을 청약할 수 있으며, 회사가 이를 승낙한 때에는 부활(효력회복)을 청약한 날까지의 연체보험료에 예정이율+1% 범위 내에서 회사가 정하는 이율로 계산한 금액을 더하여 납입하여야 합니다.

② 계약의 부활(효력회복)에 관하여는 제1조(보험계약의 성립), 제8조(회사의 보장의 시기 및 종기), 제24조(계약전 알릴 의무) 및 제26조(알릴 의무 위반의 효과)의 규정을 준용합니다.

제3관 보험금등의 지급(회사의 주된 의무)

제13조(보상하는 손해) ① 회사는 피보험자가 보험기간 중에 급격하고도 우연한 외래의 사고(이하 "사고"라 합니다)로 신체(의수, 의족, 의안, 의치 등 신체보조장구는 제외합니다)에 상해를 입었을 때에는 그 상해로 인하여 생긴 손해(이하 "손해"라 합니다)를 이 약관에 따라 보상하여 드립니다.

② 제1항의 상해에는 유독가스 또는 유독물질을 우연하게도 일시에 흡입, 흡수 또는 섭취한 결과로 생긴 중독증상을 포함합니다. 그러나 세균성 음식물 중독과 상습적으로 흡입, 흡수 또는 섭취한 결과로 생긴 중독증상은 포함되지 아니합니다.

제14조(보상하지 아니하는 손해) ① 회사는 아래의 사유를 원인으로 하여 생긴 손해는 보상하여 드리지 아니합니다.

1. 피보험자의 고의
2. 수익자의 고의. 그러나 그 수익자가 보험금의 일부 수익자인 경우에는 그 수익자에 해당하는 보험금을 제외한 나머지 보험금을 다른 수익자에게 지급합니다.
3. 계약자의 고의
4. 피보험자의 자해, 자살, 자살미수, 형법상의 범죄행위 또는 폭력행위(다만, 형법상 정당방위, 긴급피난 및 정당행위로 인정되는 경우에는 보상하여 드립니다)
5. 피보험자의 질병
6. 피보험자의 심신상실 또는 정신질환
7. 피보험자의 임신, 출산(제왕절개 포함), 유산 또는 외과적 수술, 그 밖의 의료처치. 그러나 회사가 부담하는 상해로 인한 경우에는 보상하여 드립니다.
8. 피보험자의 사형
9. 지진, 분화, 해일 또는 이와 비슷한 천재지변
10. 전쟁, 외국의 무력행사, 혁명, 내란, 사변, 폭동, 소요, 기타 이들과 유사한 사태
11. 핵연료 물질(사용이 끝난 연료를 포함합니다. 이하 같습니다) 또는 핵연료 물질에 의하여 오염된 물질(원자핵분열 생성물을 포함합니다)의 방사성, 폭발성 또는 그 밖의 유해한 특성에 의한 사고
12. 위 제11호 이외의 방사선을 쬐는 것 또는 방사능 오염

② 회사는 제1항 제1호 내지 제3호의 사유가 발생한 때에는 이 계약을 해지할 수 있으며 이 경우 다음과 같이 합니다.

1. 제1항 제1호의 경우에는 이미 납입한 보험료를 계약자에게 돌려 드립니다.
2. 제1항 제2호의 경우에는 지급하지 아니한 보험금에 해당하는 해약환급금을 계약자에게 지급합니다.

3. 제1항 제3호의 경우에는 이미 납입한 보험료를 돌려드리지 아니합니다.

③ 회사는 다른 약정이 없으면 피보험자가 직업, 직무 또는 동호회 활동목적으로 아래에 열거된 행위를 하는 동안에 생긴 손해에 대하여는 보상하여 드리지 아니합니다.

1. 전문등반(전문적인 등산용구를 사용하여 암벽 또는 빙벽을 오르내리거나 특수한 기술, 경험, 사전훈련을 필요로 하는 등반을 말합니다), 글라이더 조종, 스카이다이빙, 스쿠버다이빙, 행글라이딩 또는 이와 비슷한 위험한 활동
2. 모터보트, 자동차 또는 오토바이에 의한 경기, 시범, 흥행(이를 위한 연습을 포함합니다) 또는 시운전(다만, 공용도로상에서 시운전을 하는 동안 발생한 상해는 보상하여 드립니다)
3. 선박승무원, 어부, 사공, 그밖에 선박에 탑승하는 것을 직무로 하는 사람이 직무상 선박에 탑승하고 있는 동안

제15조(사망보험금) ① 피보험자가 제13조(보상하는 손해)에서 정한 사고로 상해를 입고 그 직접결과로써 사고일부터 1년 이내에 사망하였을 때에는 사망보험금을 수익자에게 지급합니다.

② 피보험자가 탑승한 항공기 또는 선박이 조난 또는 행방불명되어 피보험자의 생사가 분명하지 아니한 상태에서 정부기관이 피보험자의 사망을 인정하여 관공서의 사망보고에 따라 호적에 사망이 기재된 경우에는 그 사고가 발생한 때에 피보험자가 사망한 것으로 봅니다. 그러나 사망보험금을 지급한 후에 피보험자의 생존이 확인되었을 경우에는 지급한 보험금을 회수합니다.

제16조(후유장해보험금) ① 회사는 피보험자가 제13조(보상하는 손해)에서 정한 사고로 상해를 입고 그 상해가 치유된 후 직접결과로써 사고일부터 1년 이내에 신체의 일부를 잃었거나 또는 그 기능이 영구히 상실(이하 "후유장해"라 합니다)된 경우에는 장해분류표(<부표9> 참조. 이하 같습니다)에서 정한 지급률을 보험가입금액에 곱하여 산출한 금액을 후유장해보험금으로 수익자에게 지급합니다. 다만, 영구히 고정된 증상은 아니지만 치료종결후 한시적으로 나타나는 장해에 대하여는 그 기간이 5년 이상인 때에는 해당 장해 지급률의 20%를 보험가입금액에 곱하여 산출한 금액을 지급합니다.

② 제1항의 후유장해보험금 지급을 위한 후유장해지급률이 사고일부터 180일이 지나도록 확정되지 아니하는 경우에는 사고일부터 180일이 되는 날의 의사진단에 기초하여 고정될 것으로 인정되는 상태를 후유장해의 지급률로 결정합니다. 다만, 그 이후 보장을 받을 수 있는 기간 중에 장해상태가 더 악화되는 경우에는 그 악화된 장해상태를 기준으로 후유장해지급률을 결정하되 장해분류표에 장해판정 시기가 별도로 정해진 경우에는 그에 따릅니다.

③ 장해분류표에 해당되지 아니하는 후유장해는 피보험자의 직업, 연령, 신분 또는 성별 등에 관계없이 신체의 장해정도에 따라 장해분류표의 구분에 준하여 지급액을 결정합니다. 다만, 장해분류표의 각 장해분류별 최저 지급률 장해정도에 이르지 않는 후유장해에 대하여는 후유장해보험금을 지급하지 아니합니다.

④ 같은 사고로 두 가지 이상의 후유장해가 생긴 경우에는 후유장해 지급률을 합산하여 지급합니다. 다만, 장해분류표의 각 신체부위별 판정기준에서 별도로 정한 경우에는 그 기준에 따릅니다.

⑤ 제4항에도 불구하고 동일한 신체부위에 장해분류표상의 2가지 이상의 장해가 발생한 경우에는 합산하지 않고 그 중 높은 지급률을 적용합니다. 다만, 장해분류표의 각 신체부위별 판정기준에서 별도로 정한 경우에는 그 기준에 따릅니다.

제17조(다른 신체상해 또는 질병의 영향) ① 피보험자가 제13조(보상하는 손해)에서 정한 상해를 입은 경우 이미 존재한 신체상해 또는 질병의 영향으로 또는 제13조(보상하는 손해)에서 정한 상해를 입은 후에 그 원인이 된 사고와 관계없이 새로이 발생한 상해나 질병의 영향으로 제13조(보상하는 손해)에서 정한 상해가 중하게 된 경우 회사는 그 영향이 없었던 때에 상당하는 금액을 결정하여 지급합니다.

② 정당한 이유없이 피보험자가 치료를 게을리 하거나 또는 계약자나 수익자가 치료를 하여 주지 않음으로 인하여 제13조(보상하는 손해)에서 정한 상해가 중하게 된 경우에도 제1항과 같은 방법으로 합니다.

제18조(보험금의 지급한도) 회사가 지급하여야 할 하나의 사고에 대한 후유장해보험금은 보험가입금액을 한도로 합니다.

제19조(만기환급금의 지급) 회사는 계약자가 보험료를 완납하고 보험기간이 끝난 때에는 만기환급금을 수익자에게 지급합니다.

제20조(해약환급금) ① 이 약관에 의해 계약이 해지된 경우에 지급하는 해약환급금은 보험료 및 책임준비금 산출방법서에 따라 계산합니다.

② 회사는 경과기간별 해약환급금에 관한 표를 계약자에게 제공하여 드립니다.

제21조(배당금의 지급) ① 회사는 금융감독원장이 정하는 방법에 따라 회사가 결정한 배당금을 계약자에게 지급합니다.

② 회사는 배당금 지급이 결정되었을 때에는 그 내역을 계약자에게 알려 드립니다.

제22조(소멸시효) 보험금청구권, 보험료 또는 환급금 반환청구권 및 배당금청구권은 2년간 행사하지 아니하면 소멸시효가 완성됩니다.

제23조(보험금 청구권의 상실) 계약자, 피보험자 또는 수익자가 손해의 통지 또는 보험금 청구에 관한 서류에 고의로 사실과 다른 것을 기재하였거나 그 서류 또는 증거를 위조하거나 변조한 경우에는 피보험자 또는 수익자는 손해에 대한 보험금 청구권을 상실합니다.

제4관 보험계약시 계약자의 계약전 알릴 의무 등

제24조(계약전 알릴 의무) 계약자, 피보험자 또는 이들의 대리인은 청약시(건강진단을 받는 경우에는 건강진단시 포함) 청약서에서 질문한 사항에 대하여 알고 있는 사실을 반드시 사실대로

알려야(이하 "계약전 알릴 의무"라 하며, 상법상 "고지의무"와 같습니다)합니다. 그러나 의료법 제3조(의료기관)에서 정하는 종합병원 및 병원에서 직장 또는 개인이 실시한 건강진단서 사본 등 건강상태를 판단할 수 있는 자료로 건강진단을 대신할 수 있습니다.

제25조(계약후 알릴 의무) ① 계약자 또는 피보험자는 계약을 맺은 후 피보험자가 그 직업 또는 직무를 변경(자가용 운전자가 영업용 운전자로 직업 또는 직무를 변경하는 등의 경우를 포함합니다)하거나 이륜자동차 또는 원동기장치 자전거를 직접 사용하게 된 경우에는 지체없이 서면으로 회사에 알리고 보험가입증서(보험증권)에 확인을 받아야 합니다.

② 회사는 제1항에 따라 위험이 감소된 경우에는 그 차액보험료를 돌려드리며, 위험이 증가된 경우에는 통지를 받은 날부터 1개월 이내에 보험료의 증액을 청구하거나 계약을 해지할 수 있습니다.

③ 제1항의 통지에 따라 보험료를 더 내야 할 경우 회사의 청구에 대해 계약자가 그 지불을 게을리 했을 때, 회사는 직업 또는 직무가 변경되기 전에 적용된 보험료율(이하 "변경전 요율"이라 합니다)의 직업 또는 직무가 변경된 후에 적용해야 할 보험료율(이하 "변경후 요율"이라 합니다)에 대한 비율에 따라 보험금을 삭감하여 지급합니다. 다만, 변경된 직업 또는 직무와 관계없는 사고로 발생한 손해에 관해서는 그러하지 아니합니다.

④ 계약자 또는 피보험자가 직업 또는 직무의 변경사실을 회사에 알리지 아니하였을 경우 변경후 요율이 변경전 요율보다 높을 때에는 회사는 동 사실을 안 날로부터 1개월 이내에 계약자 또는 피보험자에게 제3항에 의해 보상됨을 서면으로 통보하고 이에 따라 보험금을 지급합니다.

제26조(알릴 의무 위반의 효과) ① 회사는 아래와 같은 사실이 있을 경우에는 손해의 발생여부에 관계없이 이 계약을 해지할 수 있습니다.

1. 계약자, 피보험자 또는 이들의 대리인이 고의 또는 중대한 과실로 제24조(계약전 알릴 의무)를 위반하고 그 의무가 중요한 사항에 해당하는 경우.
2. 뚜렷한 위험의 증가와 관련된 제25조(계약후 알릴 의무)제1항에서 정한 계약후 알릴 의무를 이행하지 아니하였을 때

② 제1항 제1호의 경우에도 불구하고 다음 중 하나에 해당하는 경우에는 회사는 계약을 해지할 수 없습니다.

1. 회사가 계약당시에 그 사실을 알았거나 중대한 과실로 인하여 알지 못하였을 때
2. 회사가 그 사실을 안 날부터 1개월 이상 지났거나 또는 보장개시일부터 보험금 지급사유가 발생하지 아니하고 2년(건강진단을 받은 피보험자의 경우에는 1년)이 지났을 때
3. 회사가 이 계약의 청약시 피보험자의 건강상태를 판단할 수 있는 기초자료(건강진단서 사본 등)에 의하여 승낙통지를 한 때(계약자 또는 피보험자가 회사에 제출한 기초자료의 내용 중 중요사항을 고의로 사실과 다르게 작성한 때에는 제외)

4. 보험을 모집한 자(이하 “보험설계사 등”이라 합니다)가 계약자 또는 피보험자의 계약전 알릴 의무사항을 임의로 기재한 경우(청약서에 계약자 또는 피보험자가 자필로 서명한 경우는 제외)

③ 제1항에 의한 계약의 해지가 손해발생 전에 이루어진 경우에는 해약환급금을 지급합니다.

④ 제1항 제1호에 의한 계약의 해지가 손해발생 후에 이루어진 경우에 회사는 그 손해를 보상하여 드리지 아니하며, 계약전 알릴 의무 위반사실뿐만 아니라 계약전 알릴 의무사항이 중요한 사항에 해당되는 사유를 “반대증거가 있는 경우 이의를 제기할 수 있습니다”라는 문구와 함께 계약자에게 서면으로 알려 드립니다. 또한 이 경우에는 해약환급금 또는 이미 납입한 보험료 중 많은 금액을 지급합니다.

⑤ 제1항 제2호에 의한 계약의 해지가 손해발생 후에 이루어진 경우에는 그 손해를 제25조(계약후 알릴 의무)제3항 또는 제4항에 따라 보상하여 드립니다.

⑥ 손해가 제1항에 해당되는 사실로 생긴 것이 아닌 것으로 증명된 때에는 제4항 및 제5항에 관계없이 보상하여 드립니다.

제27조(계약취소권의 행사제한) 회사는 보장개시일부터 보험금 지급사유가 발생하지 아니하고 2년(건강진단을 받은 피보험자의 경우에는 1년)이 지났을 때에는 민법 제110조(사기, 강박에 의한 의사표시)중 사기에 의한 취소권을 행사하지 아니합니다. 그러나 계약자 또는 피보험자가 대리진단, 약물복용을 수단으로 진단절차를 통과하거나 진단서 위·변조 또는 청약일 이전에 암 또는 에이즈의 진단 확정을 받은 후 이를 숨기고 가입하는 등의 뚜렷한 사기 의사에 의하여 계약이 성립되었음을 회사가 증명하는 경우에는 보장개시일부터 5년 이내(사기 사실을 안 날부터는 1개월 이내)에 계약을 취소할 수 있습니다.

제5관 보험금 지급 등의 절차

제28조(주소변경통지) ① 계약자는 주소 또는 연락처가 변경된 경우에는 지체없이 그 변경내용을 회사에 알려야 합니다.

② 제1항에서 정한 대로 계약자가 알리지 아니한 경우에는 계약자가 회사에 알린 최종의 주소 또는 연락처로 알린 사항은 일반적으로 도달에 필요한 시일이 지난 때에 계약자에게 도달된 것으로 봅니다.

제29조(보험수익자의 지정) 계약자는 수익자를 지정할 수 있으며 수익자를 지정하지 아니한 때에는 제19조(만기환급금의 지급)의 경우는 계약자로 하고, 제15조(사망보험금)의 경우는 피보험자의 상속인으로, 제16조(후유장해보험금)의 경우는 피보험자로 합니다.

제30조(대표자의 지정) ① 계약자 또는 수익자가 2인 이상인 경우에는 각 대표자 1인을 지정하여야 합니다. 이 경우 그 대표자는 각각 다른 계약자 또는 수익자를 대리하는 것으로 합니다.

② 제1항의 대표자로 지정된 계약자 또는 수익자의 소재가 확실하지 아니한 경우에 이 계약에 관하여 회사가 계약자 또는 수익자 1인에 대하여 한 행위는 각각 다른 계약자 또는 수익자에 대하여도 효력이 미칩니다.

③ 계약자가 2인 이상인 경우에는 그 책임을 연대로 합니다.

제31조(손해의 통지) ① 계약자, 피보험자 또는 수익자는 사고가 생긴 것을 안 때에는 지체없이 그 사실을 회사에 알려야 합니다.

② 계약자, 피보험자 또는 수익자가 제1항의 통지를 게을리 하여 손해가 증가된 때에는 회사는 그 증가된 손해는 보상하여 드리지 아니합니다.

제32조(보험금 등 청구시 구비서류) ① 계약자, 피보험자(또는 수익자)는 다음의 서류를 제출하고 보험금 또는 환급금을 청구하여야 합니다.

1. 청구서(회사양식)
2. 사고증명서(사망진단서, 장해진단서, 입원치료확인서 등)
3. 신분증(주민등록증 또는 운전면허증 등 사진이 부착된 정부기관발행 신분증, 본인이 아닌 경우에는 본인의 인감증명서 포함)
4. 기타 수익자가 보험금 등의 수령에 필요하여 제출하는 서류

② 병원 또는 의원에서 제1항 제2호의 사고증명서를 발급받을 경우, 그 병원 또는 의원은 의료법 제3조(의료기관)에서 정하는 국내의 병원이나 의원 또는 이와 동등하다고 인정되는 국외의 의료기관 이어야 합니다.

제33조(보험금의 지급) ① 회사는 제32조(보험금 등 청구시 구비서류)에서 정한 청구서류를 접수한 때에는 접수증을 교부하고 그 서류를 접수한 날로부터 신체손해에 관한 보험금은 3영업일, 배상책임손해에 대한 보험금은 10영업일, 재산손해에 대한 보험금은 20영업일 이내에 지급하여 드립니다.

② 회사가 보험금 지급사유의 조사 및 확인을 위하여 제1항의 지급기일 초과가 명백히 예상되는 경우에는 구체적 사유와 지급예정일을 피보험자 또는 수익자에게 서면통지하여 드립니다.

③ 제2항에 의하여 추가적인 조사가 이루어지는 경우, 회사는 피보험자 또는 수익자의 청구에 따라 회사가 추정하는 보험금의 50% 상당액을 가지급보험금으로 지급하여 드립니다.

④ 회사는 제1항의 규정에 정한 지급기일내에 보험금을 지급하지 아니하였을 때에는 그 다음날로부터 지급일까지의 기간에 대하여 보험계약대출이율을 연단위 복리로 계산한 금액을 보험금에 더하여 드립니다. 그러나 계약자, 피보험자 또는 수익자의 책임있는 사유로 지급이 지연된 때에는 그 해당기간에 대한 이자는 더하여 드리지 아니합니다.

⑤ 계약자, 피보험자 또는 수익자는 제26조(알릴 의무 위반의 효과)와 관련하여 의료기관 또는 국민건강보험공단, 경찰서 등 관공서에 대한 회사의 조사에 동의하여야 합니다. 다만, 정당한 사유 없이 이에 동의하지 않을 경우 사실확인이 끝날 때까지 회사는 보험금지급 지연에

따른 이자를 지급하지 아니합니다.

제34조(환급금의 지급) ① 회사는 계약자 및 수익자의 청구에 의하여 환급금을 지급하는 경우 청구일로부터 3영업일 이내에 지급하여 드리며, 환급금을 청구한 날의 다음날부터 지급기일까지의 기간은 예정이율+1%를, 그 지급기일의 다음날부터 지급일까지의 기간은 보험계약대출이율을 연단위 복리로 계산한 금액을 더하여 지급합니다.

② 회사는 중도환급금 또는 만기환급금의 지급시기가 도래할 때에는 도래일 7일 이전에 그 사유와 지급할 금액을 계약자 또는 수익자에게 알려드리며, 그 사유와 지급금액을 알리지 않은 경우에는 지급사유가 발생한 날의 다음날부터 환급금 청구일까지의 기간은 예정이율을 연단위 복리로 계산한 금액을 더하여 지급합니다.

③ 회사가 제2항의 규정에 의하여 계약자 또는 수익자에게 알린 경우의 중도환급금 또는 만기환급금과 해약환급금은 다음 각 호에서 정한 이율을 연단위 복리로 계산한 금액을 더하여 지급합니다.

1. 만기환급금 및 해약환급금의 경우 지급사유가 발생한 날의 다음날부터 지급청구일까지의 기간중 1년 이내의 기간은 예정이율의 50%, 1년을 초과하는 기간은 1%를 적용합니다.
2. 중도환급금의 경우 지급사유가 발생한 날의 다음날부터 지급청구일까지의 기간중 보험기간만기일까지의 기간은 예정이율을 적용하고, 보험기간만기일의 다음날부터 1년 이내의 기간은 예정이율의 50%, 1년을 초과하는 기간은 1%를 적용합니다.

제35조(보험금을 받는 방법의 변경) ① 계약자(보험금 지급사유 발생 후에는 수익자)는 회사의 사업방법서에서 정한 바에 따라 보험금의 전부 또는 일부에 대하여 분할지급 또는 일시지급 방법으로 변경할 수 있습니다.

② 회사는 제1항에 의하여 일시금을 분할하여 지급하는 경우에는 그 미지급금액에 대하여 예정이율을 연단위 복리로 계산한 금액을 더하여 지급하며, 분할지급 금액을 일시금으로 지급하는 경우에는 예정이율로 할인한 금액을 지급합니다.

제36조(계약내용의 교환) 회사는 보험계약의 체결 및 관리 등을 위한 판단자료로서 활용하기 위하여 다음 각 호의 사항을 계약자 및 피보험자의 동의를 받아 다른 보험회사(보험관련 업무를 위탁받은 자를 포함) 및 보험관련 단체 등에게 제공할 수 있으며 이 경우 회사는 신용정보의이용및보호에관한법률 제23조(개인신용 정보의 제공 · 활용에 대한 동의) 및 동법 시행령 제12조(개인신용정보의 제공 · 활용에 대한 동의 등)의 규정을 따릅니다.

1. 계약자 및 피보험자의 성명, 주민등록번호 및 주소
2. 계약일, 보험종목, 보험료, 보험가입금액등 계약내용
3. 보험금과 각종 급부금액 및 지급사유 등 지급내용
4. 피보험자의 상해 및 질병에 관한 정보

제37조(보험계약대출) ① 계약자는 이 계약의 해약환급금 범위 내에서 회사가 정한 방법에 따라 대출을 받을 수 있습니다. 그러나 순수보장성보험 등 보험상품의 종류에 따라 보험계약대출이

제한될 수도 있습니다.

② 계약자는 제1항의 규정에 의한 보험계약대출금과 그 이자를 언제든지 상환할 수 있으며 상환하지 아니한 때에는 회사는 보험금 지급사유가 발생되어 보험금을 지급하는 날 또는 해약환급금 등의 지급사유가 발생한 날에 제지급금과 상계할 수 있습니다.

③ 제2항의 규정에도 불구하고 회사는 제11조(보험료의 납입연체시 납입최고(독촉)와 계약의 해지)에 따라 계약이 해지되는 때에는 즉시 해약환급금과 보험계약대출 원리금을 상계할 수 있습니다.

제6관 분쟁조정 등

제38조(분쟁의 조정) 계약에 관하여 분쟁이 있는 경우 분쟁 당사자 또는 기타 이해관계인과 회사는 금융감독원장에게 조정을 신청할 수 있습니다.

제39조(관할법원) 이 계약에 관한 소송은 계약자의 주소지를 관할하는 법원으로 합니다. 다만, 회사와 계약자가 합의하여 관할법원을 달리 정할 수 있습니다.

제40조(약관의 해석) ① 회사는 신의성실의 원칙에 따라 공정하게 약관을 해석하여야 하며 계약자에 따라 다르게 해석하지 아니합니다.

② 회사는 약관의 뜻이 명백하지 아니한 경우에는 계약자에게 유리하게 해석합니다.

제41조(회사가 제작한 보험안내장의 효력) 보험설계사 등이 모집과정에서 사용한 회사(각종 점포 및 대리점 포함)제작의 보험안내장(계약의 청약을 권유하기 위하여 만든 서류 등을 말합니다)의 내용이 이 약관의 규정과 다른 경우에는 계약자에게 유리한 내용으로 계약이 성립된 것으로 봅니다.

제42조(회사의 손해배상책임) 회사는 계약과 관련하여 임직원, 보험설계사 및 대리점의 책임있는 사유로 인하여 발생된 손해에 대하여 관계법규 및 사업방법서에서 정한 바에 따라 손해배상의 책임을 집니다.

제43조(예금보험기금에 의한 지급보장) 회사가 파산 등으로 인하여 보험금 등을 지급하지 못할 경우에는 예금자보호법에서 정하는 바에 따라 그 지급을 보장합니다.

제44조(준거법) 이 약관에서 정하지 아니한 사항은 대한민국 법령을 따릅니다.

* 장해분류표 및 일상생활 기본동작 제한 장해평가표는 생략함.

〔8〕 화재보험 보통약관

제1조(보험계약의 성립) ① 보험계약은 보험계약자의 청약과 보험회사의 승낙으로 이루어집니다. (이하 "보험계약"은 "계약", "보험계약자"는 "계약자", "보험회사"는 "회사"라 합니다)

② 회사는 계약의 청약을 받고 보험료 전액 또는 제1회 보험료(일정기간 단위의 분할보험료)를 받은 경우에는 청약일부터 30일 이내에 승낙 또는 거절의 통지를 하며 통지가 없으면 승낙한 것으로 봅니다.

③ 회사가 청약을 승낙한 때에는 지체없이 보험증권을 계약자에게 교부하여 드리며, 청약을 거절한 경우에는 거절통지와 함께 받은 금액을 계약자에게 돌려드립니다.

④ 이미 성립한 계약을 연장하거나 변경하는 경우에는 회사는 보험증권에 그 사실을 기재함으로써 보험증권의 교부에 대신할 수 있습니다.

제2조(약관교부 및 설명의무 등) ① 회사는 계약을 체결할 때 계약자에게 약관을 드리고 약관의 중요한 내용을 설명하여 드립니다.

② 회사가 제1항에 의해 제공될 약관을 계약자에게 전달하지 아니하거나 약관의 중요한 내용을 설명하지 아니한 때 또는 계약체결시 계약자가 청약서에 자필서명(날인을 포함합니다)을 하지 아니한 때에는 계약자는 1월 이내에 계약을 취소할 수 있습니다.

③ 제2항에 따라 계약이 취소된 경우에는 회사는 이미 납입한 보험료를 계약자에게 돌려드리며, 보험료를 받은 기간에 대하여 보험개발원이 공시하는 정기예금이율로 계산한 금액을 더하여 지급합니다.

제3조(보험료) ① 보험료는 다른 약정이 없으면 보험기간이 시작되기 전에 내어야 합니다.

② 다른 약정이 없으면 보험기간이 시작된 후라도 보험료를 받기 전에 생긴 손해는 보상하여 드리지 아니합니다.

제4조(회사의 책임의 시기 및 종기) ① 회사의 책임은 보험기간의 첫날 오후 4시에 시작하여 마지막 날 오후 4시에 끝납니다. 그러나 보험증권에 이와 다른 시각이 기재되어 있을 때에는 그 시각으로 하며, 시각은 보험증권 발행지의 표준시를 따릅니다.

② 회사가 계약자로부터 계약의 청약과 함께 보험료 상당액의 전부 또는 일부를 받은 경우에 그 청약을 승낙하기 전에 계약에서 정한 보험사고가 생긴 때에는 회사는 계약상의 책임을 집니다.

③ 제2항의 규정에도 불구하고 회사는 다음 중 한 가지에 해당되는 경우에는 책임을 지지 아니합니다.

1. 제1항에서 정한 책임의 시기가 개시되지 아니한 경우
2. 제9조(계약전 알릴 의무)의 규정에 의하여 계약자 또는 피보험자가 회사에 알린 내용이 보험금 지급사유의 발생에 영향을 미쳤음을 회사가 증명하는 경우

3. 제11조(계약의 해지)의 규정을 준용하여 회사가 책임을 지지 아니할 수 있는 경우

제5조(보험목적의 범위) ① 아래의 물건은 보험증권에 기재하여야만 보험의 목적이 됩니다.

1. 통화, 유가증권, 인지, 우표 및 이와 비슷한 것
2. 귀금속, 귀중품(무게나 부피가 휴대할 수 있으며 점당 100만원 이상), 보옥, 보석, 글·그림, 골동품, 조각물 및 이와 비슷한 것
3. 원고, 설계서, 도안, 물건의 원본, 모형, 증서, 장부, 금형, 목형, 소프트웨어 및 이와 비슷한 것
4. 야적의 동산

② 아래의 물건은 다른 약정이 없으면 보험의 목적에 포함됩니다.

1. 건물인 경우

가. 건물의 부속물: 피보험자 소유인 칸막이, 대문, 담, 곳간 및 이와 비슷한 것

나. 건물의 부착물: 피보험자 소유인 간판, 네온싸인, 안테나, 선전탑 및 이와 비슷한 것

다. 건물의 부속설비: 피보험자 소유인 전기, 가스, 난방, 냉방설비 및 이와 비슷한 것

2. 가재인 경우 : 피보험자와 같은 세대에 속하는 사람의 소유물

제6조(보상하는 손해) ① 회사는 이 약관에 따라 보험에 가입한 물건(이하 「보험의 목적」이라 합니다)이 화재(벼락을 포함합니다. 이하 같습니다)로 입은 아래의 손해를 보상하여 드립니다.

1. 화재에 따른 직접손해
2. 화재에 따른 소방손해
3. 화재에 따른 피난손해(제5조(보험목적의 범위)제1항에도 불구하고 피난지에서 5일 동안에 생긴 위 제1호 및 제2호의 손해를 포함합니다)

② 회사는 제1항에서 담보하는 위험으로 인하여 손해가 발생한 경우 계약자 또는 피보험자가 지출한 아래의 비용을 추가로 지급합니다.

1. 잔존물 제거비용: 사고현장에서의 잔존물의 해체비용, 청소비용(오염물질 제거비용은 포함되지 아니합니다) 및 상차비용. 다만, 이 증권에서 담보하지 아니하는 위험으로 보험의 목적이 손해를 입거나 관계법령에 의하여 제거됨으로써 생긴 손해에 대하여는 보상하여 드리지 아니합니다.
2. 손해방지비용: 손해의 방지 또는 경감을 위한 일체의 방법을 강구하기 위하여 지출한 필요 또는 유익한 비용
3. 대위권 보전비용: 제3자로부터 손해의 배상을 받을 수 있는 경우에는 그 권리의 보전 또는 행사를 위하여 지출한 필요 또는 유익한 비용
4. 잔존물 보전비용: 잔존물을 보전하기 위하여 지출한 필요 또는 유익한 비용. 다만, 제25조(잔존물)에 의해 회사가 잔존물을 취득한 경우에 한합니다.
5. 기타 협력비용: 회사의 요구에 따르기 위하여 지출한 필요 또는 유익한 비용

제7조(보상하지 아니하는 손해) 회사는 아래와 같은 손해는 보상하여 드리지 아니합니다.

1. 계약자, 피보험자(법인의 경우에는 그 이사 또는 법인의 업무를 집행하는 그 밖의 기관) 또는 이들의 법정대리인의 고의 또는 중대한 과실로 생긴 손해
2. 피보험자에게 보험금을 받도록 하기 위하여 피보험자와 세대를 같이 하는 친족 및 고용인이 고의로 일으킨 손해
3. 화재가 발생했을 때 도난 또는 분실로 생긴 손해
4. 보험의 목적이 발효, 자연발열 또는 자연발화로 생긴 손해. 그러나 이 결과로 생긴 화재 손해는 보상하여 드립니다.
5. 화재로 생긴 것이든 아니든 파열 또는 폭발로 생긴 손해. 그러나 이 결과로 생긴 화재 손해는 보상하여 드립니다.
6. 발전기, 여과기(정류기 포함), 변류기, 변압기, 전압조정기, 축전기, 개폐기, 차단기, 피뢰기, 배전반 및 그 밖의 전기기기 또는 장치의 전기적 사고로 생긴 손해를 보상하여 드리지 아니합니다. 그러나 그 결과로 생긴 화재 손해는 보상하여 드립니다.
7. 원인의 직접 간접을 묻지 아니하고 지진, 분화 또는 전쟁, 혁명, 내란, 사변, 폭동, 소요, 노동쟁의, 기타 이들과 유사한 사태로 생긴 화재 및 연소 또는 그 밖의 손해
8. 핵연료물질(사용된 연료를 포함합니다. 이하 같습니다) 또는 핵연료물질에 의해서 오염된 물질(원자핵분열생성물을 포함합니다) 의 방사성, 폭발성 그 밖의 유해한 특성 또는 이들의 특성에 의한 사고로 인한 손해
9. 위 8호 이외의 방사선 조사(照射) 또는 방사능 오염으로 인한 손해
10. 국가 및 지방자치단체의 명령에 의한 재산의 소각 및 이와 유사한 손해

제8조(보험금 등의 지급한도) ① 제6조(보상하는 손해) 제1항의 손해에 의한 보험금과 제6조(보상하는 손해) 제2항의 잔존물 제거비용은 각각 제18조(지급보험금의 계산)를 준용하여 계산하며, 그 합계액은 보험증권에 기재된 보험가입금액을 한도로 합니다. 다만, 잔존물 제거비용은 손해액의 10%를 초과할 수 없습니다.

② 제6조(보상하는 손해)제2항의 비용손해 중 손해방지비용, 대위권 보전비용 및 잔존물 보전비용은 제19조(지급보험금의 계산)를 준용하여 계산한 금액이 보험가입금액을 초과하는 경우에도 이를 지급합니다.

③ 제6조(보상하는 손해)제2항의 비용손해 중 기타 협력비용은 보험가입금액을 초과한 경우에도 이를 전액 지급합니다.

제9조(계약 전 알릴 의무) 계약자, 피보험자 또는 이들의 대리인은 청약시 청약서(질문서를 포함합니다)에서 질문한 사항에 대하여 알고 있는 사실을 반드시 사실대로 알려야 합니다.

제10조(계약 후 알릴 의무) ① 계약을 맺은 후 보험의 목적에 아래와 같은 사실이 생긴 경우에는 계약자나 피보험자는 지체 없이 서면으로 회사에 알리고 보험증권에 확인을 받아야 합니다.

1. 다른 계약을 맺을 때

2. 양도할 때
3. 보험의 목적 또는 보험의 목적을 수용하는 건물의 구조를 변경, 개축, 증축하거나 계속하여 15일 이상 수선할 때
4. 보험의 목적 또는 보험의 목적을 수용하는 건물의 용도를 변경함으로서 위험이 증가하는 경우
5. 보험의 목적 또는 보험의 목적이 들어있는 건물을 계속하여 30일 이상 비워두거나 휴업하는 경우
6. 다른 곳으로 옮길 때
7. 위 이외에 위험이 뚜렷이 증가할 경우

② 회사는 제1항에 따라 위험이 감소된 경우에는 그 차액보험료를 돌려드리며, 위험이 증가된 경우에는 통지를 받은 날부터 1월 이내에 보험료의 증액을 청구하거나 계약을 해지할 수 있습니다. 이 경우 받을 보험료에 대하여는 제3조(보험료) 제2항에 따릅니다.

③ 계약자는 주소 또는 연락처가 변경된 경우에는 지체 없이 이를 회사에 알려야 합니다. 다만, 계약자가 알리지 않은 경우 회사가 알고 있는 최종의 주소 또는 연락처로 알린 사항은 일반적으로 도달에 필요한 시일이 지난 때에는 계약자에게 도달한 것으로 봅니다.

제11조(계약의 해지) ① 계약자는 손해가 발생하기 전에는 언제든지 계약을 해지할 수 있습니다. 다만 타인을 위한 계약의 경우에는 계약자는 그 타인의 동의를 얻거나 보험증권을 소지한 경우에 한하여 계약을 해지할 수 있습니다.

② 회사는 계약자 또는 피보험자(법인인 경우에는 그 이사 또는 법인의 업무를 집행하는 그 밖의 기관)의 고의로 손해가 발생한 경우 이 계약을 해지할 수 있습니다.

③ 회사는 아래와 같은 사실이 있을 경우에는 손해의 발생여부에 관계없이 이 계약을 해지할 수 있습니다.

1. 계약자, 피보험자 또는 이들의 대리인이 제9조(계약전 알릴 의무)에도 불구하고 고의 또는 중대한 과실로 중요한 사항에 대하여 사실과 다르게 알린 때. 다만, 계약자가 청약서에 자필로 서명하지 아니한 경우에는 계약 전 알릴 의무 등의 이유로 계약을 해지할 수 없으며 회사가 책임을 집니다.
2. 뚜렷한 위험의 변경 또는 증가와 관련된 제10조(계약 후 알릴 의무)에서 정한 계약 후 알릴 의무를 이행하지 아니하였을 때
3. 상당한 이유없이 제26조(보험의 목적에 대한 조사) 의 조사를 거부 또는 회피한 때

④ 제3항 제1호의 경우에도 불구하고 다음 중 하나에 해당하는 경우에는 회사는 계약을 해지할 수 없습니다.

1. 회사가 계약 당시에 그 사실을 알았거나 중대한 과실로 인하여 알지 못하였을 때
2. 회사가 그 사실을 안 날부터 1개월 이상 지났을 때

3. 보험을 모집한 자(이하 "모집인 등"이라 합니다)가 계약자 또는 피보험자의 계약 전 알릴 의무사항을 임의로 기재한 경우

⑤ 제3항에 의한 계약의 해지는 손해가 생긴 후에 이루어진 경우에도 회사는 그 손해를 보상하여 드리지 아니합니다. 그러나 제3항 제1호 및 제2호의 사실로 생긴 것이 아님이 증명된 때에는 보상하여 드립니다.

제12조(타인을 위한 계약) ① 계약자는 타인을 위한 계약을 체결하는 경우에 그 타인의 위임이 없는 때에는 반드시 이를 회사에 알려야 하며, 이를 알리지 않았을 때에는 그 타인은 이 계약이 체결된 사실을 알지 못하였다는 사유로 회사에 이의를 제기할 수 없습니다.

② 타인을 위한 계약에서 보험사고가 발생한 경우에 계약자가 그 타인에게 보험사고의 발생으로 생긴 손해를 배상한 때에는 계약자는 그 타인의 권리를 해하지 아니하는 범위 안에서 회사에 보험금의 지급을 청구할 수 있습니다.

제13조(계약의 무효) 계약을 맺을 때에 아래와 같은 사항이 있으면 이 계약은 무효로 합니다.

1. 계약에 관하여 계약자, 피보험자 또는 이들의 대리인의 사기행위가 있었을 경우
2. 보험의 목적에 이미 화재가 발생하였거나, 화재의 원인이 생긴 것을 알면서도 이를 회사에 알리지 아니하였을 경우

제14조(보험료의 환급) ① 이 계약이 무효, 효력상실 또는 해지된 때에는 다음과 같이 보험료를 돌려드립니다. 다만, 보험기간 중 보험사고가 발생하여 보험금이 지급된 사실이 있으면 어떠한 경우에도 당해 보험년도(초년도는 보험기간의 초일부터 1년간, 차년도 이후는 각각 보험기간의 초일 해당일부터 1년간을 말합니다)의 보험료는 돌려 드리지 아니 합니다.

1. 계약자 또는 피보험자의 책임 없는 사유에 의하는 경우 : 무효의 경우에는 회사에 납입한 보험료의 전액, 효력상실 또는 해지의 경우에는 경과하지 아니한 기간에 대하여 일단위로 계산한 보험료
2. 계약자 또는 피보험자의 책임 있는 사유에 의하는 경우 : 이미 경과한 기간에 대하여 단기 요율로 계산한 보험료를 뺀 잔액. 다만, 계약자 또는 피보험자의 고의 또는 중대한 과실로 무효가 된 때에는 보험료를 돌려드리지 아니합니다.

② 보험기간이 1년을 초과하는 계약이 무효 또는 효력 상실인 경우에는 무효 또는 효력상실의 원인이 생긴 날 또는 해지일이 속하는 보험연도의 보험료는 위 제1항의 규정을 적용하고 그 이후의 보험연도에 속하는 보험료는 전액을 돌려 드립니다.

제15조(손해의 통지 및 조사) ① 계약자 또는 피보험자는 보험의 목적에 손해가 생긴 경우 지체 없이 이를 회사에 알려야 합니다.

② 계약자 또는 피보험자가 제1항의 통지를 게을리 하여 손해가 증가된 때에는 회사는 그 증가된 손해는 보상하여 드리지 아니합니다.

③ 회사가 위 제1항에 대한 손해의 사실을 확인하기 어려운 경우에는 계약자 또는 피보험자에게

필요한 증거자료의 제출을 요청할 수 있습니다.

④ 회사는 위 제1항의 통지를 받은 때에는 사고가 생긴 건물 또는 그 구내와 거기에 들어있는 피보험자의 소유물을 조사할 수 있습니다.

제16조(손해방지의무) 보험사고가 생긴 때에는 계약자 또는 피보험자는 손해의 방지와 경감에 힘써야 합니다. 만약, 계약자 또는 피보험자가 고의 또는 중대한 과실로 이를 게을리 한 때에는 방지 또는 경감할 수 있었을 것으로 밝혀진 값을 손해액에서 뺍니다.

제17조(손해액의 조사결정) 회사가 보상할 손해액은 그 손해가 생긴 때와 곳에서의 보험가액에 따라 계산합니다.

제18조(지급보험금의 계산) ① 회사가 일반물건에 생긴 손해에 대하여 지급할 보험금은 아래에 따라 계산합니다. 다만, 재고자산(원부재료, 재공품, 반제품, 제품, 부산물과 상품 및 이와 유사한 것을 의미합니다)에 대하여는 제2항에 따릅니다.

1. 보험가입금액이 보험가액의 80% 해당액과 같거나 클 때: 보험가입금액을 한도로 손해액 전액. 그러나 보험가입금액이 보험가액보다 클 때에는 보험가액을 한도로 합니다.
2. 보험가입금액이 보험가액의 80% 해당액 보다 작을 때: 보험가입금액을 한도로 손해액× 보험 가입금액/보험가액의 80%해당액

② 회사가 공장물건에 생긴 손해에 대하여 지급할 보험금은 아래에 따라 계산합니다.

1. 보험가입금액이 보험가액과 같거나 클 때: 보험가입금액을 한도로 손해액 전액. 그러나 보험가입금액이 보험가액보다 클 때에는 보험가액을 한도로 합니다.
2. 보험가입금액이 보험가액보다 작을 때: 보험가입금액을 한도로 손해액 x 보험가입금액/보험가액

③ 동일한 계약의 목적과 동일한 사고에 관하여 보험금을 지급하는 다른 계약(공제계약을 포함합니다)이 있고 이들의 보험가입금액의 합계액이 보험가액보다 클 경우에는 아래에 따라 지급보험금을 계산합니다. 이 경우 보험자 1인에 대한 보험금 청구를 포기한 경우에도 다른 보험자의 지급보험금 결정에는 영향을 미치지 아니합니다.

1. 다른 계약이 이 계약과 지급보험금의 계산 방법이 같은 경우: 손해액×이 계약의 보험가입금액 /다른 계약이 없는 것으로 하여 각각 계산한 보험가입금액의 합계액
2. 다른 계약이 이 계약과 지급보험금의 계산 방법이 다른 경우: 손해액×이 계약에 의한 보험금/다른 계약이 없는 것으로 하여 각각 계산한 보험금의 합계액

④ 하나의 보험가입금액으로 둘 이상의 보험의 목적을 계약한 경우에는 전체가액에 대한 각 가액의 비율로 보험가입금액을 비례 배분하여 위 제1항, 제2항 및 제3항의 규정에 따라 지급보험금을 계산합니다.

제19조(보험금의 지급) ① 회사는 아래의 보험금 청구서류를 접수한 때에는 접수증을 교부하고, 그 서류를 접수한 날로부터 20일 이내에 보험금을 지급합니다.

1. 보험금 청구서(회사양식)

2. 보험증권

3. 기타 회사가 요구하는 증거자료

② 회사가 보험금 지급사유의 조사 및 확인을 위하여 제1항의 지급기일 초과가 명백히 예상되는 경우에는 구체적 사유, 지급예정일 및 가지급보험금 청구절차를 피보험자에게 서면통지하여 드립니다.

③ 제2항에 의하여 추가적인 조사가 이루어지는 경우에는 회사는 피보험자의 청구에 따라 회사가 추정하는 보험금의 50% 상당액을 가지급보험금으로 지급합니다.

④ 회사가 제1항의 규정에 정한 지급기일 내에 보험금을 지급하지 아니하였을 때에는 그 다음날부터 지급일까지의 기간에 대하여 보험개발원이 공시하는 정기예금이율로 계산한 금액을 더하여 지급합니다. 그러나 계약자 또는 피보험자의 책임 있는 사유로 지급이 지연된 때에는 그 해당기간에 대한 이자를 더하여 드리지 아니합니다.

제20조(현물보상) 회사는 손해의 일부 또는 전부에 대하여 재건축, 수리 또는 현물의 보상으로서 보험금의 지급에 대신할 수 있습니다.

제21조(보험금청구권의 상실) 피보험자는 아래와 같은 경우에 손해에 대한 보험금 청구권을 잃게 됩니다.

1. 계약자 또는 피보험자가 손해의 통지 또는 보험금 청구에 관한 서류에 고의로 사실과 다른 것을 기재하였거나 그 서류 또는 증거를 위조 또는 변조한 경우
2. 계약자, 피보험자 또는 이들의 대리인이 상당한 이유없이 손해의 조사를 방해 또는 회피한 때에는 그 해당 손해

제22조(소멸시효) 보험금청구권, 보험료 또는 환급금 반환청구권은 2년간 행사하지 아니하면 소멸시효가 완성됩니다.

제23조(대위권) ① 회사가 보험금을 지급한 때에는 회사는 지급한 보험금 한도 내에서 계약자 또는 피보험자가 제3자에 대하여 가지는 손해배상 청구권을 취득합니다. 다만, 회사가 보상한 금액이 피보험자가 입은 손해의 일부인 경우에는 피보험자의 권리를 침해하지 아니하는 범위 내에서 그 권리를 취득합니다.

② 계약자 또는 피보험자는 제1항에 의하여 회사가 취득한 권리의 행사 및 보전에 관하여 필요한 조치를 하여야 하며 또한 회사가 요구하는 증거 및 서류를 제출하여야 합니다.

③ 회사는 제1항 및 제2항에도 불구하고 타인을 위한 계약의 경우에는 계약자에 대한 대위권을 포기합니다.

제24조(잔존물) 회사가 제6조(보상하는 손해) 제1항의 보험금을 지급하고 잔존물을 취득할 의사표시를 하는 경우에는 그 잔존물은 회사의 소유가 됩니다.

제25조(잔존보험가입금액) ① 회사가 손해를 보상한 경우에는 보험가입금액에서 보상액을 뺀 잔액을 손해가 생긴 후의 나머지 보험기간에 대한 보험가입금액으로 합니다.

② 보험의 목적이 둘 이상일 경우에도 각각 위 제1항의 규정을 적용합니다.

제26조(보험의 목적에 대한 조사) 회사는 언제든지 보험의 목적 또는 이들이 들어 있는 건물이나 구내를 조사할 수 있습니다.

제27조(계약내용의 교환) 회사가 개인에 대한 신용정보를 타인에게 제공·활용하고자 할 경우에는 신용정보의이용및보호에관한법률 제23조(개인신용정보의 제공·활용에 대한 동의) 및 동법시행령 제12조(개인신용정보의 제공·활용에 대한 동의 등)에서 정하는 절차에 따라 개인신용정보의 제공·활용동의서에 계약자의 동의를 받아야 하며, 동의서에 기재하는 제공할 신용정보의 내용에는 다음 각 호의 사항이 포함됩니다.

1. 계약자 및 피보험자의 성명, 주민등록번호 및 주소
2. 계약일, 보험종목, 보험료, 보험가입금액 등 계약내용
3. 보험금과 각종 급부금액 및 지급사유 등 지급내용

제28조(분쟁의 조정) 계약에 관하여 분쟁이 있는 경우에는 분쟁당사자 또는 기타 이해관계인과 회사는 금융감독원장에게 조정을 신청할 수 있습니다.

제29조(관할법원) 이 계약에 관한 소송은 계약자 또는 피보험자가 선택하는 대한민국 법원을 합의에 따른 관할법원으로 합니다.

제30조(약관의 해석) ① 회사는 신의성실의 원칙에 따라 공정하게 약관을 해석하여야 하며 계약자에 따라 다르게 해석하지 아니합니다.

② 회사는 약관의 뜻이 명백하지 아니한 경우에는 계약자에게 유리하게 해석합니다.

제31조(회사가 제작한 보험안내장의 효력) 모집인 등이 모집 과정에서 사용한 회사 (각종 점포 및 대리점 포함)제작의 보험안내장 (계약의 청약을 권유하기 위해 만든 서류 등을 말합니다)의 내용이 약관의 규정과 다른 경우에는 계약자에게 유리한 내용으로 계약이 성립된 것으로 봅니다.

제32조(회사의 손해배상책임) 회사는 계약과 관련하여 임직원, 모집인 및 대리점의 책임있는 사유로 인하여 발생된 손해에 대하여는 관계법규 및 사업방법서에서 정한 바에 따라 손해배상의 책임을 집니다.

제33조(예금보험기금에 의한 지급보장) 회사가 파산 등으로 인하여 보험금 등을 지급하지 못할 경우에는 예금자 보호법에서 정하는 바에 따라 그 지급을 보장합니다.

제34조(준거법) 이 약관에 정하지 아니한 사항은 대한민국 법령을 따릅니다.

제35조(추가조항) 계약 및 물건의 성질에 따라 다음의 추가조항이 적용됩니다.

① 선계약 추가조항: 선계약을 체결하는 경우에는 보험기간이 시작할 때에 적용되는 보험요율에 따르는 것으로 합니다.

② 작업금지 추가조항: 계약자 또는 피보험자는 보험기간 중 보험의 목적 또는 보험의 목적이 수용되는 건물 안에서 회사에 알린 작업보다 더 위험한 작업(적용한 요율보다 높은 요율이 적용되는 작업)을 하여서는 아니 됩니다.

③ 위험품 추가조항: 창고시설로 사용하는 건물(배급업자 및 도매업자 점포 포함), 저장용 탱크, 사일로 및 이들에 수용되는 동산 또는 야적의 동산을 보험의 목적으로 하는 계약에는 아래의 조항이 적용됩니다.

1. 보통품을 수용할 경우: 계약자 또는 피보험자는 보험기간 중 보험의 목적인 건물 또는 보험의 목적이 수용되는 건물 안에 A급, B급 및 특별 위험품을 수용하지 못합니다.
2. A급 위험품을 수용할 경우: 계약자 또는 피보험자는 보험기간 중 보험의 목적인 건물 또는 보험의 목적이 수용되는 건물 안에 B급 및 특별 위험품을 수용하지 못합니다.
3. B급 위험품을 수용할 경우: 계약자 또는 피보험자는 보험기간 중 보험의 목적인 건물 또는 보험의 목적이 수용 되는 건물 안에 특별 위험품을 수용하지 못합니다.

④ 화기금지 추가조항: 창고시설(공장 내 부속창고 포함), 보관용옥외탱크, 사일로와 이들에 수용되는 동산을 보험의 목적으로 하는 계약의 경우 계약자 또는 피보험자가 보험기간 중 보험의 목적 또는 보험의 목적이 수용되는 건물 안에서는 흡연, 점등 및 그 밖의 일체의 화기를 쓰지 못합니다. 그러나 완전히 시설된 전등 및 안전등은 쓸 수 있습니다.

⑤ 냉동(냉장)위험부담보 추가조항: 동(냉장)작업을 하는 공장 및 냉동(냉장)창고건물내의 냉동(냉장)물을 보험의 목적으로 하는 계약의 경우 회사는 화재로 냉동(냉장)장치 또는 설비가 파손, 변조되어 온도의 변화로 보험의 목적인 냉동(냉장)물에 생긴 손해는 보상하여 드리지 아니합니다.

⑥ 소화설비 추가조항: 보험의 목적인 건물에 시설된 소화설비가 검사에 합격하여 소정의 할인율을 적용 받는 경우 계약자 또는 피보험자는 보험기간 중에 이 설비를 늘 유효하게 보존하여야 하며, 이 설비가 조사기준에 미달하거나 기능이 정지 또는 감소된 때에는 그 사실을 회사에 지체 없이 알리고 정해진 추가보험료를 내어야 합니다.

⑦ 공지할인 추가조항: 보험의 목적에 대하여 소정의 공지할인이 적용된 경우 계약자 또는 피보험자는 보험기간 중에 정해진 공지거리가 좁혀진 때에는 회사에 지체 없이 그 사실을 알리고 추가보험료를 내어야 합니다.

⑧ 신규 특수건물의 안전점검 전 선계약 추가조항: 신규특수건물의 경우 「화재로 인한 재해보상과 보험가입에 관한 법률」 제16조의 규정에 따라 안전점검을 실시하고 계약을 체결하여야 하나, 부득이한 사유로 안전점검 실시 전 계약을 체결키로 하고, 조속한 시일 내에 안전점검 실시 후 보험의 목적물의 구조, 급수, 면적, 작업공정, 작업 등이 서로 다른 경우에는 아래와 같은 시점을 기준으로 그 결과에 따라 보험가입금액을 조정할 수 있으며, 보험료의 차액을 받거나 돌려드리기로 합니다.

* 환급 또는 추징의 기준시점

1.보험가입금액 : 안전점검 시점

2.적용요율 : 변경사유가 발생한 시점

Ⅱ. 손해사정사시험 기출문제

〔제29회〕 손해사정사시험

1. 보험제도와 관련성이 가장 적은 개념은?
   ① 유한책임　② 대수(大數)의 법칙　③ 위험단체　④ 경제상의 위험
2. 보험약관에 관한 설명 중 틀린 것은?
   ① 보험약관의 구속력의 근거에 관하여 계약설(의사설)을 취하게 되면, 보험약관은 법원(法源)이 될 수 없다.
   ② 보험약관의 구속력의 근거에 관하여 규범설을 취하게 되면, 계약설(의사설)을 취하는 경우보다 '보험가입자 평등대우'를 실현하기가 용이하다.
   ③ 대법원 판례에 의하면, 어떤 면허를 가지고 자동차를 운전하여야 무면허운전이 되지 않는지는 보험자의 약관의 설명의무의 대상이 된다고 한다.
   ④ 대법원 판례에 의하면, 보험자가 고지의무의 대상이 되는 중요한 사항을 설명하지 아니한 것이 약관의 설명의무에 위반한 것이 되는 경우에는, 보험계약자 등이 그 사항을 고지하지 않았더라도 보험자는 고지의무 위반을 이유로 보험계약을 해지할 수 없다고 한다.
3. 보험계약의 청약에 대한 보험자의 낙부(諾否)통지의무에 관한 설명 중 틀린 것은?
   ① 보험자가 이 통지의무를 지는 경우에는, 승낙기간이 지난 후에 보험계약의 청약에 대해 거절하더라도 그 거절의 효력은 생기지 않는다.
   ② 보험자가 이 통지의무를 지는 데는, 보험계약자와 상시(常時) 거래관계가 있었는지를 불문한다.
   ③ 보험계약자가 보험료를 일시(一時)에 지급하기로 약정한 경우에는, 보험자는 그 보험료의 전부를 받아야 이 통지의무를 진다.
   ④ 승낙기간 내에 보험사고가 발생한 경우에, 보험자가 그때까지 이 통지의무를 이행하지 않았으면 보험계약의 청약을 승낙한 것으로 의제된다.
4. 보험사고 발생의 통지의무를 '간접의무(자기의무)로 보지 않는 견해'의 근거가 되는 것은?
   ① 이 통지의무는 보험계약의 체결 시까지 이행해야 하는 의무가 아니라, 보험사고 발생시에 지는 의무이기 때문이다.
   ② 이 통지의무의 위반으로 증가된 손해는 보험자가 이를 보상할 책임을 지지 않기 때문이다.
   ③ 이 통지의무를 이행함에는 보험자의 지시를 받을 필요가 없기 때문이다.
   ④ 이 통지의무는 보험계약자, 피보험자뿐만 아니라 보험수익자도 지기 때문이다.

5. '제1차 위험보험'에 관한 설명 중 옳은 것은?

① 손해의 일부만 보상되는 경우도 있다.

② 전부보험의 경우에도 인정될 수 있다.

③ 상법상의 원칙이므로 계약당사자의 다른 약정이 없으면 당연히 인정된다.

④ 약관의 규정이 있으면 생명보험에도 인정될 수 있다.

6. 타인의 생명보험계약에서 피보험자의 동의에 관한 설명 중 틀린 것은?

① 보험금청구권을 피보험자가 아닌 자에게 양도하는 경우에도 피보험자의 동의가 필요하다.

② 피보험자의 동의를 요하도록 한 상법의 규정은 강행규정이다.

③ 통설에 의하면 피보험자의 동의는 보험계약의 성립요건이라고 한다.

④ 피보험자는 동의를 했더라도 계약의 성립 전에는 그 동의를 철회할 수 있다.

7. 甲은 시가(時價) 1억 원의 자기 소유 아파트에 대해 보험금액을 2억 원으로 하는 화재보험계약을 乙보험회사와 체결하였다. 다음 설명 중 틀린 것은?

① 甲이 선의인 경우, 乙회사는 보험금액의 감액을 청구할 수 있다.

② 甲이 선의인 경우, 甲은 보험료의 감액을 청구할 수 있다.

③ 보험료의 감액청구는 장래에 대하여서만 그 효력이 있다.

④ 甲의 사기가 인정되는 경우, 乙회사는 보험계약을 취소할 수 있다.

8. 상법상 운송보험에 관한 설명 중 옳은 것은?

① 보험가액불변경주의에 의하여 협정된 보험가액이 보험기간동안 적용된다.

② 보험사고는 육상운송 중에 운송물과 운송용구(運送用具)에 생길 수 있는 모든 사고이다.

③ 송하인이 운송물의 도착으로 인하여 얻을 수 있는 이익은, 해상적하보험에서는 피보험이익이 될 수 있어도 운송보험에서는 피보험이익이 될 수 없다.

④ 물건보험인 경우에는 운송인의 고의 또는 중대한 과실로 인하여 보험사고가 발생하더라도 보험자는 면책되지 아니한다.

9. 다음에서 상법상 해상보험자의 면책사유에 해당하는 것을 모두 고른다면?

가. 적하보험에서 용선자의 중대한 과실로 인하여 생긴 손해 나. 적하보험에서 감항능력주의의무 위반으로 인하여 생긴 손해 다. 운임보험에서 감항능력주의의무 위반으로 인하여 생긴 손해

① 가, 나, 다 ② 가, 나 ③ 가, 다 ④ 나, 다

10. 보험계약관계자에 관한 설명 중 틀린 것을 모두 고른다면?

가. 15세 미만자의 사망을 보험사고로 한 보험계약은 법정대리인의 동의를 얻으면 유효하다. 나. 피보험자와 보험수익자가 동일한 보험계약을 자기를 위한 계약이라고 한다. 다. 인보험에서의 피보험자는 자연인이어야 한다.

① 가, 나, 다 ② 가, 나 ③ 가, 다 ④ 나, 다

11. 보험가액에 관한 설명 중 옳은 것은?

① 다수설에 의하면, 책임보험은 피보험이익이 인정되더라도 원칙적으로 보험가액이 인정되지 아니한다고 한다.

② 상법에 의하면, 인보험의 경우 보험가액이 인정되지 아니하는 이유는 피보험이익의 주관성 때문이다.

③ 상법에 의하면, 협정 보험가액은 보험사고 발생 시의 가액으로 정한 것으로 의제한다.

④ 상법에 의하면, 협정 보험가액이 보험사고 발생 시의 가액을 현저하게 초과 하더라도, 보험계약자의 사기가 없었으면 그 협정 가액을 보험가액으로 한다.

12. 손해보험에서 손해액의 산정비용은 누가 부담하는가?

① 보험자가 부담한다.

② 보험계약자가 부담한다.

③ 보험금을 받게 되는 자가 부담한다.

④ 통상의 경우에는 보험자가 부담하고, 신가보험(新價保險)의 경우에는 보험금을 받게 되는 자가 부담한다.

13. 손해보험에서 손해방지비용에 관한 설명 중 틀린 것은?

① 상법에 의하면, 손해방지비용과 손해보상액의 합이 보험금액을 초과하더라도, 손해방지에 대한 보험자의 지시 유무를 불문하고 보험자가 그 전부를 부담한다.

② 화재예방에 드는 비용도 화재보험에서의 손해방지비용에 포함된다.

③ 대법원 판례에 의하면, 피보험자가 자동차 사고 발생 후에 그의 책임 유무가 불분명한 상태에서 피해자의 치료비를 지급한 경우에는, 나중에 피보험자의 책임이 없는 것으로 확정되더라도 보험자는 그 치료비를 부담해야 한다고 한다.

④ 전손(全損)만을 담보하는 보험계약에서 분손(分損)을 방지했더라도 손해방지 비용을 청구할 수 없다.

14. 집합보험에 관한 설명 중 옳은 것은?

① 집합보험계약이 총괄보험의 형태로 체결된 경우에는 계약성립 시에 현존한 물건은 보험의 목적에 포함된 것으로 본다.

② 집합보험의 경우에는 보험의 목적의 일부에 대해서만 위험이 현저하게 증가 되더라도, 보험자는 원칙적으로 보험의 목적의 전부에 대해서 계약을 해지 할 수 있다.

③ 집합보험은 화재보험 이외에 운송보험, 해상적하보험에서도 이용되고 있으므로 상법에는 손해보험통칙에 규정되어 있지만, 화재보험에서 가장 많이 이용된다.

④ 집합보험계약이 체결된 경우에는 피보험자의 가족과 사용인에 대해서는 타인을 위한 계약이 된다.

15. 상법상 선박보험의 경우 보험자의 동의가 없으면 보험계약이 종료하는 사유가 아닌 것은?

① 선박의 국적이 변경된 때　② 선박을 새로운 관리로 옮긴 때

③ 선박을 양도한 때　④ 선박의 선급을 변경한 때

16. 책임보험에서 방어비용에 관한 설명 중 옳은 것은?

① 다수설은 방어비용을 책임보험의 독자적인 보험급여로 보기 보다는 손해방지비용의 일종으로 보고 있다.

② 대법원 판례에 의하면, 제3자가 다른 제3자(피보험자가 아닌 자)를 상대로 청구·화해하는 과정에서 발생하는 비용이라고 하더라도, 그 청구·화해로 인해 피보험자가 구상당할 것으로 예상되는 경우에는, 방어비용에 포함된다고 한다.

③ 피보험자가 제3자의 청구를 방어하기 위해 지출한 비용이라고 하더라도, 피보험자가 보험자의 지시에 따라 방어행위를 하지 아니한 경우에는 보험자에게 청구할 수 없다.

④ 피보험자가 제3자의 청구를 방어하기 위한 재판상의 필요비용은 보험자에게 그 선급을 청구할 수 있지만, 재판외의 필요비용은 그 선급을 청구할 수 없다.

17. 생명보험자의 보험료적립금의 반환의무에 관한 설명 중 틀린 것은?

① 보험자가 보험계약자의 고지의무 위반을 이유로 계약을 해지하는 경우에도 보험자는 이 반환의무를 진다.

② 이 반환의무는 2년의 시효로 소멸한다.

③ 피보험자가 고의로 보험사고를 낸 경우에는 보험자는 이 반환의무를 지지 아니한다.

④ 보험계약자가 보험자가 파산선고를 받았음을 이유로 계약을 해지하는 경우에도 보험자는 이 반환의무를 진다.

18. 보험자가 파산선고를 받으면 보험계약자는 계약을 해지할 수 있지만, 파산선고 후 ( )을 경과할 때까지 해지하지 아니하면 계약은 그 효력을 잃는다. ( )에 맞는 것은?

① 1월　② 2월　③ 3월　④ 6월

19. 상법 제4편(보험계약법)의 규정이 적용될 수 없는 것은?

① 상호보험　② 자가보험(自家保險)　③ 공제사업　④ 수출보험

20. 대법원판례에 의할 때, "암(癌)에 대한 보험회사의 책임은 보험증권에 기재된 보험기간의 첫날로부터 그 날을 포함하여 90일이 지난 날의 다음날에 시작하며 마지막 날에 끝납니다."는 약관조항에 관한 설명 중 옳은 것은?

① 이 약관조항은 법령에 규정된 사항이므로, 보험자의 설명의무의 대상이 되지 아니한다.

② 이 약관조항은 보험거래상 일반적이고 공통된 것이므로, 보험자의 설명의무의 대상이 되지 아니한다.

③ 이 약관조항은 보험기간에 관한 일반적인 조항과 다르게 규정한 것이므로, 보험자의 설명의무의 대상이 된다.

④ 이 약관조항은 보험계약자 또는 피보험자에게 부당하게 불이익한 것이므로, 보험자가 이 약관조항을 설명했는지를 불문하고 무효이다.

21. 자동차 임의대인배상 책임보험(대인배상II) 약관상의 "보험회사는 산재보험법에 의한 보상범위를 넘어서는 손해가 발생한 경우에도 보상하지 아니한다."는 면책조항에 관한 설명 중 틀린 것은?

① 이 면책조항은, 업무상 재해를 대인배상II의 담보위험제외사유로 보는 입장에 의하면, 유효한 것이 된다.

② 이 면책조항은, '보험계약자 등이 고의로 사고를 낸 경우에만 보험자가 면책된다'는 취지의 상법규정이 적용되어 무효가 된다.

③ 최근의 대법원 판례도, 이 면책조항은, 자동차 사고로 인하여 피보험자가 타인에 대하여 부담하는 손해배상책임을 담보하기 위한 자동차보험의 취지에 부합하지 않는다고 하여, 무효라고 한다.

④ 이 면책조항은, 업무상 재해위험과 통상의 자동차위험의 본질적인 차이를 인정하는 입장에 의하면, 유효한 것이 된다.

22. 상법 제672조 제2항은 보험계약자의 다수계약 통지의무(수개의 계약의 통지의무)를 규정하고 있다. 이 통지의무에 관한 설명 중 옳은 것은?

① 이 통지의무는 중복보험에서만 인정되고 병존보험에서는 인정되지 아니한다.

② 대법원 판례에 의하면, 중복보험계약의 체결사실은 이 통지의무의 대상이 됨과 동시에, 고지의무 또는 위험변경증가통지의무의 대상이 되기도 한다고 한다.

③ 상법은 보험자가 이 통지의무 위반의 사실을 안 날로부터 1월내에 계약을 해지할 수 있는 것으로 규정하고 있다.

④ 손해보험약관 중에는 이 통지의무를 고지의무 또는 위험변경증가통지의무의 방식으로 이행하도록 규정하고 있는 약관도 있다.

23. 다음의 권리 중에서 보험설계사에게는 있고 보험중개사에게는 없는 것은?

① 보험료 수령권 ② 계약체결권 ③ 고지수령권 ④ 보험금 조정·결정권

24. 고지의무에 관한 설명 중 옳은 것은?

① 생명보험 표준약관은, 상법의 규정에 따라, 고지의무 위반사실과 보험사고발생 사이의 인과관계에 관한 입증책임을 보험계약자 등이 지도록 규정하고 있다.

② 타인을 위한 보험계약을 체결하는 경우, 보험계약자에게 그 계약의 체결을 위임하지 않은 타인은 고지의무자가 되지 아니한다.

③ 보험계약자가 사기로 중요한 사항을 고지하지 아니하고 계약을 체결한 경우에는, 통설과 판례에 의하면, 고지의무 위반에 관한 상법 규정과 사기에 관한 민법 규정이 중첩적으로 적용될 수 있다고 한다.

④ 민법상 사기를 이유로 보험계약을 취소할 수 있기 위해서는, 고지의무 위반사실과 보험사고

발생 사이에 인과관계가 있어야 한다.

25. 위험변경증가통지의무에 관한 설명 중 틀린 것은?

① 보험계약자가 위험의 현저한 변경증가사실을 통지한 경우에는, 보험자는 계약을 해지할 수는 없고 보험료의 감액만을 청구할 수 있다.

② 보험계약자가 위험의 현저한 변경증가사실을 알고서도 이를 지체없이 통지하지 아니한 경우에는, 보험자는 그 사실을 안 날로부터 1월 이내에 계약을 해지할 수 있다.

③ 보험계약자가 고의나 중대한 과실로 위험을 현저히 증가시킨 경우에는, 보험자는 그 사실을 안 날로부터 1월 이내에 계약을 해지할 수 있다.

④ 생명보험약관은 일반적으로 이 통지의무를 규정하지 않고 있다.

26. 보험료의 지급에 관한 설명 중 옳은 것은?

① 보험료의 지급장소는, 계약당사자 간에 특별한 약정이 없으면, 소비자 보호의 이념상 보험계약자의 주소지이다.

② 어음을 최초보험료의 지급을 위하여 교부하는 경우에, 해제조건부 대물변제설(解除條件附代物辨濟說)에 의하면, 보험자의 책임은 어음이 교부된 때가 아니라 현금으로 추심된 때로부터 개시된다.

③ 어음을 최초보험료의 지급을 위하여 교부하는 경우에, 유예설(猶豫說)에 의하면, 보험자의 책임은 어음이 교부된 때가 아니라 현금으로 추심된 때로부터 개시된다.

④ 보험자의 해지예고부 최고는, 최고와 동시에 최고기간 내의 보험료 불지급(不支給)을 정지조건으로 하는 해지의 의사표시를 하는 것이다.

27. 타인을 위한 손해보험계약에 관한 설명 중 틀린 것은?

① 보험계약자는 보험증권을 소지하고 그 타인의 동의를 얻은 경우에 한하여 보험계약을 해지할 수 있다.

② 보험계약자가 예외적으로 보험금청구권을 취득할 수도 있다.

③ 보험자는 보험계약자가 타인의 위임이 없었다는 사실을 알리지 아니했다는 것만으로 계약을 해지할 수 있는 것은 아니다.

④ 보험계약자는 피보험이익을 가진 자가 아니고, 타인이 피보험이익을 가진 자이다.

28. 甲은 그의 주택에 대하여 자신을 보험계약자이자 피보험자로 하여 화재보험계약을 체결하였다. 그 후 甲은 그 주택을 乙에게 양도하고 이전등기까지 완료하였다. 그런데, 甲과 乙은 그 주택의 양도 또는 양수 사실을 보험회사에게 통지하지 않고 있던 중, 그 주택에 화재가 발생하였다. 이 경우에 관한 설명 중 옳은 것은?

① 보험계약관계가 乙에게 승계되었다고 볼 수 없으므로 甲이 보험금을 청구할 수 있다.

② 보험계약관계가 乙에게 승계되기 위해서는, 민법상의 지명채권 양도에 관한 규정에 따라, 乙은 주택의 양수사실을 보험회사에게 통지할 의무가 없고, 甲만이 주택의 양도사실을 보험회

사에게 통지할 의무를 진다.

③ 대법원 판례에 의하면, 위험변경증가통지의무에 관한 규정을 적용하여 보험회사의 계약해지권 유무를 결정해야 한다고 한다.

④ 甲이 체결한 보험계약은, 주택의 양도로 인해 甲이 보험계약자이고 乙이 피보험자가 되는 계약으로 변경되었다.

29. 전부보험에서 분손(分損)에 해당하는 경우는?

① 보상액<손해액=보험가액>보험금액　② 보상액<손해액<보험가액=보험금액

③ 보상액=손해액=보험가액>보험금액　④ 보상액=손해액<보험가액=보험금액

30. 제3자에 대한 보험자대위에 관한 설명 중 틀린 것은?

① 제3자는 피보험자에 대한 항변으로 보험자에 대하여 대항할 수 있다.

② 보험자가 피보험자의 제3자에 대한 손해배상청구권을 취득하기 위해서는, 손해배상청구권이 지명채권 양도에 관한 규정에 따라 대항요건을 갖추어야 한다.

③ 보험자는 지급한 보험금액의 한도 내에서 제3자에 대한 청구권을 대위한다.

④ 보험자대위가 일어난 후에 제3자가 피보험자에게 변제하는 경우에는, 원칙적으로 변제로서의 효력이 없다.

31. 책임보험에서 피해자의 직접청구권에 관한 설명 중 틀린 것은?

① 대법원 판례에 의하면, 피해자의 직접청구권이 생기는 것은, 보험자가 피보험자의 피해자에 대한 손해배상채무를 병존적으로 인수하였기 때문이라고 한다.

② 대법원 판례에 의하면, 피해자가 상법에 의하여 보험자에게 직접청구권으로서 손해배상청구권을 행사하는 경우에는, 자동차손해배상보장법이 규정하는 직접청구권의 소멸시효에 관한 규정을 적용할 수 있다고 한다.

③ 대법원 판례에 따라 피해자의 직접청구권을 피보험자의 보험자에 대한 보험금청구권의 변형 내지는 이에 준하는 권리가 아니라고 보게 되면, 보험자는 보험계약에 근거한 피보험자에 대한 항변사유로써 피해자에게 대항하는 것이 제한되는 결과를 낳는다.

④ 대법원 판례에 따르면, 직접청구권의 행사기간에 관하여 해당법률에 특별한 규정이 없는 경우에는, 불법행위에 의한 손해배상청구권의 소멸시효에 관한 민법의 규정이 적용되게 된다.

32. 甲은 보험계약자이자 보험수익자로서, 그의 부인인 乙을 피보험자로 하는 사망보험계약을 보험회사와 체결하였다. 그런데, 그 계약체결 과정에서 보험회사의 보험설계사인 丙이 乙의 서면에 의한 동의가 필요함을 설명하지 아니하였고, 오히려 그 동의가 없다고 하더라도 당해 계약에 아무런 문제가 없다고 하였다. 그 후 乙이 사망하여 甲이 보험금을 청구하였으나, 보험회사는 "피보험자의 서면동의가 없는 사망보험계약은 무효로 한다"는 약관조항을 들어서 보험금지급을 거절하고, 지급된 보험료만을 반환하였다. 이 경우 대법원 판례에 의할 때 옳은 설명은?

① 甲은 신의칙을 이유로 이 보험계약을 유효로 주장할 수 있다.

② 甲은 보험약관의 설명의무 위반을 이유로 이 약관조항을 적용할 수 없음을 주장할 수 있다.

③ 이 보험계약은 무효이므로 甲은 보험금을 청구할 수 없다.

④ 이 보험계약은 무효이므로 甲은 보험회사에 대하여 丙의 불법행위를 이유로 손해배상을 청구할 수 없다.

33. 상해보험약관 중에는 "피보험자의 기왕증의 영향으로 상해가중하게 된 때에는 보험금을 감액한다"는 조항을 두고 있는 약관도 있다. 대법원 판례에 의할 때 이 약관조항에 관한 설명 중 옳은 것은?

① 피보험자의 기왕증은 상해의 개념상 외래성과 급격성은 충족되지만 우연성이 결여되어 상해보험의 담보대상이 될 수 없으므로, 이 약관조항은 유효하다.

② 피보험자의 체질 또는 소인 등이 보험사고의 발생 또는 확대에 기여한 것을 고려하여 보험금을 감액할 수 있으므로, 이 약관조항은 유효하다.

③ 기왕증이 작용하여 상해가 중하게 되었더라도, 일단 상해사고로 상해가 생긴 이상 상해의 결과 전부에 대한 보험금을 지급해야 하므로, 이 약관조항은 무효이다.

④ 상해사고로 인한 상해의 부분과 기왕증으로 인한 상해의 부분을 구별할 수 없으므로 상해의 결과 전부에 대해서 보험자는 면책되어야 하고, 따라서 이 약관조항은 무효이다.

34. 보험위부와 잔존물대위의 비교에 관한 설명 중 틀린 것은?

① 보험위부는 의사표시에 의하여 권리가 이전되나, 잔존물대위는 요건이 구비되면 당연히 권리가 이전된다.

② 보험위부는 목적물에 대한 권리 이전의 의사표시와 더불어 보험금청구권이 발생하는 데 비해, 잔존물대위는 보험금이 전부 지급된 후에야 목적물에 대한 권리가 인정된다.

③ 선박의 행방불명의 경우 전손으로 추정할 수 없으므로, 잔존물대위는 할 수 없고 보험위부만이 가능하다.

④ 보험위부는 위부된 목적물 가액이 지급한 보험금보다 큰 경우에도 인정되지만, 잔존물대위는 지급한 보험금을 한도로 인정된다.

35. 단체생명보험에 관한 설명 중 틀린 것은?

① 타인의 사망보험계약이다.

② 보험자는 보험계약자에 대해서만 보험증권을 교부한다.

③ 피보험자의 서면에 의한 동의를 요하지 않는다.

④ 대법원 판례에 의하면 자기를 위한 보험계약으로 체결할 수 없다.

36. 재보험에 관한 설명 중 틀린 것은?

① 재보험계약은 원보험계약의 효력에 영향을 미친다.

② 재보험은 사적자치의 원칙이 존중된다.

③ 재보험에서도 보험자대위권이 인정된다.

④ 재보험에는 상법의 책임보험에 관한 규정이 준용된다.

37. 중복보험에 관한 설명 중 옳은 것은?

① 대법원 판례에 의하면, 보험자들 사이의 책임분담방식에 관한 상법규정과 다른 내용의 약관규정을 둘 수 있다고 한다.

② 수인의 보험자와 각각 체결한 보험계약에서 약정한 보험금액의 합계가 보험가액을 현저하게 초과하여야 한다.

③ 보험자 1인에 대한 권리의 포기는 다른 보험자의 권리의무에 영향을 미친다.

④ 대법원 판례에 의하면, 보험계약자가 다른 계약의 존재나 발생을 알리지 아니한 것만으로도 보험계약자의 사기가 추정된다고 한다.

38. 단체보험에 관한 설명 중 옳은 것은?

① 보험자에 대한 보험료지급의무는 단체와 구성원이 연대하여 진다.

② 단체생명보험과 집합보험은 보험의 목적이 다수(多數)라는 점에서 공통된다.

③ 구성원이 단체에서 탈퇴하는 경우에는 기존의 자신에 대한 계약부분을 개인계약으로 전환할 수 없다.

④ 단체보험은 개념상 손해보험에는 인정될 수 없다.

39. 보험사고가 이미 발생하였거나 발생할 수 없는 경우에 체결된 보험계약의 효력을 인정하는 근거를 2개 고른다면?

가. 보험사고 불확실성의 주관성	나. 보험사고 불확실성의 객관성
다. 보험계약의 선의성	라. 보험계약의 유상쌍무계약성

① 가, 나　② 가, 다　③ 나, 라　④ 다, 라

40. 보험계약의 당사자 간에 다른 약정이 없더라도 가능한 것은?

① 상실이익의 손해보상에의 산입

② 상해보험에서의 제3자에 대한 보험자대위의 허용

③ 최초보험료지급 시로부터의 보험자의 책임개시

④ 신품가액에 의한 손해액의 산정

[제29회 정답]

1	①	2	③	3	④	4	②	5	①	6	③	7	④	8	④	9	③	10	②
11	①	12	①	13	②	14	④	15	①	16	①	17	③	18	③	19	②	20	③
21	②	22	④	23	①	24	③	25	①	26	④	27	①	28	③	29	④	30	②
31	②	32	③	33	②	34	③	35	④	36	①	37	①	38	②	39	②	40	③

〔제30회〕 손해사정사시험

1. 보험의 종류에 대한 설명 중 틀린 것은?

① 보증보험과 신용보험은 채권자(관리자)를 피보험자로 한다는 점에서 공통된다.

② 책임보험은 보험계약자와 피보험자가 일치하지 않을 수도 있다.

③ 신용보험은 보험계약자와 피보험자가 일치하지 않을 수도 있다.

④ 원보험이 손해보험이든 인보험이든 재보험은 항상 손해보험이다.

2. 보험중개대리점과 보험중개사의 차이점을 모두 고른다면?

가. 독립된 상인인지의 여부	나. 특정한 보험자를 위하여 일치하는지의 여부
다. 계약체결권 유무	라. 보험료수령권 유무

① 가, 나, 다 ② 가, 나, 라 ③ 나, 라 ④ 다, 라

3. 보험약관에 관한 설명 중 옳은 것은?

① 보험자가 그 중요한 내용을 설명하지 아니한 약관조항은 '약관의 규제에 관한 법률'에 의하면 무효가 된다.

② 보험약관은 용어의 통상적이고 일반적인 의미에 따라 보험계약자의 개별적인 의사를 구체적으로 고려하여 해석해야 한다.

③ 보험자가 약관조항의 설명의무를 위반한 경우에는, 그 약관조항을 계약에 편입되지 않게 하는 것이, 보험계약자가 계약을 취소할 수 있게 하는 것보다, 보험계약자에게 더 유리할 수도 있다.

④ 대법원 판례에 의하면, 거래상 일반적이고 공통된 것이어서 보험계약자가 충분히 예상할 수 있었던 사항에 관한 약관조항은, 이를 보험자가 교부할 의무가 없다고 한다.

4. 보험료의 지급에 관한 설명 중 옳은 것은?

① 대법원 판례에 의하면, 수산협동조합중앙회가 실시하는 어선공제사업은 해상보험의 일종인 선박보험과 유사하므로, 그 공제약관상의 실효약관(失效約款)에 대해서는 '보험계약자 등의 불이익변경금지의 원칙'이 적용되지 않는다고 한다.

② 해지예고부 최고(解止豫告附 催告)는 최고기간 내의 보험료불지급(不支給)을 해제조건으로 하여 해지의 의사표시를 최고기간의 경과 전에 미리 하는 것이다.

③ 소급보험의 경우에도 보험료 선급(先給)의 원칙이 적용된다.

④ 민법에 의하면, 당사자 간에 다른 약정이 없으면 보험료채무는 추심채무가 된다.

5. 보험계약자가 계약이 체결된 후 최초보험료를 지급하지 아니하는 경우에는 다른 약정이 없는 한 (가)이 경과하면 계약이 해제된 것으로 보고, 보험자의 보험료반환의무는 (나)의 시효로 소멸한다.

(가), (나)의 순서대로 맞는 기간은?

① 1월, 1년 ② 2월, 1년 ③ 1월, 2년 ④ 2월, 2년

6. 다음은 보험료의 지급에 관한 대법원 판례의 취지를 설명한 것이다. 이 중에서 틀린 것은?

① 보험계약자나 피보험자가 주소변경을 통지하지 아니하면 보험자가 보험증권에 기재된 보험계약자 또는 피보험자의 주소로 보험료의 지급을 최고하거나 계약의 해지를 통지할 수 있다는 약관조항이 적용되려면, 보험자가 보험계약자나 피보험자의 주소 등 소재를 알지 못한 데에 대해 과실이 없어야 한다.

② 보험대리점이 보험료의 대납을 약정하고 보험계약자에게 보험료영수증을 발행한 경우에는, 보험계약자가 그 후에 보험료를 지급하였다고 하더라도, 그 대납을 약정한 날에 보험료의 지급이 있는 것으로 본다.

③ 보험계약자가 보험설계사에게 최초보험료로 선일자수표를 발행하고 보험료가 수증을 받은 경우에는, 그 선일자수표가 교부된 날을 보험자의 책임이 시작되는 최초보험료의 수령일로 본다.

④ 보험자의 대리인이 보험계약자와 보험계약을 체결하고 그 보험계약자로부터 제1회 보험료를 받으면서 제2회, 제3회 보험료에 해당하는 약속어음을 함께 교부받은 경우에는, 그 대리인이 그 약속어음을 횡령하였다고 하더라도, 그 약속어음이 지급결제되면 당해 보험료 지급의 효과가 생긴다.

7. 보험계약의 부활에 관한 설명 중 틀린 것은?

① 최초보험료의 지급지체로 인해 보험계약이 종료된 경우에는, 그 계약의 부활이 허용된다.

② 보험계약자가 보험계약의 부활을 청약한 경우에 보험자가 일정 기간 내에 낙부(諾否)의 통지를 하지 아니하면, 그 계약이 부활된 것으로 의제된다.

③ 보험계약자가 보험자의 보험약관 설명의무 위반을 이유로 보험계약을 취소한 경우에는, 그 계약의 부활이 허용되지 않는다.

④ 보험계약자가 해지환급금을 받은 경우에는 보험계약의 부활이 허용되지 않는다.

8. 보험계약의 소멸에 관한 설명 중 틀린 것은?

① 보험계약의 전부 또는 일부가 무효인 경우에 보험계약자 또는 피보험자가 선의이며 중과실이 없는 때에는 보험자에 대하여 보험료의 반환을 청구할 수 있다.

② 보험사고의 발생으로 보험자가 보험금을 지급한 때에도 보험금액이 감액되지 아니하는 보험의 경우에는, 보험계약자는 보험사고의 발생으로 보험금을 받은 후라도 보험계약을 해지할 수 있다.

③ 보험계약자가 보험계약을 해지한 때에 미경과보험료가 남아있고, 당사자 간에 다른 약정이 없더라도, 그 반환을 청구할 수 없게 되는 경우도 있다.

④ 타인을 위한 보험계약에서 보험계약자가 보험증권을 소지하고 있는 경우에는, 타인의 동의를

얻지 않고서도 임의로 계약을 해지할 수 있다.

9. 고지의무에 관한 설명 중 옳은 것은?

① 중요한 사항의 불고지 또는 부실고지가 고지의무자의 고의 또는 중과실로 인한 것인지 여부에 관한 입증책임은 보험자에게 있다.

② 일반적으로 고지의무자가 중요한 사항을 스스로 탐지하여 알려야 할 의무도 고지의무의 내용이 된다.

③ 보험자가 고지의무의 위반으로 보험계약을 해지하면, 인보험의 경우 보험수익자를 위하여 적립한 금액을 보험계약자에게 지급할 책임이 없게 된다.

④ 보험대리점의 경우에는 고지의무자를 보호하기 위하여 체약대리점이건 중개 대리점이건 불문하고 고지수령권을 인정하는 것이 통설이다.

10. 고지의무 위반에 대한 민·상법적용설, 상법적용설, 절충설의 견해가 있다. 이 학설들에 관한 설명 중 옳은 것은?

① 민·상법적용설은, 고지의무 위반의 효과에 관한 상법규정을 계약이 소급하여 무효가 되는 것을 방지하기 위한 규정으로 보고 있다.

② 절충설에 의하면 보험자는 착오를 이유로 계약을 취소할 수 있다.

③ 고지의무자의 사기가 인정되더라도, 고지의무 위반사실과 보험사고 발생 간의 인과관계가 없는 경우에는, 절충설에 의하면 보험자는 계약을 취소할 수 없다.

④ 고지의무자의 사기가 인정되더라도 상법적용설에 의하면 보험자는 계약을 취소할 수 없다.

11. 보험계약자의 위험변경증가통지의무에 관한 설명 중 옳은 것은?

① 상법 제653조는 이 통지의무를 명문으로 규정하지 않았으므로, 주관적 위험변경증가의 경우에는 보험계약자가 이 통지 의무를 지지 않는 것으로 볼 수 있다.

② 대법원 판례에 의하면, 방앗간을 운영하고 자가용승용차를 보유한 보험계약자가 생명보험계약을 체결한 후에, 화물운송업을 하기 위해 중형 화물자동차를 취득하여 운전하기 시작한 사실을 보험자에게 알리지 않고 그 화물자동차를 운전하다가 사망한 경우에, 보험자가 보험금의 일부만을 지급하기 위해서는 이 통지의무의 위반으로 인한 계약해지의 요건을 갖추어야 한다.

③ 손해보험에서 보험계약자가 위험의 현저한 변경 또는 증가의 사실을 알면서도 지체없이 보험자에게 통지하지 않은 경우에, 보험자가 보험사고의 발생 후에 이 통지의무 위반을 이유로 계약을 해지하기 위해서는 이 통지의무 위반사실과 보험사고 발생 간의 인과관계가 있음을 입증해야 한다.

④ 보험계약자의 과실로 인하여 사고발생의 위험이 현저하게 변경 또는 증가된 때에도 보험자는 그 사실을 안 날로부터 1월내에 보험료의 증액을 청구하거나 계약을 해지할 수 있다.

12. 다음은 기계보험의 약관조항이다. 이 중에서 상법 제663조(보험계약자 등의 불이익변경금지)에 위반되는 약관조항을 모두 고른다면?

가. 보험계약자가 보험증권이 교부된 날로부터 20일 이내에 그 증권내용의 정부(正否)에 관한 이의를 할 수 있다는 약관조항 나. 보험자가 보험계약자로부터 보험계약의 청약과 함께 보험료 상당액의 전부 또는 일부의 지급을 받은 때에는 2월내에 낙부(諾否)의 통지를 발송한다는 약관조항 다. 생명보험의 경우 보험계약자의 중대한 과실로 보험사고가 생긴 때에 보험자가 보험금지급책임을 면한다는 약관조항 라. 피보험자가 고의로 보험사고를 생기게 한 경우에도 보험자가 보험금을 지급한다는 약관조항

① 가, 나, 다 ② 나, 라 ③ 가, 다 ④ 다

13. 손해보험에서 보험자의 손해보상의무에 관한 설명 중 틀린 것은?

① 보험의 목적에 관하여 보험자가 부담할 손해가 생긴 경우에는, 그 후 그 목적이 보험자가 부담하지 아니하는 보험사고의 발생으로 인하여 멸실된 때에도, 보험자는 이미 생긴 손해를 보상할 책임을 면하지 못한다.

② 보험계약자에게 현실적으로 손해가 생기는 이상, 당사자 간에 다른 약정이 없으면 상실이익도 보상해야 한다.

③ 보험자가 손해를 보상할 경우에 보험료의 지급을 받지 아니한 잔액이 있으면, 그 지급기일이 도래하지 아니한 때라도 보상할 금액에서 이를 공제할 수 있다.

④ 보험의 목적의 성질, 하자 또는 자연소모로 인한 손해는 보험자가 이를 보상할 책임이 없다.

14. 가구점을 경영하는 甲은 가구점의 건물, 시설 및 동산에 관하여 乙보험회사와 화재보험계약을 체결하였다. 甲은 가구점에 화재가 발생한 후 그 건물, 시설 및 동산의 손해에 대하여 乙보험회사에게 보험금을 청구하였는데, 그 중 동산의 손해에 대해서는 허위사실이 기재된 서류를 제출하여 과다한 보험금을 청구하였다. 이 계약의 약관에는 "보험계약자 또는 피보험자가 손해의 통지 또는 보험금의 청구에 관한 서류에 고의로 사실과 다른 것을 기재하였거나 그 서류 또는 증거를 위조 또는 변조한 경우에는 보험금청구권을 잃는다."는 취지의 조항이 있었다. 한편 乙보험회사는 이 계약을 체결할 당시 甲에게 이 실권조항(失權條項)을 설명하지 아니하였다. 이 경우 옳은 설명은?

① 대법원 판례에 의하면, 乙보험회사는 설명의무의 위반으로 이 실권조항을 적용할 수 없다.

② 대법원 판례에 의하면, 乙보험회사는 건물, 시설 및 동산에 대한 모든 보험금의 지급책임을 면하게 된다.

③ 대법원 판례에 의하면, 乙보험회사는 건물 및 시설에 대한 보험금과 동산의 실제 손해에 따른 보험금을 지급할 책임을 지게 된다.

④ 이 실권조항은 보험금의 사기청구를 방지하고자 하는 규정일 뿐이고, 사기계약의 체결을 방지하고자 하는 규정은 아니다.

15. 피보험이익에 관한 설명 중 옳은 것은?

① 주주가 회사재산에 대하여 가지는 이익도 피보험이익으로 할 수 있다.

② 당사자 간에 보험가액을 정하지 아니한 때에는 계약당시의 보험목적에 대한 피보험이익의 가액을 보험가액으로 한다.

③ 법률상의 이익이 아닌 사실상의 이익이라도 피보험이익으로 할 수 있다.

④ 보험계약의 성립 전에 존재하는 이익은 피보험이익으로 할 수 없다.

16. 보험가액에 관한 설명 중 옳은 것은?

① 당사자 간에 보험가액을 정한 때에는 그 가액은 사고발생시의 가액을 정한 것으로 간주한다.

② 보험증권에 협정보험가액 또는 약정보험가액이라는 용어가 사용되지 않았더라도, 계약체결의 제반사정, 보험증권의 기재내용 등을 통하여 당사자가 보험가액을 합의한 것으로 인정할 수도 있다.

③ 선박보험에서는 사고발생 시의 선박가액을 보험가액으로 한다.

④ 신가보험은 계약성립 당시의 보험목적의 가액을 보험가액으로 하는 보험이다.

17. 중복보험에 관한 설명 중 옳은 것은?

① 책임보험에서는 중복보험관계가 인정되지 아니한다.

② 대법원 판례에 의하면, 중복보험에서는 보험자의 보상방식이나 보험자 간의 책임분담방식에 관하여 상법의 규정과 다른 약관규정을 둘 수 없다고 한다.

③ 보험계약자가 다르더라도 피보험자가 동일하면 중복보험이 성립할 수 있다.

④ 피보험이익이 다르더라도 중복보험이 성립할 수 있다.

18. 초과전보조항(超過塡補條項)에 관한 설명 중 틀린 것은?

① 이 조항에 의하면, 다른 보험계약에 의해 보상받을 수 있는 손해액에 대해서는 보험금을 지급하지 아니한다.

② 이 조항은 다른 보험자와의 사이에 부담부분의 조정에 관한 규정일 뿐, 피 보험자에게 다른 계약을 체결하도록 강제하는 것이 아니다.

③ 이 조항은 담보내용이 같은 보험 사이에서만 이용될 수 있고, 담보내용이 서로 다른 보험사이에서는 이용될 수 없다.

④ 각 보험약관이 이 조항을 두어 서로 충돌하는 경우에는, 각 보험자는 이 조항을 무시하고 각 보험금액의 비율에 따라 보상책임을 지는 것으로 해야 한다는 해석론도 있다.

19. 손해보험에서의 다수계약통지의무(수개의 계약의 통지의무)에 관한 설명 중 틀린 것은?

① 이 통지의무는 진정의무로 보는 것이 통설이다.

② 이 통지의무는 병존보험의 경우에도 인정된다.

③ 이 통지의무는 책임보험에서도 인정된다.

④ 이 통지의무에 관한 상법의 규정은 불완전법규이다.

20. 甲은 공장에 설치된 기계를 보험의 목적으로 하여 A보험회사와 화재보험계약(제1계약)을 체결하였고, 그 후 B보험회사와 다른 화재보험계약(제2계약)을 체결하였다. 그 후 공장에 화재가 발생하여 기계가 훼손되었다. 제1계약과 제2계약의 각 보험금액의 합계액은 기계의 가액을 초과하였고, 보험계약자는 A·B보험회사에게 각기 다른 보험회사와 체결한 계약의 내용을 알리지 아니하였다. 이 경우 대법원 판례에 의하면, A보험회사는 위험변경증가통지의무의 위반을 이유로, B보험회사는 고지의무 위반을 이유로 각각 제1계약과 제2계약을 해지할 수 없으므로, A·B보험회사는 보험금지급책임을 면하지 못한다고 판시하였다. 이 대법원 판례에 대한 비판의 논거가 되는 것은?

① 다수계약통지의무는 보험실무에서 고지의무 또는 위험변경증가통지의무의 형식으로 그 이행이 요구되고 있다.

② 다른 계약의 존재 또는 발생은 다수계약통지의무의 대상이 된다.

③ 다른 계약의 존재 또는 발생은 고지의무 또는 위험변경증가통지의무의 대상이 되지 않는다.

④ 고지의무 또는 위험변경증가통지의무와 다수계약통지의무는 별개의 의무이다.

21. 손해방지비용에 관한 설명 중 옳은 것은?

① 손해방지비용에는 손해의 방지와 경감을 위한 필요비만이 포함되고 유익비는 포함되지 아니한다.

② 상법은, 손해방지행위를 북돋우기 위하여, 손해방지의무자가 보험자에게 손해방지비용의 선급을 청구할 수 있는 것으로 규정하고 있다.

③ 일부보험의 경우에는 보험자가 손해방지비용을 부담하지 않는다.

④ 대법원 판례에 의하면, 공동불법행위자 중의 1인과 보험계약을 체결한 보험자가 손해방지비용을 상환한 경우에는, 그 보험자는 다른 공동불법행위자와 보험계약을 체결한 보험자에게 구상할 수 있다.

22. 甲은 자신의 자동차에 대하여 乙보험회사와 보험금액을 2천만원으로 하는 대물배상책임보험계약을 체결하였다. 甲은 그 자동차를 운전하다가 운전부주의로 유조차를 부딪혀 넘어뜨리고, 그 유조차에 적재되었던 폐유가 유출되었다. 이에 甲은 폐유제거업자에게 폐유제거를 의뢰하고 그 보수로 8천만원을 지급하였다. 한편 유조차주는 수리비로 5천만원이 들었다. 이 경우 폐유제거비용이 손해방지비용에 해당한다고 보면, 乙보험회사는 이 사고로 인하여 모두 얼마의 금액을 지급해야 하는가?

① 1억 3천만원　② 1억원　③ 4천만원　④ 2천만원

23. 위 문제 22번의 사례에서 폐유제거비용이 보험사고로 인한 손해액에 해당한다고 보면, 乙보험회사는 이 사고로 인하여 모두 얼마의 금액을 지급해야 하는가?

① 1억 3천만원　② 1억원　③ 4천만원　④ 2천만원

24. 보험자대위에 관한 설명 중 옳은 것은?

① 분손의 경우에는 처음부터 잔존한 목적물의 가치를 공제하고 실손해액만을 산정하여 보험금을

지급하므로, 보험자가 보험의 목적에 대한 대위를 할 수 없다.

② 보험의 목적에 대한 대위를 하려면, 보험자는 그가 부담하는 손해방지비용을 제외한 보험금의 전부를 지급하여야 한다.

③ 생명보험의 경우에는, 당사자 간에 특별한 약정이 있는 경우에만, 보험자는 피보험자의 권리를 침해하지 아니하는 한도에서 제3자에 대한 대위를 할 수 있다.

④ 보험자대위권은 당사자의 의사표시에 의해서가 아니라 법률의 규정에 의하여 보험사고 발생시에 당연히 생겨난다.

25. 보험자대위에 관한 설명 중 틀린 것은?

① 일부보험에서 보험자가 잔존물대위에 의하여 취득하는 권리는 원칙적으로 보험금액의 보험가액에 대한 비율에 따라 결정된다.

② 보험금이 지급되기 전에 피보험자가 잔존물을 처분한 경우에는, 보험자는 잔존물대위를 할 수 없게 되는 한편, 보험금의 지급책임을 면한다.

③ 대법원 판례의 주류적인 입장에 의하면, 타인을 위한 손해보험에서 피보험자의 보험계약자에 대한 청구권에 대하여도 보험자의 대위를 인정한다.

④ 보험자는 보험금의 일부를 지급한 경우라도 청구권대위를 할 수 있다.

26. 보험목적의 양도에 관한 설명 중 옳은 것은?

① 피보험자가 보험의 목적을 양도한 때에는 보험목적의 양도인과 양수인은 지체없이 그 사실을 보험자에 대하여 통지하여야 한다.

② 보험목적 양도의 통지의무가 해태된 경우에는, 위험변경증가 여부를 불문하고 보험자는 그 사실을 안 날로부터 1월내에 보험계약을 해지할 수 있다.

③ 자동차보험의 경우에는 피보험자가 미리 보험자의 승낙을 얻지 아니하고 자동차를 양도한 경우에는, 나중에 보험자가 승낙하더라도 양수인은 보험계약상의 권리와 의무를 승계하지 못한다.

④ 영업양도로 인해 보험의 목적을 양도하는 경우에도 보험목적의 양도에 관한 상법규정이 적용된다.

27. 보험목적의 양도에 관한 설명 중 틀린 것은?

① 선박보험에서 선박의 양도에 따라 보험관계를 이전시키기 위해서는, 그 양도에 보험자의 동의를 얻어야 한다.

② 상법은, 선박이 선박의 관리를 전문으로 하는 회사에 의하여 관리되고 있는 현실을 감안하여, 선박관리자의 변경을 보험계약의 종료사유로 규정하지 않았다.

③ 대법원 판례에 의하면, 허위의 매매계약서를 작성한 것만으로는 선박보험계약의 종료사유인 선박의 양도에 해당되지 않는다고 한다.

④ 자기를 위한 손해보험계약에서 보험계약자가 보험의 목적을 양도하는 경우에는, 피보험자의

지위뿐만 아니라 보험계약자의 지위도 양수인에게 승계되는 것으로 추정된다는 것이 통설이다.

28. 화재보험에 관한 설명 중 옳은 것은?

① 보험자는 화재의 소방 또는 손해의 감소에 필요한 조치로 인하여 생긴 손해는 보상할 책임이 없다.

② 보험가액을 정한 때에는 그 가액을 화재보험증권에 기재하여야 한다.

③ 집합보험에서는 피보험자의 사용인의 물건은 보험의 목적에 포함된 것으로 하지 않는다.

④ 총괄보험에서는 그 계약 체결 시에 현존하는 물건을 보험의 목적에 포함된 것으로 한다.

29. 운송보험에 관한 설명 중 틀린 것은?

① 운송보험의 목적은 운송물과 여객이다.

② 보험자는 다른 약정이 없으면 운송인이 운송물을 수령한 때로부터 수하인에게 인도할 때까지 생길 손해를 보상할 책임이 없다.

③ 보험계약은 다른 약정이 없으면 운송의 필요에 의하여 일시운송을 중지하거나 운송의 노순(路順) 또는 방법을 변경한 경우에도 그 효력을 잃지 아니한다.

④ 보험사고가 송하인 또는 수하인의 고의 또는 중대한 과실로 인하여 발생한 때에는 보험자는 이로 인하여 생긴 손해를 보상할 책임이 없다.

30. 해상보험에 관한 설명 중 틀린 것은?

① 적하보험의 경우에는 오늘날 복합운송의 발달로 육상구간의 운송도 함께 담보하는 것이 일반적이다.

② 선박보험의 피보험이익에는 선박소유자의 이익 외에 선박담보권자나 선박임차인의 이익도 포함될 수 있다.

③ CIF계약에서는 매수인이 적하보험에 가입하는 것이 원칙이다.

④ 대법원 판례에 의하면, 영국법준거약관조항이 삽입된 해상보험계약에 대해서는 고지의무에 관하여 상법규정의 적용을 배제하고 영국의 법리를 적용한다.

31. 해상보험에서 예정보험에 관한 설명 중 옳은 것은?

① 상법은, 예정보험은 일반적인 조건만을 정하고 선박의 이름이나 기타 상세한 사항은 확정통지에 의하여 정하는 보험으로 규정하고 있다.

② 적하미확정의 예정보험계약에서 적하가 선적되었음을 알고 선박의 명칭 등을 지체없이 통지하지 않은 때에는, 보험자는 그 사실을 안 날로부터 1월내에 계약을 해지할 수 있다.

③ 적하미확정의 예정보험계약에서 선박확정의 통지의무는 진정의무이다.

④ 적하미확정의 예정보험계약에서 선박확정의 통지방법은 구술이든 서면이든 묻지 않으나, 통지 유무에 대한 입증책임은 보험자가 진다.

32. 해상보험자의 손해배상책임에 관한 설명 중 옳은 것은?

① 보험목적의 구조 분담액이 보험가액을 초과할 때에는 그 초과액에 대한 분담액도 보상할

책임을 진다.

② 보험 목적의 안전이나 보존을 위하여 지급할 특별비용을 보험금액의 한도 내에서 보상할 책임을 진다.

③ 선박보험에서 발항 당시 안전하게 항해를 하기에 필요한 서류를 준비하지 아니함으로 인하여 생긴 손해에 대해서는 보상할 책임을 진다.

④ 적하보험의 경우 용선자의 중과실로 인한 손해에 대해서도 고의로 인한 손해가 아닌 한 보상할 책임을 진다.

33. 보험위부에 관한 설명 중 옳은 것은?

① 위부의 원인이 보험의 목적의 일부에 대하여 생긴 때에는 위부를 할 수 없다.

② 선박의 행방불명은 보험위부의 원인이다.

③ 피보험자가 보험사고로 자기의 적하의 점유를 상실하여 이를 회복할 가능성이 없는 경우 보험위부의 원인이 된다.

④ 선박의 수선불능의 경우 선장이 지체없이 다른 선박으로 적하의 운송을 계속한 때에도 피보험자는 그 적하를 위부할 수 있다.

34. 책임보험에 관한 설명 중 옳은 것은?

① 피보험자의 협조의무는 상법상의 의무가 아니라 약관상의 의무일 뿐이다.

② 물건보관자의 책임보험은 초과보험이 성립될 수 있다.

③ 피보험자가 보험자에게 제3자에 대한 채무가 변제, 승인, 화해 또는 재판으로 인하여 확정되었음을 통지한 때에는, 보험자는 특별한 기간의 약정이 없으면 지체없이 보험금을 지급해야 한다.

④ 영업책임보험은 원칙적으로 피보험자의 영업으로 인한 제3자에 대한 책임만을 담보하고, 피보험자의 대리인이나 사업감독자의 제3자에 대한 책임은 담보하지 않는다.

35. 책임보험에 관한 설명 중 옳은 것은?

① 대법원 판례에 의하면, 보험자가 "보험자는 제3자가 손해배상을 받기 전에는 보험금의 전부 또는 일부를 피보험자에게 지급하지 못한다."는 취지를 약관에 규정하지 않았다면, 상법이 규정하는 이 지급거절권을 포기한 것으로 볼 수 있다고 한다.

② 피보험자가 제3자의 청구를 방어하기 위하여 지출한 필요비용이더라도, 피보험자의 그 제3자에 대한 손해배상책임이 없는 것으로 판명된 경우에는, 보험자가 그 비용을 보상할 책임이 없게 된다.

③ 제3자의 직접청구권은 책임보험관계와 책임관계의 엄격한 분리의 결과이다.

④ 피보험자가 고의로 사고를 낸 경우라도 제3자의 직접청구가 있으면 보험자가 그 손해를 전보하고 피보험자에게 구상한다는 자동차강제책임보험약관상의 규정에 의하면, 이 경우의 제3자의 직접청구권은 보험청구권으로서의 성질을 가지게 된다.

36. 상해보험에 관한 설명 중 틀린 것은?

① 일반적으로 질병은 외래성이 없으므로 상해보험의 보험사고가 되지 아니한다.

② 보험실무상 일반적으로 수술은 의료과실이 없는 경우에는 우연성이 없으므로 상해보험의 보험사고가 되지 아니한다.

③ 질병이나 수술이라도 상해로 인하여 생겨난 것이면 상해보험의 보험사고가 될 수 있다.

④ 실손보상을 하는 상해보험의 경우에는 초과보험이 성립할 수 있다.

37. 타인의 생명보험에서 타인의 서면동의에 관한 설명 중 옳은 것은?

① 대법원 판례에 의하면, 타인으로부터 특정한 보험계약에 대하여 동의할 권한을 구체적·개별적으로 수여받은 자가 그 타인을 대리 또는 대행하여 서면동의를 한 경우에는, 그 타인의 서면동의로서의 효력이 있다.

② 대법원 판례에 의하면, 보험설계사가 "타인의 서면동의를 얻지 아니하면 계약이 무효가 된다."는 취지의 약관조항을 설명하지 아니한 경우에는, 그 약관조항이 적용될 수 없으므로, 타인의 서면동의를 얻지 아니하고 계약을 체결했다고 하더라도 보험자는 그 계약에 의한 보험금지급책임을 지게 된다.

③ 15세 이상의 미성년자가 타인이 되는 경우에는, 민법의 행위무능력에 관한 규정에 따라 법정대리인이 서면동의를 대리할 수 있다는 것이 통설이다.

④ 아내가 남편의 위임을 받아 남편의 사망을 보험사고로 하는 계약을 대리하여 체결하는 경우에도 별도로 남편의 서면동의를 얻어야 한다.

38. 당연 무효인 보험계약은?

① 13세 미성년자를 피보험자로 한 생존보험계약

② 한정치산선고를 받지 아니한 심신박약자의 생사혼합보험계약

③ 17세의 미성년자가 자신의 사망을 보험사고로 직접 체결한 보험계약

④ 금치산선고를 받은 심신상실자를 피보험자로 한 생존보험계약

39. 상해보험에 관한 설명 중 옳은 것을 모두 고르면?

가. 타인의 상해보험에서는 보험증권의 기재사항 중 피보험자의 주소, 설명 및 생년월일에 갈음하여 피보험자의 직무 또는 직위만을 기재할 수 있다. 나. 보험사고가 보험계약자 또는 피보험자의 중대한 과실로 인하여 생긴 경우에도 보험자는 보험금액을 지급할 책임을 면하지 못한다. 다. 심신상실자를 피보험자로 하는 상해보험계약은 무효로 한다.

① 가, 나, 다 ② 가, 나 ③ 나, 다 ④ 가, 다

40. 타인을 위한 상해보험에서 보험수익자의 지정에 관한 설명 중 옳은 것은?

① 보험계약자는 보험수익자를 계약체결 시에 지정해야 하고, 계약체결 후에 지정하는 것은 무효이다.

② 대법원 판례에 의하면, 보험계약자는 특정의 타인을 보험수익자로 지정할 수는 있지만 불특정의 타인은 이를 보험수익자로 지정할 수 없다.

③ 대법원 판례에 의하면, 정액형 상해보험의 경우에는 보험계약자가 보험수익자를 지정한 결과 피보험자와 보험수익자가 일치하지 않게 되면 그 보험수익자의 지정행위는 무효가 된다.

④ 대법원 판례에 의하면, 피보험자인 보험계약자가 보험수익자를 '상속인'으로 지정한 것은, 그 보험계약자가 상해로 사망한 경우의 보험수익자를 지정한 것으로 볼 수 있다.

[제30회 정답]

1	③	2	③	3	③	4	③	5	④	6	③	7	①	8	①	9	①	10	④
11	①, ②	12	③	13	②	14	④	15	③	16	②	17	③	18	③	19	①	20	①
21	④	22	②	23	④	24	①	25	②	26	④	27	②	28	②	29	①	30	③
31	②	32	②	33	③	34	②	35	①	36	④	37	①	38	②	39	②	40	④

Ⅲ. 보험계약청약서 견양

보 험 계 약 청 약 서 (우체국제출용)

증서(청약)번호

보험종류

계약사항	구 분	보험가입금액(만원)	보험료(원)	보험기간		납입기간			
	주 계 약			수급방법	①방문 ②창구 ③우체국신청 ④은행이체		연금개시 나 이	세	
	특 약			세금우대		①신 청 ②미신청	생계형		①신 청 ②미신청
	특 약								
	특 약			계약국					
	합 계 보 험 료			모집자 (코드)		연 락 처			

부활(효력회복)계약	부활국 (국기호)		수금자 (코 드)		부활 기간	-	부 활 보험료	원	부활 이자	원
단체계약	단체번호		신규여부		①신규 ②추가	▶일반단체의 경우 별첨 "일반단체 보험대상자(피보험자) 청약명세서"에 기재하여 주십시오.				

계약관계자	구 분	성 명(단체명)	주민등록번호(사업자등록번호)	관계	연 락 처 (우편물 받을 곳 □직장 □자택)
	계약자				주소 HP (☎) E-mail
	주보험대상자 (주피보험자)			본인	주소 HP (☎) E-mail
	종보험대상자 (종피보험자)				주소 HP (☎) E-mail
	수익자 사 망				▶만기 및 생존시 보험금을 받는자(수익자)는 계약자로 합니다. ▶보험금을 받는자(수익자) 미지정시 사망은 보험대상자(피보험자)의 법정상속인, 입원・장해・기타는 보험대상자(피보험자)가 수익자가 됩니다.
	수익자 입원·장해·기타				

	계약전 고지의무(우체국에 알려야 할 사항) (다음 질문 사항에 대하 "예" "아니오"해당란에 V표시하세요)	주보험대상자 예	주보험대상자 아니오	주보험대상자 예	주보험대상자 아니오	1~6사항 중 "예"인 경우 그 내용을 구체적으로 기재해 주십시오
1	"계약자 보관용" 청약서 뒷면에 기재된 "보험상품별 가입거절 대상"에 해당사항이 있습니까?					▶ 해당자 성명 : ▶ 직종명 :
2	최근 3개월 이내에 의사로부터 검진 또는 치료를 받은 적이 있거나, 마약・협압강하・신경안정제・수면제・ 각성제(흥분제)・진통제 등을 상용하거나 알콜 등의 중독증상이 있습니까?					▶ 해당자 성명 : ▶ 질병명(증상) :
3	최근5년 이내에 의사로부터 진찰・검사를 받고 그 결과 입원・수술(제왕절개포함)・정밀검사(심전도・방사선・건강진단・조직검사 등)를 받았거나, 계속하여 7일 이상 치료 또는 30일 이상 투약받은 적이 있습니까? (여기서 "계속하여"란 같은 원인으로 치료 시작후 완료일까지 실제 치료・투약받은 일수를 말합니다.)					▶ 신체장해(원인, 내용) :
4	최근 5년 이내에 다음과 같은 병으로 의사로부터 진찰・검사를 통하여 진단을 받았거나, 진료・투약・입원・수술・정밀검사를 받은 적이 있습니까? ①암 ②백혈병 ③고혈압 ④협심증 ⑤심근경색증 ⑥심장판막증 ⑦간경화증 ⑧뇌졸중증(뇌출혈, 뇌경색) ⑨당뇨병 ⑩에이즈(AIDS) 및 HIV보균 ⑪폐질환 ⑫신장질환 ⑬경계성 종양 ⑭상피내암					▶ 입원기간 : ▶ 치료기간 :
5	현재 눈・코・귀・언어 및 씹는 기능, 정신・신경기능, 흉・복부 장기 및 비뇨생식기, 외모의 흉터 등의 장애 또는 팔・다리・손・발(가락포함)의 손실, 척추 및 체간골의 손상 등 신체부위에 이상이 있습니까?					▶ 치료・수술내용 : ▶ 치료 병원명 :
6	(보험대상자가 여성인 경우) 현재 임신중입니까? (보험대상자가 태아인 경우) 현재 산전감사에서 태아의 이상 가능성이 발견 또는 진단된 적이 있었거나, 이로인해 추적검사, 정밀검사를 권유 받은 적이 있습니까? (위 보험대상자에 해당하는 경우) 임신( )개월					▶ 합병/후유증 : ▶ 재발경험 : ▶ 현재완치 (예, 아니오)

▶보험대상자(피보험자)에 관한 상기 1~6번 사항은 체신관서가 보험계약의 청약을 인수하는데 필요한 자료이므로 보험계약자 및 보험대상자(피보험자)는 사실대로 알리셔야 합니다. 만약 사실대로 알리지 않거나 사실과 다르게 알린 경우 보험가입이 거절될 수 있으며, 그 내용이 중요한 사항에 해당될 경우 보험계약자 또는 보험대상자(피보험자)의 의사와 관계없이 보험약관상 "고지의무 위반의 효과" 조항에 의해 계약이 해지되거나 보장이 제한될 수 있습니다.
▶중요한 사항이란 체신관서가 그 사실을 알았더라면 보험계약의 청약을 거절하거나, 조건부 계약으로 인수하는 등 계약 인수에 영향을 미치는 사항입니다.

▶ 상기 내용들을 계약자・보험대상자(피보험자) 본인이 사실대로 직접 작성하였음을 확인하며, 제1회보험료영수증, 계약자 보관용 청약서와 약관을 수령하고 약관의 중요사항에 대한 안내를 받아 그 내용을 잘 알고 보험대상자(피보험자)의 서면상 동의를 얻어 보험계약(신규 또는 부활)을 청약합니다.
▶ 우체국에서 필요시 별도의 확인(계약적부확인)과 이 보험과 관련하여 의사에게 질병 또는 건강상태 등을 조회하는 것에 동의합니다.
▶유배당상품 및 금리변동현 상풍의 경우에는 배당금 또는 적용이율리 변경될 수 있음을 설명받았습니다.
▶계약자와 보험대상자(피보험자)가 동일할 때는 계Dir자란에만 서명하셔도 됩니다.

자필서명	계 약 자	성명 :	서명(날인) :	
	주보험대상자 (피보험자)	성명 :	서명(날인) :	
	종보험대상자 (피보험자)	성명 :	서명(날인) :	
	친권자	성명 :	서명(날인) :	관계( )
	[후견인]	성명 :	서명(날인) :	관계( )

청약일자 : 년 월 일

보험료 자동이체 신청서

우 체 국 (은행) 명		계 좌 번 호	
예 금 주 성 명	(인)	예금주 주민등록번호	

■ 제1회 보험료 자동이체납입 신청 : □ 예　　□ 아니오

* 실시간 자동이체 은행 : ①우체국 ②국민 ③우리 ④조흥 ⑤농협 ⑥기업 ⑦대구 ⑧부산 ⑨하나 ⑩외환 ⑪제일 ⑫신한 ⑬광주
* 제1회 보험료 실시간 자동이체는 위의 기관에 한하여 가능하며, 2회 이후 보험료 이체와 함께 신청할 경우 이체계좌가 동일해야 합니다.
* 청약이 승낙되면 제1회 보험료 자동이체에 필요한 정보를 제공한 날을 보험계약일(보장개시일)로 하되, 보험료가 정상 납입된 경우에만 계약의 효력이 발생하며 만약 보험료가 이체되지 않을 경우 계약은 자동무효처리 됩니다.
* 이체시간은 은행이 정상업무 가능시간(09:00~16:30)내로 한정하며, 제1회 보험료 영수증은 고객통장의 보험표 이체내역으로 대체합니다.

■ 제2회 이후 보험료 자동이체납입 신청 : □ 예　　□ 아니오

* 이체 희망일 :　　우체국(①11일 ②21일 ③26일)　　은행(①5일 ②15일 ③25일)

개인신용정보의 제공 · 활용에 대한 동의

이 계약과 관련하여 귀 부가 본인으로부터 취득한 다음 신용정보는 신용정보의 이용 및 보호에 관한 법률 제23조의 규정에 따라 타인에게 제공 · 활용시 본인의 동의를 얻어야 하는 신용정보입니다.

이에 본인은 귀 부가 보험계약과 관련한 다음의 신용정보를 다른 보험회사 및 보험관계단체, 귀 부가 보험계약 관련 업무를 위탁한 자 등에게 제공하여 보험계약의 상담 · 체결 · 관리 · 조사 등을 위한 판단자료로 활용하거나 또는 공공기관의 정책자료로 활용하는데 동의합니다.

1. 계약자 · 보험대상자(피보험자) 및 보험금을 받는자(수익자) 성명, 주소 및 주민등록번호(외국인의 경우 외국인등록번호 또는 여권번호), 성별, 국적, 직업 등 개인식별정도
2. 계약일, 보험종목, 보험료, 보험가입금액 등 계약내용
3. 보험금과 각종 급부금액 및 지급사유 등 지급내용
4. 보험대상자(피보험자)의 질병에 관한 정보

계 약 자	성명 :	서명(날인) :
주보험대상자 (피보험자)	성명 :	서명(날인) :
종보험대상자 (피보험자)	성명 :	서명(날인) :
친권자 [후견인]	성명 :	서명(날인) :
	성명 :	서명(날인) :

▶ 위의 계약자오 보험대상자(피보험자)가 동일할 때는 계약자란에만 서명하셔도 됩니다. ▶ 계약자 · 보험대상자(피보험자)가 미성년자인 경우 친권자 또는 후견인이 서명(날인)하여 주십시요

고객면담보고서

	구 분	작성내용(내용을 구체적으로 기재하십시오)	
		주보험대상자(주피보험자)	종보험대상자(종피보험자)
1	근무처		
2	취급업무(구체적으로 작성하되, 운전의 경우 차종 기록) ※직종(운전 등)이 2종 이상일 경우 위험도가 높은 직종 기재	 직종코드	 직종코드
3	부모, 형제, 자매중(생존여부 상관없이) 65세 이전에 아래 질병 해당여부 ①암 ②당뇨 ③고혈압·뇌졸중 ④심장질환 ⑤신장질환 ⑥만성간염·간경화 ⑦다낭성 신질환 ⑧가족성 풀립증	관계 : 질병명 : 암의종류 혹은 질병의 위치 : 발병시 연령 : 사망시 연령 :	관계 : 질병명 : 암의종류 혹은 질병의 위치 : 발병시 연령 : 사망시 연령 :
4	해외로 이미 출국하였거나 출국 예정 여부	지역 : 목적 : 체류기간 :	지역 : 목저 : 체류기간 :
5	면담중 외견상의 특이사항(신체상해, 소아마비, 기타기능 장해 등) 및 육안상 건강산태의 특이점		
6	다음과 같은 취미생활 또는 자격증 여부 ①스쿠버다이빙 ②행글라이딩·패러글라이딩 ③스카이다이빙 ④스키(스노우·수상·제트 등) ⑤자동차·오토바이경주 ⑥번지점프 ⑦빙벽·암벽등반 ⑧래프팅 ⑨승마 ⑩기타 위험도가 높다고 인정될 만한 취미(　　)		
7	청약동기(해당란에 V표시)	□자진청약 □모집자의 권유 □기타 (　　)	
8	모집경로(해당란에 V표시)	□가족/친척 □친구 □지인의 소개 □개척 □만기후 가입 □기계약자 □기타(　)	
9	기타 계약선택시 참고사항 (청약시 특이 사항에 대하여 구체적으로 기재하십시오)		
10	면담일자 및 장소	일 정	장

계약전 고지 의무사항 및 약관 · 상품내용에 대하여 자세히 설명하였으며, 계약자 · 보험대상자(피보험자) 등 계약관계자의 자필서명을 확인하였고, 계약자 보관용 청약서 및 약관을 계약자에게 교부하였을뿐 아니라, 상기와 같이 면담하여 작성한 청약사항에 대하여 일체의 책임을 질 것을 서약합니다.

년　　월　　일

모집부서 코드	모집자 번호	모집자 성명	서명 또는 날인

계 약 국	담 당	책 임 자

일부인

보험상품별 가입거절 대상 ※가입거절대상 항목에는 취미활동 등 직업적으로하지 않는 경우도 포함되며, 2종이상 직종을 갖고 있는 경우, 한 항목에 해당하는 경우에도 앞면의 "계약전 고지의무"란에 모두 기재하여야 합니다.

대상상품	직 종 명	직종코드	직 종 명	직종코드
우체국 종신보험 하이로 정기보험	오토바이 운전자 ※오토바이 운전자란? 최근 3년이내 오토바이를 소유 또는 운전한 사실이 있는 자 (20세미만은 동거인 소유 포함·오토바이:스쿠터, 와우 포함)			161301 161404
올커버건강보험 에버리치상해보험 입원특약 재해입원특약 입원수술특약 재해치료특약	오토바이 운전자	161301 161401	영업용 승용차 운전기사(콜밴운전자 · 대리운전자 포함)	160101-02 160202 160503
	갱내작업자(굴진원 · 발파원 · 지주원 · 착암원 · 충진원 · 시추원 · 운반원 등 모든 갱내작업자)	040101-12	원양어선 일반 · 갑판선원	031201
	갱외근무자, 기타 갱외근무자	040201-06 040301	연근해어업 종사자 경륜선수(싸이클 레이싱)	030801 172004
	자동차 · 오토바이 경주자, 전문등반가	172301-02 172305	경마기수 · 스카이다이빙 · 행글라이딩 · 수상스키(경쟁포함) 등	171901 172401-03
	고압전선(외선)가설 · 수리 · 취급자	130101-05	레포츠종사자	172303
전 보험 상품	전쟁지역 거주자	190101-02	타사 보험모집자(보험중개인 · 보험대리점 포함)	150204
	해외동반 예정자	190301	※단, 저축성 보험, 연금보험 주계약 제외	150207-08

※ 상기에 명시되어 있지 않지만 이와 유사하게 일반적으로 위험도가 높은 직종이거나 상품보장내용과 관련된 직종일 경우 가입이 제한되거나 거절 될 수 있습니다. (차종 및 취미포함)

※ 부활계약은 상기의 「대상상품명」과 상관없이 반드시 고지하여야 하며, 「보험상품별 가입거절 대상」에 해당되는 경우에는 가입이 제한되거나 거절 될 수 있습니다.

가입전 유의사항

▶ 청약서를 작성하시기전 약관 · 청약서 내용을 상세히 설명 받으시기 바라며, 작성이 끝나면 약관 · 제1회 보험료 영수증 · 가입자보관용 청약서를 수령하시기 바랍니다.

▶ 계약전 고지 의무사항은 계약체결여부를 결정하는 중요한 사항이므로 계약자 또는 보험대상자(피보험자)가 반드시 자필로 기재하셔야 하며 대리작성이나 사실과 다르게 작성하시면 보험금 지급이 삭감되거나, 거절될 수 있습니다.

▶ 가입하고자하는 상품의 내용을 상세히 설명받으시기 바랍니다. 생명보험은 예금과 달라 보험금 지급사유가 발생할 경우 보험금이 지급되기 때문에 중도에 해약하시면 돌려 받으시는 금액이 실제로 내신 보험료보다 적거나 없을 수도 있습니다.

▶ 보험계약시 "약관과 가입자보관용 청약서를 전달 받지 못했을 경우 · 청약서에 자필서명을 하지 않았을 경우 · 약관의 주요내용을 설명받지 못했을 경우" 이를 이유로 청약일로부터 3개월이내에 이의를 제기하여 그 사유의 정당성이 인정되면 보험료를 환불하여 드립니다.

▶ 계약자 및 보험대상자(피보험자)의 주소 또는 연락처가 변경된 경우 우체국 금융콜센터(☏1588-1900)에 알려주셔야 합니다.

보험약관 주요내용 ※ 아래 사항은 우체국보험 약관의 주요내용을 요약한 것입니다. 자세한 사항은 해당약관을 참조하시기 바랍니다.

▶ (보험계약의 성립) 보험계약은 보험계약자의 청약과 체신관서의 승낙으로 이루어지며, 체신관서는 청약일로부터 30일 이내에 청약을 거절할 수 있으며, 30일 이내에 청약거절의 통지가 없으면 승낙된 것으로 봅니다.

▶ (계약의 효력) 체신관서가 제1회 보험료를 받은때(자동이체의 경우에는 자동이체 신청에 필요한 정보를 제공한 때, 다만 계약자의 귀책사유로 보험료 납입 및 승인이 불가능한 경우에는 그러하지 아니합니다.)로부터 이 약관이 정하는 바에 따라 보장을 합니다.
또한 체신관서가 청약을 승낙하기 전에 보험금 지급사유가 발생하였을 때에는 계약자 또는 보험대상자(피보험자)가 체신관서에 알린 내용이 보험금 지급 사유 발생에 영향을 미쳤음을 체신관서가 증명하는 경우에는 보장을 하지 아니합니다.

▶ (계약의 무효) 다음 중 한 가지에 해당하는 경우에는 계약을 무효로 하며 이미 납입한 보험료를 돌려 드립니다.
① 타인의 사망을 보험금 지급사유로 하는 계약에서 계약 체결시까지 청약서와 별도서식에 따라 보험대상자(피보험자)의 동의를 얻지 아니한 경우
② 만 15세미만자, 심신상실자 또는 심신박약자의 사망을 보험금 지급사유로한 경우
③ 계약자가 미성년자로서 청약서상에 친권자 또는 후견인의 동의를 얻지 아니한 경우
④ 계약체결시 체신관서가 정한 보험대상자(피보험자) 나이에 미달되었거나 초과되었을 경우

▶ (보험금을 지급하지 아니하는 보험사고) 체신관서는 다음 중 어느 한 가지의 경우에 의하여 보험금 지급 사유가 발생한 때에는 보험금을 드리지 아니함과 동시에 이 계약을 해지할 수 있습니다.
① 보험대상자(피보험자)가 고의로 자신을 해친 경우
②보험금을 받는 자(보험수익자)가 고의로 보험대상자(피보험자)를 해친 경우
③ 계약자가 고의로 보험대상자(피보험자)를 해친 경우

▶ (계약전 고지의무) 계약자 또는 보험대상자(피보험자)가 고의 또는 중대한 과실로 인하여 보험금 지급 사유 발생에 영향을 미치는 계약전 알릴 의무를 위반한 때에는 보험금 지급 사유 발생 여부에 관계없이 체신관서는 계약을 해지할 수 있습니다.

▶ (보험료 납입연체시 계약의 효력) 보험료 납입기일로부터 납입기일이 속하는 달의 다음 다음달의 말일까지 보험료 납입이 없으면 그 다음날 계약은 해지됩니다.

청약철회안내문

1. 보험계약을 철회하고자 하는 경우에는 청약일 또는 제1회 보험료를 납입한 날로부터 15일 이내에 청약철회 청구서(우측참조)를 작성하여 우체국에 제출하시면 됩니다.
(제출서류 : 제1회보험료 영수증 · 보험증서
2. 청약철회 청구서에 기재한 계약서의 서명 또는 날인은 우체국 제출용 청약서에 표시된 것과 동일해야 합니다.
3. 체신관서는 청약철회 신청을 접수한 경우에는 지체없이 귀하에게 받은 보험료를 반환하여 드립니다.
4. 청약철회 청구서를 접수한 이후에 발생한 보험금 지급사유에 대해서 체신관서는 보장하지 아니합니다.

청약철회청구서

본인은 우체국에 청약한 다음의 계약을 철회하고자 하오니 처리하여주 시기 바랍니다.

계 약 자: (날인 또는 서명)
친 권 자: (날인 또는 서명)
[후 견 인]
주민등록번호:
주 소:

신청일 년 월 일

정보통신부장관 귀하

계약우체국명

일 부 인

▶ 보험에 대하여 궁금한 사항이 있으시면 우첵국 금융콜센터(☏1588-1900)로 연락하여 주시기 바랍니다.

사항색인

(ㅇ)

(ㅈ)

(ㅊ)

(ㅌ)

(ㅍ)

(ㅎ)

▪ **저자소개** - 김헌무(金憲武)

고려대학교 경영학과 중퇴
경희대학교 법학과 편입 · 졸업
고려대학교 법학석사 · 법학박사
대구대학교 법과대학 교수

보 험 법 요 론

1판1쇄 ― 2008년 2월 28일

1판2쇄 ― 2011년 8월 30일

지은이 ― 김 헌 무

펴낸이 ― 홍 덕 률

펴낸곳 ― 대구대학교출판부
주소 ― 경북 경산시 진량읍 내리리 15번지
전화 ― (053)850-5661~2
팩스 ― (053)850-5669

찍은곳 ― 동아문화사

등 록 ― 경산 제11호

정가 18,000원
ISBN 978-89-7794-482-4-93360